U0868715

石头城上月如钩

——鲁迅研究十年文选

谭桂林 著

岳麓書社·长沙

谭桂林　2012 年 5 月 14 日摄于仙台日本东北大学

谭桂林，湖南耒阳人，1959年生，文学博士。现为湖南大学中国语言文学学院教授，博士生导师。入选教育部长江学者特聘教授奖励计划（2012年度）、国家“万人计划”哲学社会科学领军人才、新世纪百千万人才工程国家级人选、中宣部文化名家暨“四个一批”人才、享受国务院政府特殊津贴专家等。出版学术著作《20世纪中国文学与佛学》《百年文学与宗教》《长篇小说与文化母题》《本土语境与西方资源——20世纪中西诗学关系研究》《现代中国佛教文学史稿》《记忆的诗学——鲁迅文学中的母题书写》等20余部，在《中国社会科学》《文学评论》《文艺研究》等刊物发表学术论文100余篇。曾主持完成国家社科基金重大项目“鲁迅与20世纪中国研究”、一般项目“现代中国佛教文学史”等；获教育部中国高校人文社科优秀成果奖一、二等奖多项。

目录

附录

论鲁迅的信仰观及其思想理路

长期以来，鲁迅研究界为了鲁迅的个体信仰问题争论不休，大家比较关注前期的鲁迅究竟是一个尼采主义者，还是人道主义者，后期的鲁迅究竟是一个马克思主义者，还是民主主义者。鲁迅逝世已经70余年，迄今似乎也没有盖棺论定，给出一个大家都能接受的结论。不过，不管学术界在探讨前后期鲁迅的思想时怎样分歧，有一个前提或者说共识却是大家都能够接受的，那就是，终其一生，鲁迅都是一个有信仰的人。这里的所谓信仰，当然不是指的狭义的宗教信仰，也不是指的宽泛意义上的世界观与人生观，而是指的一种贯注着个人生命体验与情感态度的人生信念。正是因为鲁迅本身是一个有信仰的人，所以他在几十年的文化思考与社会批判中，一直比较关注信仰问题，譬如关于信仰的由来与效应，国民信仰的历史、现状和特点等等，鲁迅都曾经有过相当深入与透彻的分析与阐述，尤其是关于佛教、道教、基督教等宗教信仰，鬼、神、传说等地方上的民间信仰的论述，鲁迅在杂文中更是信手拈来，俯拾尽是，而且旁征博引，脱口成趣。鲁迅的这些观点和分析，研究者们多有发掘、整理与阐述，但在这些阐述中，鲁迅关于宗教、鬼神、信仰问题的观点，要么被归结为鲁迅的科学意识的建立，要么被归结为鲁迅对民间文化的爱好，如此等等，都只是将这些思想资料看做鲁迅精神世界中的略带些神秘性的个体意识活动。本文认为，鲁迅的这些观点与思想资料，还应该或者说必须从国民信仰建构的角度来思考和发掘它的意义与价值。突出了这一点，也就能够发现鲁迅的这些思想资料与20世纪中国社会改革的密切联系。

一、“恃意力以辟生路”

如果说鲁迅走异路，逃异地，到南京求学，是困于家计，也是不愿再看“S城”人的面目，多少还带有被动性质，那么鲁迅去日本学医，后来又弃医从文，这两个重要的人生转折却明显是一种主动的自我选择，具有坚定明晰的信念基础。而当他在东京开始发出他的启蒙之声时，信仰问题就已经进入到鲁迅的视野中。在《科学史教篇》《摩罗诗力说》《文化偏至论》《破恶声论》等早期启蒙文论中，无论是破论，还是立论，鲁迅的基本着眼点都是“首在立人”。而为什么要立人，如何立人，要立什么样的人，在阐论这些问题时，鲁迅的思路常常是紧扣着信仰问题而展开。

东京时期的鲁迅提出立人观点，无疑根基于他对19世纪以来世界文明发展趋势的一个判断，这就是科学的发达、物质的丰富，阻碍了人的精神生活的发展，民主制度以众暴寡，扼杀了天才个性和独立人格的成长。在《科学史教篇》中，鲁迅概括了西方科学发展给人类带来的福祉，但他同时指出：“顾犹有不可忽者，为当防社会入于偏，日趋而之一极，精神渐失，则破灭亦随之。盖使举世惟知识之崇，人生必大归于枯寂，如是既久，则美上之感情漓，明敏之思想失，所谓科学，亦同趣于无有矣。”[1]在《文化偏至论》中，

1　鲁迅：《科学史教篇》，见《鲁迅全集》第一卷，人民文学出版社2005年版，第35页。

鲁迅大谈尼采，以此批评当代社会的庸众对先知的漠视与不理解。“德人尼佉（Fr. Nietzsche）氏，则假察罗图斯德罗（Zarathustra）之言曰，吾行太远，孑然失其侣，返而观夫今之世，文明之邦国矣，斑斓之社会矣。特其为社会也，无确固之崇信；众庶之于知识也，无作始之性质。邦国如是，奚能淹留？吾见放于父母之邦矣！聊可望者，独苗裔耳。此其深思遐瞩，见近世文明之伪与偏，又无望于今之人，不得已而念来叶者也。”[1]科学能够生产知识，但却不能够生产精神。知识能够告诉人们如何认识世界，如何建造物质，却不能够帮助人们正确地选择善恶，不能帮助人们解决精神的焦虑，使心灵得到依靠，得到慰安。尤其是从佛教的观点看来，知识一方面是事物真实的一种揭示，同时又是事物真实的一种遮蔽，因为事物都是多种因缘和合而成，一种知识也许揭示了事物形成的某一种因缘，但是如果你执着于这种知识，它却会遮蔽其他因缘。所以知识的丰富除了刺激欲望的发达，并不必然造就具有强大的精神力的个人，也就是鲁迅在这时殷殷期盼的“英哲”“精神界之战士”。没有这样的“英哲”和“精神界之战士”立之为极，国民精神自然也就成了沙聚之邦。

但是紧接着的问题是怎样立人？鲁迅对这个问题的思考可以说由来已久，后来的变化也有着清晰的线索。当年他在南京街头看到中国的士兵扛着新式的洋枪，但一个个面带菜色，精神萎靡，心里就在想着这样的体魄，这样的精神，即使扛着新式的武器又哪能打得胜仗呢？于是他为了强壮中国人的体魄，为了救治许多像他父亲那样的病者，前往日本学习西医。而幻灯片事件使他受到更大的打击，让他明白了一个国家的国民如果精神上不能强大，体格如何健壮也不过是成为被砍头的材料或者充当无聊的看客。过去研究鲁迅的学者注意到了这两个事件对鲁迅从“科学救国”到“改造国民

1 鲁迅：《文化偏至论》，见《鲁迅全集》第一卷，人民文学出版社 2005 年版，第 50 页。

性”这一思想转变过程中所起到的作用，但这种关注还没有真正把握到这两个事件的深层意义。我认为，鲁迅的这种变化当然是一个思想的过程，但思想的过程乃是一个逻辑推演的过程，逻辑推演的过程有赖于前提的设定，如果前提发生了变化，逻辑推演就会走向完全不同的方向。而有意义的生命瞬间的感受是一种伴随着血肉痉挛的身体震撼，它可能沉积在体验者的生命深处，构成人格生命力的深层固结，不仅影响人的思维活动，而且影响人的意志行为与情绪活动。这种沉积越是持久，越是深刻，对人的影响力也就越是强大。所以，南京街头的萎靡兵士与仙台课堂中的幻灯片不仅是历史事件，而且是伴随着血肉痉挛的生命瞬间，它们的影响不仅指向鲁迅的思想观念，而且指向了鲁迅生命的更深层的意志力与信仰力。这既是鲁迅为什么终生对“国民性改造”的问题锲而不舍的精神渊源，也是鲁迅为什么一开始思想启蒙工作，就对国民的信仰问题投入了极大关注的心理动因。

信仰包括思想，但不止于思想，它浸润着情感，但不止于情感，可以说信仰乃是一种包含思想、情感、心理、意志等等因素在内的一种综合性的精神行为。在人类文明发展的历史上，信仰最初是与宗教联系在一起的，宗教信徒往往成为典型的具有信仰的人。但随着人类文明形式的不断发展和丰富，信仰也从狭义的宗教意义上延展开来，成为人类一种精神生活的标志。有信仰的人，就是重视自身内在的精神生活的人。西方文艺复兴以来，人本主义的蔓延和科学知识的发达联手撕破了中世纪神学统治下的思想黑暗，但同时也加深了人类主体生存方式的分裂。主观与客观，精神与物质，心灵与肉体，智慧与知识，人类的生活方式越来越朝向这二元分化与对立的方向发展。当然，在这种二元对立的人类生存方式的发展趋势中，肉体的、物质的一面发展得愈是快速，精神的、心灵的一面的回流也愈是猛烈。而且，这种回流也形成了两个不同方向的浪峰。一方面是基督教势力的复兴，19 世纪以来西方基督教神学突破科学时代工具理性的重重包围，重新唤醒了人们对于心灵的关注，对于未知世界的敬畏。哲学家罗素明确地划分科学与宗教的各自领域，要求把善的领域还给宗教，就是典型的例子。另一方面是反基督教思想的勃兴也从相反的角度猛烈地批判了西方社会科学至上的、物欲主义的世俗化倾向，尼采宣称“上帝已死”，一切价值需要重新估定，但他却给人类开出了一个“超人”信仰作为救世的药方。从查拉图斯特拉的构想来看，这个“超人”的主要标志当然不是他具有什么了不得的神通，而是他具有沉迷在物质生活中的芸芸众生所不具有的强大的精神力。鲁迅对于信仰问题的思考，对于科学至上和物质主义的批判，走的无疑是尼采的路线，其中原因也许不在于鲁迅恰在此时阅读了尼采的著作，而在于鲁迅对于国人精神力的深深失望在尼采的著作中得到了强烈的回响。所以，鲁迅在《文化偏至论》一文中指出：“意者文化常进于幽深，人心不安于固定，二十世纪之文明，当必沉邃庄严，至与十九世纪之文明异趣。”但其趣异在何方呢？鲁迅以反问的方式作了回答：“新生一作，虚伪道消，内部之生活，其将愈深且强欤？精神生活之光耀，将愈兴起而发扬欤？成然以觉，出客观梦幻之世界，而主观与自觉之生活，将由是而益张欤？”在这里，所谓“内部之生活”，即精神之生活，心灵之生活，信仰之生活，也即是鲁迅在另一篇文章《破恶声论》里详细阐发的“内曜”。“内部之生活强，则人生之意义亦愈邃，个人尊严之旨趣亦愈明，二十世纪之新精神，殆将立狂风怒浪之间，恃意力以辟生路者也。”[1]意力者，意志之力也，精神之力也，而意志之力与精神之力的核心部分当然非信仰而莫属。

所以，鲁迅在想望他的“英哲”和“精神界之战士”的形象时，“信”成为其一个重要的标志：“以是之故，则思虑动作，咸离外物，独往来于自心之天地，确信在是，满足亦在是，谓之渐自省

1　鲁迅：《文化偏至论》，见《鲁迅全集》第一卷，人民文学出版社 2005 年版，第 57 页。

其内曜之成果可也。”[1]鲁迅不仅抽象地谈论，而且举出了西方文化中的例子来说明：“盖裴伦者，自繇主义之人耳，尝有言曰，若为自由故，不必战于宗邦，则当为战于他国。”[2]又“如尼佉伊勃生诸人，皆据其所信，力抗时俗，示主观倾向之极致；而契开迦尔则谓真理准则，独在主观，惟主观性，即为真理，至凡有道德行为，亦可弗问客观之结果若何，而一任主观之善恶为判断焉”[3]。无论是拜伦的“自繇主义”，还是尼采、易卜生的“据其所信”，还是克尔凯戈尔的主观性即真理，鲁迅所心仪的都是他们对于自己的信仰的坚定明确以及敢于在生命历程中践履自我信仰的强大的“意力”。一直以来，研究者们在分析鲁迅对拜伦的崇拜时多强调拜伦的“欲自强而力抗强者”，在阐论鲁迅与尼采的关系时多强调尼采的“任个人而排众数”，在分析鲁迅对易卜生的理解时多强调易卜生的“力抗时俗”和“不全宁无”的破坏精神，这些固然不错，但“确信在是”“据其所信”的“信”，无疑是拜伦、尼采、易卜生这些“英哲”和“精神界之战士”们的种种行为的根本依托，忽略了鲁迅的这一思考，就很难理解鲁迅思想的深刻所在。

二、宗教旨在化解“内部生活”的危机

在通常意义上，宗教与信仰是不可分割的，古往今来世界上各种宗教无不以信仰作为它的根本性的要素，而宗教徒对所属宗教的信仰程度往往必然地成为这一宗教兴衰成败的最为主要的原因。鲁迅从小熟读中国古代经典，童年生活的坎坷使他对于民间宗教文化有了相当的了解，积淀了丰富的情感记忆，留学期间又阅读了大量的外国文学作品，对基督教文化也具备了比较广泛的知识。尤其是

1、3　鲁迅：《文化偏至论》，见《鲁迅全集》第一卷，人民文学出版社 2005 年版，第 55 页。
2　鲁迅：《摩罗诗力说》，同上，第 82 页。

从民国元年（1912）到1918年参加《新青年》编辑工作这一段时间，鲁迅曾一度迷恋上了佛学，在共同学佛的一帮朋友中，鲁迅被许寿裳称之为“用功最猛”的一位。这些个人生活的经历和知识结构的形成，使得鲁迅的文章经常涉及宗教的内容，或者直接谈论宗教，或者从宗教文献中引经据典，或者从宗教生发开去批判社会文化问题，这些议论警辟处切中肯綮，深刻处入木三分，生动处涉笔成趣，许多观点日后都成为人们研究相关问题的重要的思想资料。毫无疑问，鲁迅对宗教问题的涉及面是十分宽泛的，他对宗教问题的谈论也从来不是以专家的身份、以学者的态度来研判，而是从一个社会文化批判者的角度作出自己的观察。所以，这些言论和思考有时难免因事而异，因人而变，甚至前后矛盾，但是，在鲁迅的这些言论和思考中有一条思想的线索却是清晰可见，而且贯彻始终的，这就是对于国民信仰问题的关注，也就是说，“信”的问题始终是鲁迅在研判宗教问题时的一个基本的标尺。

早在东京从事思想启蒙工作时，鲁迅写下了一篇很重要的文言文《破恶声论》。这篇文章之所以重要，是因为一方面，这篇论文主体上是批驳时论的，说明鲁迅对当时的社会思潮论战的主动参与，另一方面，积极从事思想启蒙的鲁迅在这篇文章里用了不少篇幅为宗教与神话辩护。针对当时一些倡言科学而视宗教为迷信的观点，鲁迅谈到了自己对宗教和神话的看法。这些看法可以归纳如下：其一，宗教之产生乃是人类精神向上发展之必然。“夫人在两间，若知识混沌，思虑简陋，斯无论矣；倘其不安物质之生活，则自必有形上之需求。故吠陁之民，见夫凄风烈雨，黑云如盘，奔电时作，则以为因陁罗与敌斗，为之栗然生虔敬念。希伯来之民，大观天然，怀不思议，则神来之事与接神之术兴，后之宗教，即以萌孽。”对此，鲁迅针锋相对地指出：“虽中国志士谓之迷，而吾则谓此乃向上之民，欲离是有限相对之现世，以趣无限绝对之至上者也。人心必有所冯依，非信无以立，宗教之作，不可已矣。”其二，从信仰由来的角度，鲁迅也肯定了宗教的神秘性作用，认为宗教之作用在于“充人心向上之需要”，在于使人“顾瞻百昌，审谛万物，若无不有灵觉妙义焉”。鲁迅指出，这种“灵觉妙义”的精神和本源也与艺术、与美相通，“此即诗歌也，即美妙也，今世冥通神閟之士所归也”。神秘性是宗教信仰产生的心理基础，对宗教神秘性的感应愈是强烈深邃，对宗教的信仰力也就愈是坚强牢固。而这种神秘性的获得，则在于个体心灵丰富而深刻的内曜活动，也就是说来之于鲁迅极力推崇的“内部的生活”。所以鲁迅在论文中肯定宗教的神秘性时，不忘猛烈地批判中国的士夫“精神窒塞，惟肤薄之功利是尚，躯壳虽存，灵觉且失。于是昧人生有趣神閟之事，天物罗列，不关其心，自惟为稻粱折腰；则执己律人，以他人有信仰为大怪，举丧师辱国之罪，悉以归之”。其三，鲁迅认为世间宗教应是多元的，其信仰可以“一宰”也可以“百昌”。“一宰”是一神教，如西方的基督，“百昌”则是多神教，是“万物有灵”，如中国古代的原始宗教。鲁迅说：“顾吾中国，则夙以普崇万物为文化本根，敬天礼地，实与法式，发育张大，整然不紊。覆载为之首，而次及于万汇，凡一切睿知义理与邦国家族之制，无不据是为始基焉。效果所著，大莫可名，以是而不轻旧乡，以是而不生阶级；他若虽一卉木竹石，视之均函有神閟性灵，玄义在中，不同凡品，其所崇爱之溥博，世未见有其匹也。”所以，鲁迅批评当时的一种“恶声”：“设有人，谓中国人之所崇拜者，不在无形而在实体，不在一宰而在百昌，斯其信崇，即为迷妄，则敢问无形一主，何以独为正神？”其四，也是最有意味的一点，鲁迅考察了中国的宗教历史，认为中国的宗教信仰早已消亡，“顾民生多艰，是性日薄，洎夫今，乃仅能见诸古人之记录，与气禀未失之农人；求之于士大夫，戛戛乎难得矣”，“不悟墟社稷毁家庙者，征之历史，正多无信仰之士人，而乡曲小民无与”。[1]可见，鲁迅将中国宗教信仰消亡的原因，一方面归之于“民生多艰”，也就是生计的艰难使国民越来越重视稻粱性的实利生活，即孔夫子所言“食色，性也”，而忽略了精神性的“内部的生活”，另一方面就是中国士人过于聪明，多无信仰。由这种宗教观，我们不难体会到，后来鲁迅谈到宗教时，为什么会津津乐道于农人们所热爱的社戏，所扮演的无常女吊，也可以体会到鲁迅为什么终其一生都在用一双多疑而犀利的眼睛打量着读书人的精神世界。

民国元年（1912）以后，鲁迅曾陷入一段比较长时间的精神蛰伏期。做公务，抄古碑，读佛经，成为鲁迅这段时间几乎每日所做的功课。其实，这种刻板的公务员生活并没有使得鲁迅放弃自己的“内部的生活”，只是这种“内部的生活”更加隐秘、更加深邃而已。鲁迅非常用功地去读佛经，而且深深地感悟到佛经解决了自己思想上长期纠缠不清的问题，就是这种内部生活极其紧张的一个有力的证据。过去，我在《20世纪中国文学与佛学》一著中曾指出鲁迅之所以读佛经，与他自己的身体状况有关，这当然是就其个体最为切身的生命体验而言，但从思想渊源上看，喜读佛经自然也与他在东京时期对宗教的作用、特性与目的的认识不无关系。从外部生活来看，鲁迅这时是教育部官员，虽然层级不高，但衣食无忧，生活稳定，在京都也有较高的社会地位，而从“内部的生活”看，鲁迅这时却已处于深深的危机之中。我认为这种“内部的生活”的危机主要表现在，一是信仰危机，鲁迅此前曾经信仰过科学救国，信仰过进化论和尼采的个性主义，但科学救国的理念在东京办启蒙刊物时就已经破灭，而进化论与尼采学说的呐喊也早已经在寂寞的荒原上消失得无声无息。自己还能够信仰什么，或者说还有什么可以让自己倾心信仰？这是蛰伏期的鲁迅不能不有所思考的问题。二

---

1 此段引文出自鲁迅：《破恶声论》，见《鲁迅全集》第八卷，人民文学出版社2005年版，第29—30页。

是动力危机。人为什么而活？或者说人应该怎样活着？对于一般人而言，这种终极性问题是从来不会去过问的，但对于鲁迅这种精神力特别强健的人而言，这类问题却时时需要他去回答，去警醒。一旦回避这种问题的存在，人生的动力危机就会爆发。在《破恶声论》中，鲁迅已经认识到宗教乃是人生向上的动力，是向上之民“欲离是有限相对之现世，以趣无限绝对之至上者”的一种力量依托。所以，当鲁迅的“内部的生活”面临信仰和动力危机时，他先前对于宗教的考察和认知就自然地在化解危机上起到了一种引导、指向的作用。只有将鲁迅当时的身体状况这种切身体验与鲁迅几年前对于宗教问题的深层次思考结合起来考察，才能够真正体会到鲁迅为什么会在一段不算太短的时期内，对佛经产生了如此重大兴趣的精神动因。

鲁迅在《破恶声论》里为宗教辩护，有时是将科学与宗教联系起来思考的。他说“有奉科学为圭臬之辈，稍耳物质之说，即曰：‘磷，元素之一也；不为鬼火。’略翻生理之书，即曰：‘人体，细胞所合成也；安有灵魂？’知识未能周，而辄欲以所拾质力杂说之至浅而多谬者，解释万事。不思事理神闷变化，决不为理科入门一册之所范围，依此攻彼，不亦傎乎”[1]。鲁迅在南京时学过矿务，当然知道物质的化学生成原理，后来在仙台学医，也熟谙人体解剖学，对于科学精神的了解当然不是那些“稍耳物质之说”者所能望其项背的。但鲁迅并没有从科学走向对宗教信仰的否定，而是认识到“事理神闷变化”并非肤浅的科学知识所能范围，这与西方19世纪末期以梅特林克为代表的新浪漫主义思潮可谓不谋而合，也显然是受到尼采的影响。参加新文化运动以后，积极投身于思想启蒙工作的鲁迅虽然大力地倡导科学精神，但我认为他对于宗教的情感态度和理性认识甚至包括他从国民信仰建构的角度来关注宗教效应

1　鲁迅：《破恶声论》，见《鲁迅全集》第八卷，人民文学出版社2005年版，第30页。

这一思考的路向并没有发生本质的变化。这可以从如下几个方面见出：第一，20 世纪 20 年代中国知识界关于宗教问题曾经有过两次重大的论争，一次是科学与玄学之争，一次是非基督教运动，胡适、周作人、李大钊、丁文江等新文化阵营的重要人物都曾投身论争，明确表达自己的态度，但鲁迅作为一个热衷于社会文化批判的批评家，其态度显得有点暧昧。尽管他对上海等地出现的扶乩[1]、用讲鬼话的方式介绍科学、“社会上充满了妖气”[2]等等现象进行了犀利的批判，但不管是对非宗教（胡适、丁文江等）还是对非“非宗教”（周作人等），鲁迅都没有正面、明确地表达自己的意见。第二，鲁迅自己虽然无暇也没有兴趣研究宗教，但他对于宗教研究这一学术行为是给予了充分肯定的。如 1926 年 11 月 23 日鲁迅在致李霁野的信中不仅支持他翻译《圣经》的故事，并从编辑的角度为他设想：“‘圣经’两字，使人见了易生反感，我想就分作两份，称‘旧约’及‘新约’的故事，何如?”[3]后来，《莽原》半月刊 1927 年 6 月份出版的第二卷第十一期上发表了刘半农所译雨果《〈克洛特格欧〉的后序》，原作被删节很多，译者在删节处所作按语中曾一再声言说“这里是提倡宗教的话……我实在不愿意译”，“这仍是‘神道设教’的愚民政策，不值得译出”等等，鲁迅对此颇不以为然，在 1927 年 7 月 17 日写给章廷谦的信中就批评刘半农“狄克推多”（英语 dictator 的音译，独裁者的意思）。1927 年 11 月 14 日，

1　鲁迅在 1918 年 3 月 10 日写给许寿裳的信中曾气愤地说：“仆审现在所出书，无不大害青年，其十恶不赦之思想，令人肉颤。沪上一班昏虫又大捣鬼，至于为徐班侯之灵魂照相，其状乃如鼻烟壶。人事不修，群趋鬼道，所谓国将亡听命于神者哉！”见《鲁迅全集》第十一卷，人民文学出版社 2005 年版，第 360 页。

2　很有意味的是，鲁迅经常批判社会上的各种“妖”气，不仅在于“妖”恰恰是与宗教的正面力量相对立的，更重要的是在于“妖”的鬼祟、多变、善使小伎俩，以及容易驯服于权势。鲁迅在《论雷峰塔的倒掉》中对白蛇妖的同情，是个例外，但也并不例外，因为《白蛇传》的一个重要的特征就在于它的悲剧性以及白蛇的反抗与决不驯服。

3　鲁迅：《261123 致李霁野》，见《鲁迅全集》第十一卷，人民文学出版社 2005 年版，第 630 页。

鲁迅在致青年宗教学者江绍原的信中，一边希望江绍原出手翻译一些有关宗教方面的文艺书籍，一边还在批评刘半农在翻译上将相关宗教的话语删除不译的独裁。“今虽讨赤，而对于宗教学，恐仍无人留心。观读书界大势，将来之有人顾问者，殆仍惟文艺之流亚。不知兄有意一试之否？如前回在《语丝》上所谈之《达旖丝》，实是一部好书，倘译成中文，当有读者，且不至于白读也。半农译法国小说，似有择其短者而译之之趋势。我以为不大好。”[1] 几天过后，鲁迅又写信给江绍原，信上说：“其实，偌大的中国，即使一月出几本关于宗教学的书，那里算多呢。但这些理论，此刻不适用。所以我以为先生所研究的宗教学，恐怕暂时要变成聊以自娱的东西。无论‘打倒宗教’或‘扶起宗教’时，都没有别人会研究。……我不知道先生先前所爱看的是那一些作品，但即以在《语丝》发表过的 *Thais* 而论，我以为实在是一部好书。但我的注意并不在飨宴的情形，而在这位修士的内心的苦痛。非法郎士，真是作不出来。这书有历史气……”[2] 值得注意的是，这时已是 1927 年底，中国社会政治情势已经发生了极大的变化，而文化思想斗争中的阶级分化也已经十分明朗，文化的批判与建设显然正在受到政治功利的强力支配，而鲁迅这时也已完成了自己的世界观的转化。所以鲁迅认为研究宗教学的理论“此刻不适用”，也“没有别人会研究”，尽管如此，鲁迅依然肯定宗教学研究的社会价值，尤其肯定了 *Thais* 这种以宗教心理冲突为底子的文艺著作。

鲁迅于“五四”时期所写的小说，不少地方涉及下层百姓与宗教的关系，从这些描写中其实也可以看到鲁迅早期的宗教态度。最典型的是《祝福》中对祥林嫂的捐门槛和对“地狱”恐惧的描写，这两个经典细节都被后来的评论家们解读为鲁迅对于封建神权枷锁

1 鲁迅：《271114 致江绍原》，见《鲁迅全集》第十二卷，人民文学出版社 2005 年版，第 87—88 页。

2 鲁迅：《271120 致江绍原》，同 1，第 90—91 页。

于妇女的批判与控诉。政权、族权、夫权、神权——中国妇女所面对的这四个枷锁的束缚，乃是毛泽东在分析中国农村社会各阶级的现状时所作出的概括，说鲁迅天才般地用自己的小说创作展示了中国农村社会妇女的这一悲惨命运，与政治家毛泽东的理论不谋而合，这自然是没有问题的。但我们也应该注意到，鲁迅毕竟是一个文学家，他是按照自己对于现实生活的理解来刻画人物的。在《破恶声论》中，鲁迅就认为敬畏鬼神这种宗教意识只是留存在“气禀未失之农人”间，而求之于士大夫而不可得。所以，鲁迅描写祥林嫂“捐门槛”，描写闰土在检点鲁迅留下的物品时不忘带走敬神祭祖用的一副香炉和烛台，而且值得咀嚼的是：鲁迅写祥林嫂捐完门槛后，满心的轻松，“神气很舒畅，眼光也分外有神”；写闰土拿香炉，则是特别地提到希望，“我想到希望，忽然害怕起来了。闰土要香炉和烛台的时候，我还暗地里笑他，以为他总是崇拜偶像，什么时候都不忘却。现在我所谓希望，不也是我自己手制的偶像么？只是他的愿望切近，我的愿望茫远罢了”。这些细节，无疑都是在写乡野农人对于鬼神的真正的敬畏，真正的相信。正是有了这份真正的敬畏，真正的相信，这些辗转挣扎在社会的最底层，辛苦恣睢地过日子的农人才能够生活下去，才能够在黑暗的日子里看到一丝丝光明，得到一丝丝慰安。应该说鲁迅在批判下层群众的痼疾时最不留情的是“看客”现象，是麻木神态，鲁迅对于农人由信鬼神敬天地而得到的这点微薄的慰安与希望，则显然是抱着同情与哀愍的态度，《祝福》中“我”在面对祥林嫂对“有否灵魂”“有否地狱”的期盼与恐惧交错的眼神时的张皇失措，《故乡》中“我”在笑完闰土拿走香炉烛台后的情不自禁的自嘲，都可以说是鲁迅这种同情与哀愍态度的流露，里面显而易见地涌动着鲁迅心灵中的人道主义温情，与那种批判“看客”现象与麻木神态时的冷峻、严厉与决绝是完全不同的格调。在东京时，鲁迅为“朴素之民”敬畏鬼神的宗教信仰而辩护，甚至认为“农人之慰，而志士犯之，则志士之祸，烈于暴主远矣”[1]，1926年写作《无常》时又那么兴致勃勃、情意盎然地记叙农人社戏中对鬼神的扮演，这些都可以说明鲁迅对于宗教的态度，前后期的思想脉络是连贯一致的。

三、信仰非必依赖宗教而立

鲁迅一度用功学佛，但他最终并没有成为佛教徒。鲁迅在很多的场合里明确地表示过自己不相信有什么地狱和天堂，在他的杂文中经常用嘲弄的口吻谈到宗教徒，譬如，对道教，鲁迅曾说过这样的诛心之语：“人往往憎和尚，憎尼姑，憎回教徒，憎耶教徒，而不憎道士。懂得此理者，懂得中国大半。”[2]对佛教，鲁迅也有“一阔脸就变，所砍头渐多。忽而又下野，南无阿弥陀”[3]的讥评，在讽刺某些学者好做青年导师时，鲁迅借题发挥，半开玩笑半当真地拿佛道二教作比方，“说佛法的和尚，卖仙药的道士，将来都与白骨是‘一丘之貉’，人们现在却向他听生西的大法，求上升的真传，岂不可笑”[4]。鲁迅甚至也不止一次地在私下场合里表达过对宗教徒的讨厌。如鲁迅在与母亲的信中讨论海婴上学的事时就说过：“至于学校，则今年拟不给他去，因为四近实无好小学，有些是骗钱的，教员虽打扮得很时髦，却无学问；有些是教会开的，常要讲教，更为讨厌。”[5]在给日本友人山本初枝的回信中鲁迅也说：“前次惠函中曾提及天国一事，其实我是讨厌天国的。中国的善人们我大

1　鲁迅：《破恶声论》，见《鲁迅全集》第八卷，人民文学出版社2005年版，第32页。
2　鲁迅：《小杂感》，见《鲁迅全集》第三卷，人民文学出版社2005年版，第556页。
3　鲁迅：《赠邬其山》，见《鲁迅全集》第七卷，人民文学出版社2005年版，第451页。
4　鲁迅：《导师》，同1，第58页。
5　鲁迅：《340613致母亲》，见《鲁迅全集》第十三卷，人民文学出版社2005年版，第149页。

抵都厌恶，倘将来朝夕同这样的人相处，真是不堪设想。”[1]这些私人场合的表达乃是率性而言，毫无掩饰，流露出的情感态度是十分真实而且鲜明的。不过，这种情感态度与鲁迅对宗教、对信仰的理性认识并不矛盾。这是因为：

第一，鲁迅早就认为宗教性在中国是“已于四千载前有之”，但后来被那些“躯壳虽存，灵觉已失”“惟为稻粱折腰”的读书人所毁坏，到了如今，仅仅残存在“气禀未失”“厥心纯白”的“朴素之民”身上。所以，鲁迅不太相信能在智识者也就是“士夫”们身上找到宗教情怀，能在读书人中间找到真正的信仰者。

第二，由于鲁迅认为“宗教性”和“信仰力”求之于“士夫”是“戛戛乎难得”，而鲁迅所见到的或者说鲁迅所关注的那些宗教徒们恰恰又都是智识者，所以鲁迅不仅不相信他们，甚至有点鄙视他们，总是怀疑他们是“吃教”党，不管是吃洋教的，还是吃土教的，都是利用宗教来谋稻粱。直到晚年鲁迅都没有改变自己的这种“智识者”观，他在给萧军、萧红的信中就不无忧心地指出：“我看中国有许多智识分子，嘴里用各种学说和道理，来粉饰自己的行为，其实却只顾自己一个的便利和舒服，凡有被他遇见的，都用作生活的材料，一路吃过去，像白蚁一样，而遗留下来的，却只是一条排泄的粪。社会上这样的东西一多，社会是要糟的。”[2]

第三，也是最重要的一点，鲁迅虽然认为宗教“非信无以立”，信仰乃是宗教发生的基础，但他早期思想中是把宗教与信仰分别开来对待的，也就是说鲁迅认为宗教必以信仰立，而信仰却不必依赖宗教而存在。人类的各种主义，各种学说，只要是能够帮助人类精神向上的，能够满足人类的“内部的生活”的，都可以成为人类的信仰。在《破恶声论》中，鲁迅曾把信仰分为“迷信”与“正

1 鲁迅：《350627 致山本初枝》，见《鲁迅全集》第十四卷，人民文学出版社 2005 年版，第 364 页。

2 鲁迅：《350423 致萧军、萧红》，见《鲁迅全集》第十三卷，人民文学出版社 2005 年版，第 445 页。

信”，在批评那些所谓“志士”时指出：“破迷信者，于今为烈，不特时腾沸于士人之口，且裒然成巨帙矣。顾胥不先语人以正信；正信不立，又乌从比校而知其迷妄也。”[1] 迷信也好，正信也好，都是人的信仰，是“向上之民”“离是有限相对之现世，以趣无限绝对之至上者”的精神基础。“朴素之民”“劳作终岁，必求一扬其精神。故农则年答大戬于天，自亦蒙庥而大酺，稍息心体，备更服劳”[2]。即使是“迷信”，对于农人的心身慰安也是很必要的。鲁迅曾愤愤地指责晚清所谓披着科学的外衣来“破迷信”的“志士”，“今并此而止之，是使学轭下之牛马也”[3]。鲁迅将这种“志士”概括为一种“惟酒食是仪，他无执持，而妄欲夺人之崇信者”，认为他们“虽有元素细胞，为之甲胄，顾其违妄而无当于事理，已可弗繁言而解矣”[4]。清末有些新派人士“以毁伽兰为专务”，占庙产以兴学校，对此鲁迅也颇不以为然，指出“夫佛教崇高，凡有识者所同可，何怨于震旦，而汲汲灭其法”[5]。可见鲁迅虽然将信仰分为“迷信”与“正信”，但他早期的思想启蒙工作的中心主题在于提振人的“内曜”力，在于发扬人的“内部的生活”，因而他在“迷信”和“正信”之间并没有厚此而薄彼的倾向。尤其是在如何定性“迷信”与“正信”方面，主张“任个人而排众数”的鲁迅特别反对思想的独裁与专制。他不仅指出世间宗教应是多元的，其信仰可以“一宰”也可以“百昌”，而且直接批评了晚清政坛、学界一些人士欲定儒教为国教的主张：“且今者更将创天下古今未闻之事，定宗教以强中国人之信奉矣，心夺于人，信不繇己，然此破迷信之志士，则正敕定正信教宗之健仆哉。”[6] 当然，反对专制与崇奉“正信”之间并不必然矛盾，在鲁迅看来，“信”是“迷”是“正”，并

---

1 鲁迅：《破恶声论》，见《鲁迅全集》第八卷，人民文学出版社 2005 年版，第 29 页。
2、3 同 1，第 32 页。
4、5 同 1，第 31 页。
6 同 1，第 33 页。

不能由别人来敕定，关键在于此“信”是否出于自己的“内曜”，是否属于自己的“心声”。“盖惟声发自心；朕归于我，而人始自有己；人各有己，而群之大觉近矣。”[1]鲁迅就是这样在反对思想专制、主张“声发自心”的基础上将他的信仰观念与他的个性启蒙工作联系起来了。

必须指出的是，在《破恶声论》中，鲁迅虽然百般为宗教信仰辩护，但鲁迅自己却不是一个有神论者，他所崇奉的信仰也并非宗教，而是尼采、易卜生等人所倡扬的个性主义。19世纪以来，西方哲学与社会科学发展迅速，突破基督教的势力影响而以各种思想、主义、学说为信仰者，越来越多，并发展成为各种推进文明发展的社会思潮。鲁迅曾举黑格尔与尼采为例来说明这种人类信仰的转型状况，黑格尔是“别立理性之神祠，以奉十九世纪三位一体之真者。三位云何？诚善美也。顾仍奉行仪式，俾人易知执着现世，而求精进”[2]。至于尼采，则是“刺取达尔文进化之说，掊击景教，别说超人。虽云据科学为根，而宗教与幻想之臭味不脱，则其张主，特为易信仰，而非灭信仰昭然矣”[3]。黑格尔的“理性说”与尼采的“超人说”，其意义都在于打破了西方文化中基督信仰一统天下的局面，开出人类信仰也就是人类“内部的生活”的一条新途。尤其是尼采，他在西方信仰史上一个绝大的贡献就是宣告了“上帝已死”，一切价值都可以重估，而且必须重估。“上帝已死”的宣示包含着两个层面的意义，一是信仰成了自由的产物。“地平线对于我们仿佛终于重新开拓了，即使它尚不明晰，我们的航船毕竟可以重新出航，冒着任何风险出航了，求知者的任何冒险又重得允许了，海洋，我们的海洋又重新敞开了，也许从来不曾有过如此‘开

1 鲁迅：《破恶声论》，见《鲁迅全集》第八卷，人民文学出版社2005年版，第26页。
2 同1，第30—31页。
3 同1，第31页。

阔的海洋’。”[1]这是尼采在宣告“上帝死了”时的热情洋溢的欢呼，他认为这一事件的最为深远的意义就在于人类的信仰由空前的大崩溃中获得了空前的大自由。二是信仰乃是自我体验的精神产物，而不是他人赋予的精神外在物。其实，尽管尼采提出了重估一切价值的口号，但他并非要虚无一切价值，“重估一切价值”就是要求人们对以往的一切评价自由地重新体验过，从正反两方面来体验，然后再决定哪些评价有权得以通过。[2]鲁迅当时深入阅读过尼采的著作，在论文中不仅对他的“超人说”心仪不已，而且特别指出尼采主张“超人说”是“易信仰，而非灭信仰”，可见鲁迅对于尼采的这种信仰观念也是有所了解的。五四新文化运动开始以后，达尔文进化论和尼采的个性主义学说成了鲁迅的思想根基，成为鲁迅批判旧思想和旧文化的锐利的思想武器，这无疑是鲁迅在东京时期就已经开始信奉达尔文进化论和尼采“超人说”的自然发展。

四、自由、诚实、践履是信仰的根基

在五四新文化运动中，国民信仰建构曾经一度成为先驱者众所瞩目的热门话题。陈独秀在堪称新文化运动点火之作的《敬告青年》一文中，就大声呼吁青年“我有手足，自谋温饱，我有口舌，自陈好恶，我有心思，自崇所信，绝不认他人之越俎”[3]。汪叔潜也认为“国于天地必有与立，一国之人，苟有一致之趋向，上也。假使不然，则维新固有维新之精神，守旧亦有守旧之精神，人人各本其自信者，锲而不舍，精神之角斗无时或息，终必有正当解决之一

1　尼采：《快乐的知识》第 343 节，转引自周国平：《尼采：在世纪的转折点上》，上海人民出版社 1986 年版，第 167 页。

2　参见周国平：《尼采：在世纪的转折点上》，上海人民出版社 1986 年版，第 168 页。

3　陈独秀：《敬告青年》，《青年杂志》第一卷第一号，1915 年 9 月。

日，惟依违其间，唯唯否否，乃至匿怨而友，阴相残贼，而国家之元气，真乃斫丧尽净矣”[1]。胡适在美国留学时曾经去教堂听牧师布道，深受感动，但也颇为警惕，担心自己的信仰会被牧师所操纵，后来就拒绝再去教堂。五四新文化运动中，胡适谈到自己关于信仰问题的一个思想变化：“有某夫人问余对于耶教徒在中国传道一举，意见何能。答曰：‘吾前此颇反对此举，以为“人之患在好为人师”，英文所谓 Proselyting 者是也。年来颇觉传道之士正亦未可厚非。彼等自信其所信，又以为其所信之足以济人淑世也，故必欲与世人共之，欲令人人皆信其所信，其用心良可敬也。《新约》之《马太传》有云，未有燃烛而以斛覆之者也，皆欲插之檠上，令室中人毕受其光耳。且令汝之光照耀人前，俾人人皆知汝之事业，而尊荣汝在天之父（上帝也）。此传道之旨也，顾今日传道之士，未必人人皆知此义耳。’”[2] 早期共产主义知识分子恽代英还专门写过《论信仰》的论文，指出：“有智识之人，初不须假借信仰之力，更不须假借宗教之力，自能竭力实践道德上之义务。虽有时信仰与智识一致，足以增加其人实践道德之力量，然如不幸而不与智识一致，则徒为其勇猛进德之妨碍。”“智与爱为千古不磨之道德原动力，信仰二字吾人虽不必十分排斥，亦大可不更加提倡矣。异哉吾国学者，于此日此时，乃欲大倡信仰之说于吾国，宗教也，国教也，纷呶不可辨晰，意者自欧风东渐，彼数百年前之宗教史，有足使吾人羡慕者耶。”[3] 陈独秀的“自崇所信”，汪叔潜的“人人各本其自信”，胡适的“自信其所信，又以为其所信之足以济人淑世也，故必欲与世人共之，欲令人人皆信其所信”，这些观念无疑都是五四新文化运动中国民信仰建构问题所讨论的关键词。而恽代英此文的“信仰”概念乃是一个狭义的使用，专指宗教信仰，所以他

---

1 汪叔潜：《新旧问题》，《青年杂志》第一卷第一号，1915 年 9 月。
2 胡适：《藏晖室札记》，《新青年》第二卷第五号，1917 年 1 月。
3 恽代英：《论信仰》，《新青年》第三卷第五号，1917 年 7 月。

反对“大倡信仰之说”，但他对“智”与“爱”的推崇本身也已是一种广义上的信仰选择。

同这些新文化运动的先驱者一样，鲁迅的文化批评活动一如既往地密切关注着国民精神信仰的建构问题。不过，因为鲁迅对这一问题的思考由来已久，而从“民元”到“五四”这段时期的精神蛰伏，更使鲁迅对相关问题的认识更加透彻与洞明。所以，鲁迅对国民信仰建构问题的思考与阐述，既与时代的精神步调一致，又具有同时期批评家们不可比拟的深刻性。首先，鲁迅特别强调了个人信仰的自由属性，没有自由，不是个体精神的“内曜”，所谓信仰也就失去了依托。鲁迅在“五四”时期不遗余力地批判孔教，而且在批判孔教时并不孜孜于对儒教理论的辨析和驳斥，而是着眼于现在，把对孔教的批判与现实的思想文化斗争紧密地联系起来，其中最主要的原因就在于鲁迅看到了定孔教为国教的保守派们所包藏的祸心，洞烛到了他们借订立国教来进行思想专制、压抑思想自由的险恶用意。鲁迅一生都反对给青年做“导师”，他对青年们说：“青年又何须寻那挂着金字招牌的导师呢？不如寻朋友，联合起来，同向着似乎可以生存的方向走。你们所多的是生力，遇见深林，可以辟成平地的，遇见旷野，可以栽种树木的，遇见沙漠，可以开掘井泉的。问什么荆棘塞途的老路，寻什么乌烟瘴气的鸟导师！”[1]鲁迅在给许广平的信中也这样解剖自己：“假使我真有指导青年的本领——无论指导得错不错——我决不藏匿起来，但可惜我连自己也没有指南针，到现在还是乱闯，倘若闯入深坑，自己有自己负责，领着别人又怎么好呢，我之怕上讲台讲空话者就为此。记得有一种小说里攻击牧师，说有一个乡下女人，向牧师历诉困苦的半生，请他救助，牧师听毕答道：‘忍着罢，上帝使你在生前受苦，死后定当赐福的。’其实古今的圣贤以及哲人学者所说，何尝能比这高明

1 鲁迅：《导师》，见《鲁迅全集》第三卷，人民文学出版社 2005 年版，第 59 页。

些……”[1]通常我们认为鲁迅这样的话出之于他对新文化运动中的一些前驱者洋洋自得、好为人师的一种嘲讽，对曾经利用他时就将他视为导师，一旦离去就将他视为老病的落伍者的“高长虹”之流的愤怒，是鲁迅自己在新文化阵营分化后“两间余一卒，荷戟独彷徨”的落寞心态的反映，这固然不错，但其根底里的思想因素还应该追寻到鲁迅当年对“声发自心，朕归于我”的精神界之战士的热情期待以及对“心夺于人，信不繇己”的国民信仰状况的深刻反省。

其次，鲁迅认为国民信仰建构的关键在于诚实度。诚实，这是信仰建构的根本，也是“内曜”与“心声”的标志。但中国国民经常被西人认为是没有信仰的民族，这并非是中国不产信仰，也不是中国缺乏信仰，而是因为中国的“智识者”在对待信仰的态度上是虚伪的。在《破恶声论》中，鲁迅已经将中国古代社会信仰的不健全归咎于智识者，认为正是“智识者”的虚伪和利用毁坏了中国社会的信仰，鲁迅因此鄙夷地称呼这些“智识者”为“伪士”，为“无信仰的士人”。“五四”以后直到30年代，鲁迅在考察中国国民信仰状况时还一直坚持这一看法，他说：“中国人自然有迷信，也有‘信’，但好像很少‘坚信’。我们先前最尊皇帝，但一面想玩弄他，也尊后妃，但一面又有些想吊她的膀子；畏神明，而又烧纸钱作贿赂，佩服豪杰，却不肯为他作牺牲。崇孔的名儒，一面拜佛，信甲的战士，明天信丁。宗教战争是向来没有的，从北魏到唐末的佛道二教的此仆彼起，是只靠几个人在皇帝耳朵边的甘言蜜语。风水，符咒，拜祷……偌大的‘运命’，只要化一批钱或磕几个头，就改换得和注定的一笔大不相同了……”[2]鲁迅甚至将中国的精神上没有特操的“上等人”“智识者”称之为“做戏的虚无党”，他说：“只有‘虚无主义者’或‘虚无思想者’却是有的，是都介涅夫

1 鲁迅：《250311致许广平》，见《鲁迅全集》第十一卷，人民文学出版社2005年版，第460—461页。

2 鲁迅：《运命》，见《鲁迅全集》第六卷，人民文学出版社2005年版，第135页。

（I. Turgeniev）给创立出来的名目，指不信神，不信宗教，否定一切传统和权威，要复归那出于自由意志的生活的人物而言。但是，这样的人物，从中国人看来也就已经可恶了。然而看看中国的一些人，至少是上等人，他们的对于神、宗教、传统的权威，是‘信’和‘从’呢，还是‘怕’和‘利用’？只要看他们的善于变化，毫无特操，是什么也不信从的，但总要摆出和内心两样的架子来。要寻虚无党，在中国实在很不少；和俄国的不同的处所，只在他们这么想，便这么说，这么做，我们的却虽然这么想，却是那么说，在后台这么做，到前台又那么做……。将这种特别人物，另称为‘做戏的虚无党’或‘体面的虚无党’以示区别罢……”[1]满篇密密麻麻写的是仁义道德，可字缝里却赫然地显出“吃人”的狰狞面目，满嘴里说的是礼义廉耻，可肚子里包藏的全是男盗女娼，中国传统儒家思想之所以没有能够真正提升成为一种国民信仰，就在于它的宣扬者口是心非，表里不一。这是鲁迅通过对儒家文化传统的考察所得出的最为痛切的结论。从《破恶声论》开始，鲁迅就在始终不渝地呼唤着诚实，鲁迅希望在这“寂寞为政，天地闭矣”的时代里，有能“为人立极”的精神界之战士，不仅要“破黮暗”，而且要“离伪诈”。鲁迅甚至将“迷信”与“伪信”进行比较，认为即使迷信，因其诚实，也比伪信更值得尊重，所以，他不无激愤地指出：“伪士当去，迷信可存，今日之急也。”[2] 30年代，鲁迅自己的信仰发生了变化，但鲁迅是极其诚实地对待自己的信仰转变的，因为他知道自己的信仰变化可以找到清晰的生命体验的线索，是青年的血和生命让他明白了昨日之非与今日之是，也是自己偷了别国的火亲手煮着自己的肉，才在刀光血色中看到了东方熹微的晨光。而对上海滩上那些并无真正信仰，却变来变去追赶理论时髦的人，鲁

1　鲁迅：《马上支日记》，见《鲁迅全集》第三卷，人民文学出版社2005年版，第346页。

2　鲁迅：《破恶声论》，见《鲁迅全集》第八卷，人民文学出版社2005年版，第30页。

迅则不惜以“流氓”冠之：“无论古今，凡是没有一定的理论，或主张的变化并无线索可寻，而随时拿了各种各派的理论来作武器的人，都可以称之为流氓。”[1]

再次，鲁迅特别强调了信仰的践履力。践履力的核心是认真，如果说诚实乃是信仰建构的基础，而认真践履则是信仰完成的有效保证。中国儒家文化以“中庸”为本，面对任何一种新的主义，新的学说，儒家文化都可以用所谓体用思维，将之化为己有，而老庄学说此亦一是非彼亦一是非，本来就反对认真地对待某种事物，所以在这种文化传统中浸润着的国民，对于任一种学说，任一种思想，都是敷敷衍衍，模模糊糊，左右逢源，上下通吃。正是洞彻地觉察到了中国国民在信仰践履上的这一痼疾，所以鲁迅在谈论这一问题时，常常引外国文化中的例子来激励国人。譬如，针对保守派“中学为体，西学为用”“因时制宜，折衷至当”的论调，鲁迅引易卜生为例子，声称：“All or nothing！”[2]针对“自己一面点电灯，坐火车，吃西餐，一面却骂科学，讲国粹”的这些士大夫的坏处，鲁迅就举印度的圣人甘地为例子来赞赏言出必行，“印度的甘地是反英的，他不但不用英国货，连生起病来，也不用英国药，这才是‘言行一致’”[3]。针对中国历史上的只有“来了”来了的奇特现象，鲁迅说：“看看别国，抗拒这‘来了’的便是有主义的人民。他们因为所信的主义，牺牲了别的一切，用骨肉碰钝了锋刃，血液浇灭了烟焰。在刀光火色衰微中，看出一种薄明的天色，便是新世纪的曙光。”[4]1932年，鲁迅在讽刺“青年援马团”的“堂·吉诃德”风时，也情不自禁地赞美起塞万提斯笔下的这个真正的“书呆子”：

---

1 鲁迅：《上海文艺之一瞥》，见《鲁迅全集》第四卷，人民文学出版社2005年版，第304页。

2 鲁迅：《随感录四十八》，见《鲁迅全集》第一卷，人民文学出版社2005年版，第353页。

3 鲁迅：《360215致阮善先》，见《鲁迅全集》第十四卷，人民文学出版社2005年版，第27页。

4 鲁迅：《随感录五十九“圣武”》，同1，第373页。

“其实是，这种书呆子，乃是西班牙书呆子，向来爱讲‘中庸’的中国，是不会有的。西班牙人讲恋爱，就天天到女人窗下去唱歌，信旧教，就烧杀异端，一革命，就捣烂教堂，踢出皇帝。”[1]确实，忠实于自己信仰的人，不折不扣地认真践履自己信仰的人，往往会被庸众的社会视为“呆子”“傻子”，甚至“疯子”。鲁迅不仅在他的各种杂文中大力赞赏这种认真精神，而且用他的文学作品塑造了这类信仰认真者的系列形象。如《长明灯》中的狂人，他深信必须吹熄庙里的长明灯才能给村民带来幸福，所以熄灭长明灯成为他的生存意义。对他来说，熄灭长明灯绝不是喊喊而已，他一次又一次地真上庙里去，真要吹灭那盏长明灯。他不仅要灭灯，而且要“自己熄”，不仅要“自己熄”，而且要“此刻去熄”，当村里人把庙门紧闭不让他接近长明灯时，他就打算来“放火”，做出更激烈、更彻底的行动。不容替代，也不容拖延，更不容半途而废的苟且，村子里的老爷们最害怕的恰恰就是他的这种敢动真格的性格与行为。《聪明人和傻子和奴才》《立论》中也塑造了赞美了认真的“傻子”精神。一个“傻子”特别较真，听到奴才哭诉自己的住房太小太暗，没有窗户，他“动手就砸那泥墙”，要为奴才开出一个光明的窗户来；另一个傻子则不惮忌讳，坚持说出了人总是要死的这一谁都知道但谁都不敢说出的真理。

从《破恶声论》的发表到鲁迅去世的近30年间，中国经历了一个痛苦但又非凡的时代。在这期间，中国民众几度为了自己所信仰的主义，用骨肉去碰钝锋刃，用血液去浇灭烟焰，努力从黑暗中拼杀出一条通往光明的路。“砍头不要紧，只要主义真”，曾经是这个世纪里优秀知识分子发出的时代最强音。鲁迅对此并不是没有感觉的，所以他在谈论辛亥革命时，时常真心地予以赞许：“民元的时候，顽固的尽管顽固，改革的尽管改革，这两派相反，只要一

1　鲁迅：《中华民国的新“堂·吉诃德”们》，见《鲁迅全集》第四卷，人民文学出版社2005年版，第352页。

派占优势，自然就成功起来。而当时改革的人，个个似乎有匈奴未灭何以家为的一种国尔忘家，公尔忘私的气概，身家且不要，遑说权利思想。所以那时人心容易号召，旗帜比较的鲜明。”[1]到了30年代，鲁迅也写过《中国人失掉自信力了吗》的名文，赞扬中国自古以来就有为民请命的人，埋头苦干的人，但这些人，恰恰都像基督一样，最后成了群众的牺牲。要么如“狂人”，被他深爱的同胞关进牢笼，要么如夏瑜，成为做人血馒头的材料，要么就如“傻子”，被奴才们不客气地轰打出去。在一定程度上，鲁迅所塑造的这些真正的信仰者形象，以他们无可避免的大痛楚、大悲苦与大孤独，显示了中国国民信仰建构的重要意义与艰难程度，较之鲁迅有关国民信仰建构的批判性论述，更具有直观和切身的震撼力。

（原刊于《西南大学学报（社会科学版）》2014年第1期）

1 鲁迅：《两地书》，见《鲁迅全集》第十一卷，人民文学出版社2005年版，第36页。

尼采影响：鲁迅国民信仰建构思想的特征与深度

五四新文化运动虽然揭起的是民主与科学两面大旗，但这两面大旗不过是新文化运动为那个时代大量向西方引进文化思想提供的保护伞或通行证，其实当时为新文化运动所引进的西方文化思想在其宽泛程度上可以说是斑驳陆离，其中甚至有一些风行的思想还是贬抑科学、质疑民主的理论，尼采在“五四”时代的大受欢迎就是一个极好的例子。这种现象当然造成了五四新文化运动与西方文化思想关系的错综复杂性，使我们对“五四”前后一段时期内进入中国的西方思想，无论是对其本身的理论性质、对其进入中国的特殊通道，还是对引进者的诠释方式和取舍策略，都不能笼而统之地来看待，而是应该抱着一种审慎的思辨态度和细致的归类方式来进行分析研究。

一

尼采在中国的影响是一个极其复杂的现象，决不能一味肯定，也不能全盘抹杀，有些影响本身既扮演着天使的角色，同时又透露出魔鬼的力量。之所以会是这样，当然与尼采思想的巨大的阐释空间、尼采哲学的反体系特征以及尼采思想表述的诗性倾向有关，但其中一个重要的原因无疑是国内译介者对于尼采的理解、对于译介尼采的文化意图各不相同。张钊贻曾把尼采影响大致区分为“温和的”与“强横的”两派，认为“尼采影响中温和与强横两派的区别，除了方法和立场的不同之外，也由于他们所关心和着重的问题不同。温和派着重道德价值和文化等问题，而强横派崇尚暴力，倾向强权和强人统治，鼓吹种族主义和法西斯主义，则显然更直接介入政治和社会问题”[1]。张文的分析是针对 20 世纪国际文化思想界的尼采影响而言，但这观点显然也十分适合五四新文化运动期间的中国的情况。1915 年《新青年》杂志创刊伊始，就开始大力宣传尼采的思想，而温和派与强横派的区分也从这个时候已现端倪。温和派如陈独秀等，注重道德文化问题，引用的尼采资源主要是“主人道德”和“奴隶道德”等论述，如陈独秀在《一九一六年》一文中说：“一九一六年之青年，其思想动作果何所适从乎？第一，自居征服 To Conquer 地位，勿自居被征服 Be Conqued 地位。……第二，尊重个人独立自主之人格，勿为他人之附属品。……率天下之男女为臣为子为妻而不见有一独立自主之人者，三纲之说为之也，缘此而生金科玉律之道德名词曰忠曰孝曰节，皆非推己及人之主人道德，而为以己属人之奴隶道德也。人间百行皆以自我为中心，此而丧失他，何足言奴隶道德者。即丧失此中心，一切操行悉非义由己起，附属他人以为功过者也。”[2] 所以，陈独秀号召中国青年“自负为一九一六年之男女青年其各奋斗以脱离此附属品之地位，以恢复独立自主之人格”[3]。这里的奴隶道德直指中国儒家文化的忠、孝、

---

1 张钊贻：《鲁迅：中国“温和”的尼采》，北京大学出版社 2011 年版，第 55 页。

2、3 《青年杂志》第一卷第五号，1916 年 2 月。

节等纲常观念，可见陈独秀引用尼采关于两种道德的论述乃是为了民族文化人格的建设。而强横派如刘叔雅等，注重的是国家种族的强弱与生存问题，引用的尼采资源则是强力意志、优胜劣败等观念，如刘叔雅的《欧洲战争与青年之觉悟》在分析了欧洲战争的原因与局势之后，大力鼓吹尼采的强权意志和做征服者的思想："愿吾青年人人以并吞四海为志，席卷八荒为心。改造诸华为世界最好战之民族，国家光荣，庶可永保弗坠。吾青年亦得常享战胜者所独有之和平幸福。否则请于蒿里中求之耳。""大哲尼采有言：'人类纵不德，何至犯一弱字。'弱者，实万种罪恶之首，弱国不惟无可怜悯，且堪痛恨，使进化之说不诬。大好世界，皆将为强者所独有，弱者不当有容身之所。盖弱者栖息于大地，食人之粟，而不能治人之事，不悉歼灭，是为人类进化之大障碍。"[1]弱者为万恶之首，该当歼灭，这种说法将尼采的强力意志作了有意的夸大与延伸，已经与法西斯主义没有什么区别。此后，尼采对现代中国的影响主要是沿着这两种思路发展，温和派倾向在"五四"时期的启蒙文学中发展到极致，而强横派倾向则在40年代的战国策派那里得到了新的呼应。

在"五四"时期的启蒙文学家中，不管是否真正阅读过尼采，是否真正喜欢过尼采，说几句尼采的名言，阐述某种尼采的思想，几乎是整整一代人的时尚。[2]不过，透过这种时尚再往深层分析，就可以看到即使大家都在接受尼采的影响，但接受的目的和利用的价值取向是存在区别的。我认为，从目的论与价值论的意义上看，"五四"时期启蒙文学家对尼采的接受大致可以分为三种类型，一

1　《新青年》第二卷第二号，1916年10月。

2　如王统照这样以爱与美为主题的作家，在《新俄国游记》一文中也说"德国尼采有几句话道：'我爱那自己的德的人，因为德就是希望没落的心，就是射出的箭。''可是我就此告别。时候已到了。黎明和黎明的中间，我把真理发现了。'我取来写在这里，作这篇文字的结束吧"。典型的儒家传统文人叶绍钧在他的长篇小说《倪焕之》中也有这样的描写："一切价值的重新估定，渐渐成为流行的观念。"

种是艺术型，即将尼采作为一种新兴艺术思潮的核心人物，从他那里吸取艺术的养料和创作的灵感。《小说月报》第十二卷第八号发表了海镜翻译的日本山岸光宣的题为《近代德国文学的主潮》一文。文章介绍了近代德国文学中象征主义运动的兴起，“这种艺术家是自己本位的艺术家，他们的作品只满足了自己便了，同情于人生悲惨的自然主义的时代过去了，现在都来要求满足自己的鉴赏了，都来要由一切时代一切国家的艺术求刺戟，以美化人生”，“新时代艺术家的神经是这样病的发达的，由他们的眼里看来，凡不是艺术家的人都是俗人，凡是人类，若不是艺术家，就是俗人，这两者之间没有第三者的存在。从前自然主义所排斥的美、庄严、夸张等等，现在又复活起来，艺术的世界又充满了幽妙的香，弥漫了神秘的光，而且那个美，与其是线的美，无宁是色彩的美，并且还是珍奇的色彩的美，更进一步说，并不是要求色彩的美，乃是要求谐和的美”，“尼采就是这种艺术的先驱者，把从前为功利主义物质主义的时代思潮所破坏的形式美的要求再恢复起来，作了新艺术的源泉的就是尼采言语，也因他又成了象征的神圣的微妙的，非用指头仔细处理就容易破坏的了”。这篇文章对尼采的评价未必准确，但他将尼采视为近代象征主义艺术的先驱，视为生活艺术化的倡导者，无疑与“五四”时期一批作家们的看法是一致的。关于生活的艺术化，郭沫若等创造社作家大都曾在“五四”时期讨论过这一话题。郭沫若在《生活的艺术化》一文中，认为王尔德的“生活艺术化”偏于外部生活，而郭沫若自己所赞赏的生活艺术化乃是一种内在的艺术化，也就是“要用艺术的精神来美化我们的内在生活，就是说把艺术的精神来做我们的精神生活。我们要养成一个美的灵魂”。在另一篇文章中，郭沫若也谈到艺术的内在化的重要性，他认为“艺术是从内部的自然的发生。它的受精是内部与外部的结合，是灵魂与自然的结合”。自然是已经存在着的，但这种结合是否能够构成伟大的杰作，主要是看艺术家主体的力量。所以，“尼采为甚么说内养不充的人不能待，也不能怠，笛卡尔为甚么要赞美怠惰？你们可以加一番绰有余裕的思索了”。郭沫若还将尼采本人作为一个例子来说明“生活艺术化“的重要意义：“《查拉图司屈拉》一书正是心血和雅言的著作。尼采的性格是有一种天才崇拜癖的人，爱以一己的理想输入于个体之中，以满足其崇拜的欲望。但一旦失望于已故的萧本华，再失望于其‘师’瓦格纳（Wagner），最后于暂时所认定为‘后继者’之卢女士（Lou Andreas Salomé）亦不得不受失望之痛苦。系念之情愈殷，则失望之复仇愈烈。一生渴求知己，而知己渺不可得。于孤独的悲哀与疾病的困厄中乃凝集其心血于雅言，求知己于‘离去人类与时代的六千英尺以外’。”[1]在郭沫若看来，尼采一生多病，所以他极力推崇生命的强力意志，尼采一生寻求知己而不得，所以他写作了一部留给未来的人阅读的奇书。这就是生活艺术化的结果，也是生活艺术化的典范。作为创造社的批评家，成仿吾也表示：“一个真的艺术家当是一种真的心情的伟力之所有者，而且他如要成为伟大，他也必定要养成伟大的心情。”“所以真的艺术家，我们可以简单地说，他是有伟大的心情而能以人生为艺术的人，他是超人，他是人而神。”[2]田汉也曾提出过用艺术来“美化人生”的主张，认为艺术有责任“引人入于一种艺术的境界，使生活艺术化”。他特别赞赏德国剧作家霍夫曼的《沉钟》，认为《沉钟》“本是描写一种艺术生活与现实生活之冲突的悲剧，然而我看到末场：……并不觉得有什么悲苦，却和亨利希一样，我们的灵魂化入令人神往的境地去了”，“同时一股神秘的活力也从那时起在我的内部生命的川内流动着”[3]。霍夫曼是尼采的信徒，

1 郭沫若：《雅言与自力——告我爱读〈查拉图司屈拉〉的友人》，《创造周报》1923 年第三十号。
2 成仿吾：《真的艺术家》，《创造周报》1923 年第二十七号。
3 田汉：《给沫若的信》，见《母亲的话》，湖南人民出版社 1983 年版，第 124—125 页。

《沉钟》一剧就是诠释尼采生命哲学的一个典型作品[1]，由此也不难看到田汉的“美化人生”主张同尼采思想的关系。尤其值得注意的是，20世纪初日本在引进尼采思想的时候，日本学术界曾经围绕尼采的“美的生活”观念这一主题展开过一次热烈而影响持久的论战。无独有偶，“五四”时期提倡“生活艺术化”主张的启蒙文学家也大都来自留日学生[2]，这种思路应该与20世纪初在日本展开的“美的生活”论战有一定的精神联系。

第二种类型是思想型，即为了自己的思考论说随兴即意地引用尼采的观点。如胡适是一个杜威实验主义的信徒，但是为了为自己的反传统文化和到国故中捉鬼打鬼的行为壮大声威，他经常提到尼采重估一切价值的思想，他认为“他的超人哲学虽然带着一点‘过屠门而大嚼’的酸味，但他对于传统的道德宗教，下了很无忌惮的批评，重新估定一切价值，确有很大的破坏功劳”[3]。徐志摩是一个浪漫主义者，也是一个讲究性灵的“绅士派”诗人，但他声称自己“是一个生命的信徒”，而且在表述自己对生命的崇拜时往往情不自禁地就会表达自己对于尼采的爱好。有一次他曾这样谈到尼采对自己的鼓舞：“前几天我觉得异常懊丧的时候无意中翻着尼采的一句话，极简单的几个字却涵有无穷的意义与强悍的力量，正如天上星斗的纵横与山川的经纬在无声中暗示你人生的奥义，袪除你的迷惘，照亮你的思路。他说‘受苦的人没有悲观的权利’，我那时感受一种异样的惊心，一种异样的澈悟……”[4]正是这种触及灵魂深渊

1 希真在《小说月报》第十三卷第六号上发表《霍普德曼传》中说：“剧中主人翁钟匠亨立区分明是尼采式的超人，努力要战胜现实，寻求他最高的理想，即使终于失败，也不顾的。”

2 周作人也是在日本接受的尼采影响，“五四”时期也曾提出过“生活的艺术化”问题，当然他的思考较之创造社成员的思路要宽阔得多。

3 胡适：《五十年来之世界哲学》，见《胡适文存二集》，上海亚东图书馆1924年版，第230页。

4 徐志摩：《迎上前去》，《晨报副刊》1925年10月5日。

的震撼，使得徐志摩这位以思想之“杂”[1]而著名的诗人对尼采心仪神往，表示“这位哲学家（尼采）的战略，我现在僭引作我自己的战略”。文学研究会的作家们在思想上大多是人本主义者，在创作方法上则是现实主义者，但这个团体的几位骨干人物也是好谈尼采的，周作人曾经用尼采的贵族精神来辩证地为新文学的性质下定义，他说：“平民的精神可以说是淑本好耳所说的求生意志，贵族的精神便是尼采所说的求胜意志了。前者是要求有限的平凡的存在，后者是要求无限的超越的发展”，他自己并不想判分这两种精神的优劣，也不相信某一时代的某一种倾向可以做文艺上永久的模范，但他相信真正的文学发达的时代必须多少含有贵族的精神。所以，周作人明确地指出：“我想文艺当以平民的精神为基调，再加以贵族的洗礼，这才能够造成真正的人的文学。”甚至在这一论述中，周作人还不忘引用尼采超人学说来加深读者的印象：“从文艺上说来，最好的事是平民的贵族化——凡人的超人化，因为凡人如不想化为超人，便要化为末人了。”[2]另一位主将茅盾不仅自己翻译过尼采的作品，写过长文《尼采的学说》来向国人介绍尼采，而且从摧毁旧道德、建设新道德的意义上充分肯定了尼采重估一切价值的思想。王统照在谈到批评问题时，也引用尼采的思想来阐论自己的批评主张，他说：“批评常常含有破坏与创造二义。……尼采告诉我们：凡一切事物，须重新估定价值，这并非夸大的议论，实是人类日日所必须而不可缺少的。旧不去，新不来，便无以有时代精神的表现。即所谓价值，又不是一成不变的，永恒无二的，柏格森主张一切流转、变化，既是流转、变化便有所附丽的价值，也正是

1　卞之琳曾在《〈徐志摩选集〉序》一文中说：“徐志摩不是思想家，他的思想，‘杂’是有名的，变也是显著的。他师事过梁启超，求教过罗素，景仰过列宁，佩服过罗兰，结识过泰戈尔，等等，他搬弄过柏拉图、卢梭、尼采等等，杂而又杂，变来变去，都不足为奇。”见《人与诗：忆旧说新》，三联书店 1984 年版，第 31 页。

2　周作人：《自己的园地·贵族的与平民的》，见《自己的园地　雨天的书　泽泻集》，岳麓书社 1987 年版，第 15—16 页。

如此。……所以批评的权威，不仅在破坏旧的，不适用的方面，更须含有创造性的。尼采主张旧价值、旧理想、旧文明的破坏，即为新价值、新理想、新文明之建设的张本，也就是这个意思。”[1]关于这种类型的尼采资源利用，在五四新文学运动中最为广泛，最为普遍，在此没有必要一一列举。它也许没有更多或者更深刻的理论意义，但是它无疑最具体地反映了那个时代里引用尼采思想可以说是蔚成风气的。

第三种类型是信仰型。将尼采主义作为个人的生命信仰，这是“五四”时期的鲁迅以及狂飙社的高长虹、向培良等作家的一个共同特征。虽然鲁迅没有自己标榜过对于尼采主义的信仰，但是有很多的证据可以说明鲁迅在“五四”前后一段时期内曾经是尼采主义的信徒。一是从一些友人的回忆与评述来看，如鲁迅在北京大学讲座时说过自己曾想做“超人”，鲁迅的好友刘半农曾送鲁迅“托尼学说”的雅评，鲁迅对此颇为首肯。二是从鲁迅与进化论的关系来看，鲁迅曾说过“五四”时期信仰进化论，但无论是在鲁迅自己的思想中（鲁迅认为尼采主义是刺取了进化论的学说），还是在当时的文化语境中（如梁启超认为尼采的“这种怪论，就是借达尔文的生物学作了基础，恰好投合当代人的心理”[2]；蔡元培也说尼采的理论“以为进化的例，在乎汰弱留强，强的中间有更强的，也被淘汰。逐层淘汰，便能进步”，所以，“尼氏的学说，就是专以互竞为进化条件的”[3]）进化论与尼采主义始终是联系在一起的，经常被相提并论。所以，鲁迅坦言自己信仰进化论，实际上也可以理解为他对尼采主义的信仰。三是从鲁迅的个人生命行为以及文学创作上看，鲁迅的思想及其生命活动确实是一个复杂的存在，但是无论是

1 王统照：《批评的精神》，见《王统照文集》第六卷，山东人民出版社 1984 年版，第 393—394 页。

2 梁启超：《欧游心影录》，转引自郜元宝编：《尼采在中国》，上海三联书店 2001 年版，第 4 页。

3 蔡元培：《欧战与哲学》，《新青年》第五卷第五号，1918 年 10 月。

就鲁迅的个人气质、精神趋向、心理特征等生命形态而言，还是从鲁迅文学活动的视线聚焦、意象创造、艺术趣味乃至意象营构、语言使用等等创作形态而言，没有哪一种思想的影响在其程度上能够与尼采主义相提并论。高长虹、向培良等是鲁迅的学生，他们喜欢尼采，这无疑是他们同鲁迅走到一起的重要原因，同时也是他们最终与鲁迅分道扬镳的一个促因。之所以说狂飙社这些作家同鲁迅一样是尼采的信徒，是因为在五四新文学运动中，尽管谈论尼采的人很多，但只有他们是自觉地不仅在文学思想上而且在个人的生命意志的表露上也在模仿尼采。高长虹曾经模仿尼采的《查拉图斯特拉如是说》写过不少的散文诗，在这些诗中隐隐约约地、不断地流露出诗人以中国的尼采自居的心态。向培良曾说自己深受尼采的“永远的轮回”说的影响，“不知道什么时候我忽然知道了永久的轮回这思想，于是这个便噩梦似捉住了我。我竭力想要把思想排遣开去，如扔掉一个附身的毒虫，但是不能够。我奔跑逃避，缩身在最黑暗最狭小的角落里，但是不能够”[1]。鲁迅对狂飙社的尼采主义信仰曾经有很知心的评价，他认为狂飙社的“作者的内心是热烈的，倘不热烈，也就不能这么平静的娓娓而谈了，所以他虽然间或休息于过去的‘已经失去的童心’中，却终于爱了现在的‘在强有力的憎恶后面，发现更强有力的爱’的‘虚无的反抗者’，向我们绍介了强有力的《我离开十字街头》……在这里听到了尼采声，正是狂飙社的进军的鼓角。尼采教人们准备着‘超人’的出现，倘不出现，那准备便是空虚。但尼采自有其下场之法的：发狂和死。否则，就不免安于空虚，或者反抗这空虚，即使在孤独中毫无‘末人’的希求温暖之新，也不过蔑视一切权威，收缩而为虚无主义者”[2]。高长虹与向培良在其创作中是以憎恶人类作为其尼采精神的

---

1 向培良：《永久的轮回》，见《十五年代》，上海支那书店 1930 年版，第 178 页。

2 鲁迅：《〈中国新文学大系〉小说二集序》，见《鲁迅全集》第六卷，人民文学出版社 2005 年版，第 262 页。

标志的，高长虹曾说："只要有一个健足者被家庭绊倒，那我便宁愿看见十万人在我的面前死灭！"[1]向培良也说过："我讨厌那些从鞭子底下享乐着的乡人们，我讨厌那灰黄色的嘴里的笑，我讨厌那些以自己的身体供人们愉乐的孩子们。我对于他们没有同情也没有怜恤，只剩下深刻的憎恶"，"同情是不应该给那些自弃的人们的，只有让他们死灭，而且更好是促成他们的死灭"。[2]鲁迅写这个评价时已是30年代，也是人们通常认为的鲁迅已摆脱了尼采影响的时候，当年的这些弟子早已经叛他而去，而尼采主义在这个时代里好像已经成了落伍的思潮，但鲁迅还是从他们憎恶人类的尼采声中看到了他们的"热烈的心"，这似乎暗示着鲁迅对当年自己和一群弟子们的尼采主义信仰的一种自诩的情绪。

从中国新文化的建设来看，这三种类型都是很重要的，但从尼采与中国文化的关系而言，第三种类型的发生也许更有意义，更值得我们去研究。这是因为尼采的哲学不是那种形而上的抽象思辨的哲学，它本身就是一种行动哲学，不仅告诉人们应该怎样去思考、去估衡、去学习做超人，而且要求信仰者本身要用全身心去践履自己的哲学，去担当自己的责任。正如宾克莱在谈论尼采的孤独时所说的，"在尼采看来，高尚的人在现代的世界上其任务必然是对个人本身的行为承担全部的责任"，而这个责任就是尼采曾经指出过的，"决不想把我们应尽的义务降低为每个人应尽的义务，不愿把自己的责任委之别人，也不愿别人分担"。[3]鲁迅与他的狂飙社弟子同另两种类型不一样的是，他们个人的精神气质比较接近尼采，所以不仅喜爱尼采的学说，而且力图在中国的现实土壤上践履尼采的哲学。在五四新文化运动中，西方的各种主义思潮纷纷涌入，许多理论观点就像过眼云烟，很快就从这块古老的文化土壤中消失了。

---

1 高长虹：《游离》，《京报副刊》1926年第四三一号。
2 向培良：《十五年代》，见《十五年代》，上海支那书店1930年版，第146页。
3 〔美〕L. J. 宾克莱：《理想的冲突——西方社会中变化着的价值观念》，商务印书馆1983年版，第196页。

一种新潮理论是否真正能够留存下来，往往取决于这种理论是否迎合中国现实变革的急切需要，是否有信仰者勇敢地献身去践履。从这个意义上说，鲁迅与他的弟子们对尼采哲学的践履，就像陈独秀、李大钊等对马克思主义，胡适等对实验主义，“少年中国同人”对无政府主义，太虚大师对人间佛教运动的推行等等一样，都是对中国现代文化建设道路的一种价值重大的实验与探寻。

二

五四新文化运动可以视为中国文化现代化的一场实验运动，因为新文化运动的主将们开出了民主与科学的文化目标，但怎样达到这个目标（路径），怎样实现这个目标（方式），主将们并没有给出一个既定的答案，各种新思潮都在中国的现实文化土壤上寻找自己的代理人和践履者，检验自己同中国文化发展方向的适应程度。值得注意的是，不管哪一种文化实验，不管哪一种主义出场，大家有一种认识却是共同的，这就是中国文化如要实现其现代化的转型，必须把国民思想从三纲五常、忠孝节义等儒家礼教的禁锢中解放出来，重新建构起国民的信仰体系。“五四”时期鲁迅与尼采的关系之所以在现代中国文化史上具有独特的价值与意义，就在于鲁迅不仅将尼采主义作为一种个人的信仰来担当、践履，而且是将尼采主义提升到现代国民信仰建构的高度上来理解和阐述它的资源价值的，换言之，即“五四”时期鲁迅对于尼采主义的征引与运用都是紧紧围绕国民精神信仰建构的问题来进行的。

鲁迅对国民信仰的重视由来已久，早在1908年发表的《破恶声论》一文里，鲁迅就比较详细地阐述了自己有关信仰问题的看法。归纳起来，鲁迅的看法计有四点：第一，信仰是人的本性所需。“夫人在两间，若知识混沌，思虑简陋，斯无论已；倘其不安物质之生活，则自必有形上之需求。”为了说明这一点，鲁迅谈到了宗教的产生与人的本性需求之间的关系，并且以此为宗教辩护：“虽中国志士谓之迷，而吾则谓此乃向上之民，欲离是有限相对之现世，以趣无限绝对之至上者也。人心必有所冯依，非信无以立，宗教之作，不可已矣。”也许正是由于对宗教在人心安置与激励上的特殊作用，鲁迅在论文中对当时一些所谓的新派人士毁伽兰建学校的行为进行了批评。第二，何谓信仰？对这个问题，鲁迅的理解是比较宽泛的，他并不认为只有宗教信仰才是信仰，他在论文中用生动的形象说明了他心目中的信仰的形式，“属望止一二士，立之为极，俾众瞻观，则人亦庶乎免沦灭”。“立之为极”就是指的为众人树立模范、仿效的样板，就是能够带领众人前行的信仰的承载者，这种“极”，可以是宗教，也可以是一种信念，一种主义。而这种能够“立之为极”的士，自己本身不仅是信念和主义的创立者，而且必须是所创立的信念或主义的坚定的信仰者，“惟向所信是诣，举世誉之而不加劝，举世毁之而不加沮。有从者则任其来，假其投以笑骂，使之孤立于世，亦无慑也”。第三，建立什么样的信仰？对此，鲁迅借用了佛教的“正信”理念，他认为，要破迷信，必先语人以正信，“正信不立，又乌从比校而知其迷妄也”。那么什么是正信呢，鲁迅没有倾向于任何一种的宗教，而是提出了“内曜”与“心声”的概念来说明他心目中的“正信”。“内曜者，破黮暗者也；心声者，离伪诈者也。人群有是，乃如雷霆发于孟春，而百卉为之萌动，曙色东作，深夜逝矣。”第四，怎样建立国民的信仰？在这一问题上，鲁迅既明确地反对所谓志士对宗教的干涉，同时也反对“定宗教以强中国人之信奉”，认为信仰定于一尊，则国人“心夺于人，信不繇己”。鲁迅认为建立国民的信仰贵在“人各有己”，“盖惟声发自心，朕归于我，而人始自有己；人各有己，而群之大觉近矣”。所以，鲁迅殷切期望中国能有“不和众嚣，独具我见之士”，“烛幽暗以天光，发国人之内曜，人各有己，不随风波，而中国亦以立”。我认为，这篇文章虽然未能完稿，但它的主体内容是可以与前一年发表的《文化偏至论》联系起来理解的。如果说在《文化偏至论》中鲁迅着重阐述了他的“立人”主张，要求非物质，重个人，那么在《破恶声论》中，鲁迅其实是进一步阐述了他的如何“立人”的主张。“尊个性”的具体阐释是“人各有己，不随风波”，而“张灵明”的具体措施则是要促进国民建立信仰，“离是有限相对之现世，以趣无限绝对之至上者”，使人心有所凭依。

把这两篇论文联系起来解读，我们就可以清晰地看到，鲁迅关于信仰问题的阐述，鲁迅在他的第一次启蒙努力中对国民信仰建设的重视，鲜明地体现出了尼采主义的启示与影响。所谓“内曜”，鲁迅的界定是“充实而不可自已”，“以光曜之发于心故也，以波涛之作于脑故也”，这里所强调的都是人的主体的生命力，人的生命力十分充盈，自然地向外迸发流溢，这就是内曜，也就是尼采所提倡的以创造为天职的酒神精神。所以，张钊贻认为鲁迅的“内曜”与尼采的“激情的根”比较相似，这是很有见地的。但鲁迅的“内曜”未必像尼采的“激情的根”那样来之于弗洛伊德的生命本能说[1]，鲁迅在《摩罗诗力说》中曾指出，“尼佉不恶野人，谓中有新力，言亦确凿不可移”。这里所谓“新力”肯定不仅是弗洛伊德生命本能说的核心观念即“性欲”，而是指在酷烈的生存竞争的丛林原则中不可缺少的生存意志与求胜意志。鲁迅的“内曜”也是在这种进化论语境中提出来的，因而在其生命的本体意义上既包括生理机能，更应该包括人的心智力量，在其功能目的上则不仅对个人而言，而且是对整体的国民而言。所谓“心声”，鲁迅的界定是“离伪诈”，其实也就是要求信仰者在人格上对自己的信仰的忠诚信守，而不能口是心非，言行相悖。在这一点上，鲁迅一生都极其钦

1　张钊贻：《鲁迅：中国“温和”的尼采》，北京大学出版社 2011 年版，第 192 页。

佩尼采。鲁迅在许多的场合都说过尼采的超人哲学的“渺茫”，也在许多的场合里说过，尼采的出路只有两个，即疯掉和死。但尼采并没有因自己的理想的“渺茫”而放弃，而最终也不惜为了自己的学说而走向疯狂。在鲁迅看来，这就是能够“为人立极”的真正的“精神界之战士”，尼采的哲学就是鲁迅“所贵所望”的“惟向所信是诣”的“心声”。[1]在《破恶声论》中，鲁迅论到近代以科学为宗教的思潮时特别提到了尼采：“至尼佉氏，则刺取达尔文进化之说，掊击景教，别说超人。虽云据科学为根，而宗教与幻想之臭味不脱，则其张主，特为易信仰，而非灭信仰昭然矣。”这段话有两点值得注意，一是认为“超人”说具有宗教与幻想意味，也就是说“超人”乃是尼采的宗教，尼采的信仰。二是鲁迅是从建立新信仰的角度来看待尼采的反基督教倾向的，尼采攻击基督教道德是奴隶的道德，弱者的道德，而且宣布上帝死了，现在一切都可以做，一般人都认为尼采是借科学之力反宗教，灭信仰，但鲁迅却看到了尼采超人学说的准宗教意味，看到了尼采企图建立一种新的人类信仰的苦心孤诣，这不能不说是鲁迅的独到之处，也显示出鲁迅在他的第一个启蒙时代就已经密切关注国民信仰建设的思想的深刻性。

参加五四新文学运动，这是鲁迅第二次投身启蒙工作。从1908年拟办的《新生》杂志流产到1918年参与《新青年》杂志的撰稿与编辑，这十年的时间通常称之为鲁迅的沉默期或者蛰伏期，研究者们对这十年往往不予重视。我认为鲁迅之所以独特、伟大，主要原因就在于他的思想不管是来之于他自己的观察还是来之于对先哲的借鉴，都无不与他个人独有的生命体验血肉相融。这安静沉默的十年，鲁迅远离政治文化的中心，但这十年恰恰是鲁迅对世事的观察期，也是鲁迅自我生命经验的反刍期，鲁迅在“五四”以后

---

1 尼采曾借查拉图斯特拉的口说：“在一切著作中，我只爱作者以他的心血写成的著作，以心血著作，并且你可以觉到心血就是一种精神。”(《查拉斯图拉如是说》，楚图南译，湖南人民出版社1987年版，第41页。)

的思想、行为以及他个人对自我生命道路的选择，都与这个时期的观察与反刍的结果紧密联系着。鲁迅“五四”以后关于国民信仰问题的思考以及他所采取的文化策略也是如此。我认为有几个与信仰相关的问题应该在这个蛰伏期去寻找答案。一是鲁迅为什么没有将《破恶声论》写完？此文发表在 1908 年 12 月在日本出版的《河南》月刊第八期上，文末注明未完。《河南》月刊共出 9 期，如此文已完稿，是可以在第九期上续完的，而鲁迅在文末注明未完，说明鲁迅在写作此文时确实有一个完整的构思。在已完稿中，鲁迅主要批驳了三种“恶声”，一是所谓“汝为国民”“汝为世界人”，二是“伪士”们关于“破迷信”的倡言，三是“崇强国，侮胜民”的时论，根据题目的先定，未完稿也应该是对时论的批驳。而且可以肯定的是，鲁迅的这些破“恶声”都有其鲜明针对性[1]，不仅指向梁启超等立宪派的主张，更主要的是针对那些“稍稍耳新学之语，则亦引以为愧，翻然思变，言非同西方之理弗道，事非合西方之术弗行”[2]的西学家们。所以，在“维新”与“维西”的中国留学生文化思潮中，鲁迅的主张不啻是戛戛独造，力排众议，鲁迅作为一个慷慨激昂的热血青年，无疑也特别期望能在启蒙时代里“振臂一呼，应者云集”的。鲁迅 1909 年 8 月结束留日生活回国，在此之前，他有充裕的时间来完成这篇论文，但这篇论文最终还是未完稿，这只能说明鲁迅已经丧失了完成这篇论文的意愿。仔细地阅读鲁迅的《〈呐喊〉自序》，可以找到这个问题的答案。在《自序》中，鲁迅曾谈到自己为提倡文艺运动同几个志同道合者谋划创办《新生》杂

1　1907 年 6 月，吴稚晖、李石曾等人在巴黎创办《新世纪》周刊，宣扬无政府主义，声称人类将于 20 世纪开始走向大同，国家、民族和语言界限都将消除，“万国新语”（即世界语）将成为世界唯一的语言，国籍、民族将不再重要，人们都将成为“世界人”。1908 年，章太炎等人曾在《民报》上发起对《新世纪》的反击，《新世纪》亦有所回应，鲁迅的《破恶声论》可以说也是这次论战的一部分。

2　鲁迅：《文化偏至论》，见《鲁迅全集》第一卷，人民文学出版社 2005 年版，第 45 页。

志，鲁迅在《河南》杂志上刊发的这几篇文言论文应该说就是为《新生》刊物写作的，《新生》流产，才转给了《河南》月刊。鲁迅在叙述完杂志的事情后说："我感到未尝经验的无聊，是自此以后的事。"这就是说，办刊物这一具体的启蒙事务的失败其实并没有对他造成太大的打击，那么，真正给鲁迅以打击的无疑就是几篇重头文章发表后的毫无反响了。"我当初是不知其所以然的；后来想，凡有一人的主张，得了赞和，是促其前进的，得了反对，是促其奋斗的，独有叫喊于生人中，而生人并无反应，既非赞同，也无反对，如置身毫无边际的荒原，无可措手的了，这是怎样的悲哀呵，我于是以我所感到者为寂寞。"尼采曾借查拉图斯特拉的口表示过这种没有听众的寂寞：查拉图斯特拉在对那些末人们说教之后，悲哀地感觉到"他们不理解我，我不是适合于这些耳朵的嘴"，所以他决心离开："我不做一个牧人，也不做一个掘墓者。我不再同人民讲道。这是我最后一次向死者讲话。"[1]正如查拉图斯特拉的决然离开一样，既然如此寂寞，鲁迅丧失继续完成论文的意愿也就在可料之中了。寂寞，这是一种从生命深渊生发出来的情绪，这种情绪的生发说明鲁迅与尼采的关系已经超越了思想意识的层次而进入到无意识的血肉生命层次中。所以，如果说在写这几篇论文时，鲁迅只是接受了尼采的学说，引用了尼采的观点，那么在第一次投身启蒙失败后，鲁迅在个体生命上真正开始了尼采式的精神气质的自我塑造。"这寂寞又一天一天的长大起来，如大毒蛇，缠住了我的灵魂了。"(《〈呐喊〉自序》）这所谓的"大毒蛇"，张钊贻曾详细地引述资料，证明它的意象源出于尼采的《查拉图斯特拉如是说》[2]，这当然是很精彩的论证，但我认为这个意象还可以进一步理解为它是一种象征，尼采式的精神气质的象征。鲁迅关于自我心境的这一经

1 〔德〕尼采：《查拉斯图拉如是说》，楚图南译，湖南人民出版社 1987 年版，第 13、20 页。
2 张钊贻：《鲁迅：中国"温和"的尼采》，北京大学出版社 2011 年版，第 368—377 页。

典表述，就是意味着在这十年中，大爱与大憎、热烈与冰冷、渴求与弃绝相互扭结的“尼采式”的精神气质在鲁迅的灵魂与肉体中纠缠，长大，既给了鲁迅以大痛苦，同时也给了鲁迅以大信仰，给了鲁迅以肉搏黑暗与虚空、独自咀嚼人我之间的大悲苦的精神力量。

第二个问题是：鲁迅在这十年中尤其是在“民元”以后曾用功读佛经，而且对好朋友许寿裳由衷地称赞过：“释迦牟尼真是大哲，我平常对人生有许多难以解决的问题，而他居然大部分早已明白启示了。真是大哲。”[1]但为什么在被寂寞的“毒蛇”纠缠着的时候，在自己的灵魂中尼采式气质“一天一天的长大起来”的时候，鲁迅会为另一种具有信仰意义的宗教思想而“用功最猛”？反之，虽然他确实“用功最猛”，但为什么最终没有像他的好朋友梅光羲、许季上那样成为佛教信徒，也没有像他的弟弟周作人那样“半是儒家半释家”，不断地为自己的信仰问题而苦恼？我认为这也许就得益于鲁迅精神结构中尼采主义信仰的强大的整合力量。尼采对东方文化缺乏深入的研究，对佛教文化似乎也并无特别的兴趣，但他的精神导师叔本华的唯意志论哲学却与佛教思想有很深的渊源。尼采虽然后来反对叔本华哲学，但这种反对只是因为尼采在一些根本的问题上朝前迈进了，而其思想的本源则仍然在叔本华的哲学中。所以，我们虽然不能说尼采主义与佛教文化有什么直接关系，但是它们在某些思维方式上确实是十分相似的。譬如，佛教用“业力”与“种性”的概念来解释世界的成住坏空现象，从而提出了“轮回”的理论，尼采在《查拉图斯特拉如是说》中也提出了“永远重现”这一重要的思想，来表达对一个人自我与典型经验的不断重复现象的哲学思考；佛教谈空说无，被人视为虚无主义，但佛教谈空有真俗二谛，小乘佛教以空为有，主张个人出世，丛林清修以往生净土，而大乘佛教以有谈空，主张救世度人行菩萨行，所以大乘佛教可以说是积极的虚无主义。尼采主张重估一切价值，做一个

1　许寿裳：《亡友鲁迅印象记》，人民文学出版社 1953 年版，第 44 页。

轨道破坏者，被人视为虚无主义，但他的重估和破坏都是为了“超人”的产生，所以他的虚无主义同大乘佛教一样也是积极的虚无主义；佛教哲学是一种唯心哲学，特别重视心识对客观事物的移转改造作用，尼采主义则脱胎于叔本华的唯意志论，强调人的意志力与精神力对人的生命的意义，所以佛教也好，尼采也好，都不约而同地将对愚者（“末人”）的精神启蒙视为第一要务。王国维在比较叔本华与尼采的异同时指出：“叔本华说涅槃，尼采则说转灭，一则欲一灭而不复生，一则以灭为生超人之手段。其说之所归虽不同，然其欲破坏旧文化而创造新文化则一也。”[1] 这里所谓“涅槃”“转灭”都是佛家语。现代佛教界高僧太虚法师在给吴稚晖的信中也曾引用尼采“超人”的概念来说佛法，他说：“地球是三百兆年的暂局，人类是六兆年的暂局，六兆年后可有超人的一期，这是先生所信的，如此则可谓近代西洋的科学是人的科学，佛的科学可谓‘人到超人’的科学”，“故我们要有人生意义，要由人进超人，要由地球暂局演进为无量恒星坏成相续的无始终无边中变化大流，故我们要有近代西洋科学，尤要有佛的科学”。[2] 我认为，鲁迅接受尼采和接受佛教一样，都是一种人生观的接受，一种精神信仰的探寻，这种接受使他注重从大处着眼，从精神气质着眼，从自己的人生追求着眼，而不会像学者探究学术一样特别去注意阅读的版本，去注意思想之间的细致微妙的区别。可以说，当时已经具有尼采式的精神气质的鲁迅，正是在这些相似之处的认识基础上，将释迦牟尼视为大哲与知音的。尤其是这个阶段里，鲁迅正为疾病所纠缠，所困扰，所以他一方面为在疾病的折磨中而不懈追求生命力的健旺强盛的尼采所感动，一方面也为从肉体的生理病痛进而说生命四谛、发金刚威猛的狮子吼的释迦牟尼而倾倒，这就是很自然的事了。现代哲学家李石岑曾经

1　参见王国维：《叔本华与尼采》，见郜元宝编：《尼采在中国》，上海三联书店 2001 年版，第 21 页。
2　太虚：《致吴稚晖先生书》，见《太虚大师全书》第二十九卷，宗教文化出版社 2005 年版，第 214、216 页。

是造诣很深的佛教哲学的研究者，颇得佛教界的青睐，但在20年代初期转而大力介绍尼采哲学，并用尼采哲学猛烈批判中国传统文化，也可作为鲁迅能够兼佛学与尼采主义于一身的一个旁证。

当然，尼采主义和佛教哲学在许多重要问题上，其思想是对立的。譬如佛教讲众生平等，而尼采则讲优生，讲竞争；佛教讲宽恕慈悲，尼采则最反对同情，视同情为奴隶道德。所以，尽管尼采将那些把他与达尔文进化论相提并论的人讥讽为愚笨的饱学之士，中国的尼采信徒或者尼采的反对者无不将尼采主义与进化论捆绑在一起，而在尼采主义在中国大为流行的时候，挺身而出旗帜鲜明地加以质疑与反对的恰恰就是现代佛教界的理论家们。如现代人间佛教的推动者太虚法师在追问第一次世界大战的思想起因时，就将尼采的超人说与达尔文的进化论统统概括在内："迨叔本华主张意志为生存之本，益以达尔文之生存竞争进化说，于是转为尼采之地的超人说，与柏格森之创造进化说之作者我。大抵主张受者我则为享用的、消极的、解脱的之倾向，而主张作者我则生产的、积极的、创造的之倾向。受者我说无扰于人，有利于己，然可使人群事业因而解体。本知者我而成作者我说，则唯我为全知全能，欲自利故，纵我制物，有造于人世亦大扰害于人世，此则足为反自由的专权制度所因之而产生存立之原理也。"太虚法师甚至认为，"此种唯欲以战争式的军国与资本而自求强富私利之帝国主义，非扑灭不能实现国际之和平共和，然其根本所在，尤非肃清唯我论之思想不可也。此思想之所寄，则在达尔文之生存竞争、优胜劣败说，与尼采之超人主义及柏格森之自我创化主义，而美国之实验主义亦含有其含素也"。[1]还有章太炎，他深谙佛学，也喜爱尼采，但他在赞许尼采超人"排除生死，旁若无人，布衣麻鞋，径行独往，上无政党猥贱之操，下作懦夫奋矜之气"的大人格、大精神时，也不忘谆谆告诫

---

1 太虚：《自由史观》，见《太虚大师全书》第二十五卷，宗教文化出版社2005年版，第207—208、220—221页。

世人“不可取尼采贵族之说”[1]。“民元”以后，虽然国体改制，共和建立，但国弱民萎的状况并没有得到改善，因而通过改革道德文化来改革中国的呼声日益高涨，而道德文化的改革必然涉及国民信仰建设的问题。而且民国建立后，新闻言论获得了自由，各种思想学说获得了平等言说的权利，佛教、基督教、孔教、无政府主义、尼采主义、社会主义等等各家学说，都是从国民信仰建设的高度活跃在中国的文化思想舞台上的。鲁迅与当时活跃在社会上的一般政治家、实业家、教育家、宗教家们不一样，他的兴趣集聚在文化改革上，而且他对中国的文化特性与国民性特征已经形成了自己独特的见解，有独特的生命体验。尼采主义本来就是一种以破旧立新为目的的文化理论，而佛教文化作为中国传统文化的一部分，它对中国国民性的形成也起到了重要的作用。因而从文化救国的理念上，鲁迅最终选择了尼采主义而不是佛教作为自己的信仰，也就是很自然的事了。在这段沉默的时期里，鲁迅一方面购买了大量的佛经来阅读，一方面那本从日本带来的德文版的《查拉图斯特拉如是说》也长期保存在他的书橱里[2]，鲁迅的精神中无疑是被尼采主义和佛法这两种信仰交织纠缠着。按照鲁迅在《〈呐喊〉自序》中的说法，他似乎是有意识地将读佛经来当做消弭尼采主义信仰的“麻醉法”，而且“也似乎已经奏了功”，但透过鲁迅这种婉转自谦的表述，我们能够体味到的恰恰是尼采主义信仰在他灵魂中的执着的存在。因为鲁迅不仅说到自己“坐在槐树下，从密叶缝里看那一点一点的青天”，不仅说到自己“或者也还未能忘怀于当日自己的寂寞的悲哀”，而且一旦看见真正的机会到了，立刻就为他渴望已久的新文化运动贡献出了“狂人”这一“精神界之战士”的形象。

---

1 章太炎：《答铁铮》，见《章太炎全集（四）》，上海人民出版社 1985 年版，第 375 页。
2 周遐寿（周作人）：《鲁迅的故家》，上海出版公司 1953 年版，第 390 页。

三

在民主和科学的两面大旗下，五四新文化运动其实是西方各种新思潮在中国文化土壤上的试验场。但是，在这场文化改革的大实验中，真正产生影响和贡献的文化改革者，恰恰是那些抱有坚定的信仰，锲而不舍、身体力行地践履自己所信奉的理论主张的前驱者。所以，胡适成了中国的杜威，王国维成了中国的叔本华，郭沫若成了中国的歌德，太虚成了佛教的马丁·路德，而鲁迅也因其杂文集《热风》被称为“中国的尼采”。值得指出的是，五四新文化运动发生前后的十多年间，尼采主义在中国的传播一直是处于一种高端的状态，也就是说当时文化界有一批在智力、学问、悟性以及对中西文化理解的穿透力方面都极其优秀的知识分子参与了对尼采主义的传播。在时间方面，王国维的介绍比鲁迅要早了三年，就介绍宣传的范围而言，李石岑、茅盾、谢无量都曾系统地介绍过尼采的学说，尤其是李石岑，他在1920年也就是与鲁迅创作高峰期大致同时，曾在《民铎》杂志发表《尼采思想之批判》的长文，被认为是“代表了20世纪20年代以前中国知识界研究尼采学说的最高水平”[1]。1931年，中国的新文化建设已经转型，“五四”时期的主要话题已经逐渐被人冷落，李石岑仍然出版了专著《超人哲学浅说》，运用尼采学说对中国文化从价值观、道德观、艺术观、义理观以及中国人的人性特征等方面进行了全面的批判，其批判的深度、广度和尖锐的程度足可以与“五四”时期的思想文化界媲美。相对而言，鲁迅对尼采的介绍、宣传无论是在时间上还是在广度上都并不特别地超越他的同时代人，但为什么只有鲁迅被人称为“中国的尼采”并且被学术界所公认呢？我认为这里面有两个重要的原因，一是鲁迅在他的个体生命践履上所体现出的尼采式的精神气质，

1　黄怀军：《现代中国的尼采阐释与思想启蒙》，知识产权出版社2011年版，第90页。

二是鲁迅作为一个文学家，他向现代社会提供了一系列精彩的艺术形象来诠释和表达尼采式的文化观念，来塑造尼采式的“精神界之战士”的人格。关于鲁迅尼采式的精神气质及其在鲁迅塑造出的艺术形象之间的体现，学术界已经多有论述，本文不予重复。在此笔者拟从信仰建构这一特殊的角度对鲁迅笔下的尼采式的“精神界之战士”的艺术形象进行细致的再解读，以此来探讨鲁迅在国民信仰问题上对尼采资源利用的特征及其思考深度。

鲁迅创造的尼采式的“精神界之战士”是一个内涵丰富、造型多样的形象系列，其中有“狂人”、“过客”、“孤独者”、“复仇者”、“傻子”、向形告别的“影”、向无物之阵举起投枪的“这样的战士”、“叛逆的猛士”以及那个不断地以不同的角色出现在鲁迅小说和散文中的“我”。这些人物或者有一个完整的造型，或者只是一些形象断片，但它们组合起来，完全可以从各个不同的角度和层面构成一个鲜明生动的中国的尼采式的“精神界之战士”的形象。这个形象的一个突出特征就是灵魂深处有一种生生不息、涌动不已的激情。这种激情有时是一种比较明确的信念：如《狂人日记》中的“狂人”深信“将来容不得吃人的人，活在世上”，相信人类的进化会有不吃人的“真的人”出现；《过客》中的“过客”之所以不愿意驻足，也不惮于前面是墓地还是花园，只是因为他听到前面有一个声音在召唤着自己。有时是一种生命力的不由自主地发露：如《铸剑》中的“宴之敖者”，他出头为眉间尺报仇并不是因为自己与眉间尺父子有什么私谊，也不是因为与国王有什么私仇，[1]而是因为自己是“怎么地善于报仇”，因为自己的“魂灵上是有这么多的，人我所加的伤，我已经憎恶了我自己”。这种报仇行径的结果

1　尼采曾经说过：“我永不攻击个人，我只把个人看作一面有效的放大镜，借之而看到了隐秘而不易知、恶而不可见的一切……例如我攻击瓦格纳，更正确地说，我是攻击伪误，攻击以修饰冒充丰富，以颓废的现代文化的谬种冒充伟大。”（转引自周国平：《尼采：在世纪的转折点上》，上海人民出版社1986年版，第204页。）鲁迅也多次表示过，他一生与人论战，没有私怨，只有公仇。

当然是为民除害，但黑色人宴之敖者投入这场复仇事件的动机却来之于自我主体的一种隐秘的生命意志，而不是来之于外在力量的托付，它超越了世俗的功利目的，超越了日常人生所理解的冤冤相报，成为一种充盈自恣的、无法遏制的生命激情的奔放，复仇者正是在这种激情的奔放中享受到“生命的极致的飞扬的大欢喜”。不过，鲁迅同尼采一样知道在这个世上还没有适合于自己的耳朵，知道无物之阵和“铁屋子”的万难破毁，所以，鲁迅的“精神界之战士”的生命激情有时像笼中困兽，虽然力量充盈却难以迸发，有时像撞上坚堤的洪水，虽然生生不已，却找不到突破奔流的路径。笼中困兽的力量之美在于它蓄势待发的瞬间，洪水的力量之美不在于它的回旋，而在于它挟裹着一切撞向堤坝而被击成粉碎的那一刹那，因而，鲁迅在塑造“精神界之战士”的形象时，也特别注意到他们生命过程中某一瞬间的“巅峰体验”。如《孤独者》中的魏连殳，在祖母的丧礼上，他听任着庸众们的摆布，“就始终没有落过一滴泪，只坐在草荐上，两眼在黑气里闪闪地发光”。但当这一切凡例都做完了以后，庸众们“快快地”想走散了，“忽然，他流下泪来了，接着就失声，立刻又变成长嚎，像一匹受伤的狼，当深夜在旷野中嗥叫，惨伤里夹杂着愤怒和悲哀”。又如《复仇（其二）》中的基督，他在“四面都是敌意，可悲悯的，可咒诅的”情景中，“玩味着可悯的人们的钉杀神之子的悲哀和可咒诅的人们要钉杀神之子，而神之子就要被钉杀了的欢喜”，鲁迅先是写他在玩味的过程中“痛得柔和”，“痛得舒服”，然后“突然间，碎骨的大痛楚透到心髓了”，“遍地都黑暗了”，基督终于在这一生命的瞬间发出了“我的上帝，你为甚么离弃我”的绝叫。这种瞬间的“巅峰体验”，知识和理性都无法达到，它必须仰赖于生命的激情冲动，或者说它本身就是生命激情的一种非常态的表达形式。

鲁迅在《破恶声论》中曾分析古代宗教产生于人类不安于物质之生活而必有的形上之需求，“吠陁之民，见夫凄风烈雨，黑云如盘，奔电时作，则以为因陁罗与敌斗，为之栗然生虔敬念。希伯来之民，大观天然，怀不思议，则神来之事与接神之术兴，后之宗教，即以萌孽”。中国远古时代的民族也是如此，“夙以普崇万物为文化本根”，“若虽一卉木竹石，视之均函有神閟性灵，玄义在中，不同凡品”。只是因为后来“民生多艰，是性日薄”，人们越来越注重物质生活，越来越“惟肤薄之功利是尚”，“惟为稻粱折腰”，士大夫们才变成了没有信仰的人。[1]不安于物质生活而具有的形上需求，无疑体现着一种生命力的充盈自恣，而安于物质生活甚至沉溺于物质生活，惟为稻粱而折腰，则体现着一种生命力的匮乏。所以，在鲁迅看来，信仰的产生来之于生命力的丰足，来之于生命激情的生生不已，涌动不息，或者说信仰本身就是一种生生不已的生命激情。确实，一个人信仰什么，这是没有依据的，也不需要依据，这是论证不了的，也无须论证的。能够用逻辑论证清楚和那些为自己寻找依据的信仰，都未必是真正的信仰，只有当信仰本身是生命内在的激情时，个体生命才会为它大欢喜，为它大痛苦，才会为它的存在经受恐惧与战栗。所以，一个民族的生命力与信仰力是紧密联系在一起的。关于中国人的生命力，尼采在《欢乐之学》中曾经有过这样不客气的评论，他认为“中国是这样一个国家，大规模的不满以及作出改变的能力早已在数世纪前绝迹”，中国代表“衰落和生命最后耗竭的表现”。[2]鲁迅是否看过尼采的这类话语，虽然无从查考，但鲁迅对中国人处于生命的耗竭状态这一看法与尼采是所见略同的。在鲁迅看来，中国人尤其是士大夫们已经有太长的时间缺乏古代人那种生命的激情了，“躯壳虽存，灵觉且失”，自然也就缺乏信仰的力量。而中国社会“墟社稷毁家庙者，征之历史，正多无信仰之士人”。一个民族的文化改革是需要有信仰的知

1 鲁迅：《破恶声论》，见《鲁迅全集》第八卷，人民文学出版社 2005 年版，第 29—30 页。
2 转引自张钊贻：《鲁迅：中国“温和”的尼采》，北京大学出版社 2011 年版，第 209 页。

识分子不惮前驱的，但中国的知识者的信仰状况却是如此不堪，这正是鲁迅对中国的社会改革前途十分悲观的一个重要原因。可见，鲁迅之所以在“精神界之战士”的形象塑造中如此注意贯注一种生命的激情，是因为他对信仰有自己深刻的理解，对中国的改革命运有自己的独到的观察。他正是极度失望于中国的士人因丧失生命的激情而缺乏信仰，因而试图创造出尼采式的“精神界之战士”形象来为国人尤其是为中国的知识者“立之为极”。

尼采借查拉图斯特拉对世界上行中庸之道的精神侏儒们进行了辛辣的讽刺：“他们在道德上是中庸的，——因为他们想舒服，只有中庸道德与舒服是一致的。”“真的，他们也知道在他们的路上摆方步：那我名之曰蹒跚——因此他们也成为一切快步前进者的障碍。”“他们彼此圆滑，随机，而周到，如同沙粒之对于沙粒。谦虚地怀抱着渺小的幸福，他们自称为‘乐天安命’！但同时又窥伺着另一种新的小幸福。”“他们很巧黠，他们的道德有巧黠的手绢。但他们没有拳头：他们的指头不知道怎样捏拳头。”“他们的巧慧如是对我说：我们坐在当中，离开决死的角斗者和满足的猪仔一般远。”[1] 中庸之道是中国儒家文化的核心价值理念，尼采对中庸之道的评论无疑会给当时反传统文化的启蒙主义者以极大的刺激和深刻的启示。不过，尼采对中庸之道的讽刺立足在它的生命风格的平庸上，所以尼采最后的总结是“那是平凡，虽然那被称为中庸”。鲁迅对尼采的这段话不仅十分熟悉，而且他把这段对平庸的生命风格的讽刺提升到国民信仰的高度来理解，从而在这种中庸之道中看到了中国读书人的“无特操”的精神状态。“中国自南北朝以来，凡有文人学士，道士和尚，大抵以‘无特操’为特色的。晋以来的名流，每一个人总有三种小玩意，一是《论语》和《孝经》，二是《老子》，三是《维摩诘经》，不但采作谈资，并且常常做一点注

---

1 〔德〕尼采：《查拉斯图拉如是说》，见《尼采文集——你与一个巨人心灵的对话》，楚图南等译，改革出版社 1995 年版，第 271—272 页。

解。唐有三教辩论，后来变成大家打诨；所谓名儒，做几篇伽蓝碑文也不算什么大事。宋儒道貌岸然，而窃取禅师的语录。清呢，去今不远，我们还可以知道儒者的相信《太上感应篇》和《文昌帝君阴骘文》，并且会请和尚到家里来拜忏"[1]。鲁迅认为，这种无特操的特点是最可怕的，因为它一方面将信仰变成了利益工具，"耶稣教传入中国，教徒自以为信教，而教外的小百姓却都叫他们是'吃教'的。这两个字，真是提出了教徒的'精神'，也可以包括大多数的儒释道教之流的信者，也可以移用于许多'吃革命饭'的老英雄"[2]。吃教、吃革命就好像读书人将八股文当做敲门砖一样，一旦打开了门，砖也就没有了用处。另一方面，它将信仰变成了虚无。本来信仰是需要执着与坚守的，但是儒士们可以去拜菩萨，僧院中可以供奉关老爷，于是大家都无可无不可，彼亦是也此亦是也，你中有我我中有你，信仰的内涵也就被抽空成了虚无了。对于中国人的这一毛病，不仅鲁迅深恶痛绝，"五四"时期深受尼采影响的启蒙者们几乎无不对此感慨良深。如陈独秀在《我之爱国主义》一文中就曾痛批中国人的"为善不终，为恶亦不终"的不诚人格，并亟呼："吾愿爱国之士，无论维新守旧，帝党共和，皆本诸良心之至诚，慎厥终始，以存国民一线之人格。"[3]

与五四新文学运动中其他的主将们相比较，鲁迅的贡献和独到之处在于，当创造社异军突起高唱天才与灵会，文学研究会与新潮社诸君热衷于探讨儿童、教育、劳工、妇女等等具体的启蒙问题时，鲁迅却在尼采精神的启示下，塑造了一批"慎厥终始"、百折不挠、认真诚实的"精神界之战士"的艺术形象。他们或者是"狂人"，或者是"傻子"，或者是"复仇者"，或者是那个特立独行的思想者"我"，他们的一个共同的性格特征就是恪守自己的信仰，

1、2　鲁迅：《吃教》，见《鲁迅全集》第五卷，人民文学出版社 2005 年版，第 328 页。

3　陈独秀：《我之爱国主义》，《新青年》第二卷第二号，1916 年 10 月。

珍重自己的承诺，敢为自己的信仰和承诺而狂热，而献身，决不变通，决不折扣，宁为玉碎，不为瓦全。譬如，《死后》中的“我”，“影一般死掉了，连仇敌也不使知道，不肯赠给他们一点惠而不费的欢欣”；还有《死》中的“我”，自知“我的怨敌可谓多矣，倘有新式的人问起我来，怎么回答呢？我想了一想，决定的是：让他们怨恨去，我也一个都不宽恕”。这些描写展示的都是陈独秀所期盼的那种“慎厥终始”的人格特征。这里要特别提出的是《长明灯》中的狂人，“黄的方脸和蓝布破大衫，只在浓眉底下的大而且长的眼睛中，略带些异样的光闪，看人就许多工夫不眨眼，并且总含着悲愤疑惧的神情”。他的信仰就是必须熄了庙里的那盏长明灯，熄了长明灯，这里就不会再有蝗虫，不会再有瘟疫。这篇小说篇幅不长，情节也并不复杂，但鲁迅对狂人性格的细致的刻画却是用意深长的，值得读者仔细琢磨。首先，鲁迅写到了“狂人”对自己信仰的执着，那些长明灯的守护老爷们吓唬他要“打断你的骨头”，他不惧怕；哄骗他说“我替你吹”，他不上当；继而开导他说“就是吹熄了灯，那些东西不是还在么？”他也不回头；哪怕最后被囚禁在了厢房里，村里仍然不断地传出他那低沉坚实的呼喊。其次，鲁迅写到了“狂人”对自己信仰的践履力，他要熄灭长明灯绝不是喊喊而已，他一次又一次地真上庙里去，真要吹灭那盏长明灯。他不仅要灭灯，而且要“自己熄”，不仅要“自己熄”，而且要“此刻去熄”，当村里人把庙门紧闭不让他接近长明灯时，他就打算来“放火”，做出更激烈、更彻底的行动。不容替代，也不容拖延，更不容半途而废的苟且，村子里的老爷们最害怕的恰恰就是他的这种动真格的、“不克厥敌，战则不止”的性格与行为。再次，鲁迅写到了“狂人”对自己信仰的专注性，当“狂人”决定了“我放火”以后，鲁迅特地写到了一个细节，“但他似乎并不留心别的事，只闪烁着狂热的眼光，在地上，在空中，在人身上，迅速地搜查，仿佛想要寻火种”。这里当然是一个象征，寻找火种就是启蒙者在人间寻找呼应，就是尼采式的“精神界之战士”在天地两间寻找属于自己的“耳朵”。但是即使不作为象征而是作为一个性格刻画的细节来看，鲁迅赋予“狂人”的也是一种信仰者极其可贵而对中国人来说却是极其稀缺的信仰专注性。中国人对待信仰历来就是一种中庸态度，随遇而安，随机而变，因而做起事来也就缺乏信仰力的引导与激励，经常是虎头蛇尾，差不多就行，而在做事的过程中则是左顾右盼，瞻前顾后，患得患失，只尚清谈，不重实干。可见，鲁迅对“狂人”在信仰上的执着性、践履力和专注性的性格刻画，点点滴滴都是针对中国国民信仰的缺失与弱点而来的，不仅体现出了鲁迅对“精神界之战士”的殷切期盼，而且体现出了鲁迅对国民信仰问题的深度的思考。

信仰有宗教性的，有世俗性的，但不管是宗教性的还是世俗性的，信仰的一个共同的本质就是信仰者用自己的生命向所信仰的事物或理念所作的一个承诺。中国人之所以缺乏信仰，并不是他们不知道信仰，也不是他们不谈信仰，而是因为他们并不认真诚实地对待真正的信仰者所必然作出的生命承诺。鲁迅对于中国士人“无特操”的诛心之语，就是因为他最为深刻地看到了这一点。所以，鲁迅在塑造“精神界之战士”的形象时，也突出地赋予他们信守承诺、认真诚实的品格。《铸剑》中的眉间尺，感受到了黑色人的那种热爱复仇的生命激情，毫不犹豫地割下了自己的头颅。担当着这一生命的托付，黑色人最终也是以生命完成了自己的承诺。这个复仇故事取材于古代传说，传说中突出的就是这种重信义、重然诺的古代风仪[1]，鲁迅在自己的小说中继承了这一传说的主题，同时也加入了自己对改革时代所需要的“精神界之战士”的思考。如小说写黑色人和眉间尺合力捕杀国王之后，“黑色人和眉间尺的头也慢慢

1 《搜神记》卷十一中记载：“客曰：‘闻王购子头千金，将子头与剑来，为子报之。’儿曰：‘幸甚！’即自刎，两手捧头及剑奉之，立僵。客曰：‘不负子也。’于是尸乃仆。”

地住了嘴，离开王头，沿鼎壁游了一匝，看他可是装死还是真死。待到知道了王头确已断气，便四目相视，微微一笑，随即合上眼睛，仰面朝天，沉到水底里去了”。这种认真彻底的精神无疑是鲁迅当时特别景仰和提倡的，所以在复仇事件的结局还不惜笔墨加上这样一段与主要情节关系并非必要的描写来加以强调。

鲁迅在“五四”时期写了不少的杂文来批判中国国民的圆滑和聪明，赞美埋头苦干、认真诚实的“愚人”精神，这些杂文引经据典，透彻犀利，当然是现代思想史上的力作。但我觉得这些议论对中国人的灵魂的冲击程度似乎远远不如鲁迅《聪明人和傻子和奴才》《立论》这两篇散文中所塑造的两个“傻子”形象。一个“傻子”特别较真，听到奴才哭诉自己的住房太小太暗，没有窗户，他“动手就砸那泥墙”，要为奴才开出一个光明的窗户来；另一个傻子不惮忌讳，坚持说出了人总是要死的这一谁都知道但谁都不敢说出的真理。鲁迅写这两篇散文的主旨当然是为了讽刺“聪明人”和“奴才”们，但他塑造的这两个“傻子”的形象恰恰为“五四”时期的国民性改造议题提供了一种正面的典型，从而在社会上流行开来，形成自己的广泛影响。确实，就一场思想文化的启蒙效果而言，既需要学理的思辨，更需要文学艺术的形象感染。因为学理的影响主要是在知识层，它要通过知识分子这个中介才能向社会渗透，所以它的影响是缓慢的，逐步的，而艺术形象直接诉诸于社会各层面的读者，比较而言其影响则是迅速的，穿透性的，并且在潜移默化中具有持续性的特征。由此可见，正是因为鲁迅精心营构了一系列尼采式的艺术形象，所以他在“五四”时期进行尼采主义的介绍和宣传的效果，乃是同时代的学者和文化批评家们难以比肩而论的，他自己也就理所当然地被称为“中国的尼采”。

（原刊于张钊贻主编《尼采与华文文学论集》，新加坡世界科技出版公司2013年版）

“以自己的沉没，证明着革命的前行”

——“诗人之死”与鲁迅信仰转换中的命运认知

确立一种信仰，就是把自己未来不可知的命运交付给一个可知而可信的对象，因而，信仰从本质上说就是主体关于自我命运的一种自觉认知。信仰的力度，往往也直接体现在信仰者对自我命运认知的深度。这种深度当然不是观念性的，而是血肉性的，越是浸润在血肉深层的命运体验，越能唤起、激发信仰的生命强力。鲁迅曾经用两个非常形象的词汇来形容自己信仰构成的这种血肉体验，一个是“轰毁”，由轰毁以至断裂，由断裂以至转型，由转型以至新生，“轰毁”一词本身具有的形态感概括了鲁迅信仰转变的过程特点；另一个是“煮”，在“革命文学”论战中，鲁迅读了一些包括托洛茨基、普列汉诺夫、卢那察尔斯基等在内的马克思主义者的文艺论著，用这些理论的火“煮”自己的肉，在自我解剖与反省中由进化论进到阶级论。毫无疑问，“轰毁”也好，“煮”也好，这种文学性的描写语言，说的都是肉体生命的感觉，显示出的是鲁迅在信仰构成中对信仰本身的血肉性的重视。在鲁迅看来，信仰的建构不仅仅是精神的飞扬，也相关着信仰者的肉身的献祭以及自我生命的命运的托付。在历史上，有些信仰者其信仰强大到具有足够的力量引导肉身共同前行，但也有许多时候肉身的巨大惰性成为信仰者精神前行的巨大包袱。信仰实践中精神与肉身的合体性，这是鲁迅坚守的一个生命准则，所追求的一种生命境界。正是在这种坚守与追求中，后期鲁迅曾经对无产阶级文学发展史上的一种生命现象有点痴迷，这就是革命文学兴起后接二连三地出现的“诗人之死”现象。面对这一现象，鲁迅有过强烈的心灵撼动，有过深刻的理性分析，并且最终在这种强烈的心灵撼动与深刻的理性分析中，完成了一个革命前驱者自我命运的认知与担当。

一

本文所谓“诗人之死”，特指俄国十月革命后苏联文学界出现的一种现象。有些诗人，在革命兴起时，热情洋溢地投向革命，讴歌革命，甚至成为革命的号手。但是在十月革命胜利后，无产阶级掌握了政权，国家与民族开始了一个新的时代，这些曾经为革命欢呼歌唱的诗人们反而对革命的成果深深失望，对自己在革命政权下的生活失去信心与希望，最后或者在“活不下去了”（梭波里）的叹息中，或者在“一点办法都没有”（马雅可夫斯基）的决绝中，用自杀的形式结束自己的肉体生命与诗歌生命。叶遂宁如此，梭波里如此，后来的马雅可夫斯基也是如此。勃洛克因病死在四十出头的壮年，他死时已经对自己的生活与曾经的诗歌生涯感到绝望，而那些一向攻击苏俄革命文学的西方媒体也在拿勃洛克的病说事，如《法兰西水星》（*Mercure de France*）杂志就刊登弥里士考夫斯基的看法，认为“坏血症”是“左党政治下的智识阶级中人的应有病”，似乎暗指勃洛克的致命的“坏血症”不仅是生理上的，而且是精神上的，生理上的“坏血症”剥夺了他的肉体生命，而精神上的“坏血症”则剥夺了他的诗歌生命。如果说，在革命兴起时，勃洛克是“从人文主义变迁的历程感受俄国文化变革和社会制度变革的必然性、可能性，呼唤知识分子投身革命、理解革命”，那么，革命后的勃洛克则是“从理想人文主义角度，质疑、悔恨甚至反对现实中的许多有悖于民族文化建设、破坏人文精神建构的革命行为”。[1]所以，勃洛克虽然不是死于自杀，但是他在逝世前一段时期的精神绝望，对革命现实中的一些行为的“质疑、悔恨甚至反对”，其实也已经意味着作为革命歌手的诗人已死。

马雅可夫斯基的自杀原因是什么，迄今仍然有争议。诗人死后，苏共中央与“拉普”为了避免马雅可夫斯基的自杀造成不良的政治影响，极力把这次事件淡化为一次纯粹的个人生活中的“失恋”事件。但即使在当时，从“拉普”写给斯大林与莫洛托夫的信中也可看到，苏联文艺界对诗人的自杀之因有不同的看法。这封信中指出，“对诗人自杀的原因的解释被敌人利用了，因此出现种种谣言，说‘共产党员们藏匿了’马雅可夫斯基的真正的信件（即“第二封”信），说什么诗人对一切都失望了，他被那忌贤妒能的苏维埃政权扼杀了。在青年人之间出现了这样的情绪：如果马雅可夫斯基这位无产阶级革命家的榜样，‘同工人阶级保持紧密联系’的诗人都自杀的话，那我们这些平庸的人该怎么办？一些怀恨在心的人则公开宣称：‘马雅可夫斯基一生都在撒谎，终于没词儿了，所以就自杀了。’”[2]这些意见不管是同情的还是攻击的，显然都是在精神与诗学的层面上来解读诗人的自杀，没有把这一事件简单地归之于诗人的“失恋”。马雅可夫斯基的死在中国文坛也曾引起震动，不论左翼还是非左翼刊物，都曾报道其自杀消息。《现代文学》杂志1930年第一卷第四期上还曾编辑出版一个纪念特辑，其中刊发了马雅可夫斯基的新作诗一首、戴望舒翻译的法国奥古斯坦·阿巴库（A. Habaru）作的《玛耶阔夫司基》、杜衡翻译的梅吉尔（A. B. Magil）作的《玛耶阔夫司基》、毛翰哥翻译的杉本良吉作的《玛耶

---

1 林精华：《勃洛克不可缺失的另一半形象》，见〔俄〕勃洛克：《知识分子与革命》，林精华等译，东方出版社2000年版，序言第3页。

2 芝恩：《关于“拉普”领导人就马雅可夫斯基之死给斯大林的信》，《苏联文学》1989年第1期。

阔夫司基的葬式》、赵景深翻译的拉莎洛夫作的《玛耶阔夫司基的自杀》等外国文坛的报道评论，还有谷非作《玛耶阔夫司基死了以后》、陆立之作《玛耶阔夫司基的诗》、杨昌溪作《玛耶阔夫司基论》等论文。很有意味的是，这个专辑中的译文和评论都没有迎合社会读者的兴趣去渲染马雅可夫斯基自杀的“失恋”事件，而是将关注点侧重在挖掘这一“诗人之死”事件背后的诗学意义与精神启示。如奥古斯坦·阿巴库说：“自从革命底斗争的时代一终结，他的诗的兴感便死了，在以后的建设的道程中，他的诗便失去了气势了。当然，玛耶阔夫司基还写，还写得很多。可是他只给我们一些使他跌到节米扬·白德芮（Demian Bedny）、或保尔·台鲁莱德（Paul Dèloulède）一流去的宣传诗了。”杨昌溪的论文则指出马雅可夫斯基死于诗歌实验的失败，他说：“他不愿作艺术的说教者，而他把他整个的艺术呈现给革命的驱使。他以自己底人格充满着革命的场所，广场和街衢；在或种的限度上打破个性底限制而接近于集团，使集团成为革命的集团。他从旧时代的艺术而到狂放之士底未来派的时代，更由衰落的未来派而到烈夫派（左翼）：在十二年来他都在文坛上不绝的实验着他底艺术，这次的自杀便是他以身殉艺术的表征。虽然他不是纯粹的普罗列塔利亚诗人，然而在工人们所加于他底‘革命诗人玛耶阔夫司基’的名号是值得配上的。”尤其值得一提的是赵景深翻译的拉莎洛夫的文章，这是一篇专门探讨诗人自杀原因的文章，作者不仅将叶赛宁、梭波里的自杀和马雅可夫斯基的自杀相提并论，而且专门对所谓“失恋”论进行了驳斥。文章说：“爱的解释是不能使人信服的。只要想一想过于傲慢的玛耶阔夫司基，他对于恋爱的态度是革命的，他自己也宣言他的放荡，便知道他要是为了一个难近的妇人而自杀，是犹之于一个常态的人为了吞一块不容易消化的食物而自杀是一样的不容易了。即使他的‘不幸的恋爱’不完全是谣言，人家也知道这决不是自杀的唯一的原因。显然还有政治和群众的关系……”从这些翻译的和自作的文章中，不难看出国内文坛（当然包括左翼文坛在内）对于马雅可夫斯基之死的一般性认知。

鲁迅对上述的苏俄诗人及其诗人的命运是熟悉的。1926年至1930年间，鲁迅曾细致地阅读过勃洛克的作品，并且为胡敩译的《十二个》写过序言，在理论上他曾阅读过托洛茨基的《文学与革命》、卢那察尔斯基的《艺术论》、普列汉诺夫的《艺术论》以及其他一些苏俄文学的评论文章，而且翻译过其中的一些著作与篇什，如托洛茨基的《文学与革命》中的勃洛克专章等。托洛茨基的《文学与革命》对十月革命前后一段时间的俄罗斯文学有十分精彩的评论，尤其是对叶赛宁和勃洛克等俄罗斯诗人热情地投身革命但在革命胜利后又失望于革命的现象，给予了深切的关注和深刻的剖析，关注的焦点则在于旧的诗人如何在新旧时代交替时不仅讴歌新时代而且融入新时代。在无产阶级革命文学兴起之时，鲁迅被新兴作家们打上旧时代作家的代表人物的徽号，对此，鲁迅并不否认，甚至以此自豪。鲁迅所讨厌的是那种"唯我独革"的嘴脸，是那种关起门来"革命"拒绝同路人跟着走走的激进态度。鲁迅深知自己所处的时代是一个新旧转换而新生未生、旧的未去的时代，自己的旧的信仰确实被血淋淋的现实所轰毁，自己愿意追随新的时代前行。但正如鲁迅当年在S会馆里同钱玄同对话时的心态，对于旧的，自己的信念是坚定的，但新的属于未来，未来的事物对于每一个前行者而言都是一个未知数。虽然自己不能以自己的确信折杀了未来，但对甘心情愿追随时代前行的自己的未来将是一个什么状况，这是鲁迅这种所谓"生性多疑"、喜欢刨根究底的人所必要弄明白的。所以，作为一个愿意追随时代前行的旧时代的代表者，鲁迅不能不深切地关注在时代大潮中那些自愿前行的旧时代代表者的命运，这也许就是在"革命文学"论战中，尽管当时由苏俄传入的理论资源多种多样[1]，但仅仅托洛茨基和卢那察尔斯基等理论家和叶赛宁、勃洛

1　可以参见艾晓明、李今等人关于20世纪30年代无产阶级革命文学的论著。

克等俄罗斯曾经的“革命诗人”特别使鲁迅感兴趣的原因。而且可以说，正是叶赛宁、梭波里、勃洛克以及后来的马雅可夫斯基的死亡这一非常态现象，深深地震撼了鲁迅的心灵，鲁迅曾说：“‘在一个最大的社会改变的时代，文学家不能做旁观者！’但拉狄克的话，是为了叶遂宁和梭波里的自杀而发的。他那一篇《无家可归的艺术家》译载在一种期刊上时，曾经使我发生过暂时的思索。”[1]这种表述虽然语气平静，但确实证实了叶赛宁、梭波里的自杀促使信仰转换中的鲁迅对“革命时代”、“革命文学”、革命文学家的历史宿命等问题进行了深入的思考，并得出了自己与众不同但发人深省的结论。

二

革命时代是一种大时代，激动人心的时代。伟大的诗人往往有一颗永不安分、永远冒险的灵魂，厌恶平庸、刻板、没有惊涛骇浪的生活。那些旧时代的诗人们之所以投奔革命，向往的其实就是革命时代那种剧烈动荡与变化的大气魄、大精神。勃洛克曾经对“革命”作过这样的定义：“改造一切。力图使一切变得崭新起来：使我们那虚伪的、污秽的、苦闷的、不成体统的生活变成公正的、纯洁的、愉快而美好的生活。”“这类想法自古以来就深藏在人类灵魂和人们心灵之中，当它们挣脱了束缚自己的桎梏并以汹涌澎湃的洪流摧毁大坝、冲毁无用的堤岸时，这就称之为革命。规模较小、程度适中和层次更低级的现象——被称之为骚乱、造反和变革。但是，这被称之为革命。”[2]鲁迅也曾用力度的“大”和“小”来划分

1 鲁迅：《在钟楼上》，见《鲁迅全集》第四卷，人民文学出版社 2005 年版，第 36 页

2 〔俄〕勃洛克：《知识分子与革命》，见《知识分子与革命》，林精华等译，东方出版社 2000 年版，第 161 页。

"革命"的时代。1927年4月8日，鲁迅应邀到广州黄埔陆军军官学校讲演《革命时代的文学》。在谈到"革命"与"文学"的关系时，鲁迅很风趣地用猴子进化到人类的故事作比喻，说明"革命是并不稀奇的，凡是至今还未灭亡的民族，还都天天在努力革命，虽然往往不过是小革命"。至于革命时代的"文学"，鲁迅则明确地指出"革命时代的文学和平时的文学不同，革命来了，文学就变换色彩。但大革命可以变换文学的色彩，小革命却不，因为不算什么革命，所以不能变换文学的色彩"。在鲁迅心目中，当时广州的"革命"其规模和力度还不是真正的"革命"，至多也只能是"小革命"，因为它并"不能变换文学的色彩"。鲁迅接着直截了当地批评广东的文学形势，指出"广东报纸所讲的文学，都是旧的，新的很少，也可以证明广东社会没有受革命影响；没有对新的讴歌，也没有对旧的挽歌，广东仍然是十年前底广东。不但如此，并且也没有叫苦，没有鸣不平；止看见工会参加游行，但这是政府允许的，不是因压迫而反抗的，也不过是奉旨革命。中国社会没有改变，所以没有怀旧的哀词，也没有崭新的进行曲"。[1]可见，鲁迅尽管身处国民革命的策源地，又在"革命"骨干力量的培养学校作演讲，但他并未忌讳言说自己对当时广州已经十分热闹了的所谓"革命"的观感与思考，这种关于革命规模、力度乃至性质的"大"与"小"的思辨，显然是从勃洛克那里得到了启示。

在这个讲演中，鲁迅表面上谈的是文学，其实表达的是他透过"革命文学"的诞生所得到的对"革命"的理解，这一点对观察鲁迅思想或者后期信仰的转换最有意义。鲁迅认为革命与文学有三种关系、三个阶段："大革命"之前，没有"革命文学"，有的是"叫苦鸣不平的文学"；"大革命"之中也没有"革命文学"，因为"到了大革命的时代，文学没有了，没有声音了"，"大家受革命潮流

1　鲁迅：《革命时代的文学》，见《鲁迅全集》第三卷，人民文学出版社2005年版，第437—438、437、440页。

的鼓荡，大家由呼喊而转入行动，大家忙着革命，没有闲空谈文学了”；“大革命”以后才有“革命文学”，“等到大革命成功后，社会底状态缓和了，大家底生活有余裕了，这时候就又产生文学。这时候底文学有二：一种文学是赞扬革命，称颂革命……另有一种文学是吊旧社会的灭亡——挽歌——也是革命后会有的文学”。[1]鲁迅关于“革命文学”产生的条件与机缘的观点是否妥当，姑且不论，在此应该关注的是，在鲁迅的心目中，何谓“大革命”？在谈到“大革命”前的“叫苦鸣不平的文学”时，鲁迅指出这种文学有两种发展趋向，一种是叫苦无用就沉默下去，甚至渐渐更加衰颓下去，如埃及、阿拉伯、波斯和印度，一种是那些“富有反抗性，蕴有力量的民族，因为叫苦没用，他便觉悟起来，由哀音而变为怒吼。怒吼的文学一出现，反抗就快到了；他们已经很愤怒，所以与革命爆发时代接近的文学每每带有愤怒之音；他要反抗，他要复仇。苏俄革命将起时，即有些这类的文学”[2]。后来在谈到第三个阶段即“大革命成功后”所产生的那两种文学时，鲁迅更是明确地将中国与苏俄相提并论，“不过中国没有这两种文学——对旧制度挽歌，对新制度讴歌；因为中国革命还没有成功，正是青黄不接，忙于革命的时候”，“中国社会没有改变，所以没有怀旧的哀词，也没有崭新的进行曲”，但是，“苏俄却已产生了这两种文学。他们的旧文学家逃亡外国，所作的文学，多是吊亡挽旧的哀词；新文学家则正在努力向前走，伟大的作品虽然还没有，但是新作品已不少，他们已经离开怒吼时期而过渡到讴歌的时期了”。[3]讲到大革命兴起前的“怒吼的文学”是以俄国十月革命前的文学作为例子，谈到大革命成功后的“革命文学”仍然是以十月革命后的文学作为例子。可见，在鲁迅的心目中，所谓的“大革命”就是苏俄式的革命，反过

1　鲁迅：《革命时代的文学》，见《鲁迅全集》第三卷，人民文学出版社 2005 年版，第 438—439 页。

2　同 1，第 438 页。

3　同 1，第 440 页。

来也就是说，只有苏俄式的“革命”才能配称得上是“大革命”。所以，勃洛克曾引用丘特切夫的诗句来欢呼“我们俄罗斯人正在经历一个无与伦比的伟大时代”[1]，而鲁迅在谈到勃洛克与俄国革命的关系时，也特别突出的是俄国革命的规模、力度与性质的“大”。他认为“勃洛克独在革命的俄国中，倾听‘咆哮狞猛，吐着长太息的破坏的音乐’。他听到黑夜白雪间的风，老女人的哀怨，教士和富翁和太太的彷徨，会议中的讲嫖钱，复仇的歌和枪声，卡基卡的血。然而他又听到癞皮狗似的旧世界：他向革命这边突进了”[2]。

但是，“大革命”呈现给诗人的不会只是丘特切夫诗歌中所欢呼的“宴会的盛大场面”，“大革命”的声音是“咆哮狞猛”的“破坏的音乐”，是“复仇的歌和枪声”。在这样的暴风骤雨式的大革命时代，每一个与革命发生关系的人，都可能有新生与猝死两种命运。对此，鲁迅有着极其透彻的见地。1927 年 12 月，他在给黎锦明的中篇小说《尘影》作的序言中开篇就说：“在我自己，觉得中国现在是一个进向大时代的时代。但这所谓大，并不一定指可以由此得生，而也可以由此得死。”“许多为爱的献身者，已经由此得死。在其先，玩着意中而且意外的血的游戏，以愉快和满意，以及单是好看和热闹，赠给身在局内而旁观的人们：但同时也给若干人以重压。”“这重压除去的时候，不是死，就是生。这才是大时代。”[3]破坏的目的是建设，革命的理想当然是为了更好的“生”，但鲁迅在此谈“大革命”时代的生与死，显然意在突出和强调“死”的前景与结局，尤其是那些投身革命的“革命文学”家的“死”的

1　丘特切夫的诗句：“一个人在关键时刻造访这个世界 / 他是何等快乐幸福，/ 他被特别幸运的人们所召唤，/ 作为一位观临宴会的客人 / 他们目睹了宴会的盛大场面……”（转引自〔俄〕勃洛克：《知识分子与革命》，见《知识分子与革命》，林精华等译，东方出版社 2000 年版，第 160 页。）

2　鲁迅：《〈十二个〉后记》，见《鲁迅全集》第七卷，人民文学出版社 2005 年版，第 312 页。

3　鲁迅：《〈尘影〉题辞》，见《鲁迅全集》第三卷，人民文学出版社 2005 年版，第 571 页。

前景与结局。这种思路的发生，一方面当然是因为鲁迅深知，革命文学家的攻击社会，必得攻击革命的对象，而革命的对象是具体的，是有力量的，因而革命诗人就得面临危险。鲁迅在《答有恒先生》的文章中曾说："我先前的攻击社会，其实也是无聊的。社会没有知道我在攻击，倘一知道，我早已死无葬身之所了。试一攻击社会的一分子的陈源之类，看如何？而况四万万也哉？我之得以偷生者，因为他们大多数不识字，不知道，并且我的话也无效力，如一箭之入大海。否则，几条杂感，就可以送命的。"[1]另一方面，叶赛宁、梭波里的自杀事件以及后来的勃洛克的消沉态度深深地刺激着鲁迅，让鲁迅意识到了像他这类从旧的阶级中投向革命的"革命诗人"们无可回避的一种历史宿命，也就是鲁迅自己所说的，"凡有革命以前的幻想或理想的革命诗人，很可有碰死在自己所讴歌希望的现实上的运命；而现实的革命倘不粉碎了这类诗人的幻想或理想，则这革命也还是布告上的空谈"[2]。

这种命运意识，在俄国革命爆发时期的俄罗斯诗人中其实是相当普遍而典型的。俄罗斯思想家尼古拉·别尔嘉耶夫曾用大地漫游者来形容俄罗斯民族的精神特征，他认为："在俄罗斯的灵魂中，存在着动荡和不驯，存在着一切暂时的、相对的和有条件的事物都难以消除的贪婪和不满。"[3]作为民族灵魂的俄罗斯诗人，这种漫游者气质当然更加突出。浪漫的俄罗斯诗人，天生地会对革命充满了幻想与激情，因为在"革命这一种打扫的行动中，有一种无限制的前进的趋势，鼓荡着人类要求解放的热情，诗人可于浪潮中听出令人欢畅的音乐，看出革命的心灵"，"革命是人类历史的道上的胜利日，也是悲剧日，是一篇史诗"，诗人的激荡不已的心灵恰恰能够

1 鲁迅：《答有恒先生》，见《鲁迅全集》第三卷，人民文学出版社 2005 年版，第 477 页

2 鲁迅：《在钟楼上》，见《鲁迅全集》第四卷，人民文学出版社 2005 年版，第 36 页。

3 〔俄〕尼古拉·别尔嘉耶夫：《俄罗斯的命运》，汪剑钊译，北京联合出版公司 2014 年版，第 13 页。

在这种胜利日与悲剧日中得到宣泄，获得狂欢。[1]但是，革命必然有破坏，不仅会破坏诗人憎恨的东西，也会破坏诗人心爱的东西，正如勃洛克在《知识分子与革命》中对那些知识分子的诘问：“你们曾经考虑过些什么？革命等于田园诗？在革命的道路上创造不会毁坏任何东西？人民是听话的乖孩子吗？”“‘黑’骨头和‘白’骨头之间、‘有文化教养的人’和‘没有文化教养的人’之间，知识分子和人民之间由来已久的纷争，这样‘没有流血地’和‘没有痛苦地’就可以解决吗？”[2]显然不是。正由于意识到了或者说亲眼见到了这种破坏，勃洛克“他向前，所以向革命突进了，然而反顾，于是受伤”[3]。而叶赛宁说：“他能领受一切，他可以将灵魂都交给红色的10月和5月，但只有一张亲爱的鸣琴不愿给与任何人的手里，因为他要这张鸣琴仅仅为他歌吟，细腻地歌吟。”[4]当革命要求他交出这把鸣琴，或者要砸烂他的鸣琴的时候，诗人的心伤就是可想而知的了。更进一步说，革命虽然是狂欢日，但“进化是和平的时日，是无风浪的散文。革命后要渐渐地走到进化的路上，要发展到自身的第二阶段。在此第二阶段，破坏的风浪要让位置于和平的建设，所谓理性和计划登了表面的舞台，而所谓革命的心灵不得不隐藏到自身的深处。到此时，我们的诗人，我们的罗曼蒂克，失去了兴趣，心灵上起了很难过的波纹”[5]。所以，蒋光慈曾将勃洛克的痛苦归因于对感觉中的革命的“停顿”的失望与困惑。“布洛克现在所以发生痛苦的，是因为革命，照着他的感觉，似乎走到半路停下

---

1 蒋光慈：《十月革命与俄罗斯文学》，见贾植芳、陈思和主编《中外文学关系史资料汇编》下册，广西师范大学出版社2004年版，第834、849页。

2 〔俄〕勃洛克：《知识分子与革命》，见《知识分子与革命》，林精华等译，东方出版社2000年版，第166页。

3 鲁迅：《〈十二个〉后记》，见《鲁迅全集》第七卷，人民文学出版社2005年版，第312页。

4 同1，第849页。

5 同1，第835页。

来了，不能满足自己的无限制的态度。”[1]这种解读确实是切中了问题的实质。对于诗人投身革命后的这种必然的两难处境，这种历史宿命，勃洛克有着深切的预感，他虽然没有像叶赛宁那样自杀，但他在投身革命的歌唱时就已经宣示了自己的命运：“正是那个果戈理把俄罗斯想像成是飞驰的三套车。”“我们年复一年越来越清晰地听到的那个音量迅速增大的嘈杂声，就是三套车铃铛那神奇的叮叮当当声。在三套车周围是‘阵阵气流发出的呼啸声，而且这气流变成了风’，如果这辆三套车直向我们飞驰而来，那会怎样呢？我们奔向人民，即直接扑向疯狂的三套车的车轮下、直接奔向必然的死亡。”[2]敢不敢扑向车轮，这是时代对诗人的考验，能不能碾碎诗人的罗曼蒂克幻想，这是历史对革命的考验。鲁迅在勃洛克的诗歌心灵中感知到了这个运命，所以才作出投身革命的诗人们“很可有碰死在自己所讴歌希望的现实上的运命”，而革命倘不粉碎了这类诗人的幻想则这革命也还是布告上的空谈这一经典的判断。

三

在一个风云激荡的大时代里，诗人的自杀，尤其是“革命诗人”的自杀绝不是一个日常事件，而是一个信仰事件。自古以来，多少诗人的自杀不是死于对自己的信仰的幻灭，就是死于对自己的信仰的坚守。诗人不同于常人，常人可以有信仰，同时也可以在日常的生活中或者具体的事功中修正自己的信仰，而诗人不能。诗人是信仰的描摹者，鼓吹者，讴歌者，人们往往不是在政治家的演说中，而是在诗人的吟唱中感受到信仰的美好，体验到信仰的力

1　蒋光慈：《十月革命与俄罗斯文学》，见贾植芳、陈思和主编《中外文学关系史资料汇编》下册，广西师范大学出版社 2004 年版，第 835 页。

2　〔俄〕勃洛克：《人民与知识分子》，见《知识分子与革命》，林精华等译，东方出版社 2000 年版，第 61—62 页。

量。所以那些伟大的诗人在这份使命的鼓舞下，一旦发现自己坚信的理想与自己生存其中的现实是如此背离时，宁愿自己碰死在自己的信仰上，也绝不会去修正自己的信仰，或者背叛自己的信仰，像一个常人那样苟活下去。比较而言，俄罗斯民族是一个以信仰而骄傲的民族，诗人丘切特夫就曾这样评价过他的俄罗斯：“俄罗斯并非理智可以悟解，/普通的尺度无法对之衡量：/它具有的是特殊的性格——/唯一适用于俄罗斯的是信仰。”[1]确实，俄罗斯的“诗人之死”绝非“理智”的结果，也超越于“普通的尺度”之外，领悟这种事件只有从信仰和信仰者的命运承担这一角度，才能深得其中三昧。

鲁迅显然是从信仰的意义上来看待叶赛宁、梭波里的“诗人之死”的。在这段时间里，鲁迅曾不断地提到“革命人”“革命文学”“革命文学家”这三个概念。对这三个概念的理解，过去一直比较粗略，仅认为鲁迅在此只是想说明“革命文学”的产生须先有“革命人”的产生，文学家要创作出“革命文学”，须先成其为一个“革命人”。这种解读当然没有问题，鲁迅所谓“从喷泉里出来的都是水，从血管里出来的都是血”的名言，确实是明确地指向这层意义。但是，如果更深层地来思考，不难发现鲁迅这三个概念的使用还有着更为精微的含义。“革命人”是“革命文学家”（在有的地方鲁迅也称之为“革命诗人”）的基础，“革命人”和”革命文学家”的不同在于，在具体的革命实践中“革命人”无须整天把革命信仰挂在嘴边，“革命人”当然必须是“理想主义者”，但“革命人”也往往表现为一个“现实主义者”，甚至在一些特殊的情境中为了革命的成功，可以修正或者掩盖自己的信仰。而“革命文学家”的革命工作就在于对革命信仰的宣传与讴歌，信仰是他们生命的基石与内容。所以，鲁迅在谈到“革命文学家”的概念时，有时是十分敬重的，如他说叶赛宁和梭波里：“俄国十月革命时，确曾有许多文

1 转引自〔俄〕尼古拉·别尔嘉耶夫：《俄罗斯的命运》，汪剑钊译，北京联合出版公司2014年版，第3页。

人愿为革命尽力。但事实的狂风，终于转得他们手足无措。显明的例是诗人叶遂宁的自杀，还有小说家梭波里，他最后的话是：‘活不下去了！’”“叶遂宁和梭波里终于不是革命文学家。为什么呢，因为俄国是实在在革命。”[1] 又如他说勃洛克：“然而他究竟不是新兴的革命诗人，于是虽然突进，却终于受伤，他在十二个之前，看见了戴着白玫瑰花圈的耶稣基督。”“但这正是俄国十月革命‘时代的最重要的作品’。”[2] 有时说起时则显然是一种嘲讽的口吻，如他对当时创、太两社中那些“革命文学”倡导者的评论：“革命文学家风起云涌的所在，其实是并没有革命的。”[3]“不远总有一个大时代要到来。现在创造派的革命文学家和无产阶级作家虽然不得已而玩着‘艺术的武器’，而有着‘武器的艺术’的非革命武学家也玩起这玩意儿来，有几种笑迷迷的期刊便是这。他们自己也不大相信手里的‘武器的艺术’了罢。”[4] 敬重是因为，“叶赛宁、梭波里、勃洛克们”虽然还不是“革命文学家”，他们没有真正地投身革命的实践中去做“革命人”，但他们忠诚于自己的信仰，并且在向着革命的潮流“突进”，尤其是他们要“突进”的是真正的大时代与大革命；而嘲讽的则是，在中国，真正的大时代、大革命还没有到来，“革命人”还没有尝试去做，自封的“革命文学家”们就急急忙忙地宣称“革命文学”已经到来了。而这种“革命文学”无论是“奉旨革命”，还是“赋得革命”，就像鲁迅曾经批评过的，要么“是刊物的封面上画一个工人，手捏铁铲或鹤嘴锹，文中有‘革命！革命！’‘打倒！打倒！’者”，要么就是“画一个少年军人拿旗

1、3 鲁迅：《革命文学》，见《鲁迅全集》第三卷，人民文学出版社 2005 年版，第 568 页。
2 鲁迅：《〈十二个〉后记》，见《鲁迅全集》第七卷，人民文学出版社 2005 年版，第 312 页。
4 鲁迅：《“醉眼”中的朦胧》，见《鲁迅全集》第四卷，人民文学出版社 2005 年版，第 66 页。

骑在马上，里面‘严办！严办！’”之类。[1]

所以，在与那些自封的“革命文学家”们论战时，鲁迅曾向他们提出了一个相当尖锐的问题。“成仿吾教人克服小资产阶级根性，拉‘大众’来作‘给与’和‘维持’的材料，文章完了，却正留下一个不小的问题：倘若难于‘保障最后的胜利’，你去不去呢？”[2]鲁迅之所以这样提问，是有他的理由的。第一个理由当然是未来的事本来未可预料，所谓“最后的胜利”谁能确切地保障？当时“大革命”尚未到来，前景就更加渺茫，何况革命中间还会有流血，有牺牲。第二个理由更加确切，叶赛宁、梭波里、勃洛克等投身革命的诗人已经碰死在自己所讴歌、希望的现实上，而真正的大革命、大时代也确实粉碎了这类诗人的幻想。那些希望一个晚上就能“奥伏赫变”成为无产阶级作家的文学家们是否能有“勃洛克们”的这种气魄，这种真诚，明知道直接扑向疯狂的三套车的车轮下就是直接奔向必然的死亡，但他们还是奔向了人民？是否能够像叶赛宁和梭波里那样，“他们先后给自己唱了挽歌，他们有真实。他们以自己的沉没，证明着革命的前行”[3]。带着这样的疑问，鲁迅在“革命文学”论战中，思路与其对手们颇有点不同，他不太关心革命文学的内容、性质、对象等理论性的问题，而是关心两个互相连带着的问题。一个问题是作家是否真诚。鲁迅十分赞赏勃洛克，就因为他对“大革命”有“真的神往的心”，“呼唤血和火的，咏叹酒和女人的，赏味幽林和秋月的，都要真的神往的心，否则一样是空洞。人多是‘生命之川’之中的一滴，承着过去，向着未来，倘不是真的特出到异乎寻常的，便都不免并含着向前和反顾。诗《十二个》里就可

1　鲁迅：《扣丝杂感》，见《鲁迅全集》第三卷，人民文学出版社 2005 年版，第 505 页。

2　鲁迅：《“醉眼”中的朦胧》，见《鲁迅全集》第四卷，人民文学出版社 2005 年版，第 63 页。

3　鲁迅：《在钟楼上》，同 2，第 36 页。

以看见这样的心”[1]。他批评广东的所谓“革命文学”，想到的也是这“革命文学”是否是“心中流露的东西”。“在这革命地方的文学家，恐怕总喜欢说文学和革命是大有关系的，例如可以用这来宣传，鼓吹，煽动，促进革命和完成革命。不过我想，这样的文章是无力的，因为好的文艺作品，向来多是不受别人命令，不顾利害，自然而然地从心中流露的东西；如果先挂起一个题目，做起文章来，那又何异于八股，在文学中并无价值，更说不到能否感动人了”[2]。另一个问题则是反对投机。鄙薄与反对投机，这是鲁迅一贯的性格与主张。在后期信仰的转型与建构中，鲁迅的这一性格和主张体现得更加显著。他在谈到文学家与革命的关系时曾告诫人们，“外国是革命军兴以前，就有被迫出国的卢梭，流放极边的珂罗连珂”[3]。他在谈到革命中的牺牲时也说：“革命被头挂退的事是很少有的，革命的完结，大概只由于投机者的潜入。也就是内里蛀空。这并非指赤化，任何主义的革命都如此。但不是正因为黑暗，正因为没有出路，所以要革命的么？倘必须前面贴着‘光明’和‘出路’的包票，这才雄赳赳地去革命，那就不但不是革命者，简直连投机家都不如了。虽是投机，成败之数也不能预卜的。”[4]所以，鲁迅赞美革命家的牺牲：“革命成功的时候，革命家死掉了，却能每年给生存的大家以热闹，甚而至于欢欣鼓舞。惟独革命家，无论他生或死，都能给大家以幸福。”同时也指出：“革命无止境，倘使世上真有什么‘止于至善’，这人间世便同时变了凝固的东西了。不过，中国经了许多战士的精神和血肉的培养，却的确长出了一点先前所没有的幸福的花果来，也还有逐渐生长的希望。倘若不像有，那是因

---

1 鲁迅：《〈十二个〉后记》，见《鲁迅全集》第七卷，人民文学出版社 2005 年版，第 312 页。
2 鲁迅：《革命时代的文学》，见《鲁迅全集》第三卷，人民文学出版社 2005 年版，第 437 页。
3 鲁迅：《文艺和革命》，同 2，第 583 页。
4 鲁迅：《铲共大观》，见《鲁迅全集》第四卷，人民文学出版社 2005 年版，第 107 页。

为继续培养的人们少，而赏玩，攀折这花，摘食这果实的人们倒是太多的缘故。”[1]这两个问题的中心点其实就是投身革命的动机如何，是听从自己内心的召唤，还是看到了前景的诱惑。

当然，提出这样的问题，鲁迅并非要与那些自封的“革命文学家”们刻意为难。正如阅读马克思主义的文艺理论是为了“煮自己的肉”一样，鲁迅提出这样的问题，根底里还是为了检测自己的内心，还是要作出自己的回答。鲁迅在自我信仰转型时期，不断地提到叶赛宁、梭波里的死亡，提到勃洛克的“突进”与“受伤”，不断地告诫人们真正的革命有流血、有污秽，从这些现象上可以看到，鲁迅自己的回答是十分明确的。可以这样说，俄国十月革命的胜利，使得鲁迅看到了“大时代”与“大革命”的即将到来，所以他说：“现在则已是大时代，动摇的时代，转换的时代，中国以外，阶级的对立大抵已经十分锐利化，农工大众日日显得着重，倘要将自己从没落救出，当然应该向他们去了。”[2]而俄国十月革命前后一段时期文坛上的“诗人之死”现象，也使鲁迅深切地预感到自己这一类知识者的献祭的运命。鲁迅听从自己内心的召唤，选择了献祭，哪怕是要“以自己的沉没，证明着革命的前行”。如果说绍兴会馆里，鲁迅是听从朋友的力劝投入到新文化运动中去，是在绝望中的对绝望的反抗，那么，1927 年前后一段时期的鲁迅在轰毁了自己原来的进化论信仰之后，从绅士阶级的逆子贰臣进到无产阶级的战士，从一个个性主义者进到集体主义者，则显然是一种充满着献祭精神的主体的自我选择。克尔凯郭尔曾经通过亚伯拉罕的故事指出，建立在恐惧之上的信仰才是真正经受得起考验的信仰，那么，像鲁迅这样，建立在献祭精神基础上的信仰，无疑是一种最为纯粹的信仰。没有利益的牵引，也没有得失的考量，有的只是自我

1 鲁迅：《黄花节的杂感》，见《鲁迅全集》第三卷，人民文学出版社 2005 年版，第 428 页。
2 鲁迅：《“醉眼”中的朦胧》，见《鲁迅全集》第四卷，人民文学出版社 2005 年版，第 63 页。

牺牲的对运命的承担，这些恰恰也是后期鲁迅信仰转型之后，为什么能在左翼文学阵营中始终保持清醒的批判精神，抱持个人的独立人格的一种重要的条件。

值得注意的是，后期鲁迅信仰转型与重构中的这种特性，虽然来之于俄国十月革命胜利后“诗人之死”现象的直接启示，但它与鲁迅对社会进化过程中的“历史中间物”的使命的思考，对人类精神发展过程中的“过客”的历史宿命的思考不仅息息相关，而且也是一脉相承的。作为一个文学家，每在自我精神发生重大状况时，鲁迅都会构建起一个鲜明而独特的意象来象征性地宣示自己的生命体验，“历史中间物”“过客”与“诗人之死”就是这样具有标志性质的三个递进的生命意象。关于“历史中间物”的思考发生在五四新文化运动时期，关于“过客”的思考发生在1925年，也就是鲁迅的心灵处在“两间余一卒，荷戟独彷徨”的最为寂寞而焦虑的时期，而对苏俄文坛“诗人之死”现象的兴趣与关注也就在其后的一两年中发生，这时恰恰也是鲁迅的世界观发生极其剧烈的动荡及转变的时候。其中无论是“历史中间物”，还是暮色苍茫中的“过客”，都不是历史的“旁观者”（鲁迅就明确地指出叶赛宁和梭波里“他们到底并不是旁观者”），而是历史的参与者、弄潮者，但“历史中间物”只是自己肩住黑暗的闸门，放年轻的一代到光明的地方去，幸福合理地度日，他的运命中没有光明的享受，而是当生命的力量使尽时，就粉身碎骨地死在闸门的重压下。“过客”的命运也是如此，他的前面也许是坟也许是花园，他听从前面声音的召唤，义无反顾地朝前走去。其实，已往的经验已经告诉“过客”前面就是坟，但“过客”甚至憎恶这花园的温馨美丽，宁愿筋疲力尽地倒在荒郊野外的坟场上。叶赛宁、梭波里、勃洛克等“诗人之死”的结局，可以说更是活生生地验证了鲁迅对“历史中间物”和“过客”命运的预感。确实，在现实生活中，鲁迅一贯主张“壕堑战”，反对青年们作无谓的牺牲，这是鲁迅与恶势力抗争的一种战术意识，是鲁迅在日常生活中的日常理性的表现。但这种战术意识和日常理性从来没有妨碍过鲁迅在心灵层面对大精神、大人格的追求，在形上的层面对生命价值的崇高性的确认。从“历史中间物”到“过客”再到“诗人之死”，我们不仅可以清晰地看到鲁迅对于精神自省的强烈的自觉性，而且可以真切地感受到鲁迅内心深处那像地表下熔岩一样涌动不已的生命激情。在这种意义上，或者说从“历史中间物”“过客”“诗人之死”这三个意象的精神内质的相似性与联系性中可以断言，鲁迅后期信仰的转变，与其说是一次飞跃，不如说是一种顺承，一种发展。对鲁迅而言，信仰的内容变了，但信仰的方式与信仰所赖以存在的生命激情则依然故我。

（原刊于《文学评论》2015 年第 4 期）

论鲁迅与“五四”时期的“倒孔”运动

“打倒孔家店”，这是五四新文化运动中最为响亮的一个口号，是那个时代里中国思想文化领域内新学与旧学、激进主义与保守主义最为激烈的一次交锋，也可以说是五四新文化运动留给后世争议最大、分歧最多的“成果”之一[1]。在这场文化战役中，“倒孔”力量大致有三，一是以陈独秀为代表的政治家，一是以吴虞为代表的学问家，一是以鲁迅为代表的文学家。在思想革命之初，是政治家与学问家的联手，成为“打倒孔家店”运动的先驱，而当1918年鲁迅以《狂人日记》的白话小说投身到新文化运动之时，首倡者陈独秀的兴趣已经开始转移，这从陈独秀此后在《新青年》杂志上发表的文章更多地关注现实政治问题这一现象上即可见端倪。而吴虞读到《狂人日记》，在很兴奋地写了一篇《吃人与礼教》予以评

1 之所以给“成果”一词打上引号，是因为“打倒孔家店”虽然一直以来都被学术界认为是五四新文化运动的一项成果，但是，在历史事实的层面上，哪怕就在五四新文化运动前后，北洋政府当局都在大力提倡“尊孔读经”，孙中山在提出三民主义时，也主张要倡扬“忠孝仁爱信义和平”的传统文化，国民党建立中央政府以后，蒋介石提倡新生活运动，不仅将“忠孝仁爱信义和平”视为民族八德，而且将“礼义廉耻”视为国之四维。1949年以后，孔家店在中国大陆好像是真正关了门，但自上个世纪90年代以来，儒家文化得到主流意识形态的大力提倡，孔子也被当做民族文化传统的象征形象，被政府推向了世界。

论之后，似乎也很少再对这一问题发表极有影响力的论文。倒是后起的鲁迅一发而不可收，毕其一生都始终不渝地运用各种形式对孔家店进行着不遗余力的批判，其火力之猛烈，其剖析之深刻，其用语之尖锐，其持续时间之长久，在现代文学史上几乎无与伦比。所以，笔者认为探讨鲁迅与20世纪中国社会文化思想革命的关系，首先就应该关注鲁迅在“打倒孔家店”这一思想文化战役中的作用与贡献。近些年来，尽管鲁迅研究界对于鲁迅的认识与理解日益分歧，而且也有不少论者试图努力阐述鲁迅在对待民族传统文化方面的辩证思维与二难态度，但是在谈到鲁迅与儒家文化的关系上，尤其是谈到鲁迅在“打倒孔家店”的运动中所起到的作用与贡献时，鲁迅研究界的意见还是比较一致的。最有代表性的成果如王得后的《鲁迅与孔子》一著，该著从“比较思想史”的角度将孔子和鲁迅这两个曾被毛泽东称为“中国圣人”的思想家进行比较，认为“孔子和鲁迅处于中国封建专制历史的首尾两端，分属于两个不同的转型时期。孔子挽狂澜于既倒，维护一种封闭的、僵死的专制等级制度，鲁迅却在极力促使据说是‘天经地义’的既成的秩序趋于瓦解。孔子培养奴隶道德，鼓吹苟活，抹杀个性，甚至灭绝人性；鲁迅对民族的奴隶根性深恶痛绝，终其一生，争取自由、平等，人的解放。孔子求‘仁’，实际上是辩护‘王道’的合法性；但无论对于‘王道’还是‘霸道’，鲁迅的抨击同样不遗余力，他主张‘立人’，以人的生命个体为本位，建立‘人国’。鲁迅是一个清醒的现实主义者，他深知，‘人’的地位只能从争取中得来”[1]。尽管把两个不同时代的思想家放在一起，用现代的思想尺度来评价自然会有思虑不够周密之处（这已经有读者撰文予以指出，此不多言），但《鲁迅与孔子》对于鲁迅与孔子的根本性区别的分析无疑是十分到位的。又如王富仁，他在《中国文化的守夜人——鲁迅》一著中指出：“中国传统的儒法合流后的儒家文化实际是一个吃人的文化。

1 林贤治：《孔子、鲁迅、传统与反传统》，《读书》2010年第9期。

它的吃人性不是孔子开创儒家文化的动机和企图，但却是它成为政治统治文化之后的必然结果。它的吃人性是建立在不承认人的个体性、不承认人的独立性、不承认作为一个独立的人的存在和发展的自由权利之上的。”“在这种专制主义的社会体制和社会伦理道德体系中，不但历代都有被非人道地杀害了的社会群众和知识分子，而且以其威吓力量窒息着全社会的精神活力和创造精神。正是在这个意义上，鲁迅猛烈地抨击了儒家文化的残酷性和虚伪性，揭露了它的吃人的性质。”[1] 王著不仅确切地指出了鲁迅对于儒家批判的精义所在，而且精辟地分析了鲁迅及其同时代的“倒孔”者之所以“倒孔”的内在的生命因素。“鲁迅和他同时代的知识分子的人生道路与传统儒家法家知识分子的人生道路发生了根本的变化，他们的社会地位和社会角色也发生了根本的变化，他们对于社会的理解和认识也与传统儒家法家的社会观念有了根本的不同。当他们带着这样的观念重新感受和理解中国传统的儒家文化时，中国传统儒家文化的残酷性才赤裸裸地展现在他们的面前。”[2] 这些观点当然体现出了新世纪以来对鲁迅与儒家文化关系研究的深入，不过问题依然存在，或者说恰恰是这些观点为我们启示出了一些新的问题。譬如说，鲁迅对儒家文化的批判仅仅止于其吃人性的揭露吗，是否还会有一些更为细致而深层次的思考呢？当社会地位和社会角色发生变化后，鲁迅和他同时代的知识分子对社会的理解与认识，对周边的社会生活的生命体验及其应对方式是否就真的一致了呢，怎样来理解同样处于社会变化中的鲁迅对于儒家文化的生命感受的独特性与超越性呢？而且，如果要研究在整整一百年的历史上，“孔家店”为什么打而不倒，或者倒而又起的这一复杂的文化现象，恐怕也只有从鲁迅对儒家文化批判的独特洞察中才能够获得一些发人深省的启示。

---

1 王富仁：《中国文化的守夜人——鲁迅》，人民文学出版社 2010 年版，第 125 页。

2 同 1，第 123 页。

一

孔子生前曾周游列国，试图宣传自己的思想，实现自己的政治抱负，但除了在鲁国曾有过短暂的得意之外，其他地方是处处碰壁，以致他不得不自我解嘲“道不行，乘桴浮于海”。但汉代以后，董仲舒罢黜百家，独尊儒术，孔子于是成了中国的圣人，而儒家学说也就由诸子百家中的一家而成为中国封建宗法社会的立国之本，成了世世代代中国国民的精神信仰。尽管儒家成为正统之后，中国思想史上“非孔”的异端声音时常响起，明清以来对儒学的批判更是不绝于耳，但是儒学作为中国国民的精神信仰，作为封建王朝的立国之本，这种基本格局从来就没有动摇过。这是因为，这些“非孔”的异端思想还是一种体制内的“非孔”，要么是借助于传统中的非主流因素如佛学、道家等等来反孔，要么是用独尊之前的原始儒家来反对独尊之后的正统儒家。晚清以来，西学东渐，儒家文化才真正遭遇到了理论的对手和颠覆力量。这倒不仅仅是因为以平等自由民主博爱为基本原则的西方近代思想与以纲常名教为核心支柱的儒家文化是完全不同质的两种思想体系，而且也是因为，或者说更重要的是因为为了富国图强而大量引进的西方近代科学技术以及科学的思维方式，正在有力地摧毁儒家文化赖以存在的小农经济生产方式和对宇宙世界的认知模式。尤其是甲午海战以后，中国引进西方的科学技术、人文新知达到高潮，葛兆光曾以此后十余年中日文化交流的逆转情况为例，指出：“中国译日本书却达到了958种，内容包括了哲学、法律、历史、地理、文学，也包括了地质、生物、化学、物理，几乎涉及了所有的近代知识，尽管这个时候的翻译还有相当多是假手东洋介绍西洋新知，但是这种逆转已经说明中国知识、思想与信仰世界的大势，已经无法维持它自己的自我更新和自我完足。”[1]关于这一点，其实宋育仁早

1 葛兆光：《七世纪至十九世纪中国的知识、思想与信仰》(《中国思想史》第二卷)，复旦大学出版社2000年版，第685页。

在1895年就已经敏锐地感觉到了，他在《泰西各国采风记》中特别提到，如果接受了西方知识中的一些根本性的预设，则“天为无物，地与五星同为地球……日月星不为三光，五星不配五行，七曜拟于不伦，上祀诬而无理，六经皆虚言，圣人为妄作。据此为本，则人身无上下，推之则家无上下，国无上下，从发源处决去天尊地卑，则一切平等，男女均有自主之权，妇不统于夫，子不制于父，族姓无别，人伦无处立根，举宪天法地、顺阴阳、陈五行诸大义一扫而空”[1]。科学的发达将会改变人们的认知方式，民主国体的建立将会摧毁君主国体的思想观念，所以，辛亥革命后那些改革的知识精英热衷的还是介绍和输入西方的新文化，他们乐观地认为，既然现在已经是民主共和社会了，那种与封建君主制的政统紧密结合在一起的儒家道统自然也就到了寿终正寝的时候了。

从这个意义上看，五四新文化运动对儒家文化的猛烈批判，其实乃是儒家文化的卫道士们自己引发起来的。民国建立之后不久，袁世凯为了给自己的复辟帝制制造舆论，已经开始利用手中的政权之力大肆推动尊孔祭孔。袁世凯复辟帝制失败，但尊孔思潮反而愈演愈烈，康有为等当年的维新人士竟趁国会立宪之机，向民国总统总理致以公开信，提出“以儒教为国教”的主张，要求将立儒教为国教写入宪法。正是在这种情势下，当时热衷于输入新思想来“新”青年的启蒙先驱陈独秀等才蓦然警醒：“继今以往，国人所怀疑莫决者，当为伦理问题。此而不能觉悟，则前之所谓觉悟者，非彻底之觉悟，盖犹在惝恍迷离之境。吾敢断言曰：伦理的觉悟，为吾人最后觉悟之最后觉悟。”[2]为了唤醒国人的伦理觉悟，摧毁卫道士们的文化复辟意图，陈独秀等以《新青年》杂志为阵地，对封建君主制度的伦理支柱儒家思想发起了猛烈的抨击。在短短两年多的

1　宋育仁：《泰西各国采风记》，见《郭嵩焘等使西记六种》，三联书店1998年版，第388页。

2　陈独秀：《吾人最后之觉悟》，《青年杂志》第一卷第六号，1916年2月。

时间里，陈独秀陆续发表了《驳康有为致总统总理书》《宪法与孔教》《孔子之道与现代生活》《袁世凯复活》《再论孔教问题》《复辟与尊孔》等论文，树立起了新文化运动的倒孔大旗。另外，易白沙的《孔子平议》、高一涵的《一九一七年豫想之革命》、吴虞的《家族制度为专制主义之根据论》与《儒家主张阶级制度之害》、蔡元培的《蔡孑民先生在信教自由会之演说》等等，也都是发表在《新青年》杂志上重要的“倒孔”文章。值得注意的是，从思想体系和历史演变上来看，儒家思想广博精深，源远流长，既有学理思想上的建构，也有礼制法度上的厘定，既有创始者孔子本人的口述，也有后世徒众们的不断的注疏阐论，要想在短兵相接的思想文化战斗中来全面地梳理和评判孔子学说显然是不可能的，对于“倒孔”者们的目的而言也是不必要的。所以，发表在《新青年》上的“倒孔”文章几乎都是针对康有为的主张，围绕着孔教能否作为共和政体下中国国民信仰这一中心问题而展开。而在具体的论述中，批判者的思路则集聚在两个递进关系的逻辑层面上，一是共和政体下是否能在宪法中订立一个所谓的“国教”以作全国人民的精神信仰，二是现代社会中儒家学说是否有资格作为全国人民的精神信仰。

在第一个逻辑层面上，“倒孔”者的态度是非常明确的：共和政体，信仰自由，不能在宪法中订立一个所谓的“国教”以作全国人民的精神信仰。陈独秀首先从中国的宗教状况入手，指出订立所谓“国教”是侵害了公民选择信仰的自由权利。“然通行吾国各宗教，若佛教教律之精严，教理之高深，岂不可贵？又若基督教尊奉一神，宗教意识之明了，信徒制行之清洁，往往远胜于推尊孔教之士大夫。今蔑视他宗，独尊一孔，岂非侵害宗教信仰之自由乎？”然后陈独秀又以宪法本来的属性为依据，指出订立所谓“国教”的荒谬性：“盖宪法者，全国人民权利之保证书也，决不可杂以优待一族一教一党一派人之作用，以今世学术思想之发达，无论集硕学若干辈，设会讨论教育大本，究应以何人学说为宗，吾知其未敢轻决而著书宣告于众，况挟堂堂国宪强全国之从同，以阻思想信仰之自由，其无理取闹，宁非奇谈。”[1]高一涵则从国家的职责方面立言，认为“国家唯一之职务在立于万民之后，破除自由之阻力，鼓舞自动之机能，以条理其抵牾，防止其侵越，于国法上公认人民之政治人格，明许人民自由之权利，此为国家唯一之职务，亦即所以存在之真因”。所以，国家权力是保护信仰自由，而不是妨碍信仰自由，更不能以一种信仰来压制别的信仰。“一道同风之说，乃汩没心灵之媒。况一之同之之标本，无能定可定者，欲以谋现世一部分幸福之政治主义，定为谋普遍世界无终极幸福之教育主义，其纰缪更何待言。故不特以孔道为教育大本，无有是处。即于孔道而外，别取佛道耶回之道或他宗学流为教育大本以规定于宪法，亦无有是处。”[2]当然，“倒孔”者们也进一步地指出，孔子学说就其思想本性而言，不过是一种伦理思想体系，本来就不具备宗教的形态。譬如易白沙就是从学术的角度上指出：“不仅创造文字，不必归功孔子，即各家之学，亦无须定尊于一人。孔子之学，只能谓为儒家一家之学，必不可称以中国一国之学。盖孔学与国学，绝然不同，非孔学之小，实国学范围之大也。朕即国家之思想，不可施于政治，尤不可施于学术。三代文物，炳然大观，岂一人所能统治。”[3]又如蔡元培，他以自己赴欧考察的经历分析了西方近期宗教的特点，指出孔子的儒家学说无一“足附于宗教之林者”，所以他明确反对立孔教为国教，“孔子是孔子，宗教是宗教，国家是国家，义理各别，勿能强作一谈”。[4]蔡元培是革命元老，民国思想文化界的领袖人物，他的态度无疑是对陈独秀等“倒孔”者的极大支持，有力地扩大了“打倒孔家店”的理论声势。

---

1 陈独秀：《宪法与孔教》，《新青年》第二卷第三号，1916 年 11 月。
2 高一涵：《一九一七年豫想之革命》，《新青年》第二卷第五号，1917 年 1 月。
3 易白沙：《孔子平议（下）》，《新青年》第二卷第一号，1916 年 9 月。
4 蔡元培：《蔡孑民先生在信教自由会之演说》，《新青年》第二卷第五号，1917 年 1 月。

对于五四新文化运动的发动者而言，信仰并非只是宗教范畴里面的命题。信仰可以是宗教的，也可以是世俗的，而且世俗人生中的信仰对于人生的意义更为重要。因为向上的人生可以不信宗教，但不可以不给自己的生命赋予一种意义。所以在民国初年知识界关于国民信仰问题的思考中，有以美育代宗教说（蔡元培），有以科学代宗教说（陈独秀），也有以智与爱代宗教说（恽代英），种种观点尽管开出的单方不一样，但重视国民尤其是青年国民的信仰建构这一出发点无疑是一致的。陈独秀曾说过：“青年之精神界欲求此除旧布新之大革命，第一当明人生归宿问题。人生数十寒暑耳，乐天者荡，厌世者偷，惟知于此可贵之数十寒暑中量力以求成相当之人物为归宿者得之，准此以行，则不得不内图个性之发展，外图贡献于其群。”“倘自认为二十世纪之新青年头脑中必斩尽涤绝彼老者壮者及比诸老者壮者腐败堕落诸青年之做官发财思想，精神上别构真实新鲜之信仰，始得谓为新青年。”[1] 这里所谓“人生归宿问题”当然指的就是人生信仰问题。那么应该帮助青年树立什么样的信仰呢，陈独秀的目光无疑是放在西方近代新思想与新知识上。他在《青年杂志》的创刊号上发表《法兰西人与近世文明》一文指出：“近代文明之特征，最足以变古之道，而使人心社会划然一新者，厥有三事，一曰人权说，一曰生物进化论，一曰社会主义是也。”他之所以创办《青年杂志》来“新”青年，目的就在于将这些西方近世文明的新观念、新思想介绍给中国的青年们，使中国的青年们确立起新的人生信仰，从而推动中国的现代化改革。在陈独秀等看来，康有为等鼓吹将孔教立为国教，这不仅是限制人们的思想与信仰自由，而且是与天下大势、时代潮流背道而驰的。所以在第二个逻辑层面上，“倒孔”者的态度尤为激烈。他们紧紧扣住儒家学说是家族宗法社会的产物，是为封建君主专制服务的思想工具这一点，明确地指出儒家学说没有资格作为共和民主政体下的国民

1 陈独秀：《新青年》，《新青年》第二卷第一号，1916 年 9 月。

信仰。陈独秀说："孔子生长封建时代，所提倡之道德，封建时代之道德也，所垂示之礼教即生活状态，封建时代之礼教、封建时代之生活状态也。所主张之政治，封建时代之政治也，封建时代之道德、礼教、生活、政治所心营目注其范围不越少数君主贵族之权利与名誉，与多数国民之幸福无与焉。"[1] 吴虞也指出："儒家以孝弟二字为二千年来专制政治家族制度联结之根干，贯澈始终而不可动摇，使宗法社会牵掣军国社会不克完全发达，其流毒诚不减于洪水猛兽矣。"[2] 他甚至将孔子称为"盗丘"，认为"盗跖之为害在一时，盗丘之遗祸及万世，乡愿之误事仅一隅，国愿之流毒遍天下"[3]，因为，"孔氏主尊卑贵贱之阶级制度，由天尊地卑演而为君尊臣卑父尊子卑夫尊妇卑官尊民卑，尊卑既严，贵贱遂别，几无一事不含有阶级之精神意味。故二千年来不能铲除阶级制度，至于有良贱为婚之律，斯可谓至酷已。守孔教之义，故专制之威，愈衍愈烈，苟非五洲大通，耶教之义输入，恐再二千余年，吾人尚不克享宪法上平等自由之幸福，可断言也"[4]。所以，当时的"倒孔"者们几乎无一例外地具有这种非此即彼、决不通融的决绝态度："孔教与共和乃绝对两不相容之物，存其一必废其一"，而"提倡孔教，必捂共和，亦犹愚之信仰共和必排孔教。盖以孔子之道治国家，非立君不足以言治"。[5]

鲁迅首先以"打倒孔家店"的战士姿态参与新文化运动，无疑是受《新青年》杂志的影响，这不仅是因为他接受了杂志编辑钱玄同的约稿，而且是因为他对《新青年》杂志有着长期的阅读经历。当钱玄同来向他约稿时，鲁迅说自己懂得钱玄同的意思，他们正办《新青年》，然而那时仿佛不特没有人来赞成，并且也还没有人来反

1 陈独秀：《孔子之道与现代生活》，《新青年》第二卷第四号，1916 年 12 月。
2、3 吴虞：《家族制度为专制主义之根据论》，《新青年》第二卷第六号，1917 年 2 月。
4 吴虞：《儒家主张阶级制度之害》，《新青年》第三卷第四号，1917 年 6 月。
5 陈独秀：《复辟与尊孔》，《新青年》第三卷第六号，1917 年 8 月。

对。从这些说话的语气与逻辑中，不难看出鲁迅虽然因为自己的个人经验而对陈独秀和胡适提倡的“文学革命”并不怎样感到热情，但他对《新青年》杂志的宗旨与办刊情况以及当时“倒孔”运动的内容，还是很熟悉的，而且是引为同调的。值得注意的是，《新青年》杂志第二卷第五号发表胡适的《文学改良刍议》的同时，也发表了陈独秀的《再论孔教问题》、高一涵的《一九一七年豫想之革命》和蔡元培的《蔡孑民先生在信教自由会之演说》，第二卷第六号上发表陈独秀《文学革命论》的同时发表了吴虞的《家族制度为专制主义之根据论》，这些文章都是当时“倒孔”运动中最有分量、最有代表性的作品。它们发表在一起，并非时间上的偶然，它们所说明的恰恰是文学革命运动与“打倒孔家店”之间的必然而内在的逻辑联系。[1]所以，鲁迅一投入新文学革命运动，就对当时的“倒孔”运动予以积极的呼应，不仅“暴露家族制度的弊端”，而且将批判的矛头直指儒家学说中的核心价值观念“仁义道德”，这无疑显示出了鲁迅对于文学革命运动的目的与方式的最为深刻的理解，所以在“倒孔”的问题上，为了与前驱者取同一的步调，鲁迅对儒家文化的批判显然也是集中在国民信仰建构这一焦点上。在《狂人日记》中，狂人是有坚定信仰的，这就是“将来的社会是容不得吃人的人”的，而他在密密麻麻写满“仁义道德”的字里行间赫然看出“吃人”二字，更是将封建宗法礼教制度的精神信仰支柱儒家思想宣判了死刑。《长明灯》中“疯子”锲而不舍地要吹灭的那盏“长明灯”，其实也就是封建宗法社会的信仰的象征。在同时期鲁迅所写的一些随感录和杂感中，也是多次将“批孔”与国民的信仰问题联系在一起。如《随感录·四十六》谈现代国人的信仰：“即

1　很有意味的是，在《新青年》第二卷第六号上，胡适发表了他进行文学革命的最初“尝试”《白话诗八首》，其中最后一首题名就叫《孔丘》，诗曰：“知其不可而为之，亦不知老之将至。认得这个真孔丘，一部《论语》都可废。”这首诗可以看做是作为文学革命主将之一的胡适对当时的“倒孔”运动的一个表态。

使所崇拜的仍然是新偶像，也总比中国陈旧的好。与其崇拜孔丘关羽，还不如崇拜达尔文易卜生；与其牺牲于瘟将军五道神，还不如牺牲于 Apollo。”[1] 又如《随感录·五十九》谈儒学控制下中国国民的信仰缺失：“几位读者怕要生气，说，‘中国时常有将性命去殉他主义的人，中华民国以来，也因为主义上死了多少烈士，你何以一笔抹杀？吓！’这话也是真的。我们从旧的外来思想说罢，六朝的确有许多焚身的和尚，唐朝也有过砍下臂膊布施无赖的和尚；从新的说罢，自然也有过几个人的。然而与中国的历史，仍不相干。因为历史结帐，不能像数学一般精密，写下许多小数，却只能学粗人算帐的四舍五入法门，记一笔整数。”“中国历史的整数里面，实在没有什么思想主义在内。这整数只是两种物质——是刀与火，‘来了’便是他的总名。”[2] 鲁迅在《〈呐喊〉自序》中曾经说过，他最初加入文学革命阵营的“呐喊”是“听将令”的，这所谓的“听将令”，其实不仅包括他对当时“文学革命”运动发起者的乐观精神的支持，也包括他对这些革命前驱者的启蒙策略的理解。美籍华裔学者夏济安过于关注鲁迅作品中的黑暗面的揭示，认为：“如果把五四运动仅仅理解为怀有明确目的去除旧布新的群众运动的话，鲁迅就不能说是五四运动的真正代表。”[3] 这一观点，显然缺乏对《狂人日记》发表时对《新青年》读者的巨大的震撼感的认识，也缺乏对五四时期“打倒孔家店”这一运动其意义的深刻理解。从鲁迅将“倒孔”运动与新文学革命运动紧密联系起来的“呐喊”以及他同五四新文化运动的发起者一样将“倒孔”运动的核心问题聚焦在国民精神信仰这一关键点上，我们就可以这样说，即使将五四运动仅仅理解为怀有明确目的除旧布新的群众运动，鲁迅也可以说是五四运动的真正代表。

---

1 见《鲁迅全集》第一卷，人民文学出版社 2005 年版，第 349 页。
2 同 1，第 371—372 页。
3 〔美〕夏济安：《鲁迅作品的黑暗面》，乐黛云译，见《鲁迅研究年刊（1980）》，陕西人民出版社 1984 年版，第 655 页。

二

在五四新文化运动的“倒孔”战役中，政治家的力量来之于对现实的敏锐的洞察，学问家的力量来之于丰富的伦理知识与严密的逻辑论证，而文学家的力量无疑来之于自身生命的深层体验。三种力量各有擅长，共同完成了“五四”时代对中国思想传统中的“孔家店”的拆解。我认为，关于鲁迅对五四新文化“倒孔”运动的贡献，仅仅指出他与那些作为政治家和学问家的前驱者步调一致，指出他天才般地将“倒孔”运动与“文学革命”联系起来的“实绩”，还是远远不够的。因为，鲁迅是以文学家的身份参与其中的，他的批孔眼光、方式以及他对儒家学说的理解，无不与他本人的深层生命体验以及建立在这种生命体验上的历史感知联系在一起。毫无疑问，五四新文化运动的先驱者对儒家学说的批判，对儒家学说不适宜于共和民主政体下的社会生活的认识，首先来自他们的生命感知。民国建立以后，新的政体形式、新的文化语境、新的社会生活方式都给这个时代的知识分子带来了一种全新的生命感知，正是这种共同性的生命感知构成了这个时代的思想潮流，这个时代的新文化知识共同体。不过，知识共同体共同拥有的这种生命感知只是一种处于生命表面层次的感知，它能够改变观念，形成思想，却不能赋予观念、思想以鲜明的独异性。在五四新文化运动“倒孔”者的知识共同体中，似乎只有鲁迅的生命感受超越了一般性的新知层面，直接连接上了自我生命深层结构中的灵魂创伤、情绪纠缠、性格阴影与无意识固结所凝聚起来的生命能量。这种生命深层的能量既来之于家道中落后他在世态炎凉与人情冷暖中的酸辛，来之于他在第一次启蒙经历中得不到赞同也得不到反对的落寞，来之于他在方灭未灭、方生未生的历史虚无中独自咀嚼人我之间的大悲苦的颓唐与绝望，当然也来之于他在现实生活中与各种自名为“正人君子”的读书人交往时的戒备甚至恶心，因而独一无二，具有无可取代的个异性。鲁迅的伟大就在于，他将自己这种独一无二的生命能量贯注在对现实与历史的洞察中，从而为五四新文化运动“打倒孔家店”这一战役提供了一种在这一知识共同体中无与伦比的思想深度。

如果说陈独秀、吴虞等人对儒学的批判着眼在儒学是封建君主制度的支柱，“孔教与帝制，有不可离散之因缘”[1]，因而没有资格成为共和民主制度下国民的信仰，其思想基础建立在时代进化的基础上，即一方面指认了孔教作为信仰在当今时代的不适性，一方面也承认了孔教在封建君主制度下作为信仰的合法性与适应性，那么，鲁迅的批判显然突破了这种时代进化的思路，采取的是一种“于浩歌狂热之际中寒；于天上看见深渊。于一切眼中看见无所有”[2]似的更为激进的虚无立场。在他看来，即使在封建君主时代，儒家学说也没有真正成为中国人的信仰，因为两千年来，那些口口声声尊崇孔子的儒教徒中，恰恰没有人真正相信孔子的学说。在中国的历史上，国民大抵都是“无特操”的，都不曾对自己的信仰认真过。佛堂里面供着关圣，而道观里面可拜菩萨的宗教合流现象到处可见。“中国的一些人，至少是上等人，他们的对于神，宗教，传统的权威，是‘信’和‘从’呢，还是‘怕’和‘利用’？只要看他们的善于变化，毫无特操，是什么也不信从的，但总要摆出和内心两样的架子来。要寻虚无党，在中国实在很不少；和俄国的不同的处所，只在他们这么想，便这么说，这么做，我们的却虽然这么想，却是那么说，在后台这么做，在前台又那么做……。将这种特别人物，另称为‘做戏的虚无党’或‘体面的虚无党’以示区别罢，虽然这个形容词和下面的名词万万联不起来。”[3]这种“无特操”人格在那些读过书的所谓“儒者”身上表现得尤为突出。鲁迅在谈到

1　陈独秀：《驳康有为致总统总理书》，《新青年》第二卷第二号，1916年10月。

2　鲁迅：《墓碣文》，见《鲁迅全集》第二卷，人民文学出版社2005年版，第207页。

3　鲁迅：《马上支日记》，见《鲁迅全集》第三卷，人民文学出版社2005年版，第346页。

《孙子兵法》中的“坚壁清野”时就曾说过：“中国虽说是儒教国，年年祭孔；‘俎豆之事，则尝闻之矣，军旅之事，丘未之学也。’但上上下下却都使用着这兵法。”[1]“一面制礼作乐，尊孔读经，‘四千年声明文物之邦’，真是火候恰到好处了，而一面又坦然地放火杀人，奸淫掳掠，做着虽蛮人对于同族也还不肯做的事……全个中国，就是这样的一席大宴会！”[2]古代如此，现代亦然，鲁迅说：“我生以前不知道怎样，我生以后，儒教却已经颇‘杂’了：‘奉母命权作道场者’有之，‘神道设教’者有之，佩服《文昌帝君功过格》者又有之，我还记得那《功过格》，是给‘谈人闺阃’者以很大的罚。”[3]正因为其杂而无信，中国的儒者“要做事的时候可以援引孔丘墨翟，不做事的时候另外有老聃，要被杀的时候我是关龙逄，要杀人的时候他是少正卯，有些力气的时候看看达尔文赫胥黎的书，要人帮忙就有克鲁巴金的《互助论》”[4]，“早上打拱，晚上握手；上午‘声光化电’，下午‘子曰诗云’”[5]，“既许信仰自由，却又特别尊孔；既自命‘胜朝遗老’，却又在民国拿钱；既说是应该革新，却又主张复古”[6]。不仅少有人为所信仰的主义而殉身，甚至也少有人能够将自己的信仰主张贯彻到底，一意孤行。鲁迅认为这种“无特操”的现象，固然是一种人格上的萎弱与卑怯，但也与“圣道广博，无所不包”不无关系，孔子的学说里面本来就包含着许多矛盾，可以供给徒子徒孙们为自己的卑怯与无信制作遮羞布，所以，“天下太平或还能苟安时候，所谓男子者俨然地教贞顺，说幽娴，‘内言不出于阃’，‘男女授受不亲’。好！都听你，外事就拜托足下

1 鲁迅：《坚壁清野主义》，见《鲁迅全集》第一卷，人民文学出版社 2005 年版，第 272 页。
2 鲁迅：《马上支日记》，见《鲁迅全集》第三卷，人民文学出版社 2005 年版，第 350 页。
3 鲁迅：《寡妇主义》，同 1，第 279 页。
4 鲁迅：《有趣的消息》，同 2，第 212 页。
5 鲁迅：《随感录・四十八》，同 1，第 353 页。
6 鲁迅：《随感录・五十四》，同 1，第 361 页。

罢。但是天下弄得鼎沸，暴力袭来了，足下何以见教呢？曰：做烈妇呀！”[1]

既然自古至今儒者们并不把孔子的学说认真对待，为什么历代帝王都把孔子高高地供奉在文庙，历代的儒者们都皓首穷经读圣人之书，口口声声以圣道为信仰，以致到了民国，还有人主张祭孔尊孔以孔教为国教呢？鲁迅指出其中有一个大奥秘，这就是无论君主帝王还是儒家徒众，其实都在利用孔子和他的学说。做君主的是利用它来保住自己的天下，因为这“祖传的成法”具有极大的同化力，可以消灭异端，甚至化异端为己有，“凡有读过一点古书的人都有这一种老手段：新起的思想，就是‘异端’，必须歼灭的，待到它奋斗之后，自己站住了，这才寻出它原来‘与圣教同源’；外来的事物，都要‘用夷变夏’，必须排除的，但待到这‘夷’入主中夏，却考订出来了，原来连这‘夷’也还是黄帝的子孙”[2]。同时，儒家学说严等级分尊卑，君君臣臣父父子子，夫唱妇随婆慈媳顺，一切恪守本分，于是天下太平。所以，“造化生人，已经非常巧妙，使一个人不会感到别人的肉体上的痛苦了，我们的圣人和圣人之徒却又补了造化之缺，并且使人们不再会感到别人的精神上的痛苦。……现在我们所能听到的，不过是几个圣人之徒的意见和道理，为了他们自己；至于百姓，却就默默的生长，萎黄，枯死了，像压在大石底下的草一样，已经有四千年！”[3]孔子学说本来就是干禄之学，君主帝王又罢黜百家，独尊儒术，所以，读书人则是利用孔子学说来爬官做官。“中国人的官瘾实在深，汉重孝廉而有埋儿刻木，宋重理学而有高帽破靴，清重帖括而有‘且夫’‘然则’。总而言

1 鲁迅：《坚壁清野主义》，见《鲁迅全集》第一卷，人民文学出版社 2005 年版，第 274 页。

2 鲁迅：《古书与白话》，见《鲁迅全集》第三卷，人民文学出版社 2005 年版，第 227 页。

3 鲁迅：《俄文译本〈阿 Q 正传〉序及著者自叙传略》，见《鲁迅全集》第七卷，人民文学出版社 2005 年版，第 83—84 页。

之：那魂灵就在做官——行官势，摆官腔，打官话。”[1]正是由于看穿了读书人尊孔背后隐潜着的卑污心理，当20年代中期北洋政府教育总长章士钊等人鼓吹尊孔读经并且要求青年们读经救国时，鲁迅就谆谆告诫青年们：“这一类的主张读经者，是明知道读经不足以救国的，也不希望人们都读成他自己那样的；但是，要些把戏，将人们作笨牛看则有之，‘读经’不过是这一回要把戏偶尔用到的工具。抗议的诸公倘若不明乎此，还要正经老实地来评道理，谈利害，那我可不再客气，也要将你们归入诚心诚意主张读经的笨牛类里去了。”[2]至于普通百姓尊孔，这当然是君主帝王和御用的儒者们教导他们的，但普通百姓也从尊孔中得到了好处，这就是可以用孔子学说麻醉自己，忘却自己的卑微与苦难，在“劳心者治人，劳力者治于人”的天命格局中苟活下来。鲁迅在给一位朋友的回信中曾这样说道：“先生的信上说：惰性表现的形式不一，而最普通的，第一就是听天任命，第二就是中庸。我以为这两种态度的根柢，怕不可仅以惰性了之，其实乃是卑怯。遇见强者，不敢反抗，便以‘中庸’这些话来粉饰，聊以自慰。所以中国人倘有权力，看见别人奈何他不得，或者有‘多数’作他护符的时候，多是凶残横恣，宛然一个暴君，做事并不中庸；待到满口‘中庸’时，乃是势力已失，早非‘中庸’不可的时候了。”[3]在鲁迅看来，中国人一向十分自诩的“中庸”思想，说穿了不过是苟活的挡箭牌和遮羞布。当然，鲁迅也指出：“苟活就是活不下去的初步，所以到后来，他就活不下去了。意图生存，而太卑怯，结果就得死亡。以中国古训中教人苟活的格言如此之多，而中国人偏多死亡，外族偏多入侵，结果适得其反，可见我们蔑弃古训，是刻不容缓的了。这实在是无可

1　鲁迅：《学界的三魂》，见《鲁迅全集》第三卷，人民文学出版社2005年版，第220页。
2　鲁迅：《十四年的“读经”》，同1，第138页。
3　鲁迅：《通讯》，同1，第27页。

奈何，因为我们要生活，而且不是苟活的缘故。”[1]“五四”时期，鲁迅曾提出他的“生命主义”三原则，一是生存，二是温饱，三是发展。但鲁迅的“生存”之义绝不是苟活，所以鲁迅才希望青年们刻不容缓地觉醒起来，“蔑视古训”，所以鲁迅才会在他的各种类型的文学创作中都不遗余力地攻击国民在儒教的浸润中所形成的性格中的“卑怯”。

鲁迅在批判儒教方面一个最重要的贡献在于他发现了儒教徒在奉行儒教信仰时的一种生命迹象，这就是巧言令色，包藏祸心，明明想着某件事，却不直截地说和做，而是旁敲侧击，转弯抹角，以致他即使伤害了你，还要使你感觉到他伤害得好，应该伤害，或者说这不是伤害，而是奖掖是保护。鲁迅生动地将这种儒教徒的生命迹象概括为“鬼祟”。这种“鬼祟”，首先就表现在通过儒教两千年的化育，中国国民即使苟活在“吃人”的社会也一个个“无不陶醉而且至于含笑”，“因为古代传来而至今还在的许多差别，使人们各各分离，遂不能再感到别人的痛苦；并且因为自己各有奴使别人，吃掉别人的希望，便也就忘却自己同有被奴使被吃掉的将来。于是大小无数的人肉的筵宴，即从有文明以来一直排到现在，人们就在这会场中吃人，被吃，以凶人的愚妄的欢呼，将悲惨的弱者的呼号遮掩，更不消说女人和小儿”。[2]因为内心里面潜藏着奴使别人和吃掉别人的希望，所以就忘却甚至容忍别人对自己的奴使和自己的被吃，这种包藏祸心、寄意侥幸的“鬼祟”心思无疑就是“做稳了奴隶的时代”的社会心理基础。其次，儒家的“鬼祟”也表现在理和欲的关系上。儒家鼓吹“存天理，灭人欲”，但天理是在口上说说，固然好“存”，而人欲却连系着肉体的原始冲动，岂是轻易能够灭却的？于是，“鬼祟”也就由此产生。在谈到儒家的节烈观时，鲁

1　鲁迅：《北京通信》，见《鲁迅全集》第三卷，人民文学出版社 2005 年版，第 55 页。
2　鲁迅：《灯下漫笔》，见《鲁迅全集》第一卷，人民文学出版社 2005 年版，第 229 页。

迅指出，在儒家出现之前的社会里，虽然风俗蛮野，但做事却是直截了当，“女子多当作男人的物品。或杀或吃，都无不可；男子死后，和他喜欢的宝贝，日用的兵器，一同殉葬，更无不可。后来殉葬的风气，渐渐改了，守节便也渐渐发生。但大抵因为寡妇是鬼妻，亡魂跟着，所以无人敢娶，并非要他不事二夫”，“直到宋朝，那一班业儒的才说出‘饿死事小失节事大’的话，看见历史上‘重适’两个字，便大惊小怪起来。出于真心，还是故意，现在却无从推测。其时也正是‘人心日下，国将不国’的时候，全国士民，多不像样。或者‘业儒’的人，想借女人守节的话，来鞭策男子，也不一定。但旁敲侧击，方法本嫌鬼祟，其意也太难分明”，“所以女子身旁，几乎布满了危险。除却他自己的父兄丈夫以外，便都带点诱惑的鬼气”。[3]鬼鬼祟祟，自然也就心思阴暗，神经过敏，易生疑窦，时常猜忌，所以自古以来“中国之所谓道德家”特别地富于联想，“看见一句‘意中人’，便即想到《金瓶梅》，看见一个‘瞟’字，便即穿凿到别的事情上去。然而一切青年的心，却未必都如此不净；倘竟如此不净，则即使‘授受不亲’，后来也就会‘瞟’，以至于瞟以上的等等事，那时便是一部《礼记》，也即等于《金瓶梅》了，又何有于《蕙的风》?”[4]在《狂人日记》中，鲁迅将封建礼教“吃人”的方式概括出三种特点。一是软刀子割人不觉痛，吃者虽然眼里含着恶狠狠的凶光，可脸上却“笑吟吟”的。二是给被吃者预备下一个名目，给力抗流俗的独立思考者预备的是“疯子”，给敢于造反者预备的是“恶人”，给妇女预备的是“失节”，给儿女预备的是“忤逆”，等等，有了这些名目，吃人就容易多了，而且成了善事，“将来吃了，不但太平无事，怕还会有人见情”。三是逼迫被吃者自戕，小说中“我”敏锐地感觉到了，吃人者虽然想吃人，

3 鲁迅：《我之节烈观》，见《鲁迅全集》第一卷，人民文学出版社 2005 年版，第 125—126、126、128 页。

4 鲁迅：《反对“含泪”的批评家》，同 1，第 425 页。

但“直捷杀了，是不肯的，而且也不敢，怕有祸祟。所以他们大家连络，布满了罗网，逼我自戕”，“最好是解下腰带，挂在梁上，自己紧紧勒死；他们没有杀人的罪名，又偿了心愿，自然都欢天喜地的发出一种呜呜咽咽的笑声”。这三种“吃人”方式，鬼鬼祟祟，遮遮掩掩，对吃者而言，是“狮子似的凶心，兔子的怯弱，狐狸的狡猾”，对被吃者而言，是舒服地、正当地、自愿地被引上牺牲的祭坛。鲁迅对儒家礼教“吃人”方式的鬼祟性的揭示，触及了封建宗法制度与礼教的话语方式问题，尤其显出鲁迅对于中国封建儒家文化传统解剖的深刻、透彻与细微。难怪吴虞读了以后情不自禁地赞叹，说鲁迅这篇小说“把吃人的内容，和仁义道德的表面，看得清清楚楚。那些戴着礼教假面具吃人的滑头技俩，都被他把黑幕揭破了”[1]。

三

“五四”时期的“打倒孔家店”，是新文化运动的一场重要的思想战役。值得注意的是，20 世纪上半叶，中国社会中的反孔与尊孔虽然看起来似乎是思想文化领域内的论战，但是它的起因与意义实际上都远远超出于思想文化领域。从袁世凯祭孔尊孔开始，到后来北洋政府官僚主张“读经救国”，甚至直到 30 年代蒋介石建立一党治国的中央集权政府并提倡新生活运动，尊孔的一方始终都是和政治权力结合在一起，都是当政者企图用孔子的儒家学说来统一思想，统一信仰，或者利用儒家学说来帮助政治权力统一思想，统一信仰。因而，从五四新文化运动呼吁“打倒孔家店”开始，尊孔与反孔的思想论战就不局限在纯粹学理上的论争，而是攸关着思想自由、信仰多元的现代民主共和政体的核心价值理念的存废问题。对

1 吴虞：《吃人与礼教》，《新青年》第六卷第六号，1919 年 11 月。

这一点，鲁迅是有着十分清醒的认识的，也正是因为这一清醒而深刻的认识，使得鲁迅的反孔并不孜孜于学理的辨析，逻辑的推论，而是攻其一点不及其余，鞭辟入里直指心窝，呈现出鲜明的情感投入性、现实针对性和坚韧持续的特点。

在如何看待孔教的问题上，“五四”时期的“倒孔”者有着两种不同的态度。一种是把孔子和孔教区分开来，认为孔子本人和孔子的学说都是很伟大的，汉代“罢黜百家，独尊儒术”以后，孔子成了教主，孔子学说成了教条，孔教才成为帝王君主统治思想的工具，成为国民性病根的渊薮，成为国民奴隶道德之土壤。现代“倒孔”运动的发起者陈独秀就持这种态度，他对孔教的弊端及其对新社会的危害批判得最为透彻，但他在与《新青年》读者的通信中也明确表达了他对孔子本人的崇敬，称赞孔子同耶稣一样都是历史的伟人。20 年代初期周作人在谈论生活的艺术化时，也把孔子的学说分成汉前与汉后，肯定了汉前的原始儒家思想是积极进步的，讲究礼乐的。早在美国留学时，胡适就曾斥《尊孔令》为“一片空言”[1]，但他在后来写的题为《孔丘》的白话诗中将孔子分为“真孔子”与“假孔子”，对真孔子表示了推崇。另一种态度是认为孔子与孔教不能区别开来，孔教后来沦落为封建君主帝王的统驭术，孔子本人和他的学说性质难辞其咎。如易白沙就指出：“中国二千余年尊孔之大秘密，既揭破无余，然后推论孔子，以何因缘被彼野心家所利用，甘作滑稽之傀儡，是不能不归咎孔子之自身

1 胡适认为此《尊孔令》有七谬：第一谬是“言吾国政俗‘无一非先圣学说发皇流衍’，不知孔子之前之文教，孔子之后之学说（老、佛、杨、墨），皆有关于吾国政俗者也”；第二谬是将今日之“纲常沦斁，人欲横流”尽归咎于“国体变更以后二三年中自由平等之流祸”；第三谬是“政体虽取革新，礼俗要当保守”，胡适反问道，“礼俗独不当革新耶？”；第四谬是视“尊崇至圣”为“立国精神”，不合逻辑；第五谬是明是提倡宗教，却又说“绝非提倡宗教”；第六谬是所谓“孔子之道，亘古常新，与天无极”毫无历史观念；第七谬是“位天地，育万物，为往圣继绝学，为万世开太平，苟有生知血气之伦，皆在范围曲成之内”的说法，“一片空言，全无意义，口头谰言，可笑可叹”。〔《袁氏尊孔令》（1914 年 11 月 16 日），见《胡适留学日记（上）》，安徽教育出版社 2006 年版，第 311—312 页。〕

矣。”为此他举了四个例证：“孔子尊君权漫无限制，易演成独夫专制之弊。君主独裁，若无范围限制其行动，势将如虎傅翼，择人而食”；“孔子讲学不许问难，易演成思想专制之弊”；“孔子少绝对之主张，易为人所借口”；“孔子但重作官，不重谋食，易入民贼牢笼”。[1]鲁迅的态度与他们有所相似，但又有明显不同。首先，鲁迅也同意儒家思想在中国的作用与地位可分为汉前与汉后，但鲁迅批判得最厉害的是宋以后的儒教，这不仅是因为宋以后儒家更为得势，“汉朝以后，言论的机关，都被‘业儒’的垄断了。宋元以来，尤其利害。我们几乎看不见一部非业儒的书，听不到一句非士人的话。除了和尚道士，奉旨可以说话的以外，其余‘异端’的声音，决不能出他卧房一步”[2]，也不仅是因为宋以后儒家形成了自己的理学，开始宣讲其“饿死事小失节事大”的昏话，而且也是因为汉唐时代，中原人还有一种大国国民的气度，宋以后，蒙古人、满族人轮番入主中原，中原人只能以儒教学说自我瞒骗，自我麻醉，来争取做稳了奴隶的地位。于是，中国国民性中的种种痼疾由此而生。所以，鲁迅在批判“读经救国”论时，曾谆谆劝告青年们：“现在正不必埋头来哼线装书。倘其咿唔已久，对于旧书有些上瘾了，那么，倒不如去读史，尤其是宋朝明朝史，而且尤须是野史；或者看杂说”[3]，因为，“我们这曾经文明过而后来奉迎过蒙古人满洲人大驾了的国度里，古书实在太多，倘不是笨牛，读一点就可以知道，怎样敷衍，偷生，献媚，弄权，自私，然而能够假借大义，窃取美名。再进一步，并可以悟出中国人是健忘的，无论怎样言行不符，名实不副，前后矛盾，撒谎造谣，蝇营狗苟，都不要紧，经过若干时候，自然被忘得干干净净；只要留下一点卫道模样的文字，将来

1 易白沙：《孔子平议（上）》，《青年杂志》第一卷第六号，1916 年 2 月。
2 鲁迅：《我之节烈观》，见《鲁迅全集》第一卷，人民文学出版社 2005 年版，第 127 页。
3 鲁迅：《读经与读史》，见《鲁迅全集》第三卷，人民文学出版社 2005 年版，第 148 页。

仍不失为‘正人君子’”[1]。

其次，鲁迅虽然认为儒家思想可以分为汉前与汉后，但他对历史上的孔子本人并不表特别的尊崇，对“罢黜百家，独尊儒术”之前的原始儒家思想也并无特别的好感。鲁迅在自己的文章里随机提到孔子的地方数不胜数，但只有极个别的地方具有正面肯定的意义，绝大部分对孔子不是批评就是讽刺，如在谈到“轨道破坏者”时，鲁迅就拿孔子做反例，指出“孔丘先生确是伟大，生在巫鬼势力如此旺盛的时代，偏不肯随俗谈鬼神；但可惜太聪明了，‘祭如在祭神如神在’，只用他修《春秋》的照例手段以两个‘如’字略寓‘俏皮刻薄’之意，使人一时莫明其妙，看不出他肚皮里的反对来。他肯对子路赌咒，却不肯对鬼神宣战，因为一宣战就不和平，易犯骂人——虽然不过骂鬼——之罪”，“孔丘先生是深通世故的老先生，大约除脸子付印问题以外，还有深心，犯不上来做明目张胆的破坏者，所以只是不谈，而决不骂，于是乎俨然成为中国的圣人，道大，无所不包故也。否则，现在供在圣庙里的，也许不姓孔”。[2]在《杂忆》中谈到中原人与外民族的关系时，鲁迅也顺便拿孔子来说事：“孔老先生说过：‘毋友不如己者。’其实这样的势利眼睛，现在的世界上还多得很。”[3]顺手拈来，旁敲侧击，这本来就是鲁迅写杂感时常用的手法，而孔子形象在鲁迅的笔下要么是“世故”，要么是“势利”，可见在鲁迅的心目中，孔子的形象与人格实在不佳。直到30年代，鲁迅写《故事新编》时塑造了一系列正面的古代人物性格，如墨子的实干、大禹的耐劳、黑色人的信诺与牺牲、后羿的勇猛等等，但《出关》中的孔夫子依然是一个被嘲讽的对象。之所以会这样，我认为主要是因为鲁迅作为一个倚重感性

---

1 鲁迅：《十四年的“读经”》，见《鲁迅全集》第三卷，人民文学出版社2005年版，第138页。

2 鲁迅：《再论雷峰塔的倒掉》，见《鲁迅全集》第一卷，人民文学出版社2005年版，第202—203页。

3 鲁迅：《杂忆》，同2，第237页。

的文学家，与那些政治家、学问家不同，他在对孔子的批判中强烈地倾注了自己的情感，尤其是鲁迅青少年时代自我生命体验中所形成的一些心理固结，与他后来的批孔态度更是息息相关。譬如他在家道中落时所承受的炎凉冷暖，他在祖父死后因分割财产所遭遇的长辈的威逼，都不免使他从中体验到礼教的虚伪，他幼年时读《二十四孝图》所产生的疑虑，也使他在生命成长的道路上平添了一份担心与恐惧。至于后来他在从事文化批判的各类社会活动中不断地遭遇到一些自命为“正人君子”的智识者的构陷的暗箭和污蔑的流弹，更使他对现实中乃至历史上的所谓“道德家”“正人君子”“圣徒”“贤人”怀有深深的疑忌，不惮以最坏的恶意去揣摩他们的鬼祟心思，用最“不留情面”的犀利“尖刀”去解剖他们的假相。带着这样的精神固结，怀着这样的情感心理投入到“倒孔”运动中，鲁迅怎么可能对孔子本人及其原始的儒家学说抱有好感呢？理解了这一点，也就能够真正理解鲁迅所谓“孔孟的书我读得最早，最熟，然而倒似乎和我不相干”[1]一语所包含的深广而愤激的心理情感内容。

鲁迅批孔的现实针对性是极其鲜明的。如果说他写《狂人日记》揭露宗法家族制度的弊端，指斥礼教“吃人”，这是对陈独秀、吴虞他们“打倒孔家店”的呼应，那么他后来在《新青年》上写《随感录》抨击“现在的屠杀者”，乃是他对于林纾等攻击新文化运动“覆孔孟、铲伦常”的回击，尤其是1925年左右，鲁迅连篇累牍地发表文章批判儒家思想，更是直接针对当时北洋政府提倡“读经救国”的现实事件而发。这种现实针对性固然有其利弊，一方面，它确实使得鲁迅没有余暇乃至兴趣对儒家文化思想作出全面与体系性的研究和解剖，这从现代思想史的角度来看，也许是一个遗憾，但是另一方面，鲁迅以其独到的见解、尖锐的表达以及犀利的

1 鲁迅：《写在〈坟〉后面》，见《鲁迅全集》第一卷，人民文学出版社2005年版，第301页。

解剖，戳穿了尊孔读经背后隐藏的真相，揭露了尊孔读经对中国社会现代化进程的危害，这既显示出了鲁迅对20世纪中国社会革命发展的深切关注，也是鲁迅作为一个思想家对于20世纪中国革命发展作出的杰出贡献。即以鲁迅对1925年左右的“读经救国”论的批判为例，这一思潮是在时任北洋政府教育总长章士钊的赞同与推动下蔓延开来的。《甲寅周刊》第一卷第九号（1925年9月12日）上曾发表章士钊和孙师郑的通信，孙师郑在信中说：“拙著读经救国论，与先生政见，乃多暗合。”而章士钊则在回信中大加赞许，说“读经救国论，略诵一过，取材甚为精当，比附说明，应有尽有，不图今世，犹见斯文”。此后章士钊在多种场合不断地提倡尊孔读经，甚至还利用自己手上的权力，在1925年11月主持了教育部的部务会议，通过了一个行政决定，要求全国小学从初小四年级开始读经，每周一小时，直到高小毕业为止。这一事件看起来似乎只是一个文化教育问题，但深究下去，就能发现这事件背后有着更为复杂的政治因素。早年的章士钊曾是民主制度的鼓吹者，1918年岑春煊在广州取代孙中山成为护法军政府的首脑，邀请章士钊担任护法军政府的秘书长。为了实现自己的政治抱负，章士钊离开北京大学南下广州为护法军政府效力。1920年10月，岑春煊在粤桂战争中失败，宣告下野，章士钊也离开政坛赴欧考察。这第一次的实际的政坛经历使章士钊对自己所信奉的民主代议制度产生了怀疑，在欧洲考察时又接触到近代基尔特派社会主义创始人潘悌，并且深受其影响。回国以后，章士钊就开始鼓吹“以农立国”的政治主张，认为中国文化是以礼和农为核心的农业文化，西方文化是以利为核心的工业文化，欧战爆发，西方文化的弊端已经暴露，而近代以来中国模仿西方走工业化道路，未得其益，先得其害，也已到了末路。所以，中国应当废弃工业化，回到中国古圣先贤所设立的节欲戒争、重农尚礼的基本立国道路上来。围绕这一理念，章士钊还设计了一个包括经济、政治、伦理道德的系统的以农立国的治国方案。1925年左右，章士钊之所以投靠段祺瑞执政府开始他的第二次政治生涯，实际上也是想借此机会来实践自己的“以农立国”的政治理想。儒家礼教与农耕文明当然是不可分割的，农耕文明是儒教产生的土壤，而儒家礼教则为农耕文明提供精神的支柱。所以，章士钊要“以农立国”，就势必要保存礼教，倡扬儒家，他“读经尊孔”的思想理念与“以农立国”的政治主张是紧密联系在一起的，或者说本身就是他“以农立国”的政治实践中的一个步骤与环节。鲁迅其时在教育部供职，对章士钊的政治主张自然是十分了解的。所以，鲁迅不遗余力地批判章士钊的尊孔读经，不仅仅是因为“女师大事件”所结下的公愤，更主要的是因为在关于中国现代社会改革的道路选择上的截然对立。在天演进化、优胜劣败的世界文明格局中，工业化才代表着现代转型的方向，才能够富国强兵，使民族自立于世界之林。鲁迅在批判章士钊时着重提到了“甲午海战”，着重提到了读史尤其是读宋以后的历史的重要性，就是要告诉人们，宋以后理学炽盛，农耕文明和封建礼教似乎是完美地融合在一起了，但是民族遭遇的外侮更其频繁，民族的生命力更其萎弱，所以，农耕文明也好，礼教孔学也好，都不足以保种，不足以御外，更不用说促进民族的发展了。

30年代鲁迅写了一系列的历史小说，涉及儒、道、墨、侠等各派人物，其中《采薇》与《出关》是写儒家人物。《出关》中的孔子始终做着恭敬而有礼的样子，其实是心怀鬼胎的，所以他一旦从老子这里得到了所谓“道”，也就不再来拜会老子了。这种“深于世故”和“势利”，老子都能看得清清楚楚，这说明这时期鲁迅心目中的孔子形象的特质与鲁迅“五四”时期在杂文中所描写的并无二致。值得关注的是《采薇》，小说的主人公是伯夷与叔齐，伯夷为了不违父意将继承王位的权利让给弟弟叔齐，而叔齐为了不改变传位长子的祖规也放弃了王位的继承，后来武王伐纣，这两兄弟认为武王是“犯上”，“竟全改了文王的规矩”，所以不食周粟，饿死在首阳山上。孔子的学说主要是祖述周礼而来，文王时代乃是儒家最为向往和推崇的时代。伯夷和叔齐可谓是这个时代的灵魂，是恪守周礼忠孝精神的标志性人物。但是，这两个人物的命运却是悲剧性的，悲剧的根源不在于他们性格上的通体矛盾，而是在于他们所恪守的王道观念自身就包含着不可调和的对立、无法解决的悖论。冯光廉在《鲁迅小说研究》中曾经分析道：“伯夷不违父意，固然是‘孝’了，叔齐不忍篡兄之位，固然是‘悌’了，但是他们‘放弃祖业’的行为是最大的不孝。”“商王变乱旧章，按照先王之道原是应该征伐，恭行天罚的，但武王伐纣是以下犯上，‘究竟也不合先王之道’。”这两兄弟越是要严格地遵守和奉行周礼，越是感到无所适从。所以，冯著指出：“作为一个伟大的思想家，鲁迅从有关伯夷、叔齐的典籍中洞察到了作为传统文化中的重要部分的封建道德观念自身的对立性，这种对立对封建道德观念的整个体系而言，不仅是外在的形式上的对立，而且是内在的精神的对立；不是后天在发展中所产生的，而是它与生俱来的本体意义上的对立。它是无法克服和调和的，随着封建道德观念的体系的发展，这种对立也在逐渐地加深着裂痕。所以，封建道德观念体系的诞生，就已经预示着自身的必将瓦解、崩溃的命运。”[1] 我认为这种分析十分精辟地说明了鲁迅在对儒家文化的“刨祖坟”的思想活动中得到的一个新的发现。在 20 年代，鲁迅不断地批评封建礼教的虚伪，讽刺儒家道学的作假，在《采薇》中，鲁迅终于发现了儒教的道学家们为什么要作假、为什么不由自主地虚伪的深层次的原因。从《狂人日记》到《采薇》《出关》，从《新青年》时代的《随感录》到鲁迅的后期杂文，短短的十余年中，中国社会改革的历史进程已经跃入了一个新的阶段，时代的思想主潮和文化语境也有了重要的变化，但鲁迅心目中的孔子还是那样的“深于世故”和“势利”，鲁迅对于

1 冯光廉：《鲁迅小说研究》，天津人民出版社 1989 年版，第 291、291—292、294—295 页。

儒家学说的批判还是那样的不遗余力，甚至在思考的深度方面有了更新的发展。这种反孔批儒的持续性与坚韧性在“五四”时代的“倒孔”健将们中是无与伦比的，也是鲁迅思想与人格上的一个最为突出的特征。他对孔子儒学的许多论断具有诛心之力，即使在当今儒学回潮、孔子成为传统文化的重要象征符号的时代，依然是那样的振聋发聩，启人深省。

（原刊于《文化经典和精神象征——“鲁迅与20世纪中国”国际学术研讨会论文集》，南京师范大学出版社2013年版）

论鲁迅与新文化运动的漂泊精神

漂泊，这是人类与生俱来的一种生命冲动，也是人类文学的一个永恒的母题。在西方文化中，蓝色文化本来就是孕育开拓、冒险精神的深厚土壤，从荷马史诗到《鲁滨孙漂流记》，直到当代《在路上》，流浪、漂泊一直是缪斯的最爱，是文学家们不断翻新演绎的一种故事类型。在中国，虽然有大陆性地理环境和宗法制家族伦理观念的制约及鼓励安土重迁，但漂泊依然是文学史上最为亮丽的一章生命图景。从屈原的《离骚》到李白的《蜀道难》，从郦道元的《水经注》、徐霞客的地理游记到高鹤年的《名山游访记》，漂泊在以不同的形式展现着中华民族的精神特质。当然，作为一种民族精神特质的艺术呈现，无论东西文化，文学中的漂泊母题都是随着时代的进化、社会的变迁而有所发展。尤其是在民族文化发生巨变的时刻，漂泊母题的精神特质的变异往往会成为这个时代文化变革的最为醒目的标志。在西方，《在路上》之类的作品之所以会引发社会的集体关注，甚至成为一代人的精神象征，无疑就在于作品中的主人公赋予了“在路上”这一西方漂泊文化的重要标签以全新的内容。在中国，由于中国社会的现代化进程就是从社会的大迁移开始的——从 19 世纪末到 20 世纪初，一批又一批的先觉者远渡重洋，向西方寻求救国救民的真理，学习富国强兵的先进科技；一批又一批的热血青年离开暮气沉沉的乡土故居，前往上海北京这类大都会城市闯荡，追求自己的人生梦想——这种社会大迁移的格局注定了现代中国新文化的形成将饱受漂泊精神的浸润，也注定了中国文学的漂泊母题将以一种全新的面目展现这个伟大时代的精神特质。作为新文学旗手的鲁迅，他既是漂洋过海的求学者，也是背井离乡、住过会馆的都市侨寓者，正是这两种生存经验的重合以及他个人在学养、气质方面的独特性，使得鲁迅不仅成为现代中国漂泊文学的开创者，而且当之无愧地成为现代新文化漂泊精神特质的最为重要的体现者。

一

从生命的原初意义上来看，漂泊的状态就是一种行动的状态，总是行走在路上，这是漂泊者的基本的生存特征。从这一点来看鲁迅，鲁迅似乎不能算是一个典型的漂泊者。他的一生虽然居住过南京、仙台、东京、杭州、北京、厦门、广州、上海等大中城市，除了厦门、广州等城市居住时间比较短暂，其他地方居住的时间都超过一年，尤其是北京和上海，鲁迅成年之后有超过一半的时间是在这两个都会城市中度过。从个人兴趣上看，鲁迅也对旅游没有表现出特别的世俗性的爱好，尽管鲁迅在文学作品中对自然风物有着非常细密而精准的描写，这些都来之于他的科学素养和对周边事物的观察兴趣，不仅很少看到他有专门的山水游记的书写，在他的日记中也很少看到他有以旅游为目的的出行记载。在许多朋友的回忆与描写中，鲁迅给人的印象是一个静思者，徐梵澄甚至形容他虚静得好像“深山里的佛神”。但这显然只是一种生命的假相，在鲁迅那里，日常意义上的安稳始终按捺不住内心形上层面的漂泊冲动，世俗层面上的循规蹈矩始终遮蔽不住精神层面上的对自由与冒险的渴望，就像鲁迅笔下的沉默的大地，生长着平凡普通的根本不深、叶也不美的野草，但大地深处却奔突着灼热的熔岩。这种生命深处的漂泊冲动，在鲁迅的各种自述作品或者评论文章中都可以找到它的蛛丝马迹。

日常生活中的鲁迅性格好静，但形上生活中的鲁迅却是很喜欢谈论漂泊的。所以，研究中国新文化的漂泊精神，鲁迅的许多言论是绝对不可忽略的。这些言论，有的好像是漫不经心，信手拈来，如鲁迅在20年代为《呐喊》作的序言中，他说自己去南京求学是“走异路，逃异地，去寻求别样的人们”[1]，但这一“逃”一“异”，可以说是对20世纪初期中国新一代漂泊者的精神特质的最为经典的概括。有的言语委婉曲折，显然是精心构撰，如30年代鲁迅为《中国新文学大系》小说二集所写的序言，他把五四新文学初期的乡土文学称为侨寓文学，并且指出，“自招为乡土文学的作者，不过在还未开手来写乡土文学之前，他却已被故乡所放逐，生活驱逐他到异地去了，他只好回忆‘父亲的花园’，而且是已不存在的花园，因为回忆故乡的已不存在的事物，是比明明存在，而只有自己不能接近的事物较为舒适，也更能自慰的”[2]。这也可以说是鲁迅对新文化的漂泊精神影响文学创作的一种细微而贴切的解剖。值得注意的是，鲁迅的这些言论始终是将自己的生命体验浸润其中的，或者简直可以说就是鲁迅自己生命经验的一种体现。在《〈呐喊〉自序》中，鲁迅还描绘了一个令人感动至深的离别场景：“我的母亲没有法，办了八元的川资，说是由我的自便；然而伊哭了，这正是情理中的事，因为那时读书应试是正路，所谓学洋务，社会上便以为是一种走投无路的人，只得将灵魂卖给鬼子，要加倍的奚落而且排斥的，而况伊又看不见自己的儿子了。然而我也顾不得这些事，

1　鲁迅：《〈呐喊〉自序》，见《鲁迅全集》第一卷，人民文学出版社2005年版，第437页。

2　鲁迅：《〈中国新文学大系〉小说二集序》，见《鲁迅全集》第六卷，人民文学出版社2005年版，第255页。

终于到N去进了K学堂了……”在这里，说得似乎轻描淡写，但一个传统的中国母亲对即将背井离乡的游子的深深的愧疚、无奈与忧愁，浸透在字里行间。尤其是“然而我也顾不得这些事”一句，写尽了在家的老一代的牵挂与离家的青年漂泊者的决绝，可以说是现代漂泊文学在处理离别场景时的经典范式，几乎影响了现代中国新文学的几代作家。[1]

正是这种曾有的生命体验，使得鲁迅在谈论游子心理时往往精微婉曲，感同身受。譬如他在看司徒乔的画时，欣赏的就是一个南方游子面对北地自然时的精神勃发。“这些自然应该最会打动南来的游子的心。在黄埃漫天的人间，一切都成土色，人于是和天然争斗，深红和绀碧的栋宇，白石的栏干，金的佛像，肥厚的棉袄，紫糖色脸，深而多的脸上的皱纹……凡这些，都在表示人们对于天然并不降服，还在争斗。”“后来所作的爽朗的江浙风景，热烈的广东风景，倒是作者的本色。和北方风景相对照，可以知道他挥写之际，盖谂熟而高兴，如逢久别的故人。但我却爱看黄埃，因为由此可见这抱着明丽之心的作者，怎样为人和天然的苦斗的古战场所惊，而自己也参加了战斗。”[2]鲁迅也曾经是一个来自南方长期客居北地的游子，深深地感受到了北方土地的辽阔与贫瘠赋予人们生存上的压力，但正是这种自然环境的巨大压力也激发着北方人们生命力的顽强与坚韧，在给萧红的《生死场》作序时，鲁迅也曾深情地指出北方生命的这一特性。所以，鲁迅说他“爱看黄埃”，绝不是奉迎之词，而是一个客居北地的南方游子的夫子自道，司徒乔的画作不经意地触动了鲁迅心的深处那根总在蓄势待发的弦，他的评

1 王鲁彦的一段回忆典型地反映了这些漂泊者的共同命运：“就在这热闹中，我跟在父亲的后面走上了山坡，第一次远离故乡跋涉山水，去探问另一个憧憬着的世界，勇往地肩起了‘人’所应负的担子。我的血在飞腾着，我的心是平静的，平静中满含着欢乐。我坚定地相信我将有一个光明的伟大的未来。”(《旅人的心》)

2 鲁迅：《看司徒乔君的画》，见《鲁迅全集》第四卷，人民文学出版社2005年版，第73、74页。

述才会如此动情。在日常生活中，鲁迅偶尔也外出行走，有时是公务，如20年代中期去西安考察与讲学，有时为私事，如30年代为探母病北上。一个很值得关注的事实是，鲁迅在行走途中生命体验之细腻以及他对这种生命体验叙说之趣味的盎然与浓厚，在现代作家中很少能有人与之比肩。譬如他在1926年10月从北京辗转上海赴厦门的途中，给李小峰写信："在我的眼睛里，下关也还是七年前的下关，无非那时是大风雨，这回却是晴天。赶不上特别快车了，只好趁夜车，便在客寓里暂息。挑夫（即本地之所谓"夫子"）和茶房还是照旧地老实；板鸭，插烧，油鸡等类，也依然价廉物美。喝了二两高粱酒，也比北京的好。这当然只是'我以为'；但也并非毫无理由：就因为它有一点生的高粱气味，喝后合上眼，就如身在雨后的田野里一般。""这车里的茶是好极了，装在玻璃杯里，色香味都好，也许因为我喝了多年井水茶，所以容易大惊小怪了罢，然而大概确是很好的。因此一共喝了两杯，看看窗外的夜的江南，几乎没有睡觉。"酒、茶、菜肴、天气、挑夫、茶房，这些行旅中的物事，鲁迅几乎无不感兴趣，而"雨后的田野""夜的江南"昭示出的也是鲁迅掩不住的抒情的心态。李小峰不过是鲁迅的朋友，来往较多的是出版方面的事情。鲁迅在给他的信中如此不厌其烦地叙说自己的行旅见闻与感受，可见鲁迅这次出行的兴奋与激动。这种兴奋与激动，除了鲁迅内心中对一种新的生活选择的强烈刺激之外，当然也包括鲁迅对久居之后忽然走在旅途上的轻松感与新鲜感。所以，在信的结尾，鲁迅情不自禁地表白："现在是住在上海的客寓里了；急于想走。走了几天，走得高兴起来了，很想总是走来走去。先前听说欧洲有一种民族，叫作'吉柏希'的，乐于迁徙，不肯安居，私心窃以为他们脾气太古怪，现在才知道他们自有他们的道理，倒是我胡涂。"[1]

1　鲁迅：《上海通信》，见《鲁迅全集》第三卷，人民文学出版社2005年版，第381、381—382、382页。

漂泊的本质是一种冒险精神的体现，因为人行走在旅途，其实就是对生命的不确定性的一种践履。旅途之中充满着不确定性，旅途的终点依然是一个不确定性，所以，真正的漂泊者必然是真正的冒险者。鲁迅从小就有一种敢于冒险的心理冲动，如他晚年曾回忆自己十余岁时在乡下充过义勇鬼的有趣事情，“爬上台去，说明志愿，他们就给在脸上涂上几笔彩色，交付一柄钢叉。待到有十多人了，即一拥上马，疾驰到野外的许多无主孤坟之处，环绕三匝，下马大叫，将钢叉用力的连连掷刺在坟墓上，然后拔叉驰回，上了前台，一同大叫一声，将钢叉一掷，钉在台板上”[1]。这是何等的威武勇猛！但孩子们的这种行为是要具有冒险精神的，这种冒险不仅是指要挨父母的打骂，也不仅是指骑马有可能跌死，而且是指有可能要“带着鬼气”回家。青年鲁迅颇有豪侠之风，不仅给自己取了“戛剑生”的别号，而且写了“被发大叫，抱书独行，无泪可挥，大风灭烛”[2]之类的豪言壮语，在留学生中传诵一时。尤其是他抱持科学救国的宏愿，对科幻小说情有独钟，在日本留学之初就翻译了凡尔纳的科幻小说《月界旅行》（1903）和《地底旅行》（1906）。后来他迷上了尼采，心仪查拉图斯特拉之类的先觉者与精神界之战士。查拉图斯特拉是一个伟大的先知，也是一个无可救药的流浪者和冒险者，他曾宣称“我是个浪游者和登山者”，他也意识到了自己的浪游途中充满着危险，因为他深知，自己将“比以前任何时候更深地走下到苦痛之中，一直下降到它的最黑的黑潮里去！这是我的命运所想望的”。[3]可以说，正是尼采的强烈影响，使得鲁迅的冒险精神由对科幻旅行的迷恋转型到一种喜爱孤独、勇于冒险、欣赏漂泊的人文情怀与精神气质上来。当然，情怀与气质未必就在日常

1 鲁迅：《女吊》，见《鲁迅全集》第六卷，人民文学出版社 2005 年版，第 639 页。

2 鲁迅：《〈集外集〉序言》，见《鲁迅全集》第七卷，人民文学出版社 2005 年版，第 4 页。

3 〔德〕尼采：《查拉图斯特拉如是说》，钱春绮译，三联书店 2007 年版，第 171、173—174 页。

生活中完整地显露出来。在鲁迅那里，出于种种原因，孤独、冒险、漂泊的情怀与气质更多的是体现在白日梦似的文学创作与文学鉴赏活动中。鲁迅一生爱看电影，尤其喜欢自然片与探险片，据有效统计，鲁迅一生看过的探险片就有 38 部。许广平曾这样回忆过鲁迅日常生活中的一个特性："愈是空气紧，他愈是在家里坐不住，几乎每天都到外面走一次，这个脾气，也许可以说是人类的冒险性，不甘压迫性罢。"[1] 鲁迅自己也描写过秋夜漫游的危险："危险令人紧张，紧张令人觉得自己生命的力。在危险中漫游，是很好的。"[2] 可见，鲁迅看探险片，"空气紧"的时候就要外出，想象夜游，这些日常生活行为其实都是鲁迅人格深处、血性之中爱冒险爱漂泊的精神气质的曲折显现。

1936 年 8 月 23 日，距鲁迅去世不到两个月的时间，鲁迅在大病似乎出现转机的时刻，写下了《"这也是生活"……》一文。在这篇文章里，鲁迅用一个小故事表达了他的极其强烈的生命意志。他在卧病的夜里醒来，让许广平为他开灯，即使病得不能动，鲁迅也"要看来看去的看一下"，并说"这也是生活"。许广平为了让鲁迅休息，没有去开灯。但"街灯的光穿窗而入，屋子里显出微明，我大略一看，熟识的墙壁，壁端的棱线，熟识的书堆，堆边的未订的画集，外面的进行着的夜，无穷的远方，无数的人们，都和我有关。我存在着，我在生活，我将生活下去，我开始觉得自己更切实了，我有动作的欲望"[3]。熟识的墙壁，熟识的书堆，这是鲁迅的日常生活场景，而无穷的远方、无数的人们，这是鲁迅形上的精神生活的情怀。正如康德一生都在他家乡的小镇上度过，他刻板的生活习惯甚至成为小镇居民确认时间的一种标志，但这一点并不妨碍

1 许广平：《鲁迅先生的娱乐》，见《许广平忆鲁迅》，广东人民出版社 1979 年版，第 488 页。
2 鲁迅：《秋夜纪游》，见《鲁迅全集》第五卷，人民文学出版社 2005 年版，第 267 页。
3 鲁迅：《"这也是生活"……》，见《鲁迅全集》第六卷，人民文学出版社 2005 年版，第 624 页。

他仰望星空和倾听心中的律令一样，熟悉的墙壁和熟识的书堆这些物质性的日常生活场景也一点不妨碍鲁迅将无穷的远方和无数的人们与自己关联起来，哪怕是在危机的大病时刻。这种精神关联对墙壁、书堆这些日常生活场景限制的有效突破，其根本的动力就来之于一种永远漂泊在求索途中的生命大爱。

二

对漂泊母题的爱好，这是“五四”时代的文学风气，而五四新文学运动之后，漂泊母题文学的兴起和蔚为大观，也当然是新文学家们的集体努力的结果。30年间，许多新文学作家各以自己的漂泊者形象创造、建构与丰富着现代漂泊文学母题的艺术画廊。譬如，郁达夫笔下的“零余者”，好像“遇着了风浪后的船夫，一个人在北极的雪世界里漂泊着”的“凄切的孤单”；成仿吾诗歌中的“长行客”，则是在周而复始的逝水流年中麻木地抗拒麻木、孤独地抗拒孤独；闻一多的漂泊者像一个“流囚”，一个“快乐的罪人”，“只得闯进缜密的黑暗，犁着我的道路往前走”；穆木天的漂泊者则是一个漫步歌吟、以苦为乐的“乞丐”，将自然看做“是给穷人的恩赏”，走到哪里“都是我们的家乡”；而戴望舒的漂泊者即是“夜行者”，“迈着夜一样静的步子”，从黑茫茫的雾到黑茫茫的雾，古怪得像夜一样难以捉摸。当然，艾芜的《南行记》“以自由生命的意识平视南国和异域野性未驯的奇特男女，使之在蔑视现实的圣教伦理和官家法律中显示出一种大写的人的尊严”[1]，这些描写无疑都是现代新文学家主体精神的发露，是新文学家们在自我独特的生存环境中体验到的独特的生命意识。如此种种，既丰富了现代文学的题材，也加大了现代文学对生命体验的深度，提高了现代文学的

1 杨义：《中国现代小说史》第二卷，人民文学出版社1988年版，第478页。

精神品位。在这一新文学母题的书写方面，鲁迅是首创者，也堪称集大成者，他的贡献就在于他将相当个人化的生命体验浸润在漂泊母题的书写中，以独特而不可重复、新鲜而不可仿拟的意象原型创造，展现了五四新文化的精神本质，有力地促进了中国文学中的漂泊母题的现代转型。

关于 19 世纪末和 20 世纪初的留学潮，有两个特点是值得关注的。一是科技优先，梁启超曾有过很精辟的分析。他说："原来中国几千年来所接触者，除印度外，都是文化低下的民族，因此觉得学问为中国所独有"，然而，"自从失香港、烧圆明园之后，感觉有发愤自强之必要，而推求西之所以强，最佩服的是他的'船坚炮利'"。[1]科技优先是经验教训，也是学子们救国强国的心理驱动，即使"五四"一代新文学家也几乎无不是从留学科技转向文学兴趣的。二是年龄的偏小，据统计，许多年轻人 15 岁左右就远赴海外求学了。这两个特点对于"五四"一代新文学家而言，影响极为重要。由科技转向文学，这是兴趣爱好使然，但选择了这份爱好兴趣，等于是放弃了可能的世俗利益，像郭沫若、郁达夫等那样面对经济的压力时常常愤激甚至佯狂其实就是很好理解的了。年龄偏小，说明青春时代的人格成长期往往是在异域文化环境中度过的，这一点与曾经出使（如郭嵩焘等）、留学（如严复等）、考察（如杨文会等）、流亡（如章太炎、梁启超等）的这些长辈大不一样。长辈们出国无论是自主的还是被迫的，其人格已经在本土文化中完整形成，对自己的文化根底有着清晰的认识与自信，而在异域文化环境中完成自己的人格塑造，对自己的文化之根植于何处就难免依违不定，彷徨无地。是利益的还是趣味的，是本土的还是异域的，这两种留学潮特点带来的精神上的彷徨在"五四"一代新文学家身上都有所体现。尤其是后者，可以说真正长期地困扰着现代作家并深刻地影响了他们的人格与创作，造成了两难选择中的无法排解的文

1 梁启超：《中国近三百年学术史》，东方出版社 1996 年版，第 28 页。

化漂泊与精神流浪。在异域文化中完成人格的成长，西学已经不只是某种观念，某种方法，而是作为文化因子深深地渗透到了他们的血肉中，化成了生命系统中不可割裂出去的基本元素。但是，在现代化转型中步履蹒跚、积重难返的老大帝国还没有为容纳这些文化异己者准备好足够的文化环境与生存条件。如果说王国维一代还是在可爱者不可信、可信者不可爱的悖论中难以割舍选择，新文学作家却是将信和爱都献给了自己崇仰的西学，但自己却不能不回到血脉相连的本土文化语境中生存，这种生存感无异于荒原上的独自行走。所以，文化荒原上的漂泊，新文化的无家可归，既是中国新文学作家们的历史宿命，也是五四新文化运动的一种重要的精神特质。鲁迅的突出贡献就在于他创造了一个“荒原”的意象，把这种文化异己者的无家可归的漂泊感表达得无比沉重与悲凉。

鲁迅笔下的“荒原”是漂泊者的存在之乡，它与西方现代派文学的荒原感有相似之处，但本质上乃是鲁迅个体生命独特体验的凝结。如果说艾略特笔下的“荒原”是一种丰富的荒芜和繁盛的颓败，是一种发达成熟到了极点之后突然崩塌的茫然无措，鲁迅笔下的“荒原”则无疑是一种空虚寂灭的“无物之阵”。它没有立场，一个人发出了叫喊，既得不到应和的，也得不到反对的(《〈呐喊〉自序》)；它没有确定感，前面也许是花园，也许是坟墓(《过客》)；它没有时间性，“黑漆漆的，不知是日是夜”(《狂人日记》)，“然而我终于彷徨于明暗之间，我不知道是黄昏还是黎明。我姑且举灰黑的手装作喝干一杯酒，我将在不知道时候的时候独自远行”(《影的告别》)；它也没有出路，留下仍在这里，则将冻灭，带出离开这里，那么又将烧完(《死火》)。“没有”是这个荒原的主题词，“没有花，没有诗，没有光，没有热。没有艺术，而且没有趣味，而且至于没有好奇心”[1]，“现在没有星，没有月光以至笑的

1 鲁迅：《为“俄国歌剧团”》，见《鲁迅全集》第一卷，人民文学出版社2005年版，第403页。

渺茫和爱的翔舞……而我的面前又竟至于并且没有真的暗夜”(《希望》)。但“没有”并非真的没有，“无物之阵”中有的是“无物之物”。所以，即使“这样的战士”“走进无物之阵，所遇见的都对他一式点头。他知道这点头就是敌人的武器，是杀人不见血的武器，许多战士都在此灭亡，正如炮弹一般，使猛士无所用其力”。当这样的“战士”掷出了投枪，“一切都颓然倒地；——然而只有一件外套，其中无物。无物之物已经脱走，得了胜利”，而“战士”“他终于在无物之阵中老衰，寿终。他终于不是战士，但无物之物则是胜者”(《这样的战士》)。“这样的战士”“终于不是战士”，“无物之阵”的荒原上只剩下独自远行的漂泊者的孤魂在游荡。鲁迅通过浓墨重彩地渲染这个荒原的“无”和“有”，写尽了新文化的崇信者在自己的母语文化传统中生存的尴尬与悲凉。在一个古老、封闭而又盲目自大的文化传统里，并不是所有的文化异己者都会遭遇不堪的命运。其实，鸦片战争以后，海关开放，来中国传教、通商乃至旅游的西人已经大幅增加，这些天然的文化异己者在中国一直享受着尊敬与优待，所以晚清曾有民众怕官、官怕洋人一说。只有那些喝了洋墨水成长，回国以后又不愿意蓄起假辫同流合污的“假洋鬼子”，才是全体国民痛恨排斥的对象。鲁迅在《阿Q正传》中塑造了一个“假洋鬼子”的形象，这一形象虽然诸多贬义，但在现实生活中鲁迅的心灵却被这个意念痛苦地折磨着。鲁迅深知自己这种崇信西学的留学归来者，对于西方文化而言，始终不过是一个他者，而在自己的愚昧落后的同胞中，却难免被视为“假洋鬼子”，正如魏连殳的命运，寒石村的人“仿佛将他当作一个外国人看待，说是‘同我们都异样的’”(《孤独者》)。在鲁迅的感觉与想象中，“假洋鬼子”就是一种文化蔑称，是母语文化传统对本民族的文化异己者所作的声名惩罚与道德裁判（所谓“名不正言不顺”也），在这样的蔑视与惩罚下，崇信西学的文化异己者只有两种选择，要么重新蓄起辫子，变成“无物之物”中的一部分，要么自我放逐于荒原，独自行走，偶尔像魏连殳一样在旷野中发出受伤的狼一样的长嚎。

不断地行走，永不停歇，永在路上，这是漂泊者的存在状态。鲁迅对这种存在状态，是有清醒的命运认知的。他在《娜拉走后怎样》一文中曾经引西典赞美过这种漂泊者。“世上也尽有乐于牺牲，乐于受苦的人物。欧洲有一个传说，耶稣去钉十字架时，休息在Ahasvar的檐下，Ahasvar不准他，于是被了咒诅，使他永世不得休息，直到末日裁判的时候。Ahasvar从此就歇不下，只是走，现在还在走。走是苦的，安息是乐的，他何以不安息呢？虽说背着咒诅，可是大约总该是觉得走比安息还适意，所以始终狂走的罢。”[1]这种狂走的形象在西典中还有著名的古希腊神话传说中的西西弗，西西弗被大神宙斯罚去推石上山，石头停稳在山上才惩罚终止。但山顶是尖的，石头无法停稳，惩罚也就永无终止，但西西弗却在这种推石上山的过程中找到了快乐，惩罚也就失去了它的意义。这一著名传说可以说更典型地体现了鲁迅所谓“觉得走比安息还适意”的判断。西西弗传说后来被存在主义者加缪发挥成为生命的意义在于过程这一经典观念。鲁迅未必是个存在主义者，但在重视生命的过程性上可谓与存在主义者心心相印。所以，他在自己的作品里常常描写着这种“在路上”的生命意象。“我躺着，听船底潺潺的水声，知道我在走我的路”(《故乡》)；“我顺着剥落的高墙走路，踏着松的灰土。另外有几个人，各自走路”(《求乞者》)；“从我还能记得的时候起，我就在这么走，要走到一个地方去，这地方就在前面。我单记得走了许多路，现在来到这里了。我接着就要走向那边去”(《过客》)；“我独自远行，不但没有你，并且再没有别的影在黑暗里。只有我被黑暗沉没，那世界全属于我自己”(《影的告别》)；“我疾走，不敢反顾，生怕看见他的追随”(《墓碣文》)。不仅对自己，对年轻人鲁迅也鼓励他们“向着似乎可以生存的方向

---

1 鲁迅：《娜拉走后怎样》，见《鲁迅全集》第一卷，人民文学出版社2005年版，第170页。

走。你们所多的是生力，遇见深林，可以辟成平地的，遇见旷野，可以栽种树木的，遇见沙漠，可以开掘井泉的”[1]。

“在路上”这一漂泊意象，蕴含着两个相互联系必须回答的问题。一是为什么要走，二是走向何方。关于这两个问题，早在16世纪文艺复兴的末期，帕斯卡尔就曾经敏锐地感知到：“我们燃烧着想要寻求一块坚固的基地与一个持久的最后据点的愿望，以期在这上面建立起一座能上升到无穷的高塔；但是我们整个的基础破裂了，大地裂为深渊。”在这样的境况下，“我们是驾驶在辽阔无垠的区域里，永远在不定地漂流着，从一头被推到另一头。……没有任何东西可以为我们停留”。[2]尽管在帕斯卡尔的时代里，还没有谁像尼采那样振臂一呼“上帝死了”，但是文艺复兴时期人本主义的崛起导致了以上帝为中心的西方神学体系的崩裂，西方人的心灵开始在对上帝神学怀疑的状态下漂移不定，始终“在路上”而无所归宿，这却是帕斯卡尔这类先知非常忧虑的文化事件。对于“为什么要走”的问题，鲁迅的回答是“那前面的声音叫我走”。“是的，我只得走了。况且还有声音常在前面催促我，叫唤我，使我息不下。”这种“前面的声音”并不是每一个人都能听到，也不是每一个人都会在意，老翁虽然听到过这种声音，但老翁“不理他”，这种声音也就消失了，但对“过客”这种自觉到自己“不能休息”的漂泊者而言，它始终在前面召唤着。值得指出的是，这种“前面的声音”并不是帕斯卡尔们心中的上帝召唤，而是时代的精神意志对鲁迅这种时代先驱者的心灵律令，是一种自我的召唤。前去就是好的，未来必胜于过去，青年必胜于老年，前面必胜于已往，这种“前面的声音叫我走”，不就是“五四”时期在知识分子中间相当流行的进化论思想的艺术表达吗？至于第二个问题，走向何方当然是没有答

1 鲁迅：《导师》，见《鲁迅全集》第三卷，人民文学出版社2005年版，第59页。
2 〔法〕帕斯卡尔：《思想录》，何兆武译，商务印书馆1985年版，第33页。

案的，因为“过客”自己也不知道，前面是坟，或者是花园，或者什么也没有，但“过客”知道的是，“希望是本无所谓有，无所谓无的。这正如地上的路；其实地上本没有路，走的人多了，也便成了路”(《故乡》)。这就是五四新文化运动的实验精神。五四新文化运动虽然高举起的是科学与民主的大旗，但是新文化之“新”是一种什么性质的新，新文化的蓝图设计者是相当多元与宽容的，有的倡易卜生主义，有的倡尼采学说，有的倡军国民主义，有的倡新村主义，有的倡布尔什维克主义，等等等等不一而足，而胡适主张的科学的“实验室的方法”在五四新文化运动中影响之大，也足以说明这一点。进化论化做“前面的声音”，赋予了漂泊者前行的信心，实验性诠释了走向何方的意义，赋予了漂泊者前行的勇气，正是在这一意义的连接点上，鲁迅以“在路上”的漂泊者意象，演绎着五四新文化运动的精神特质。

无论中西文学，漂泊母题的书写都包含有浓烈的回家意志或情绪的表达，荷马史诗《奥德赛》可以说是西方文学中漂泊母题书写的开山作品，其主要内容和故事情节是奥德修斯的漂流记，但贯穿全书的一个主要的故事推进动力源乃是奥德修斯的回家意志。在中国古代文学中，漂泊母题书写中更是时时刻刻吟唱着回家的心曲，故乡、家园始终是漂泊者魂牵梦绕的处所。狐死必首丘，杜鹃啼血，成为中国古代漂泊母题书写的经典意象。在这个背景上，鲁迅的《过客》可谓横空出世，彻底地颠覆了中西文学中漂泊母题与家园情节的密切关系。在《过客》中，以经验自居的老翁认为过客的来路“那是我最熟悉的地方，也许倒是于你们最好的地方”，所以，他殷殷劝告，“你莫怪我多嘴，据我看来，你已经这么劳顿了，还不如回转去，因为你前去也料不定可能走完”。“回转”当然就是回到原来出发的地方，就是回家。过客本来在沉思，但听到“回转”一词，“忽然惊起”，坚定地说：“那不行！我只得走。回到那里去，就没一处没有名目，没一处没有地主，没一处没有驱逐和牢笼，没一处没有皮面的笑容，没一处没有眶外的眼泪。我憎恶他们，我不回转去！”老翁又说：“那也不然。你也会遇见心底的眼泪，为你的悲哀。”但过客仍然坚定地说“不”：“不。我不愿看见他们心底的眼泪，不要他们为我的悲哀！”“名目”“地主”“驱逐与牢笼”“皮面的笑容”“眶外的眼泪”，这些都是过客憎恶的东西，是家园中负面的记忆，而“心底的眼泪”则无论如何都是正面的情感力量，是珍贵的，但过客也同样地予以拒绝。可见，过客是从正反两个方向同时阻断了回归的路。

永不回转、永不归家的姿态，这无疑是五四新文化运动的自由意志的呈现。从破的角度看，五四新文化运动就是从摧毁宗法家族制度及其伦理体系开始的，在以封建宗法礼教制度为基础的中国社会里，国是一个大家，天下之民莫非王臣，家也是一个小国，父子夫妇婆媳妻妾等级森严。君要臣死，臣不得不死，父要子亡子也不得不亡，君与父、国与家的同体同位性使得封建宗法制度下的中国社会一直处于超稳定的状态，而在这一超稳定的状态下，中国的家庭往往就以它的保守性与腐朽性，成了窒息年轻生命的“狭的笼”。五四新文化运动的目标之一是要摧毁宗法家族制度及其伦理体系也就是封建礼教，对于家的反省与解剖当然是史无前例的深刻，甚至偏激。陈独秀力说父母生子乃是其性爱的不期之果，因而父于子没有恩惠，子于父也没有义务责任，这是借现代生理学说来斩断父与子的伦理责任，以便将青年的一代从父辈的权威下解放出来，鲁迅以《狂人日记》来“暴露宗法家族制度的弊端”，不仅喊出了礼教“吃人”的惊天霹雳，而且首次发现“吃人者”就在自己家里，甚至也包括“在家”的自己，这更是对封建宗法家族的一种连根拔起的彻底否定。纵观新文学三十年，凡是深受五四新文化精神浸润的作家，几乎没有谁不把家族描写成罪恶渊薮的。巴金的《激流三部曲》中的封建大家族充满了原始罪恶，败家子坐吃山空，家族成员自相残害吞食；曹禺的《北京人》中的曾家，散发着封建大家庭的霉烂气息，萎缩着生命，扼杀着才华；路翎的《财主底儿女们》中，家族最后在年轻人的死亡与出走中分崩离析，而张爱玲笔下的大家庭中就像一艘将要沉没的破船，每一个人都担心别人有机会逃出，恨不得大家捆绑在一起沉沦，船在漏水，却日夜出演着仇视生命与光明的群魔之舞。从世俗生活的意义来看，漂泊者如风雨浮萍，杜鹃声声不如归去，家始终是心灵中一个温馨的记忆。但对于五四新文化精神孕育出来的一代新文学家而言，他们出身于封建大家庭，这个“家”却不幸成为他们意识深处的一个历史噩梦，一种恐惧固结。正是这种历史噩梦的纠缠，这种恐惧固结的影响，使得新文学作家不仅在文学创作中大力歌颂封建大家庭的叛逆者，而且自己也身体力行，毅然从“家”中出走去寻找光明的前途。所以，如果说对家园的依恋情绪和回归意识是漂泊母题文学的常态，那么，对于家园的疏离，对于回归的拒绝，就是漂泊母题文学的一种异态。鲁迅的意义就在于，他以一种永不回转的决绝姿态，将五四新文化运动对家族文化的反思与中国文学漂泊母题的现代性建构联系起来，开创了现代中国漂泊母题书写的一种全新的意义格局。

三

当然，鲁迅对现代中国文学中的漂泊母题的创造性书写，不仅得之于他独特的个人生命体验和对自我生命体验天才般的表达能力，而且也得之于他深厚的中外文学的素养。鲁迅喜爱《楚辞》，不仅在自己的书的扉页上引用屈原的名句，而且在自己的旧体诗作和文学创作中也多使用《楚辞》意象，他也自称中了庄周的“毒”，想去除而不能。他的漂泊母题书写显然与秦观等“可堪孤馆闭春寒，杜鹃声里斜阳暮”之类的婉约派风格相去甚远，所得到的精髓应是庄子《逍遥游》中鲲鹏扶摇直上九万里的英雄气势与辽阔胸襟，是屈原《离骚》中的“路漫漫其修远兮，吾将上下而求索”的一往无前、九死不悔的决绝意志与自苦精神。在西方文化中，无论是以古希腊罗马传说为源头，还是以《圣经》为核心的希伯来文化为源头，漂泊者、浪子都一直是西方文学中不断翻新、延展不衰的重要形象谱系。鲁迅的漂泊者形象就其精神气质与意义寓言上看，似乎与尼采、里尔克等西方近现代存在主义生命哲学的关系更为密切，尤其深受尼采《查拉图斯特拉如是说》的影响。

尼采是鲁迅喜爱的哲学家与诗人，虽然鲁迅后期有时也批评或嘲讽尼采，但那只是思想观点上的不同而已，在性情气质上，对尼采的爱好直至晚年鲁迅都从未移易。查拉图斯特拉自身就是一个浪游者，《查拉图斯特拉如是说》第三部有一节的标题就是“浪游者”。鲁迅在 20 年代曾翻译过尼采的这部著作，虽然未能最终完成，但可以判定的是鲁迅通读过这部作品，对“浪游者”这一形象的特质有深切的体会。这一点可以在《过客》中得到证实。查拉图斯特拉说：“对自己过分爱护的人，最后会因为过分爱护而生病。使人变得严酷的，该受赞美”，“对于最孤独者，危险的是他的爱，对一切只要是有生命者的爱”。《过客》中“过客”拒绝小女孩的温馨的爱护：“这太多的好意，我没法感激”，“倘使我得到了谁的布施，我就要像兀鹰看见死尸一样，在四近徘徊，祝愿她的灭亡，给我亲自看见；或者咒诅她以外的一切全都灭亡，连我自己，因为我就应该得到咒诅”。查拉图斯特拉说：“为了看得多，学会不注视自己是必要的——这种严酷对每个登山者是必须的。”在《过客》中，老翁问“过客”的称呼，过客说“我不知道我本来叫什么”；老翁问“过客”从哪里来，“过客”不知道，只知道“从我还能记得的时候起，我就在这么走”；老翁问“过客”到哪里去，“过客”还是说，“但是，我不知道。从我还能记得的时候起，我就在这么走，要走到一个地方去”。自己的名称、从哪里来、到哪里去，这是人的自我认识的基本问题，过客一概答曰不知道，可见过客对自我肉身关注的疏忽。查拉图斯特拉说："你走上你的伟大之路：在你的背后已不再有退路，必须以此鼓起你的最大的勇气！""你走上你的伟大之路：这里不许有任何人尾随着你！你的脚本身擦去了你身后的路，在路上写下大字：不可能。"《过客》中的"过客"也一再声称："我只得走"，"我憎恶他们，我不回转去！"查拉图斯特拉把浪游看做是自己的命运，"我是个浪游者和登山者，他对自己的心说道，我不爱平地，好像我不能长时期静坐"；"我认识我的命运，他终于忧伤地说道。好吧！我已准备好。我的最后的孤独刚刚开始"；"我面对着我的最高的山和我的最长久的浪游：因此我首先必须比以前任何时候更深地走下去"。[1]《过客》中的"过客"最后的话也是这样的命运认定："然而我不能！我只得走。我还是走好罢"。关于《过客》与尼采《查拉图斯特拉如是说》的关系，不少鲁迅研究者都有所提及，如日本学者尾上兼英认为《过客》中的"过客"就是查拉图斯特拉，老人是圣者，女孩是隐者。[2]张钊贻把"那前面的声音"视为"诱人的希望"，是鲁迅从尼采那里接受的"永远重现"的相同经验的不同表达方式。他还认为鲁迅的"过客"拒绝任何同情，具有尼采式的孤独战士的特点。[3]通过上述的四点比较，可见无论是在自我命运的理性认知，还是在个人精神气质的抒情式表达上，鲁迅的"过客"其实就是中国版的查拉图斯特拉。

奥地利诗人里尔克在《马尔特手记》中也塑造了一个浪子的形象，这个形象是对《新约》路加福音第15章第11节到32节的故事的改写，包含着很浓郁的基督教文化意蕴。鲁迅对基督教没有特别兴趣，但他西学功底深厚，对基督教文化的素材自然比较熟悉，这从他的文章中常常引用《圣经》题材即可看出。《野草》中的《复

---

1 〔德〕尼采：《查拉图斯特拉如是说》，钱春绮译，三联书店2007年版，第171—175页。

2 参见〔日〕尾上兼英：《鲁迅与尼采》，载《日本中国学会报》第十三集（1961年），第102—116页。

3 张钊贻：《鲁迅：中国"温和"的尼采》，北京大学出版社2011年版，第386页。

仇（其二）》与《失掉的好地狱》等也运用了《圣经》故事，尤其是《复仇（其二）》甚至透露出鲁迅对基督受难故事的特别爱好。里尔克与鲁迅这两个作家生活的时代大致相同，这是一个精神无所皈依的时代，在西方是上帝已死，在中国则是王纲解纽，自己为何物，从哪里来到哪里去，人们对此都深感茫然，语意纷纭却莫衷一是。正是在这样的时代语境中，这两个作家虽然一西一东，虽然从来没有过往来，但他们都天才地意识到同样的生存问题，天才地体验到了同样的生命律动。所以，里尔克关于浪子的传说与鲁迅的《过客》堪称不同民族文学之间平行比较的双子星座。里尔克的“浪子”小时候在家享受了太多的爱，所以他漂泊时“甚至已不愿带着家里的那些狗同行了，因为那些狗也爱他；因为从它们的目光中，他读出了顺服、期待、分享和关注的神情”，“无论何时，他最大的恐惧就是害怕有人回应他的爱”。鲁迅的“过客”也是这样，“倘使我得到了谁的布施，我就要像兀鹰看见死尸一样，在四近徘徊，祝愿她的灭亡”。里尔克的“浪子”认为在漂泊途中，“有多少事情需要抛开，有多少事情需要忘记啊！因为，非常有必要忘得彻底干净”。“过客”对老翁的所有问话的回答都是干脆的“我不知道”“我只记得”，这显然也是对以往生命的有意忘却，其目的就是卸去浪游途中不必要的生命负担。里尔克的“浪子”厌恶了家庭生活中的家人们“为他规划了一种人生蓝图”，厌恶了家庭中家人们的“永远关注”，所以，“他要永远离去，再也不回来了”，而鲁迅的“过客”在听到老翁的劝告时也坚定地说：“我憎恶他们，我不回转去！”里尔克的“浪子”“每当夜幕降临的时候，他心里总是翻腾着跃入太空、投身上帝怀抱的念头”，因为他“像是一个听到某种高贵的语言”者，而鲁迅的“过客”之所以不停止跋涉，也是因为听到了“那前面的声音叫我走”。当然，里尔克的“浪子”毕竟来自宗教的启示，最终也在宗教中找到了归宿。他回家了，“将所有这一切重新承担起来，实实在在地承担起来——这就是他离家出走了多年之后，要重返家乡的原因。我们不知道他是否留在了家乡，没再离开；我们只知道他回去了”。[1] 而鲁迅的“过客”乃是鲁迅的个体生命体验与中国本土文化传统肉搏的诗性的意象，命定了还在困顿中踉跄地朝着暮色的前途扑去。这一对比，多多少少让我们感受到鲁迅对基督教文化价值观念的一定程度上的认同，但鲁迅不是基督徒，没有也不可能像里尔克的浪子那样有一个上帝作为自己的精神家园，漂泊在途中，依然或者说永远都是鲁迅这一代“历史中间物”们无可回避的集体运命。

作为一种文学母题，漂泊在现代中国文学中的表现无疑是丰富多彩的，其精神上的资源也不拘一格。但值得指出的是，鲁迅的漂泊母题书写中所呈现的不愿停留、不求归宿的意识特征，其影响之巨以致为现代中国漂泊母题文学创建起了一个“过客”家族。在这一家族谱系中，“过客”无论姓甚名谁，都不例外地始终倾听心灵深处的呼唤，突破世俗的温情与幸福所累，而走向永远的旅程。鲁迅笔下的漂泊者不仅“过客”，“眼光阴沉，黑须，乱发，黑色短衣裤皆破碎，赤足著破鞋”，状态困顿，《非攻》中的墨子也是长途跋涉，风餐露宿，背着简易的包裹，穿着破碎的草鞋，不求索取，虽功成而不居。丽尼的散文诗《飘流的心》也有一个以漂流为乐的行者形象，虽然“我有一些儿胆怯，有一些儿恐惧，我宁愿倒睡在此，等待着命运之引牵”，虽然恋人也像《过客》中的小女孩一样安慰我，对我说“到明年会有一个春天”，但我知道，“到明年我已经前行”，“从这里，我底眼睛远望着前程，越过了大海，山巅，和黑暗的森林，在寒冷的夜深。你岂不知道我是一个疲倦的飘流的人？无论是今年，明年，寒冷或者春天，都不能变改我底心情”。[2] 丽尼的《散文诗五首·老人》更是可以视为鲁迅的“过客”

---

1 以上关于里尔克的引文都出自〔奥地利〕里尔克：《马尔特手记》，曹元勇译，上海译文出版社 2011 年版，第 268—276 页。

2 丽尼：《黄昏之献》，文化生活出版社 1939 年版，第 53—54 页。

谱系的代际传承："我看见你，老人，在远远的地方。你负着你底行囊，你底脚步是那样踉跄，你底背有一些伛偻，你底身体是那么瘦。/'老人，你为什么不用一根拐杖？'/'啊，我底腿子还有着它底力量。'//我看见你，老人，在远远的地方。你负着你底行囊，你底眼睛向着前途展望。你咬紧牙，不曾喘息，你也不曾叹过一次气。/'老人，你有什么在你底背囊？'/'啊，在我底背囊里是后辈底食粮。'"这个"老人"不就是鲁迅笔下的那位"过客"吗？

在晚辈的眼里，岁月流逝，"过客"虽然已成老人，但他的不肯停留的上下求索精神，他的为了人类进步与正义的事业而漂泊不息、超越不止的内在需求，他的由良知、理想、艺术追求以及个人优秀的文化素养等因素凝聚而成的人格的自律性，以及他对自我认定、自我赋予，同时自我勇敢与坚定地去担承永恒的精神之旅的命运感，这些都已成为"后辈的食粮"，成为一代又一代漂泊者前行的力量。所以，蒋光慈在《写给母亲》的诗中，面对母亲"归来罢，我的儿，异乡不可以久留"的声声呼唤，坚定地回答："但是我的母亲呵，我不能够，我不能够！/命运注定了我要尝遍这乱世的忧愁；/我的一颗心，它只是烧，只是烧呀，/任冰山，呵，任冰山也不能将它冷透！"无名氏的《海艳》让印蒂在浪漫爱情的巅峰时刻突然醒悟到存在的真实性与自己的使命性，他知道，"假如他再留下去，他所能做的，只是千万次嚼蜡的重复，并且还要重复厌倦，重复失望"，所以他毅然地重又踏上漂泊的旅程。路翎在《财主底儿女们》中更是借孙松鹤的口，有力而明晰地诠释着鲁迅《过客》中揭示的生命要义："在这个悲惨、险恶、荒凉的世界上，冀求幸福，是可耻的"，"贪图安宁、温暖、甜蜜，是卑劣的"，所以，孙松鹤"他觉得，他必需追随着他底不幸的朋友，永远在这个黑暗的人间搏击，永远在这个险恶的地面上漂流"。这种永远漂泊、永远寻索的精神就是五四新文化运动开创的伟大传统。当年，散文家梁遇春这样说过："无论如何，在这麻木不仁的中国，流浪汉精神是一服极好的兴奋剂，最需要的强心针。”[1] 只要想想鲁迅是怎样无奈地用没有窗户的“铁屋子”来形容封建时代里昏愦死寂的文化环境，我们就不会怀疑梁遇春的话准确地戳中了中国文化传统的一个弊端，也精辟地揭示了五四新文化传统的一个重要的意识特征。所以，今天看来，正是由于这些杰出的现代作家始终不渝地倾听着心灵声音的呼唤，永不言悔地担承着漂泊追寻的自我天命，“五四”时代所创立的中国新文化才具备了进取、求索、永动不腐的精神品格。在这个意义上，鲁迅的传统就是五四新文化的传统。

（原刊于《城市学刊》2017 年第 3 期）

1 梁遇春：《春醪集·谈流浪汉》，上海北新书局 1930 年版，第 222 页。

现代佛教界的鲁迅印象与鲁迅资源利用

近十几年来，关于鲁迅与佛教文化之间的关系，鲁迅研究界已经有了非常深入和详尽的研究，当然这些研究主要是探讨鲁迅所受到的佛学的影响以及鲁迅对佛教及其文化的态度与印象，但是反过来问问，民国时期中国佛教界对鲁迅的印象如何，国内佛教界是否也受到鲁迅的影响呢？对这些问题，国内外鲁迅研究学者似乎还没有人去深入探究过。笔者近来做现代中国佛教文学史课题，阅读了大量的民国时期佛教刊物，接触到了不少民国佛教界知名人士的传记材料，对有关的史料和记载作了一些爬梳和收集，现整理出来贡献给鲁迅研究同好，以期引发对此问题的更进一步的探讨。现代佛教期刊有一百多种，其中不少思想新进、鼓吹改革的刊物与新文学作家的关系是比较密切的，关于此，笔者曾在《现代佛教期刊与新文学运动》（载《文学评论》2011 年第 4 期）作过比较详细的分析。现代佛教期刊上也有一些世俗文人或学者在发表文章时曾引述鲁迅的观点和材料，如《狮子吼月刊》第一卷第二期上发表的宋云彬文《谈玄奘法师》，在文章的篇首引用了鲁迅的“我们从古以来，就有埋头苦干的人……这就是中国的脊梁”这段话作为题记。结尾说：“我以为我们如果为求真理而研究一种学说，信仰一种主义，都该有玄奘法师那种精神才成。具有这种精神的人，才是中华民族的脊梁，才能担当得起复兴民族的大责任。”又如《狮子吼月刊》第一卷第五、六、七期合刊上载有许之乔《中国小说戏剧与印度影响》一文，其中多次引用鲁迅的《中国小说史略》的结论来作论证，对鲁迅的小说史研究中的佛教材料也作了比较详细的梳理。这些都不是本文的研究对象。本文所研究的对象是指鲁迅对佛教界的出家僧人的影响以及这些出家僧人对鲁迅的印象和对鲁迅资源的运用。

一

据笔者对相关材料的整理归类，民国时期佛教界对鲁迅的印象以及佛教界对鲁迅精神资源的利用大致可以分为三种类型。一是鉴于鲁迅在新文化运动中的威望，佛教界把鲁迅对佛教的亲近态度当做佛教界的荣誉。这方面特别要提到的就是发表在《觉有情》杂志第十卷第五期上理素的《鲁迅先生的印经功德》一文。

鲁迅曾经为母亲在金陵刻经处刻印佛教《百喻经》，这在现在已是众所周知的事，但在三四十年代，除了鲁迅的少数知交，并不会有太多人知道。在这篇文章里，作者叙述了自己偶然看到这部刻经的因缘，详细记录了书末所印的四行字：“会稽周树人施洋银六十圆敬刻此经，连圈计字二万一千零八十一个，印送功德书一百本，余资六圆，拨刻地藏十轮经。民国三年秋九月，金陵刻经处识。”为了佐证，该作者还将该经刻印的锌版的第一页和末页缩影附在文后。这篇文章值得注意的是：第一，文章一开篇就指出：“现代中国新文化建设的巨匠故鲁迅（周树人）先生，他在中国新文化启蒙运动上的建设功绩，不但是一般新进的文化者所歌颂，即使是他的敌人，也无从否认他的伟大的。”这说明作者对鲁迅的新文化旗手的地位有明确的认识。第二，作者不仅认识到鲁迅的地位，而且对鲁迅思想的特点也有自己的看法，他说："关于他（鲁迅——引者注）的思想体系，一般人只知道他的'新'；而真正的'新'的精神总是趋向真理的。"而这个"真理"是什么，虽然作者没有明说，但从其行文落笔中似乎暗示就是佛法。所以作者称赞鲁迅"在水深火热的半世纪来中国，鲁迅先生始终以他的千钧之椽方便教化众生，时现金刚猛利精进相，引导人民对各色各样的邪魔作战"，认为"真理所在，趋之不辞，这才是真正的'新'，这才是真正的'新'的伟大"。第三，从鲁迅并没有对佛法持有反对的成见来反证鲁迅与佛法的因缘，作者说："鲁迅先生在他的毕生著作中对于不合理的'迷信'是打击不遗余力的，如他在《花边文学》中即曾打击了'烧香拜龙，作法求雨……'。但这里值得注意的，乃是他说了'烧香拜龙'，而不是'拜佛'。再从反面来看，他虽然从未在文字中颂赞佛法，却也绝未批评过佛法。以他这样一个充满了不容苟且的战斗精神的人，如果对于一种东西不以为然，他是决不肯长此沉默的。由此一点反证，可见鲁迅先生对于佛法也并不持有反对的成见。"佛教五戒中就有"不打诳语"一条，从作者用的"决不""从未"之类的词语来看，作者对于鲁迅的作品应该是比较熟悉的，或者说是看得比较多的，不然不会有如此信心满满的论断。

以今天所拥有的研究成果来看，作者的这一反证和论断基本上也是符合鲁迅的实际情况的。不过，作者尽管阅读过鲁迅的不少作品，但对鲁迅的生平却不太熟悉，以致在论文中将一个重要的史实弄错了。文章说："根据这个史料，我们可以知道鲁迅先生生前曾做过出资刊印《百喻经》及《地藏十轮经》等两种功德。按所识时日（民国三年秋九月），根据鲁迅年谱，适当鲁迅先生三十四岁（民三为西历一九一四年，鲁迅先生生于一八八一年）。其时他正在南京矿务学堂攻读矿务。金陵刻经处则为当年杨仁山老居士所主持。同处一地，获缘亲近，自然是可能了。"这里显然有误，鲁迅在南京学矿务乃是1898年5月到1902年之间的事情，其时虽然杨仁山居士的金陵刻经处已经声名日隆，但鲁迅这段时间正热衷于严复翻译的进化论等新思潮，对佛学无意关注，也不会与金陵刻经处有什么因缘亲近。鲁迅在民国三年（1914）为母亲寿而做刻经功德，之所以选择金陵刻经处而不是选择就近的北京寺庙的刻经处，一方面是因为金陵刻经处的权威性与良好的声誉，另一方面也许是受到至交梅光羲居士的影响。其时，梅光羲也在北京教育部供职，与鲁迅是同事又是知交，在学佛上也多有往来。而梅光羲本人就是杨仁山的亲炙弟子，曾自言一生读不离佛书，行不离佛事。此文作者不是专门的鲁迅研究家，将鲁迅两个不同时期的事情扯到了一起，虽然是个错误，但其努力为鲁迅与佛教之间寻找亲近的因缘并借由鲁迅来为佛教增长声誉的殷殷用心，确实是在字里行间可以体会到的。

二

第二种类型是佛教界人士随机随缘，在一些场合谈论到了鲁迅。民国以来，一方面承近代佛教复兴运动的绪余，一方面受到现代新文化运动的冲击，佛教界自身的分化十分明显，新派和旧派之间对于新文化运动的态度是截然不同的。旧派僧徒死守僧俗界限，不闻时事，固步自封，自然对如火如荼的新文化运动置若罔闻。新派僧徒提倡入世精神，推动佛教走向人间，走向社会，也就必然对身边发生的文化运动十分关注。尤其是以太虚为首的人间佛教的推动者们，他们非常明确地认识到佛教改革必须借助于新文化运动，佛教如果要走向社会，就必须认真深入地自觉介入到当前民族文化建设的过程中去。所以他们一方面不断地为有关佛法的理解同胡适等新文学家进行辩论，一方面也同许多新文学家保持着友好的联系，在僧院教育中鼓励学僧适当地阅读新文学作家的作品。鲁迅作为新文学家的代表人物，无疑也就成了僧界人物谈论的一个话题。民国高僧常惺法师圆寂时，竺摩法师曾发表《佛坛巨星的陨落》一文表示哀悼。不久，他又在《华南觉音》第八期上发表《再悼惺公法师》一文，在这篇文章里他谈到了自己为什么要写《佛坛巨星的陨落》的因缘。他说："我曾写了一篇悼文，寄交泰县苇宗法师，题目为《佛坛巨星的陨落》，是仿柯灵君吊鲁迅先生的《文坛巨星之陨落》。因为我觉得鲁迅先生自五四新文化运动以来，在中国文化界尽了很大的力量，而我们的常惺法师，在民国以来的佛教新运动中，他站在领导的地位，占有相当的功绩，所以他的死对于佛教新运动的损失，也和鲁迅先生的死在新文化界的损失一样，于是我当时就袭了这标题，略寄我的哀思。"从这个对比中，可以体会到竺摩法师对鲁迅的敬重以及对鲁迅在新文化运动中的地位的认可。又如《海潮音》杂志第十八卷第八号上刊有净性和尚的《悼明心同学》一文，明心与净性是佛学院中的同学，净性在悼念这位同学时谈到了他的学养，他说："师在家乡的小庵中已对于旧文学打下稳固的根底，什么郁达夫，张资平，鲁迅，徐志摩……他简直不知道，温艳如《毛毛雨》一类诗歌词章，更不是他这'没出人头地的'所能解其万一；然而他对于法相唯识的教义确有相当研究的所得。"净性和尚在这里的用意是在夸奖明心的佛学根底，叹息佛教人才中"新文学的人才多，教义的人才少"，但他的这种叹息恰恰有力地反证了当时的佛学院学僧中阅读鲁迅等新文学家的作品乃是一种时尚，一种风气。

当然，佛教界人士对鲁迅的看法也是见仁见智，有褒有贬，并非完全都是赞颂态度。《人海灯》杂志第三卷第十期刊登的暮笳白话散文《当黄昏来到这世界上的时候》谈到的明真和尚对鲁迅的印象就是如此。在这篇文章里，作者记录了明真和尚同自己的一段关于读书的对话——明真问："你欢喜看那一类的书，关于世俗的？"暮笳回答："随着时代的潮流，拉杂的看些文学方面的书。"明真又问："高兴看那些作家的？"暮笳回答："鲁迅，郭沫若，郁达夫……这些红极一时的作家的全看。"这时明真说："鲁迅太尖刻。不过这些世俗的东西，在我们佛教徒眼里，也只是一杯茶一支烟罢了。"明真和尚是著名的南岳佛寺住持，民国时期湖南四大高僧之一，在全国僧界中有很高的地位。据暮笳记载，明真对八指头陀的诗极为推崇，认为那才真是和尚的诗，清到极境了。"他没有读过很多书，他的诗全是从死参话头的禅定中得来。所以聪明智慧，是要把识海中风起浪涌的杂念，弄得渐渐单纯，渐渐明澈，像一潭止水，里头没有一粒微尘，一滴浊汁，智慧的根株便潜伏在这里了。"由此可见，他的诗学趣味是比较保守传统的，以这种趣味标准去看鲁迅的风格，自然会有"太尖刻"的印象。值得注意的是，出家人不打诳语，像明真这样的得道高僧是不会随意品评世间人物的，他能评鲁迅就说明他也读过鲁迅。以明真这种地位，这种保守的诗学趣味，他也能去阅读鲁迅的作品，这就说明在那个新文化浪潮汹涌澎湃的时代中，佛教界中阅读过鲁迅的大小僧徒实在为数不少。

还要重点指出的是人间佛教运动的领袖人物太虚对鲁迅的印象。在《海潮音》第二十四卷第七期上，太虚曾发表过一篇人物志忆的文章，其中有一节《忆鲁迅先生的一面》是专门谈论他的鲁迅印象的。文章不长，兹记录如下："十八年夏天，我从欧美游归。那时，我因为是厦门南普陀寺主持兼闽南佛学院院长，经过数月后，于秋际回到了厦门。寺中设盛筵与我洗尘，邀了十多位厦大的名教授来作陪，有顾颉刚、庄泽宣、沈尹默、孙贵定、缪子才、罗培常、陈定谟诸先生，而鲁迅先生也为其中一位。我也有旧识的，也有新会面的。入席时，推林校长和鲁迅先生坐在我的邻座[1]，那时

---

1 这里太虚的记忆有误，鲁迅给许广平的信中是这样记载的："入席，他们要我与太虚并排上坐，我终于推掉，将一位哲学教员供上完事。"这位哲学教员就是太虚也提到过的陈定谟，可见坐在太虚旁边的应是厦大校长林玉堂和陈定谟。鲁迅是当天所记，太虚所言则是十年后的回忆，鲁迅所记当然更为可靠。

我的学生芝峰、大醒、亦幻等，已在看鲁迅先生的书，学生已受了他的文学影响，但我却未见过他的书。所以当时寒暄一二语外，只林校长与我谈话。然有一沉默无言、傲然自得的人的面影，迄今仍留脑海。”这段文字记叙的是1926年10月21日，太虚法师与鲁迅唯一的一次见面。这篇文章发表于1943年，文章记叙的两个新文学作家一是许地山，一是鲁迅，之所以想到要写这两个人，可能是因为许地山是一个宗教史研究学者，太虚对他评价甚高，而鲁迅这时虽已过世，但其在新文学界的影响也越来越大。关于这段文字所透露的信息，我觉得应该这样来解读：第一，它告诉我们新文学运动发展起来后，确实有一批佛学界的进步僧徒喜欢阅读鲁迅的作品，太虚点到的芝峰、大醒、亦幻等，都是太虚的得意门徒，后来成为推行新佛教运动的中坚力量，他们在后来的新佛教运动中非常重视对国民弱点的改造，这一特点不能不说是受到了鲁迅改造国民性思想的影响。第二，鲁迅为什么会给太虚“沉默无言、傲然自得”的印象呢？有青年学者认为这是鲁迅在席上以自己“一贯地冷漠和低调来应对热情的拥护者”的态度体现，这未必符合事实。我认为鲁迅不愿在席间多言，这有远因也有近因。远因是鲁迅对于佛教的态度一向是重小乘而远大乘[1]，他不太相信那些积极奔走于世俗之中的大小和尚。而太虚为了佛教改革，提出人间佛教的口号，就是要将佛教推向世俗，推向社会，在20年代已经引起佛教界自身的议论和反对，这十多年来学佛很猛的鲁迅对这些肯定是有所了解的。近因则是在去赴宴的前一天下午，鲁迅对佛化青年会迎接太虚的提议——“拟令童子军捧鲜花，随太虚行踪而散之”[2]已经颇有讥

---

1 鲁迅在几乎相同的一段时期内写的《庆祝沪宁克复的那一边》中曾说过：“我对于佛教先有一种偏见，以为坚苦的小乘教倒是佛教，待到饮酒食肉的阔人富翁，只要吃一餐素，便可以称为居士，算作信徒，虽然美其名曰大乘，流播也更广远，然而这教却因为容易信奉，因而变为浮滑，或者竟等于零了。”（见《鲁迅全集》第八卷，人民文学出版社2005年版，第198页。）

2 鲁迅：《两地书·五八》，见《鲁迅全集》第十一卷，人民文学出版社2005年版，第166页。

讽之意。而鲁迅在席间看到一班教授“偏好问他佛法，什么‘唯识’呀，‘涅槃’哪”，也颇有“真是愚不可及”之感，鲁迅在十年前的那段时光里曾读过许多佛经，对佛法的认识早就超越了这种低级提问的阶段。所以，鲁迅本来不是那种多言之人，再加上这远因近因，他在席间不肯说话就是很自然的事情了。第三，太虚在这次会面中的态度如何？关于此，有青年学者认为当时太虚是极希望与这位久仰大名的作家（当时鲁迅坐在太虚的邻座）作一个近距离的交流，但鲁迅的“沉默不言”让太虚的梦想落空了，因而也给太虚留下了鲁迅“傲然自得”的印象。这种说法未免有点过于戏剧化。读者应该注意到这段文字末尾中的“所以”这个语词的含义，太虚先说自己的学生在读鲁迅的书，但自己却没有读过。这个“所以”就是承接这一事实而来，也就是说没有读过鲁迅的书，也就没有共同感兴趣的话题，只能寒暄一二。这说明太虚并不是被鲁迅的傲然自得所吓退，而是本来就没有共同话语所以不能多说，这在一个由各方人士凑集起来的公宴上，也是人之常情的事情，不必作过分的解读。倒是鲁迅在这次筵席之后，对太虚的印象有点好转，据孙伏园回忆，鲁迅对太虚的印象是“和易近人，思想通泰”[1]。在给许广平的信中鲁迅也记录了自己在赴宴之后对太虚态度有趣的变化，认为“太虚倒并不专讲佛事，常论世俗事情”[2]。可见在这个事件中，鲁迅真

1 孙伏园：《怀念太虚大师》，见《觉有情》1947 年第 187、188 期合刊。此文原发表在成都《新民报晚刊》1947 年 3 月 18 日，《觉有情》杂志办太虚纪念专号，将之转录，转录时还特地将“和易近人，思想通泰”作为副标题醒目地突出出来，可见编辑者对新文学旗手鲁迅对太虚法师的评价的重视。此文还谈到在筵席的头一天，许多被邀请者到处搜求佛经来研读，以便次日与太虚法师谈话，鲁迅与孙伏园“窃笑他们真是‘急来抱佛脚’”，鲁迅的这种窃笑也许是鲁迅对自己的佛学修养的自信的流露。孙伏园还谈到：“次日晚饭时，我问鲁迅先生，午饭公宴太虚的情形。鲁迅先生说，太虚和易近人，思想通泰，所以谈得很有兴趣，谈的大抵是时事，一句也没有涉及佛学，很替昨天开晚车的诸先生们叫屈。”这里的记载与太虚法师所忆及的“沉默无言”亦有冲突。

2 鲁迅：《两地书・六〇》，见《鲁迅全集》第十一卷，人民文学出版社 2005 年版，第 170 页。

正着意讽刺的不是太虚，而是那些提议“令童子军手捧鲜花，随太虚行踪而散之”的趋奉者，问一些唯识、涅槃等等低级问题的“愚不可及”的大学教员以及“跪下大磕其头，得意之状可掬而去”的愚昧的乡下女人，这与鲁迅一贯的文化批评风格是一致的。

三

第三种类型是佛教徒在自己的文章中引用或者化用鲁迅的观点、形象和意象。由暮笳主编的《人间觉》半月刊，曾开辟“半月论坛”栏目，极力倡导新佛教运动，并对当时的僧界弊端进行尖锐的批判抨击。1936 年下半年，第八届全国佛徒代表大会在上海召开，会议有一百多人参加，收到提案一百多件，会议开得轰轰烈烈，但也招来了许多非议，甚至指责会议将“七十余万僧尼的未来慧命”就这样给断送了。针对这些鼓噪，《人间觉》1936 年第九期发表了署名长空的评论《告“蹲在影子里张目摇舌的人”》进行回应。在这篇短论中，作者直率地批评佛教界好尚空谈不做实事、甚至讥笑打击埋头苦干者的不良风气，“用纸笔的，用喉舌的，大的叫声，小的叫声，跟蚊子一样的嗡成一团。可是事实上呢，却‘只听楼梯响，不见人下来’”。然后作者引用了鲁迅的《随感录・三八》一文中的观点，奉献给佛教界以作警示。“现在时逢寒冬，在寒冽的氛围中，给大家的心窝里，吹这一点‘热风’罢。下面录的是去世未久鲁迅先生的话，话说得很透彻，是对症的‘药石之言’”。文中引用的是鲁迅对“个人的自大”“合群的自大”“爱国的自大”所作的分析。鲁迅赞许了“个人的自大”的独异和对庸众宣战的精神，认为一切新思想多由他们中出来，同时抨击了“合群的自大”与“爱国的自大”的党同伐异和对少数天才的压抑，他们没有什么特别的才能，只是仗着数目极多，“一顿乱嗓，便可制胜”。这篇短论的题目中“蹲在影子里张目摇舌的人”这一短语就直接取之于鲁迅《随感录·三八》中的原话。作者在这里将鲁迅的言论比为佛教界的“药石之言”，就在于他像鲁迅一样，深深感受到了启蒙者不被理解的寂寞与受到庸众围剿的悲哀，所以作者在短论的结尾中痛切地说：“不幸得很，我们所多的，是人数众多的‘乱噪’，是‘蹲在影子里的张目摇舌’。在这嗡成一团的嚷声中，我感觉寂寞了。”这篇社论无论是其表达的心境，还是其心境的表述方式，都可以看到鲁迅思想与笔调的深刻影响。现代佛教改革者们是十分重视僧界启蒙的，如陈维东在谈到“佛化新青年”的问题时就曾说：“新青年三个字连起来，他的读法有两种：一种的读法，就是新（的）青年。这个新字就是形容词的用法，一种读法，就是新（这些）青年，这个新字就是动词的用法，所谓新（这些）青年者，就是说以最近的最新的学说、思想、方法、教化等种种熏陶世界上的青年，使他们离脱那些陈腐的、不适用的、不新颖的种种学说、思想、习惯，变成一班少年中最新的人。”[1]有的佛教改革者深刻地认识到五四新文化运动的贡献和特点在于有一个重大的历史事件即五四运动，在于这个运动主要是青年参加。所以作者不仅认为“佛教的划时代革命运动事件发动的责任，也唯有寄托在有为的僧青年的两肩上”，而且大力呼吁“佛教也应来个五四运动”。[2]但是，在现代，佛教界的传统势力依然相当强大，陈陈相因的习气在宗教外衣的包裹下也十分浓厚，改革者们的声音不是被漠视就是被讥嘲，所以那些佛教改革的鼓吹者们与五四新文学运动的前驱者们有着相似的经历和心境。也许正是这种现代启蒙者们相似的经历与心境，使得这些方外僧徒在鲁迅的作品中找到了知音与同调。

现代佛教改革者们主张向僧徒启蒙，因而也是十分重视僧教育的。由月耀法师编辑的《觉群报》是一份主张改革佛教的报纸，尤

1　陈维东：《佛化新青年的说明》，《佛化新青年》1923年第一卷第八号。
2　石云：《佛教也应来个五四运动》，《觉音》1940年第15期。

其在僧教育的宣传上下了不少的功夫。在 1947 年 12 月号上，发表了等鸣写的《献给在学青年》一文，这篇文章可以看做是报纸的一篇社论，是写来鼓励、鞭策在佛学院学习的青年学僧的。文章开篇就化用了鲁迅的话来点明自己的主旨："鲁迅先生说：'要知二十年后的国家，只要看今日的孩子。'我们也可以这样说：'要知二十年后的佛教，只要看今日的僧青年。'"鲁迅关于中国的青少年教育，曾经发表过许多深刻的意见，这篇署名等鸣的社论所化用的是鲁迅 1918 年发表在《新青年》杂志上的《随感录二十五》中的一段话，原文是："所以看十来岁的孩子，便可以逆料二十年后中国的情形；看二十多岁的青年——他们大抵有了孩子，尊为爹爹了——便可以推测他儿子孙子，晓得五十年后七十年后中国的情形。"这篇社论化用鲁迅这段名言来开头，一方面可以看到鲁迅的教育思想对僧教育运动的影响，另方面从文章写法上看也是十分切题与有力的。尤其值得指出的是，这篇文章发表的时候鲁迅已经去世 11 年了，在那个中华民族各种政治势力为了民族发展的不同道路的选择而决战的时代里，鲁迅虽然已经成为解放区的新文化建设的旗手，但是在"国统区"鲁迅的思想及其作品甚至处在被压抑被禁锢的状态中，作者作为一个佛教徒，仍然大胆而且熟练地引用鲁迅在五四新文化运动中表达的观点来作为自己的论据，由此可见鲁迅的影响之深，也可以折射出现代佛教的改革者们是如何努力从五四新文化运动中汲取精神养料的。

竺摩法师在《觉音》杂志第 16 期（1940 年）的《编后杂话》中谈到了宝乘和尚《来！吾语汝》一文（《觉音》第 15 期，1940 年 7 月）写作的缘由。这是因为《觉音》第 14 期上发表了金陵大学学生杨寅官《请和尚们语我来》的文章，杨文谈到了自己对佛学的困惑，对当今佛教的不良观感，要求和尚出来回答他的疑问，语气颇具一种挑衅意味。竺摩说："在本刊十四期发出不数日，忽接法师（宝乘——引者注）来信，谓读了杨君和编者的两篇文后，引动了他底‘卫教热忱’，颇想写文答杨君云云。编者知道他的‘烟士披里纯’来了，马上快函敦促，遂产生了这篇洋洋洒洒的大作，说理透脱，语意精警，使人读了踊跃欢喜。”这篇文章之所以“说理透脱，语意精警，使人读了踊跃欢喜”，其原因之一就在于宝乘法师在行文中巧妙地引用了鲁迅的作品。宝乘法师的《来！吾语汝》一文在对金陵大学学生杨寅官对佛教徒的质疑批评所作回答时，引用了鲁迅作品中的形象描写来批评社会毁辱妇女、贱视尼姑的现象。他说：“鲁迅先生底《阿Q正传》，关于此事，曾有深刻活现的描写。兹引述如下，以作例证：‘对面走来了……也九分得意的笑。’（中间引用已略——笔者注）。《阿Q正传》是我国新文学中最富于典型性的作品。我国人之侮辱尼姑普遍中的特性，鲁迅先生能以高妙之笔，刻画描写，可称为典型中之最典型的。这很足以表现中国人轻慢侮辱僧尼的罪恶心理。”“夫所谓僧尼者，岂有天生和尚，自然师姑？亦不过是各社会中诸色份子之所扮成。恰如阿Q和小D等，用一支竹筷，将辫子盘在头顶上，便自号为革命党人。以伪乱真，何处不有？”竺摩对这一引用显然是十分赞赏的，所以他在这个编后记中进一步指出：“在今日的中国，对佛教怀着和杨君一样疑谤感愤的人是很多，举一个例，正像鲁迅的‘阿Q型’，依然遍地都是。所以证明法师此作，不但不白费力气，而且已博得许多读者的好评。”阿Q的欺侮尼姑本来是鲁迅刻画阿Q精神胜利法人格病态的一个经典细节，在这里却被佛教界用来批评“中国人轻慢侮辱僧尼的罪恶心理”的证据，这一利用十分贴切有力，而且不忤鲁迅原意，也可以算做是佛教界对鲁迅资源的一次经典利用了。

在民国时期的佛教文学创作中，也有一些佛教文学作者能够化用鲁迅创作中的经典意象，学习鲁迅创作的技巧与方法。如《人间觉》半月刊第二卷第十一期上刊载行健的白话散文《狂吃》，设问如果要将自己的身体喂给动物，那喂给哪种动物为好呢？作者于是想到了鲁迅的名言，即“假使我的血肉该喂动物，我情愿喂狮虎鹰隼，却一点也不给癞皮狗们吃”[1]。当然，作者并没有顺着鲁迅的思路往下写，而是巧妙地反其意而用之，说自己准备将身体喂给野狗。因为野狗不像狮虎那样猛烈迅捷，胃口广大，它们吃食不多，而且缓慢，因而在喂给野狗吃的时候就可以享受和利用这一过程。看它们先吃哪一块肉，就知道自己身上哪一块肉受欢迎。它们不能把自己一口吞下，就可以研究狗们的心理和吃法，也可以欣赏狗们为抢吃自己的哪一块肉而自相残杀。作品借题发挥，嬉笑怒骂，颇有鲁迅杂文之风。另外如月如法师在从事佛教文学创作时，也比较注意学习鲁迅的创作方法，尤其是受到鲁迅《故事新编》的影响，“把旧掌故，偕作新的材料”[2]。他的《摩腾迦摄》《康僧会》等佛化小说，都是模仿《故事新编》的笔调写成的，以致敬诚法师在为创办《觉的文学》杂志而提的建议中，就把月如法师的创作当做佛教文学的典范加以提倡。

毫无疑问，就鲁迅在现代佛教界的印象和影响而言，这三种类型中以第三种类型更有价值，也更为重要。因为引用、化用鲁迅的思想观点和学习鲁迅的创作风格与方法，这不仅能够说明现代佛教界对鲁迅的认知程度，说明现代佛教界对鲁迅精神价值资源的利用之关切，而且也能够比较充分地显示出在现代新文化思潮的冲击与影响下，千百年来以影响世俗文学而沾沾自得和固步自封的佛教文学，开始呈现出与现代新文学渐渐合流的发展趋向。1951 年，虚云大师在为新中国成立后第一家复刊的佛教杂志《圆音》月刊所写的复刊序言中说：“公元一九四七年三月，本社同人，默审时机，认为欲救世界人心，须将佛法弘扬；欲将佛法弘扬，须靠文字般若。文字的功用，在世法上成例至著。只如清末之《新民丛报》及近时鲁迅的文章，其影响世运如何，可说是尽人皆知了。”虚云是

1　鲁迅：《半夏小集·七》，见《鲁迅全集》第六卷，人民文学出版社 2005 年版，第 619 页。
2　敬诚：《创办〈觉的文学〉月刊的一个建议》，《海潮音》1942 年第 23 卷第 7 期。

现代佛教界的大德，他一生经历晚清、民国而至中华人民共和国成立，他将鲁迅的文章与《新民丛报》并提来说明文字功用对世道人心的影响力，此文可以看做是这种合流趋势的一个见证，也可以看做是这种合流趋势从民国时期发展到中华人民共和国时期的一个承接点。从这个意义上来看，民国时期佛教界对鲁迅的印象以及对鲁迅精神价值资源的利用值得现代文学界予以深入的研究。

（原刊于《鲁迅研究月刊》2012年第8期）

现代中国文学母题的发展与鲁迅创作的经典意义

近30年来，从母题学角度来研究文学史现象，在国内学界已经有不少成果，关于西方母题学知识与理论的介绍与翻译国内学界也已经做了许多有益的工作。在此，笔者无意一一进行介绍，想要指出的是两点：一是文学母题学乃是20世纪人类学学科发展影响文学研究的一个成果，也是科技发达时代人文学科与其他学科发生交叉影响的一个例证。二是母题的概念最早来自音乐，指的是一组或多组乐曲中一段不断重复的旋律，后来这个概念被引入到文学研究中，用来研究文学史上诸多精神现象，如乡土、都市、情爱、性、战争、复仇、友谊、成长、童年等等，这些精神现象大于一般意义上的主题概念。主题乃是作者通过某个故事或一连串的人物动作表现出的作者对世界、对历史人生的认知与理解，而母题显然超越于具体事件和动作，它有时是一个精神命题，有时是一个人类心理情感的基本概念。所以，歌德曾对文学母题作过一个经典性的定义，即母题是一种“人类过去不断重复，今后还会继续重复的精神现象”[1]。正是因为母题学属于交叉学科，本身蕴含着多种学科的思维成果和智慧结晶，从母题学的角度进入鲁迅的文学世界，必然要求运用多种人文科学的研究方法尤其是心理学、叙事学等研究方法来考察和揭示鲁迅文学创作主体的内在机制。这样，不仅鲁迅在公众生活中体现出的世界观念、政治立场、文化态度等显意识层面的主体因素，而且鲁迅在私人生活和日常生活中隐含着的个体生命体验、情绪固结、心理阴影、精神创伤等潜意识或者无意识层面的主体因素都将成为鲁迅文学创作研究的重要材料。尤其是后者，由于它们能够有力地说明鲁迅文学世界的独一无二特征，因而在母题学的研究中显得更加重要。文学创作贵在独创，但文学母题却重在重复，只有不断地重复一种精神现象才能在文学史上出现某种母题现象。这种重复既包括主题观念，也包括母题范围内的意象营构方式和叙事机制等外在的形式因素。文学母题的重复当然不是复制，也不应止于模仿，它是体现出一种继承、转化与创造的全过程的重复，只有这样的重复才能维系文学历史的绵远悠长，才能说明人类精神文化的薪火相传。所以，从母题角度切入鲁迅研究不仅让我们深入地认识到鲁迅文学世界的创造性的资源由来，更可以让我们看到在 20 世纪中国新文学的发生与发展中，鲁迅的文学创作是如何成为经典，又是怎样发挥其经典作用的。

一

从文学类型来看，鲁迅的小说创作数量不多，但鲁迅的散文创作数量却相当丰富。这些散文中，有《朝花夕拾》《野草》之类的纯文学作品，即使在被那些批评鲁迅文学成就不够者所诟病的杂文

---

1 转引自〔美〕乌尔利希・韦斯坦因：《比较文学与文学理论》，刘象愚译，辽宁人民出版社 1987 年版，第 138 页。

里，也有大量的叙事性与形象性都很强的文学类散文。从写作的关注度来看，鲁迅作为一个自觉感强烈的社会与文化批评家，他的小说创作既有现实题材，也有历史新编，还有神话传奇，他的散文创作既有社会政治的风云卷舒，也有个人身边琐事的追忆，而他的杂文创作则更是无话不谈，大到国家政治，历史变迁，小到草木虫鱼，书画碑帖，几乎尽揽其中。所以，就20世纪中国新文学史上出现过的重要母题而言，鲁迅几乎都曾以各种不同的方式，或深或浅地涉足过。这种涉足，有的是一种非常自觉的介入。譬如童年母题，鲁迅早在新文化运动开始之前，就曾经运用童年的视角写过一篇文言小说《怀旧》，如果说这篇小说通过一个儿童的眼睛折射出了辛亥革命给小乡镇士绅带来的惊慌失措，还不是严格意义上的童年母题创作，那么，20年代以后，鲁迅连续发表了小说《社戏》，散文《阿长与〈山海经〉》《五猖会》《风筝》《父亲的病》《琐记》《从百草园到三味书屋》等作品，这些作品构成了一个童年回忆的系列。同时，鲁迅在自己的杂文创作中不断地谈论着儿童问题，发表着自己对童年人格、童年教育的独到的意见，这种写作兴趣与热切的关注一直持续到了他的晚年生活与创作。系列作品的形成显示了母题创作必要的条件即作品规模，而对儿童问题的具有系统性的思考则为母题创作提供了另一个条件即作品之间共同的精神联系，这些现象都说明鲁迅的童年母题创作不仅是有意为之，深度介入，而且向这一母题创作形态提供了自己的设计模式，注入了自己的精魂血液。有的时候鲁迅无心插柳，柳也成荫。譬如情爱母题，这是文学的永恒主题，古往今来的文学家几乎无不在这一母题上挥洒自己的才华，尤其是五四新文学运动之后，“人的文学”“灵肉二元融合的文学”等观念有力地促进了现代情爱母题文学的转型与发展。作为新文学运动旗手的鲁迅，虽然在杂文中对情爱问题发表过重要的意见，但他的小说创作、散文创作在这方面似乎是一个弱项，不会写男女情事甚至成了有的人贬抑鲁迅文学才华的一个借口。不过，颇具玩味的是，鲁迅的小说《伤逝》、书信集《两地书》乃至散文诗《野草》等创作[1]，虽然作者的创作意图并非专为男女情爱而来，但作者在这些作品中所创造的某些情爱理念、情爱意象却别具一格，成为情爱母题表现的经典范式，以致研究20世纪中国文学的情爱母题，往往离不开对这些作品的关注与阐释。可以说，在中国现代文学史上，鲁迅是最善于创造新鲜话题，也最善于捕捉社会与时代的敏感话题的文学家，无论切入哪个话题的领域，他都能为这一话题带来具有鲜明独创性的思想、智慧以及表现形式。

胡适、陈独秀发起五四新文学革命运动，除了思想启蒙的目的之外，还基于一个坚定的进化论信念，这就是一个时代有一个时代的文学。每一个优秀的文学家不仅要自铸新词、自造新句来抒胸中情，写眼前景，而且文学乃是民族精神的映射，民族的精神始终是随着民族物质文明的发展而发展，每一个时代中民族文化共同体都会面对一些不同以往任何时代的全新的问题，文学对所处时代中某个全新问题的关注达到一定的规模，也就形成了这个时代一种新的母题现象。

20世纪初期对中国这个老大帝国而言，本来就是一个伟大的转折时代，是一个千年未有的大变局，且不说戊戌维新的失败、八国联军的侵略、封建王朝的崩溃、共和政制的建立这些惊天动地的大事接踵发生，仅是西学东渐的迅速发力，也在这个时代里给那些敏感的先进知识者以极大的心灵震撼与精神冲击，促使着他们不仅在政治理念上，而且在伦理思想、文化传统乃至知识格局上面对和思考过去从来没有遇到过或者没有想到过的新问题，这种思考映射到文学上，就自然在新文学的思想体系中形成新的文学母题。现代文学中的童年母题就是五四新文化运动之后新的文学精神孕育而成

---

1 李天明等学者认为整部《野草》表达的就是鲁迅与许广平的爱情主题，这无疑是对《野草》的主题过于狭窄化的理解，但《野草》中的某些篇什显然透露着鲁迅与许广平恋爱时的情绪与思考，这也无可否认。

的时代宁馨儿。

中国的封建社会有着几千年的宗法家族体制的传承，在这种体制中，儒家伦理观念以老者为本位、以祖先为崇拜对象，为了光宗耀祖，中国的家族传统具有普遍的望子成龙心理，所有的教育都指向功名利禄，而很少有人注意到儿童自身的心理特征与成长规律，从小就被这种道学传统培养起来的士大夫们也就不可避免地形成了难以克服的方巾气。正是这些原因，共同封杀了中国文学观照和描写儿童生活的兴趣，造成了中国文学史上童年母题文学创作的匮乏。在现代文学家中，最早意识到这个问题的是周作人，在20年代，他就慨叹过外国有很多歌咏儿童生活的文学总集，而中国却无此类书物。最早在创作上开辟这块园地的则是鲁迅，他在20年代初期写的短篇小说《社戏》已经显露出童年母题叙事的某些基本特征，随后创作的散文《阿长与〈山海经〉》《五猖会》《风筝》《父亲的病》《琐记》《从百草园到三味书屋》等，则在现代童年母题文学叙事中建立起了国民性改造、自我人格生成反思以及城乡对照、物人交感的基本模式。

又如都会母题的发生，也与鲁迅大有关系。西方工业革命以后，几百年来科技的进步促成了工业的发展，工业的发展不仅吸引了大批劳动力集聚在都市，造成了都市在消费上的极度繁荣，而且现代工业的生产形态也使得都市劳动的分工越来越细致，越来越职业化，造成了都市人生活的单一与机械。都市的强势发展改变着西方人的生活习惯、思维方式乃至心理状态，这些改变反应在文学上，就造成了西方19世纪以来文学中的都市母题的发达。日本著名文学批评家厨川白村就曾经指出："近代的欧洲文学就是'都市文学'，它并无十八世纪文学的那种优雅典丽高尚的气氛，而只意味着它的特质是以描写刺激强烈的都市生活为中心。"[1]中国的情况

---

1 〔日〕厨川白村：《西洋近代文艺思潮》，陈晓南译，台湾志文出版社1985年版，第57页。

与西方大不一样，正如马克思所指出的，“亚细亚的历史是城市和乡村无差别的统一”[1]，直到19世纪末，中国一直长期处于小农经济生产状态，都市与农村有着千丝万缕的联系，都市生存与农村生活在生存状态上没有发生本质上的区别，所以中国古代有市井文化，但是没有真正的都市文化，有市井文学，却没有真正的都市文学。“五四”时期，现代诗人郭沫若等也曾讴歌过现代都市文明，如《笔立山头展望》等，但那只是对科学精神的礼赞，无论在现代都市人的生存困境的揭示方面，还是在描绘都市生活的美学品格以及作家在解剖现代都市生存的自觉性方面，这个时期都没有能够产生出真正的都市文学。最早感受到这个文学缺憾的是鲁迅，他在翻译厨川白村的《苦闷的象征》和《出了象牙之塔》等著作时，已经从厨川白村的研究中看到了西方都市的发达所带来的人类精神文化的变异情况，而1926年胡敩翻译了俄罗斯诗人勃洛克的《十二个》，鲁迅在翻译后记中一方面赞许勃洛克为俄国“现代都会诗人的第一人”，一方面又不无遗憾地指出，“中国没有这样的都会诗人。我们有馆阁诗人，山林诗人，花月诗人……；没有都会诗人”。[2]这种遗憾当然不是即兴的、断片似的念头，而是一种深深植根于对体现着“世纪末果汁”的西方近代文学史的历史的了解以及自己亲身的都市生活体验的已经成熟的思想。自从鲁迅走异路逃异地开始救国救民道路的探寻，他绝大部分时间就在南京、东京、北京、厦门、广州等多个城市中居住，都市生存环境对鲁迅的思想、性格乃至文化批判力的形成无疑都有深刻的影响。他在北京生活的时间最长，这个皇城帝都虽然在物质生活的现代化程度上不如上海，但它是一个国家的政治文化中心，也是五四新文化运动的发源之地，对全国的文化发展都有着强大的辐射作用。鲁迅在北京绍兴会馆中的生活

1　《马克思恩格斯全集》第46卷（上），人民出版社1979年版，第480页。
2　鲁迅：《〈十二个〉后记》，见《鲁迅全集》第七卷，人民文学出版社2005年版，第311页。

的寂寞磨砺了他深度洞察中国文化状况的眼睛，而鲁迅对“侨寓文学”的思考、他在小说中所创造的“鲁镇”模式，以及他对都会诗人勃洛克等人的介绍与评论，可以说直接为现代都市闯荡者的文学创作提供了理论基础与效仿的范例。1927年后，鲁迅定居上海。上海的二三十年代是发展最为繁荣、最为迅猛的时代，号称“东方的巴黎”，是在物质文化与精神文化上最能体现现代都会生活特征的中国城市。晚年鲁迅在上海生活了十年，这十年中鲁迅的创作以杂文为主，从这些杂文中我们可以看到鲁迅与生活在北京的时候大不一样，他以一种不同寻常的热度介入到了上海的都市文化中。他对各种类型的都市人物的解剖，他对各种形态的都市摩登的反讽，他对各种方式的都市封建沉渣的泛起的批判，都是极其犀利而精辟的，这些文学活动直接介入了上海生活和上海文化，不仅对现代文学，而且对现代上海的都市文化的发展都直接产生了影响，尤其是他和沈从文直接发起的关于京派与海派的论战，他对京派与海派的精辟的分析，至今还是人们衡量这两个都市的文化品位时的重要参考依据。以鲁迅的影响力，这些论述无疑都切实地促进了中国现代都市母题文学的应运而生与积极发展。

二

母题首先是作为某种人类精神的基本概念、基本现象而存在的，当它局限于自身时，它存在于抽象或原生态中，只有当它以各种类型变体，不断地重复具现在不同时代不同地域的不同的文学作品中时，母题才获得生命的有机性与整体性，并且真正显示出自身在外延上的广阔性与表现上的丰富性。所以，理解文学史上某种母题现象必须注意到这种重复性、绵远性。这种重复当然不是一种精确地复制，这种绵远也不是一种简单地继承，越是有生命力的母题现象的出现，越是鲜明地呈现出一个时代的精神特点与心灵欲求，呈现出在时代精神、地理风貌、人文习俗、文明进化等多种因素的综合下的一种创造性的转化与拓进的心灵历程。所以，研究母题现象应该沉潜到该母题的各种变体中去寻找这一母题系统赖以存在与更生的内在机制，也要找到时代的精神历史之光烤炙在文学母题创造上的印痕。这种时代的精神历史之光往往是从这个时代的最有代表性的心灵中迸发出来的，而鲁迅无疑就是这样伟大的时代之子，他在人性反省中的每一次自我灵魂的颤悸，他在社会批判的每一个精神运动的兴奋点，都有可能引发一个绵远悠长的文学母题的意识本质上的嬗变。即以漂泊母题为例，这本是中国数千年文学史上表现得最为充分与生动的一个母题，从屈原的“忽反顾以游目兮，将往观乎四荒”，到王维的“劝君更尽一杯酒，西出阳关无故人”，再到苏曼殊“芒鞋破钵无人识”“绝岛漂流一病身”，千百年来文人墨客无不喜好写羁旅之情，填倦客之词，抒别离之痛，寄天涯之思。进入 20 世纪以后，尽管现代交通工具已经发达起来，离别的生死之慨已经不再像古代农耕社会那样迫急，人们的羁旅之困也不再像古代那样艰辛，但是文学上的流浪之歌依然不绝如缕，漂泊叙事依然引人入胜，这说明无论社会生产、人类物质生活方式发生了怎样的变化，人类心灵活动的某些精神基因是不会改变的。

不过，不变是母题存在的基础，而变化才是母题发展的动力。从鲁迅的一些经典作品中，我们可以清晰地看到 20 世纪新文化的时代精神带给漂泊这一文学母题的深刻而鲜明的意识变迁。在古代，漂泊母题往往出现在流寓文学和迁徙文学中，而这种文学的产生则与封建时代的官僚制度（科举进士异地为官）以及封建时代君臣关系（君为臣纲）息息相关，许多士大夫或因直言犯上，触犯天怒，或因怀才不遇，难伺君侧，被皇上远远发配到边陲蛮荒之地。所以，古代的士人漂泊是一种迫不得已的漂泊，被动的漂泊，肉体层面的漂泊，虽然有时也说说大话，“凤缥缥其高逝兮，夫固自引而远去”（贾谊《吊屈原赋》），但无论走到何方都免不了“狐死必首丘”，“蜷局顾而不行”。反顾，回归，乃是这种漂泊的经典的表现形态，漂泊者不仅深深地依恋着故乡（“举杯望明月，低头思故乡”），而且非常清晰地表现出一种回归意识与还乡情结（“白日放歌须纵酒，青春作伴好还乡”）。但鲁迅笔下的漂泊者却显然不是这样，散文诗《过客》中的那位“行者”不知道自己从哪里来，也不知道自己要往哪里去，只知道自己从懂事的时候起就一直在这样走着，走，就是他的生命形态，也是他的生命本质。当然，为什么要这样不知困顿地走着，“行者”心里是十分清楚的，因为他知道是前面有一个声音在召唤着自己。可见这种漂泊不是来自后面的命运鞭子的抽打，而是来自前面的自我心灵的呼喊。所以，这种漂泊在本质上是一种精神漂泊，文化漂泊。或者出之于对旧有文化传统的背弃，想去除心中的“鬼气”与“毒气”而不能；或者出之于对周边人文环境的黑暗的恐惧，“影”要向“形”告别而去；或者出之于对心灵中的一种神秘指令的倾听，为了“生命的飞扬的极致的大欢喜”：漂泊者都主动地从安居与享乐中放逐了自己，甚至不仅放逐自己，而且不再停留，更不会回头。《过客》中的“行者”不求归宿，无意回家，不管前面是坟，还是花园，他都义无反顾地将自己永远地投入到前途的暮色中，而《影的告别》中的“影”也不管黑夜会使“我”沉没，光明亦会使“我”消失的命运，毅然离去而不反顾。从被动到主动，从肉体到精神，从反顾到不再停留，从不如归去到决不回头，这就是鲁迅的漂泊书写对中国传统文学中漂泊母题所提供的崭新的思想质素，是鲁迅对中国传统文学的漂泊叙事的现代转型所作的独特的贡献。

鲁迅之所以能够作出这一贡献，一方面当然是因为他以自己对中国文化传统与中国国民性特征的独到的观察，真正把握住了或者说理解了“五四”以后中国新文化永远进取、永动不止的精神实质，另一方面也是因为他无论切入哪种母题的叙事，他的取材和构象都浸透着他的生命的血与肉凝结起来的个人记忆。譬如鲁迅小说中的启蒙母题叙事，在五四新文学运动初期，新文坛流行“问题小说”，似乎这种“问题小说”成了那个时代启蒙文学的主潮。但是，今天来看，那个时代的许多“问题小说”已经被埋没在历史的尘封之中，只是偶尔被研究者们作为历史研究的材料予以关注，而同时期的鲁迅的启蒙小说至今仍然绽放着艺术的魅力，这中间的原因当然很多，思想深度，才情高低，胸襟宽窄等等都有区别，而一个更为引人深思的原因就在于，“问题小说”的作者们在题材采用方面其视线往往是外向的，如冰心的《两个家庭》谈妇女教育问题，《斯人独憔悴》谈父子代沟问题，叶绍钧的《晓行》《苦菜》谈劳工问题，王统照的《湖畔儿语》谈儿童问题等等，这类题材都是时代的题材，公共的题材，作家是从时代的流行观念出发来思考小说中所涉及的社会问题，因而，这些题材不仅上述作家能够写，其他作家只要是站到了时代思潮的前沿，也都有可能写得同样的好，达到同样的思想高度。但是，鲁迅的启蒙小说采用题材的视线往往是内向的，他所使用的题材大都浸透着自己个人性的情感体验，有些题材经过多年的沉淀与反刍，甚至已经成为他灵魂深处的固结与梦魇。如“吃人”意象的产生固然是鲁迅对封建礼教制度扼杀人性的理性认识的结果，但同乡革命者徐锡麟被清兵挖取心肝炒吃下酒这一事件在鲁迅心灵中引起的强烈震撼与颤栗则是这一意象得以产生的更为直接、内在的精神力量。“咸与维新”这一概念的使用体现着鲁迅对辛亥革命观察的仔细与明敏，但这一概念使用无疑饱含着鲁迅对绍兴革命党宽恕杀害秋瑾元凶的深深疑虑与情感的难以接受。如果说鲁迅用“狂人”的形象来象征反封建思想革命的战士是受到业师章太炎等特立独行、力抗流俗的人格特征的启发，那么，鲁迅在写吕纬甫唯唯诺诺时所用的迁坟情节则完全是自己的亲身经历，体现着鲁迅对自己在《新生》杂志流产后一度颓唐落寞心境的审视与反思。在鲁迅的启蒙叙事中，最具深刻性的意象还有“看客”与“剪辫子”，它们早在鲁迅的青年时代就已成型，在鲁迅的生命历程中被不断地反刍。其中“剪辫子”这一意象蕴藏着鲁迅青年时代巨大的精神磨难，鲁迅早在日本留学时，就甘冒丧失官费资助的风险剪掉了头上那条象征着民族耻辱的辫子，但回国以后这种勇敢却给他招致了许多麻烦。出外地，陌生人将他误认为日本人，其理由是凡中国的男子一定有辫子，没有辫子就不是中国人。在家乡，鲁迅因为无辫，常常遭受乡人们的白眼，甚至府台老爷来鲁迅任教的学校视察也要特别多看几眼鲁迅那颗没有辫子的头。许多从国外回来的留学生承受不了这种眼光的盯视，纷纷装上了假辫，于是有了“假洋鬼子”之谓。鲁迅从不装假辫，因而更能深切地体味到被同胞视为异类的痛苦与悲哀。以致辛亥革命前夕，一些激进的学生来向鲁迅请教要不要剪掉辫子，鲁迅婉言劝告学生们暂时不要剪辫以免作无谓的牺牲。这种痛苦鲁迅后来在《头发的故事》中通过 N 先生的口作了激愤的表达，在《风波》《阿 Q 正传》等作品中又以此意象来揭示国民精神的冷漠与幸灾乐祸。由此可见，鲁迅小说中的这些著名的意象之所以成为中国现代小说启蒙主义的经典意象，主要在于这些意象既是公共的，更是个人性的，它们是鲁迅从自我灵魂深处挖掘出来的，是在鲁迅精神世界中纠缠不已的情绪固结与梦魇的艺术性释放，因而它们才具有文学经典所必需的不可重复性。

三

法国批判现实主义大师巴尔扎克曾要求小说家做社会的秘书，详尽地记录民族在某个时代中的社会事件与风俗人情，19 世纪末欧洲著名的文学批评家勃兰兑斯则说一部文学史本质上是一个民族的心灵史，因而所有的文学史就是当代史。这两位 19 世纪的文学大师各自从不同的侧面肯定了文学与民族生活和时代精神的关系，风俗人情是民族的外在的生存方式，而心灵史展现的则是民族的内在的生存方式。文学母题恰恰涵括了民族外在的和内在的两种生存方式，弗雷泽在《金枝》中分析民间故事所用的原型概念后来成为文学母题研究中的一个至关重要的概念，就在于这个概念既从形式的角度涉及风俗人情传统对叙事模式的影响问题，又从内容的角度涉及民族心灵中的集体无意识对某一种民族精神现象发生发展的潜在制约。荣格对原型也作过很精彩的阐述："生活中有多少种典型环境，就有多少个原型。无穷无尽的重复已经把这些经验刻进了我们的精神构造中，它们在我们的精神中并不是以充满着意义的形式出现的，而首先是'没有意义的形式'，仅仅代表着某种类型的知觉和行动的可能性。当符合某种特定原型的情景出现时，那个原型就复活过来，产生出一种强制性，并像一种本能驱力一样，与一切理性与意志相对抗。"[1]可以说，原型作为一种"没有意义的形式"乃是维系同一个母题的诸多作品的重要条件，是一个母题文学之所以存在的根本依据，几乎每一种母题的出现都会伴随着相应的原型意象的不断复现。它的重要意义就在于它能抵抗作家的理性与意志的干预，顽强地显现出一个民族的集体无意识在作家创作活动中的有力存在。从这个意义上说，看一个文学家是否具有创造性，是否具有经典性，就要看这个文学家为民族的文学母题提供了多少重要的原型，一个作家所创造的文学原型，在他之后的作家那里以变体的形式重复出现，这是文学影响与文学继承的一个重要方式。重现的频率越高，这个作家的经典性也就越鲜明，越久远。

鲁迅无疑就是这样一位经典作家，无论是与他同时，还是在其身后，他的文学创作不仅提供了许多人物形象给新文学作家们以启示，提供了难以计数的格言警句给新文学作家们作为引用的思想资源，而且提供了许多精致、隽永的原型意象给新文学家们作为模仿

1 《荣格文集》，冯川编，冯川、苏克译，改革出版社 1997 年版，第 90 页。

的范本。这种模仿有的是在完全自觉的情况下进行的，有的则是在一种不自觉的情况下发生的，无论自觉与否，都充分显示着鲁迅作品的巨大的影响力。譬如鲁迅在童年母题文学创作中反思民族“望子成龙”的教育传统怎样扼杀儿童的游戏天性，怎样违背儿童教育的规律时，曾经精心地设置过一个“当头棒喝”的细节：《五猖会》中，鲁迅写童年的“我”极想像乡里孩子那样有机会扮迎神，看赛会，这一年终于要到东关看五猖会了，“我”兴奋得“笑着跳着，催他们要搬得快（往船上搬去看社戏的食用物品——引者注）”，这可以说是一个将看社戏当做“罕逢的一件盛事”的儿童的正常的神态反应。可就在这时，父亲站在了背后，“‘去拿你的书来。’他慢慢地说”，“我忐忑着，拿了书来了”。然后，父亲教“我”一句一句地读，再然后，父亲丢下一句话：“给我读熟。背不出，就不准去看会。”这时“我似乎从头上浇了一盆冷水”。书读熟了，也背过了，于是大家欢天喜地地开始动身去看社戏，可“我”却兴味索然起来，“开船以后，水路中的风景，盒子里的点心，以及到了东关的五猖会的热闹，对于我似乎都没有多大意思”。孩子兴奋地要去看社戏，父亲却逼他先背书，这种“当头棒喝”的生活细节在家族宗法制的中国社会里，无时无刻不在各种士绅家庭中重复上演。因而，鲁迅创造的这一文学细节也就在现代童年母题文学中成为一个不断重现的叙事原型。萧红的小说《皮球》写一个调皮活泼的小女孩学着故事里乡巴佬的可笑模样，蹲在洋车上让洋车夫拉进院子，女孩的本意是要让这种滑稽方式逗大人们开心大笑，因为大人们昨天讲到这个故事时都哈哈大笑的，结果是自己的这种模仿却遭到母亲的兜头大骂。王西彦的小说《苦命人》写一位受尽磨难的中年寡妇，一旦儿子有点怠倦贪玩，就在悲痛的叹息中流着眼泪嘱咐儿子好好用功读书成器。孙俍工的小说《看禾》写祖父携带幼年的“我”去田地里“看禾”，用意不是让“我”到田野里去撒欢，而是要求“我”早早地熟悉庄稼事务，以便将来把祖父辛勤挣来的这份产业继承下去。王统照的《旧迹》所写的一个情景更为典型：一个因主人去世而走向没落的旧式家族，家中的旧仆忠心耿耿，家中的小主人十分顽皮。一天，旧仆正在草地上散步，顽皮的小主人看见了，悄悄地走到他的身后将他半斑色的发辫系在手里，旧仆那“惊异而哑的呼声”惹得小主人开心大笑，笑得弯身不起。这本来是一个非常动人的嬉戏场面，然而与童年鲁迅感觉到“似乎从头上浇了一盆冷水”一样，小主人得到的也是“当头一棒”，忠诚的旧仆当场就严肃而感慨地教训起顽皮的小主人来。他沉痛地叙说着这个家族三世以来的盛衰，叙说着小主人的父亲壮志未酬身先死的悲哀，责备小主人不思用功，“竟然也会得活泼游戏”。这些小说大都同鲁迅的作品一样，用童年的“我”做小说主人公或者叙事者，明显具有自叙传的意味。而在这类作品的童年叙事中，“当头一棒”原型的不断复现，体现出的正是现代新文学作家对这种原型所潜藏的民族文化结构中的集体无意识是多么的感同身受。

如果说上述的影响作用非常明显，也十分直接，那么，鲁迅对于现代新文学母题发展的影响还有更多的情况乃是以间接的方式发生着作用。被影响的作家未必能够清晰地意识到自己的精神资源所在，但他们在鲁迅的文学世界里，浸润着鲁迅表达的情绪，感受着鲁迅心灵的脉动，追随着鲁迅想象力的飞扬，或者也在纠结着鲁迅精神深处的悖论与焦虑的纠结，因而在某一种母题创作中自然而然地敷染上鲁迅的精神色彩。譬如说现代新文学的家族母题叙事，几乎每一部作品都会有一个“老屋”的原型。中国以宗法家族制度为根本，聚族而居、安土重迁是中国礼教文化的特点。因而在现代作家的笔下，每一个旧式的大家庭往往都有一栋年代久远、锈迹斑斑的老屋。它是家族权力的象征，在新文化精神照耀下的现代作家，无不将这样的老屋视为家族礼教制度“吃人”的历史见证。但在家族衰败之时，它也是家族成员精神情感与血缘联系的唯一纽带。所以，现代文学家族母题叙事中，那些从破败的老屋中叛逆而出追求新的生命的作家们对“老屋”的情感处理是十分复杂而动人的。通常家族败落，意味着“老屋”即将失去，尽管每一栋老屋的深深庭院中总不免隐藏着令人发怵的秘密，但里面也弥漫着年轻的叛逃者们童年时代的记忆，因而充满着依恋与不舍。不过，对于年轻的生命而言，“老屋”就是“狭的笼”，就是罪恶的渊薮，只有打翻这个牢笼，填平这个渊薮，年轻的生命才能获得新生，所以他们往往毅然地选择离开与前行。这种寄寓着复杂多面的情感的“老屋”原型最早可以追溯到鲁迅的1921年写作的《故乡》。这是一篇讲述走异路、逃异地追求新生的知识者回乡处理“老屋”的故事的小说。处理“老屋”，心情自然沉重，一到故乡，“我的心禁不住悲凉起来”，见了母亲，“我的母亲很高兴，但也藏着许多凄凉的神情”。搬完家坐船启程时，“我和母亲也都有些惘然”，但是，小说最后写道：“老屋离我愈远了；故乡的山水也都渐渐远离了我，但我却并不感到怎样的留恋。”为什么呢？因为“我躺着，听船底潺潺的水声，知道我在走我的路”。鲁迅的这篇小说尽管不是典型的家族母题小说，但他天才般地构建起来的“老屋”原型后来在《激流三部曲》《憩园》《财主底儿女们》等现代家族母题小说中不断地复现，可见鲁迅小说影响力的巨大。又如鲁迅的启蒙母题叙事，由于精神结构深层无法排解的“历史中间物”意识，再加上对中国社会改革的艰难性的独到认识，鲁迅小说中的启蒙母题叙事总是有两种不同的声音在言说，在对话。一种声音是“听将令”式的言说启蒙，《狂人日记》中的“救救孩子”“将来是容不得吃人的人存在的”，《药》中夏瑜的“天下为公”，《伤逝》中子君的“我是我自己的，谁也没有干涉的权利”等等，都是此类的慷慨激昂的启蒙言说。而另一种声音则是对启蒙的拷问与消解，如《狂人日记》中人物形象与文本形式上所寓含的双重失败（“狂人”清醒后赴某地候补，正文与小引在语言上的文白转换），《祝福》中的读书人“我”面对祥林嫂的灵魂之问时的仓皇离开，《头发的故事》中“N”所发出的阿尔志跛绥夫式的问题（“你们将黄金时代的出现豫约给这些人们的子孙了，但有什么给这些人们自己呢”）等等，则都是在拷问和消解着启蒙的意义。正是这两种无法融合的声音的紧张对话构成了鲁迅小说启蒙母题叙事的复调结构，也形成了鲁迅启蒙母题小说无与伦比的意义深度。这种复调结构和意义深度在鲁迅生前身后数十年中，没有人能与之比肩，也无人能够承其思绪。这种复调结构，无疑充分体现出了作为一个经典作家在思想与艺术上所必须具有的独特性特征。

（原刊于《西南民族大学学报（人文社科版）》2014 年第 2 期）

乡土与寻根

——论鲁迅对乡村的发现

20世纪初期，在中国社会走向现代化发展的路途中，先进的青年知识者大都经历过或从乡村到都市、或从中国向西方的迁移。这种迁移既是空间意义上的背井离乡，也是生存方式（包括生活方式和劳作方式）的重大变异。处在这种迁移背景的青年知识者不可避免地被两个生存论问题所困扰：一是脚下熟悉的那块土地不见了，自己的生命像一棵无根的树，悬浮在高度旋转的都市空间里；二是一旦重新回到自己的母语环境中来，从西方习得的许多根本观念与基本语汇和本民族母语言说之间的巨大差异，使他们的精神世界发生严重的分裂。乡村口耳相传的记忆和经验已经不足以应对时世的变化，甚至连说话这样的简单交流也不再使用具有乡土意味的方言。当个体的生命经验常常与面对的生存环境相睽违，当自己的言说方式常常与意欲言说的内容相背离时，这些青年知识者焉能不反思自己的文化之根究竟在哪里。鲁迅当年“走异路，逃异地”，放弃科举取士的传统道路，漂洋过海到日本学习西方科学，也属于这种迁移者之列，也同样领受着这种寻根冲动的刺激。可以说，正是这种寻根冲动直接催发了鲁迅乡土文学的诞生。直到20世纪30年代，鲁迅在分析乡土文学时认为“凡在北京用笔写出他的胸臆来的人们，无论他自称为用主观或客观，其实往往是乡土文学，从北京这方面说，则是侨寓文学的作者”，并以许钦文的小说集《故乡》为例，指出“自招为乡土文学的作者，不过在还未开手来写乡土文学之前，他却已被故乡所放逐，生活驱逐他到异地去了，他只好回忆‘父亲的花园’，而且是已不存在的花园，因为回忆故乡的已不存在的事物，是比明明存在，而只有自己不能接近的事物较为舒适，也更能自慰的”。[1]在这里，鲁迅用“侨寓”“放逐”“回忆”与“自慰”等词组成的一个完整而严密的精神逻辑链，揭示作家生命深处的寻根冲动与乡土文学诞生的紧密关系。可见，鲁迅在起手创作乡土文学时内心中的寻根冲动是多么的强烈。正因为侨寓、被放逐，所以才会生出无根之感，而回忆正是被放逐者也就是无家可归者对自我之根的寻找与确认。自慰首先是一种个体需要，同时也是对文学功能的内在体认。鲁迅的这个精神逻辑链通过揭示乡土文学作者隐秘的心理机制，为现代乡土文学提供了一种发生动力学的诠释。在中国悠久而丰富的文学史上，有山林文学，有田园文学，但没有真正的乡土文学。创立现代意义上的乡土文学，这是鲁迅对中国现代文学史乃至现代思想文化史最为重要的贡献之一，而以鲁迅为代表的现代乡土文学对中国乡村的种种发现，也只有从寻根的心理冲动上去解读，才能看到它们所蕴含的价值与意义，才能找到20年代乡土文学尤其是鲁迅的乡土创作之所以超越“问题小说”和“自叙传小说”，在新文学草创期中独树一帜的重要原因。

一、乡村信仰的历史诠释

鲁迅对乡村信仰的关注和重视由来已久。近代以来西学东渐，

1　鲁迅：《〈中国新文学大系〉小说二集序》，见《鲁迅全集》第六卷，人民文学出版社2005年版，第255页。

科学一词风靡学界。在那些崇尚新知的先进知识者那里，宗教信仰被视为“迷信”，是阻碍社会进步的精神顽症。面对这种时代新潮，鲁迅很早就不以为然，他对宗教问题的认真和深入的思考，显示出其早期思想的特立独行。鲁迅从立人的目标出发，高度评价了宗教信仰对于民众精神生活所具有的积极作用，认为“此乃向上之民，欲离是有限相对之现世，以趣无限绝对之至上者也。人心必有所冯依，非信无以立”[1]。尤其值得注意的是，鲁迅在痛斥“志士”挟科学而反迷信的恶声时，将所谓“志士”与“乡曲”、士人和民间作了清晰的划分。“盖浇季士夫，精神窒塞，惟肤薄之功利是尚，躯壳虽存，灵觉且失。于是昧人生有趣神闷之事，天物罗列，不关其心，自惟为稻粱折腰；则执己律人，以他人有信仰为大怪，举丧师辱国之罪，悉以归之……不悟墟社稷毁家庙者，征之历史，正多无信仰之士人，而乡曲小民无与。”[2]在鲁迅看来，那些士人受过教育却无信仰，无信仰则无特操，因而是“伪士”。而“乡曲小民”虽然没有受过教育，但由于是有信仰的，哪怕其信仰是迷信，也是对精神生活的追求，是向上之民。所以，鲁迅毫不含糊地说：“伪士当去，迷信可存，今日急也。”[3]在科学精神成为时代主潮的维新时代，留学东京并以思想启蒙为己任的鲁迅居然斩钉截铁地作出这样的判断，他对无特操的中国士人的鄙夷之情，对国民精神信仰的重视程度，可见一斑。

在《破恶声论》里，鲁迅指出宗教起源于“向上之民”的精神生活，这个“向上之民”的概念当然是普泛意义上的。但鲁迅也明确指出，中国人的信仰生活现在只能到“农人”那里才能看到：“顾民生多艰，是性日薄，洎夫今，乃仅能见诸古人之记录，与气

1　鲁迅：《破恶声论》，见《鲁迅全集》第八卷，人民文学出版社2005年版，第29页。

2、3　同1，第30页。

禀未失之农人；求之于士大夫，戛戛乎难得矣。”[1]可见，鲁迅用来与“士人”对照的“乡曲小民”并非泛指在社会结构中处于下层的社会民众，而是特指依傍土地生活的中国农民。这一特指，从鲁迅对“农人”表达精神情趣和信仰生活的各种乡村赛会的肯定中也可以得到证明：“农人耕稼，岁几无休时，递得余闲，则有报赛，举酒自劳，洁牲酬神，精神体质，两愉悦也。”[2]《破恶声论》写于1908年，鲁迅当时27岁，已是成熟的青年，离开故乡也已有十年之久，当他看到南方居然有所谓“志士”要求禁止乡村赛会时，其愤慨的态度可谓溢于言表。“倘其朴素之民，厥心纯白，则劳作终岁，必求一扬其精神。故农则年答大戬于天，自亦蒙庥而大酺，稍息心体，备更服劳。今并此而止之，是使学轭下之牛马也，人不能堪，必别有所以发泄者矣。况乎自慰之事，他人不当犯干，诗人朗咏以写心，虽暴主不相犯也；舞人屈申以舒体，虽暴主不相犯也；农人之慰，而志士犯之，则志士之祸，烈于暴主远矣。”[3]农人赛会与乡村宗教是紧密联系在一起的，赛会是宗教的形式，宗教是赛会的根基。如果说对于宗教起源的历史认知，鲁迅依靠的是自己习得的社会科学知识，那么鲁迅对乡村赛会的肯定、赞美和亲切感，无疑来自他童年和少年时代的生命经验，是对自我文化之根的自觉的体认。这种对文化之根的自觉体认，滥觞于鲁迅青年时代在《破恶声论》中对农人赛会的肯定，而20年代他在小说《社戏》中动情地描写了农家小孩观看社戏的场景和过程，中年以后又在《五猖会》等散文中深情讲述童年时代对社戏的向往以及这种向往被父亲无端打断时的沮丧心情，晚年时更是酣畅淋漓地塑造了乡村社戏中的无常和女吊形象，这些具有连续性的文学书写都充分证实了鲁迅生命中的深层秘密：爱好乡村赛会的文化趣味贯穿其生命始终，而

1 鲁迅：《破恶声论》，见《鲁迅全集》第八卷，人民文学出版社2005年版，第30页。
2 同1，第31—32页。
3 同1，第32页。

且在文化寻根的心理动机的驱使下越来越深刻、强烈。

或许正是因为鲁迅对乡村赛会与社戏的热爱来自文化寻根的冲动，他对描写乡村赛会和社戏的热衷体现着对自我文化之根的迷醉与欣悦，这种艺术的巅峰体验使他的描写常有神来之笔，且常常显露出对地方文化与乡村精神上的精彩发现。鲁迅作品里有不少对农人信仰生活的直接或间接的描写，如上坟（《药》），送殓、治丧（《明天》《孤独者》），送灶、祭祀（《祝福》），赛神（《社戏》《阿Q正传》）等，这些描写生动地显现出鲁迅观察生活的精细以及对故乡习俗的熟悉与了解，但更具意义的是鲁迅从中发现的农人赛会的本土特性。如《五猖会》记载鲁迅幼时看赛会的印象，“开首是一个孩子骑马先来，称为‘塘报’；过了许久，‘高照’到了，长竹竿揭起一条很长的旗，一个汗流浃背的胖大汉用两手托着；他高兴的时候，就肯将竿头放在头顶或牙齿上，甚而至于鼻尖。其次是所谓‘高跷’‘抬阁’‘马头’了；还有扮犯人的，红衣枷锁，内中也有孩子”。这里面所写的“塘报”“抬阁”“马头”等，都是浙东一带乡村赛会的仪式，鲁迅从中发现了儿童在乡村赛会中的重要意义。这种赛会仪式不仅主要的观众是乡村儿童，而且其中许多角色是由儿童来装扮的，如“塘报”由一个化妆的孩子骑马先行，预示赛会队伍即将到来；“抬阁”是一种游艺，两三个扮演戏曲故事中人物的儿童坐在一个木制的四方形小阁中，由成人抬着游行；“马头”也是赛会上的游艺，由扮演戏曲故事人物的儿童骑在马上游行。鲁迅曾严厉批判中国传统教育观念和教育方式忽视儿童天性的问题，认为中国发达的都市社会没有为儿童提供足够美观、精致的游戏玩具和游戏空间，但这些乡村的赛会与社戏却是儿童的天地，不仅赋予儿童观看的权利，而且赋予他们参与游戏的机会。所以，在批判传统和都市的同时，鲁迅恰恰从赛会和社戏中发现了儿童的价值和地位。这种描写，一方面确实点出了浙东乡村赛会的娱神特点，具有浓郁的本土性；另一方面，也揭示了为什么鲁迅幼年对赛会、社戏如此欢喜与痴迷的心理原因。

陈来指出："人类社会的宗教发展表明，摆脱小的村落和部落的原始宗教，适应大的社群和族群的真正宗教的出现，必然是宗教思维与伦理原则的结合。伦理性原则是检视宗教之所以为宗教或宗教之发展水平的自然标尺。"[1]从自然宗教向伦理性宗教发展这是世界宗教发展史上的基本规律，庙宇中供奉什么样的神祇，与每个时代统治者所提倡的伦理精神密切相关。余英时就认为，即使"商人会馆供奉之神明，除极少数同时供奉'乡贤'外，正供似皆为朝廷与仕宦认为无碍之神灵，可总称之为'正神'"[2]。鲁迅早年对宗教问题已有研究，对宗教发展的规律当然有深刻认识，所以他才在《五猖会》中对故乡东关两座特别的庙宇进行了细致的介绍和描绘。这两座庙，"一是梅姑庙，就是《聊斋志异》所记，室女守节，死后成神，却篡取别人的丈夫的；现在神座上确塑着一对少年男女，眉开眼笑，殊与'礼教'有妨。其一便是五猖庙了，名目就奇特。据有考据癖的人说：这就是五通神。然而也并无确据。神像是五个男人，也不见有什么猖獗之状；后面列坐着五位太太，却并不分坐，远不及北京戏园里界限之谨严。其实呢，这也是殊与'礼教'有妨的，——但他们既然是五猖，便也无法可想，而且自然也就'又作别论'了"[3]。梅姑庙为会稽本乡特有，五猖庙在江南一带常见，它们的庙宇结构和相关故事不仅有文献可考，而且有一个共同的特点，就是供奉的都不是余英时所谓的"正神"，而是反叛或违忤儒家礼教的神祇，也就是鲁迅在娓娓描述中重复点出的"殊与礼教有妨"的"反神"。梅姑未嫁夫死，矢志守节不醮，死后被儒家礼教封为神祇享受祭祀。但即使成了神祇，梅姑也不守儒教的妇道，不

1 陈来：《古代宗教与伦理——儒家思想的根源》，北京大学出版社 2017 年版，第 176 页。
2 余英时：《中国近世宗教伦理与商人精神》，九州出版社 2014 年版，第 36 页。
3 鲁迅：《五猖会》，见《鲁迅全集》第二卷，人民文学出版社 2005 年版，第 270—271 页。

仅引诱路过的金生，而且从金生的妻子那里夺走金生的性命，一起做神仙逍遥快活去了。五猖庙里的五个神祇不仅有太太，而且也不忌讳男女授受不亲的教条。这些描写，看似是对儒家礼教漫不经心的讽刺，其实在信手拈来的背后，深藏着鲁迅的创作中时时不忘的启蒙动机，以及他对本乡民间信仰的喜爱与理解。活泼有趣、生命力充沛，虽然也体现着一种伦理精神，但却是一种对正统儒家伦理的肆意嘲弄甚至自觉反抗的精神，这就是鲁迅从乡村赛会和民间庙宇中发现的伦理价值和美学意义。所以，鲁迅说这些赛会“读书人即所谓士子，也大抵不肯赶去看”[1]的，但鲁迅也知道，乡曲小民们恰恰是在这种对正统的嘲弄和反叛的狂欢中获得了生命向上的力量。

日本学者吉冈义丰论及中国民间宗教时，将中国社会分为“士人”和“庶民”两个阶层，认为士人阶层是“表”，庶民阶层是支撑着士人阶层的“里”，“每一个试图了解中国的人，都能轻易地接触到领导阶层表露于外的面目及其文化，但也万万不可忽视隐藏其里，沉于其底的民众真面目，亦即‘民众的心’”[2]。“民众的心”是作者潜心研究中国民间宗教的出发点，体现着20世纪日本学术史上对于文化生成与发展的民间性的重视趋势。鲁迅对乡村信仰的描写，最有价值的地方也在于鲁迅对体现在信仰生活中的“民众的心”的发现与理解。《祝福》中，祥林嫂的捐门槛和“地狱”之问，曾被评论家解读为鲁迅对封建神权压迫妇女的批判与控诉。那些主张鲁迅小说是中国社会革命的一面镜子的评论家往往引用毛泽东在《湖南农民运动调查报告》中的著名论断作依据，认为政权、族权、夫权和神权这四种权力“代表了全部封建宗法的思想和制度，是束缚中国人民特别是农民的四条极大的绳索”，《祝福》通过祥林

1 鲁迅：《五猖会》，见《鲁迅全集》第二卷，人民文学出版社2005年版，第270页。

2 〔日〕吉冈义丰：《中国民间宗教概说》，余万居译，台湾华宇出版社1985年版，第11页。

嫂的命运，最深刻有力地“揭露了四条绳索对劳动妇女的摧残和凌辱”。[1]但是，把鲁迅十几年前对宗教问题的思考和他小说中对民间信仰的描写联系起来看，事情远非如此简单。早年鲁迅就认为乡曲小民的信仰与士大夫的信仰大不一样，敬畏鬼神这种宗教意识只是留存在“气禀未失之农人”身上。在个人生命体验的层面上，鲁迅确实感受到了“朴素之民”敬畏鬼神的“厥心纯白”，做祭祀，演社戏，办赛会，都是农夫生活中的乐事，是精神向上的体现。所以，鲁迅写祥林嫂毫不吝惜地把自己的工钱拿去捐门槛，之后就像脱去久久缠身的枷锁一样，满心的轻松，“神气很舒畅，眼光也分外有神”[2]。闰土拿走烛台和香炉也是有所本事的，据周作人回忆，鲁迅 1900 年回故乡时，曾和周作人一起陪闰土去测字，遭到测字人的厉声训斥，“闰土听了却并不生气，只是垂头丧气地走了出来”[3]。从这个细节可以看到，闰土对神祇的真正敬畏。周作人认为，鲁迅对当时的情景一直印象很深，测字师的训斥语鲁迅还经常使用。这些细节，无疑都是对处在民间信仰语境中的“民众的心”的真实写照。乡野农人对鬼神的敬畏和信仰，不是像儒家士人那样往往将信仰当做自己利欲的敲门砖。正是有了这份真正的敬畏，这些辗转挣扎在社会的最底层的农人才能够在黑暗的日子里看到一丝光明，得到一些慰安。在鲁迅小说中，国民性改造和乡土书写这两个主题总是融合在一起的。在国民性改造的主题上，鲁迅毫不留情地批判过包括农民在内的下层群众的麻木与冷漠，但在乡土叙事中，他对乡曲小民由信鬼神敬天地而得到的这点微薄的慰安与希望，则抱着哀愍与理解的态度，一股温厚的人道主义情怀涌动其中，与批判国民性痼疾时的冷峻、严厉完全不同。从这个意义上看，鲁迅小

---

1 陈安湖：《鲁迅小说现实主义的深化和发展——〈呐喊〉和〈彷徨〉比较研究》，《江汉论坛》1988 年第 4 期。

2 鲁迅：《祝福》，见《鲁迅全集》第二卷，人民文学出版社 2005 年版，第 20 页。

3 周作人：《鲁迅与“闰土”》，见《关于鲁迅》，止庵编，新疆人民出版社 1997 年版，第 473 页。

说的乡土书写时常超越于改造国民性主题之上。

二、乡村风景的时代聚焦

风景的发现，这是近世以来一个具有世界性意义的文学话题。这个话题的盛行开来，无疑是因为工业革命之后都市的发达阻断了人们对自然的认知。“在城市生活中，人们忘记了他们生活所依赖的土地。他们已经不再真正认识它；他们记得田地和森林的一般外貌，但不记得自然生活的细节，不记得那些微笑的、清醒的、光荣的和可怕的景象的不同变化。今天，谁能说出各种森林树木和牧场花卉的名字？谁能知道天气的征兆——当云彩疾急飘过的时候，它表示什么？”[1] 正是对这种遗忘的恐惧，敏感的英国诗人发起了一场回归自然的诗歌运动，勃兰兑斯也说，“对于大自然的爱好，在十九世纪初期像巨大的波涛似地席卷了欧洲”[2]。爱好自然，回归自然，必然导致对于乡村风景的发现，所以，华兹华斯“对一年四季中英国自然界的各种变化都有亲切的理解；他天生能够将他所看见和感受的东西予以重现”[3]，其对自然风景描绘的精确程度之高，以致他的诗歌可以被用来作为温德米尔湖畔的旅游指南。日本学者柄谷行人在《日本现代文学的起源》一著中分析日本文学现代性的起源，则把“风景之发现”的意义推进了一大步。柄谷行人认为，即使从纯粹的风景书写来看，日本古代文学也深受汉文学的影响，“花鸟风月自不待言，就连国学家所想象的纯粹本土的东西亦基于汉文学的‘意识’而得以存在”[4]。从柄谷行人的论述中可以体会

1、3 〔丹麦〕勃兰兑斯：《十九世纪文学主流》第四分册，徐式谷等译，人民文学出版社1984年版，第40页。

2 同上，第41页。

4 〔日〕柄谷行人：《日本现代文学的起源》，赵京华译，三联书店2003年版，第10页。

到，他所谓的日本现代文学“风景之发现”，本质上不仅是日本本土风景的发现，而且也包括或者说更重要的是体现在风景书写语言与方式的变革，也就是说要真正摆脱汉文学概念的影响，自然地去观察、描写风景，在“风景之发现”中发掘和表现出日本的民族精神。柄谷行人是战后成长起来的新一代日本文学史家，他将“风景之发现”的本土性以及风景书写的民族性作为日本文学现代性的主要标志之一，显示出战后日本民族心理从明治时代脱亚入欧的外向扩张性转向对自己民族文化的寻找与认同。强调民族本土风景的发现与风景书写的民族性，当然不仅是一个文学史命题，而且也是民族精神现象史的重要表征。

中国文学史历来缺乏叙事诗，诗歌中的近体诗虽然常有写景佳句，但总体上并不注重精确描绘风景，而小说则由说书发展而来，重叙事轻写景是其传统之一。直到新文学的兴起，纯粹的风景描写才开始出现在小说之中。正如 20 世纪中国文学中的许多主题都曾深受西方文学的影响一样，中国新文学中的风景发现无疑也是在西方文学的启示下出现的。1923 年，周作人为故乡《之江日报》十周年纪念写下《地方与文艺》一文，后来又为同乡诗人刘大白的诗集《旧梦》作序。在这两篇与故乡关系特别密切的文艺论文中，周作人指出“风土的力在文艺上是极重大的”[1]，呼吁新文学作家“把土气息泥滋味透过了他的脉搏，表现在文字上”[2]。所谓“土气息泥滋味”，当然指的是对乡土风景的描绘，而周作人所借鉴的思想资源就是尼采的“忠于地”的观点。[3] 至于丹纳的人种、环境、时代的三要素说，曾经有力地促进了西方文学对于自然地理的关注，而

1　周作人：《旧梦》，见《周作人散文全集》第三卷，钟叔河编订，广西师范大学出版社 2009 年版，第 55 页。
2　周作人：《地方与文艺》，同 1，第 103 页。
3　尼采曾借查拉图斯特拉的口说：“我的弟兄们，尽你们的道德的力量忠于大地吧！让你们的赠予之爱和你们的认识有助于大地的意义吧！”（〔德〕尼采：《查拉图斯特拉如是说》，钱春绮译，三联书店 2007 年版，第 83 页。）

19世纪以来西方自然主义小说提倡对自然风物进行精确地描绘，这些理论与创作也都曾经得到五四新文学作家的膜拜。所以，风景的发现常常也被一些学者视为中国文学现代性的重要标志之一。[1]

值得指出的是，鲁迅不仅对风景的意义十分重视，而且在风景意义的理解与阐析上也与周作人一般性地强调“土气息泥滋味”不一样。早在1914年，鲁迅辑集越中乡邦文献，不仅注意文献中的贤俊之名、言行之迹，而且特别重视乡邦的“风土之美”。[2]到了20世纪30年代，鲁迅多次在与友人的书信中强调地方色彩对文学之重要。他说：“地方色彩，也能增画的美和力，自己生长其地，看惯了，或者不觉得什么，但在别地方人，看起来是觉得非常开拓眼界，增加知识的。例如‘杨桃’这多角的果物，我偶从上海店里觅得，给北方人看，他们就见所未见，好像看见了火星上的果子。而且风俗图画，还于学术上也有益处的。”[3]在给画家陈烟桥的信中，鲁迅说到风景描绘对画家的意义：“我的主张杂入静物，风景，各地方的风俗，街头风景，就是为此。现在的文学也一样，有地方色彩的，倒容易成为世界的，即为别国所注意。打出世界上去，即于中国之活动有利。可惜中国的青年艺术家，大抵不以为然。”[4]由此可见，鲁迅关于风景的思考不是停留在一般意义上的风景，而是特别关注地方色彩。风景与地方色彩是两个不同的概念。前者属于普泛意义上的对自然景象的概括，在空间方面可以是故乡，也可是他

1 如胡适在为《老残游记》作序时就尖锐地指出中国古代小说没有描写风景的能力，并由此对刘鹗的风景描写大加赞赏，认为刘鹗的风景描写不仅具有实地观察的基础，而且具有个性的差别。（见《胡适全集》第三卷，安徽教育出版社2003年版，第587页。）鲁迅对《老残游记》的评价，也注意到了小说的写景，称其“叙景状物，时有可观”。（见《鲁迅全集》第九卷，人民文学出版社2005年版，第298页。）

2 鲁迅：《〈会稽郡古书杂集〉序》，见《鲁迅全集》第十卷，人民文学出版社2005年版，第35页。

3 鲁迅：《331226致罗清桢》，见《鲁迅全集》第十二卷，人民文学出版社2005年版，第532页。

4 鲁迅：《340419致陈烟桥》，见《鲁迅全集》第十三卷，人民文学出版社2005年版，第81页。

乡；在形貌方面可以是山岳，也可是平原。而地方色彩则专指某个地域的自然风光所具有的特色。从“自己生长其地”的限制性表述来看，鲁迅所言的“地方色彩”无疑是专指自己故乡的风景。这些论述说明，虽然西方文学思潮的影响引发了五四新文学家对自然风景的关注，但恰恰是作者内心中的寻根冲动，驱使新文学作家把关注自然风景的目光聚焦在自己故乡的土地上。周作人所谓“土气息泥滋味”，透过新文学作者的思乡蛊惑和寻根冲动，深深地涌动在20年代的乡土文学中，形成了中国现代文学史上第一次发现乡村风景的高潮。

侨寓都市的新文学作家被故乡放逐，有家不能回或不愿意回，他们生命深处的“乡心”和对“父亲的花园”的回忆，直接促进了乡土文学家对故乡风景的聚焦。在这个意义上，中国现代乡土文学的风景发现，不仅是对中国古典小说传统的一种自觉的超越，而且是对自我生命中的本土经验的深层开掘，是对民族的存在之地的一种美学观照与意义赋值。鲁迅在《〈中国新文学大系〉小说二集序》中对他心目中的乡土小说作家一一点名，特别标出了他们的出生地：蹇先艾是“叙述过贵州”，裴文中是“关心着榆关”，“精致而明丽的说述儿时的‘轻微的印象’”的黎锦明是“湘中”，虽然作品里很少有乡土气息，但却“蓬勃着楚人的敏感和热情”。而在介绍未名社的小说家时，鲁迅也对台静农的《地之子》和《建塔者》评价甚高，他不仅引用了台静农在《地之子》后记里的一段话点出台静农小说的“民间取材”特点，而且赞许他的小说，认为“在争写着恋爱的悲欢，都会的明暗的那时候，能将乡间的死生，泥土的气息，移在纸上的，也没有更多、更勤于这作者的了”。[1]除了这些鲁迅点过名的乡土小说作家，在20世纪20年代同样热衷于写乡土风景的作家，如写河南的徐玉诺，写湘中的彭家煌，写湖北黄梅的

1　鲁迅：《〈中国新文学大系〉小说二集序》，见《鲁迅全集》第六卷，人民文学出版社2005年版，第255、257、263页。

废名，写浙东乡村的许钦文、王鲁彦、许杰与王任叔等，也都是将自己的家乡作为小说的叙事空间，在展示故乡的人文风俗时，无不细致地描写着故乡山川风景的特色。这些作家与鲁迅关系密切，过去现代文学研究者习惯于从乡土文学改造国民性的主题来理解鲁迅对这些青年作家的影响，但如果从寻根冲动和发现乡村风景的角度，来思考前者如何用自己的创作引领后者从一般性的风景描写转而发掘地方色彩，这种影响的意义也许更为具体与深刻。

比较而言，鲁迅对故乡风物准确而深入的把握和体验，远远超出于他的同时代作家，这是因为他始终把乡土风景描写与自己心中的人文理念融合在一起。写风景就是写人文，风景的发现本身就是文化的发现。他常常寥寥几笔，不仅生动逼真地传达出故乡风物的特征，而且能够让读者在这种风物特征中得到感知其独特文化意味的喜悦。这种乡土风景的不断出现，当然有赖于鲁迅的艺术功力，但根底里还在于他对故乡风物的敏锐感受力以及发现文化意味的洞察力。譬如小说《风波》就精细地描写了故乡傍晚土场上的风景：

> 临河的土场上，太阳渐渐的收了他通黄的光线了。场边靠河的乌桕树叶，干巴巴的才喘过气来，几个花脚蚊子在下面哼着飞舞。面河的农家的烟突里，逐渐减少了炊烟，女人孩子们都在自己门口的土场上泼些水，放下小桌子和矮凳；人知道，这已经是晚饭时候了。
>
> 老人男人坐在矮凳上，摇着大芭蕉扇闲谈，孩子飞也似的跑，或者蹲在乌桕树下赌玩石子。女人端出乌黑的蒸干菜和松花黄的米饭，热蓬蓬冒烟。[1]

在这里，鲁迅不仅精准地写出了故乡的景物：靠河、乌桕树、

---

1 鲁迅：《风波》，见《鲁迅全集》第一卷，人民文学出版社2005年版，第491页。

土场、烟突，而且写出了故乡风物的特色：蒸干菜、松花黄米饭、大芭蕉扇。尤其精彩的是，鲁迅在风物描写中精细地发现了其中暗含的夏天吃饭不点灯的乡土习俗。赵七爷到来时，“太阳收尽了他最末的光线了，水面暗暗地回复过凉气来；土场上一片碗筷声响，人人的脊梁上又都吐出汗粒”；赵七爷走后，“嗡嗡的一阵乱嚷，蚊子都撞过赤膊身子，闯到乌桕树下去做市；他们也就慢慢地走散回家，关上门去睡觉”。[1]夏天日照时间长，天黑晚，晚饭在土场上吃不用点灯，这固然是可以节省灯油，也因为大家都在土场上吃饭，正是一天中闲聊的好时光。各种流言就是在这个时候、这种情景中到处传播。鲁迅对这一乡村生活细节的描写，无疑是对故乡风土的一次有意义的文化发现，它生动地显示了中国小农经济生产模式下农人日出而作、日入而息的日常状态，及其与国民根性之间的密切关系。鲁迅雕琢这一细节的目的，并非只是用来引出对文人“田家乐”心态的嘲讽，其间也深刻地显示着鲁迅对舆论这一“无物之阵”的觉察与思考。

1898年，鲁迅离开故乡赴南京读书。此后除了辛亥革命前短暂在绍兴教书外，鲁迅一直辗转南北，谋生都市。但中年以后，他在《从百草园到三味书屋》中回忆儿时的百草园情景，印象竟是如此的栩栩如生：既有颜色的瑰丽，也有形态的风姿；既有声音的回响，也有味觉的记忆；既有虫草之名的辨别，也有传说故事的讲叙。可谓细腻而别致，精彩而风趣。这些描写，足以说明鲁迅对自然景观的色与形有着敏锐的注意力和浓郁的兴趣。无论是抒情性的散文，还是叙事性的虚构文本，鲁迅都注重对故乡景物的书写。有即景的，也有回忆的，不仅是自然的，而且是心理的，那种举重若轻与舒展自如的笔调，无不清晰地显示出鲁迅在观察和描写自然风景方面的美学趣味、博物学知识的丰富和表达力的高超。尤其值

---

1 鲁迅：《风波》，见《鲁迅全集》第一卷，人民文学出版社2005年版，第493、497页。

得指出的是，鲁迅对当下或记忆中的故乡风景的描写，有一个聚焦点，即从通常被人认为柔美弱态的江南风景中发现力的美。如鲁迅《在酒楼上》的冬日雪景的描写："几株老梅竟斗雪开着满树的繁花，仿佛毫不以深冬为意；倒塌的亭子边还有一株山茶树，从暗绿的密叶里显出十几朵红花来，赫赫的在雪中明得如火，愤怒而且傲慢，如蔑视游人的甘心于远行。我这时又忽地想到这里积雪的滋润，著物不去，晶莹有光，不比朔雪的粉一般干，大风一吹，便飞得满空如烟雾。"[1] 周作人认为，鲁迅"在这里便在称颂南方的风土，那棵山茶花更显明是故家书房里的故物，这在每年春天总要开得满树通红，配着旁边的罗汉松和桂花树，更显得院子里满是花和叶子，毫无寒冻的气味"[2]。江南风物素以柔美著称，小桥流水，九曲回廊，似乎是江南风景的代表。鲁迅历来不喜欢小巧柔弱的美，所以，当他在北方漂泊多年后偶回故乡，突然发现老梅和山茶花在寒冬冷雪中开放得如此的热烈、奔放，其"愤怒而且傲慢"的力之美让鲁迅感到"惊异"，并产生与北方的雪进行比较的联想，就很自然了。这样的描写，表达的是鲁迅作为一个多年漂泊在北方的游子对于故乡风土的重新发现。类似的描写，如《雪》中比较江南的雪和北方的雪，虽然鲁迅赞美后者"如包藏火焰的大雾，旋转而且升腾，弥漫太空，使太空旋转而且升腾地闪烁"，但他同样也赞叹前者在滋润美艳之至中，具有"还在隐约着的青春的消息，是极壮健的处子的皮肤"。[3] 从柔美弱态的江南风物中发现力之美，这正是鲁迅以"惯于北方的眼睛"对于儿时故乡记忆的充满激情且具有创造力的复现，也是鲁迅精神中的寻根冲动在创作中的显现。

在中国文学史上，不同类型的小说有着不同的描写对象。长篇

---

1 鲁迅：《在酒楼上》，见《鲁迅全集》第二卷，人民文学出版社 2005 年版，第 25 页。

2 周作人：《故乡风物》，见《关于鲁迅》，止庵编，新疆人民出版社 1997 年版，第 296 页。

3 鲁迅：《雪》，同 1，第 185—186 页。

小说重在演义历史故事，短篇小说重在志怪传奇，其空间背景往往因人而异，随事而定。而小说从来就被当做茶余饭后的谈资，小说家流也难登大雅之堂，小说家们甚至不愿将自己的名字署在作品之上，更不愿意将自己的家族乡邦资料透露其中。哪怕是《红楼梦》这样带有鲜明家族特色的小说，作者也要托之以“假语村言”来掩饰。现代乡土文学作家在自己的小说创作中自觉地将环境空间定位在乡邦这一固定、可考的地理位置上，总是自觉地使用相同或相近的地名，给中国现代文学带来了一种全新的叙事方法。鲁迅无疑是这种叙事方法的首创者，鲁镇也是中国现代文学史上第一个具有互文性的虚构空间。鲁迅一直注重把乡土风景发现和文化精神寻根融合在一起，这种创作手法在鲁迅小说叙事空间的定位方面表现得特别突出。其心灵深处强烈的寻根倾向，更是为这种新的叙事方法灌注了一个生气郁勃的灵魂。虽然乡村风景的发现作为文学史事件，对时代的冲击力与影响力不如“人的文学”“平民文学”等观念，但在现代文学的现代性建构方面所具有的独特意义却是不能低估的。

三、乡村颓败的生命感知

中国是一个农业大国，20 世纪初期，乡村农业人口占全国人口的百分之八十以上。[1] 由于幅员广大、组织复杂，加上连年战乱、政府无能，乡村的社会面貌与农民的生存状态究竟是一个什么模样，当时的中国知识界并不甚了然。一直到了 1920 年前后，也就是鲁迅写作《故乡》的时候，一些在华任教的外国学者，如狄特莫（C. G. Ditlmer）、葛学溥（D. H. Kulp）、马伦（C. B. Malone）、戴乐仁（J, B. Tayler）等人，开始带领学生在乡村开展调查，中国农村

1 参见杨开道：《农村社会学》，世界书局 1929 年版，第 45 页。

社会的政治、经济、人口结构等问题才开始进入现代社会科学研究的视域。1924 年后，中国学者也开始进行农村调查，在二三十年代曾掀起过一股对农村社会经济进行研究的热潮，国内出版的有关农村方面的专刊杂志有二十余种，有关农村经济的杂志有四十余种，对农村进行实地考察研究的机构也得到政府与民间的大力资助。在 30 年代，经济学界以《中国农村》《中国经济》为阵地，展开了一场关于中国农村社会性质问题的论战。无论对农村社会的现状持何种看法，这些史料都说明 20 年代以后，中国农村社会的现状和农民的生存问题已经引发中国知识界的密切关注。鲁迅当然不像茅盾那样，对中国农村的经济状况具有学者般的研究激情，但从当时社会学界不断关注农村的热情来看，以《故乡》《风波》《阿 Q 正传》等一系列农村题材小说而著称的鲁迅可以说是中国现代知识界关注乡村的先驱者。

在这些农村题材小说中，鲁迅显示出自己对农村生活的真切了解。在一些关键的细节上，鲁迅发现和揭示出的问题简直可以同社会学家的调查与思考相互印证。譬如，造成闰土生存困境的因素，其中“兵、匪、官、绅”当然是社会现实的原因，普通百姓碰上战乱的年代和腐败的政府，很可能加重他的生活负担，但这也许可以归之为时运不济，未必是造成农民生活贫困的必然原因，而“多子、饥荒、苛税”则与中国乡村的经济结构、社会组织和治理模式有密切的关系。[1] 费孝通曾指出，中国社会的继承制度是单系继承，以多继少，儿子越多，需要用来分家继承的产业也就越少，这就是闰土所言第六个儿子都可以帮忙做事了，但还是不够吃的原因之一。中国农村尤其是江南农村由于多处丘陵地带，农业经济一向是小农作业，农田分散是农业生产的障碍，使合理化的管理和土壤改良均无法实现。“小农田天然排斥大量生产的发展，大量劳力的

---

1 鲁迅：《故乡》，见《鲁迅全集》第一卷，人民文学出版社 2005 年版，第 508 页。

使用，资本的集中，多数牲畜的饲养与科学的应用”[1]，这种祖祖辈辈流传下来的小农经济模式，依靠的是风调雨顺，一旦遇上自然灾害，饥荒就会压垮农民的生活。至于“苛税”，这是中国农民进入现代社会以来遇上的新问题，当代作家陈忠实在小说《白鹿原》中对此有精彩的描写。税收是伴随着国家的产生而产生的，中国的税收虽然很早就已经出现，但农民世代依靠土地生活，税收主要体现在土地的拥有和产出中。所以，过去白鹿原上只有一个叫仓正的官员，专收皇粮，农民交了皇粮就万事大吉。但民国建立以后，中国逐渐形成现代国家体制，其治理方式越来越严密，国家权力的分工越来越精细，税收的名目也越来越多。生活在江南富裕之乡的闰土无法承受各种税收，不能不抱怨“什么地方都要钱，没有定规”，“种出东西来，挑去卖，总要捐几回钱，折了本”。[2]从这个意义上看，闰土的遭遇和封建时代农民承受的赋税之苦是不同的，这是传统中国农民在国家体制向现代转型过程中难以承受的生命之重。

此外，《风波》中的七斤脱离土地，以船为业，承担起乡村与都市之间沟通交流的角色，这种择业虽然也是“由于商品经济的发展，经营式农业无论对地主或者对长工都失去了足够的吸引力。于是，农村阶级分化的两极——地主和无地者——都转入城镇”[3]，但七斤的选择多少有一点自主趋新的成分，所以也引起了周边乡亲的嫉妒。而阿Q的沦为游民则完全是不由自主的，体现出那个时代乡村社会结构变化的一种可怕趋势。周谷城在《中国社会之变化》中指出：“现在中国农村中，既没有资本家投资于农场，从事于大规模的农业生产，（地主只买土地，收田租，却不是投资于农场从事于大规模之农业生产的），雇农候补人数，一天一天加多，除少

1　陈翰笙：《现代中国的土地问题》，见《陈翰笙集》，中国社会科学出版社2002年版，第43—44页。
2　鲁迅：《故乡》，见《鲁迅全集》第一卷，人民文学出版社2005年版，第508页。
3　曹幸穗：《旧中国苏南农家经济研究》，中央编译出版社1996年版，第67页。

数的富农容纳之外，谁来雇用呢？无人雇用的，便由无产农民一跃而为无业游民。”“地主借放债买田等等方法，把土地资本一天一天的扩大起来。于是农村中的土地渐渐集中于几个大地主手里，同时农民的生活，因受了这种事实的影响，朝着无产的路上恶化。自耕农有变成佃农的趋势，佃农有变成雇农的趋势，雇农则有变成无业游民的趋势。……就农村中实在情形看，自耕农直接变成游民的事，比由自耕农变成佃农的事还要多。自耕农如不富裕，在大小地主兼并土地的时代，他的土地随时有被人兼并之可能。一旦土地被人兼并去了，自己与土地脱离了关系，立刻就成了游民。”[4]在《阿Q正传》中，虽然鲁迅并没有交代阿Q作为游民的来历，但从其“割麦便割麦、舂米便舂米”的农民式的“真能做”和阿Q的“我们先前——比你阔的多啦”的自大和怀旧来看，阿Q说他“和赵太爷原来是本家”或许并非“胡说”。鲁迅这些描写，看似滑稽戏谑，其实是字字血泪，以一种非常态的方式写出了20世纪初期中国乡村农民破产颓败、农民生活“朝着无产的路上恶化”的历史趋势。

阿Q的家族颓败了，《风波》中的七斤家也在走向颓败，“七斤虽然是照例日日进城，但家景总有些黯淡，村人大抵回避着，不再来听他从城内得来的新闻”，九斤老太也在絮絮叨叨地抱怨“一代不如一代”。[5]对乡村颓败的描写最细微也最鲜明的是《故乡》，农业生产的破败凋敝，农民生活的木讷艰辛，乡村风景的凄惶冷僻，成为这篇小说注重营造的现在式的衰颓基调。过去的故乡是“神异的图画”，有深蓝的天空、金黄的圆月、海边的沙地、一望无际的碧绿的西瓜，还有项带银圈的刺猹少年，而现在的故乡则天气阴晦，“苍黄的天底下，远近横着几个萧索的荒村，没有一些活气”；昔日闰土聪明伶俐、活泼可爱，“心里有无穷无尽的希奇的

4 周谷城：《中国社会之变化》，新生命书局1931年版，第219、214页。
5 鲁迅：《风波》，见《鲁迅全集》第一卷，人民文学出版社2005年版，第498页。

事”，而现在已经“不是我这记忆上的闰土了”，“先前的紫色的圆脸，已经变作灰黄，而且加上了很深的皱纹”，“那手也不是我所记得的红活圆实的手，却又粗又笨而且开裂，像是松树皮了”，尤其是神情的反差更加强烈，过去闰土与“我”十分熟识，但现在面对少年时的伙伴，他由“欢喜和凄凉”而“终于恭敬起来”，最后则“全然不动，仿佛石像一般”。[1]最终，叙述者只能感慨：“老屋离我愈远了；故乡的山水也都渐渐远离了我，但我却并不感到怎样的留恋。我只觉得我四面有看不见的高墙，将我隔成孤身，使我非常气闷；那西瓜地上的银项圈的小英雄的影像，我本来十分清楚，现在却忽地模糊了，又使我非常的悲哀。”[2]“本来”“现在却”“又使我”等表述委婉的语汇，透露出的正是鲁迅面对颓败故乡时对风物不再、人事日非的深深叹息。

五四新文学运动发生初期，在劳工神圣思潮的影响下，有不少作家的创作涉及对农民生活的描写和对农民问题的思考。其中郭沫若的诗《地球，我的母亲！》把农民比喻成地球的修理工来礼赞，而在《雷峰塔下》中，诗人甚至要扑倒在农人的脚下舔他脚上的泥土。叶绍钧的小说《苦菜》也写到自己对农民的看法，认为农人的生活最接近自然的理想状态，所以自己也在住所旁边买了一点地，请农民帮他栽种。如果说郭沫若的诗歌显示的是一个浪漫诗人带有夸张成分的想象，那么叶绍钧虽然在其小说中得出的结论是农民的问题在于没有自己的土地，但对农人生活状态的羡慕仍然带有传统士大夫的“田家乐”心态。鲁迅在《风波》中对这种心态就有所调侃，他对农家生活和乡村景象的诗意克服，一方面表现在他对农人麻木性格的揭示，一方面则表现在他对颓败的乡村风景的发现。前者与他的国民性改造的启蒙主题相契合，后者则关联着他内

1　鲁迅：《故乡》，见《鲁迅全集》第一卷，人民文学出版社 2005 年版，第 501—508 页。
2　同 1，第 510 页。

心深处的寻根冲动。乡村的凋敝破败，不仅刺激着鲁迅对农民命运的强烈关注，而且对作家的乡心也构成了一个沉重的压迫。因为故乡的风物不再、人事日非导致作家对故乡影像的日渐模糊，而作家由此产生的焦虑在本质上乃是他对自我生命之根日渐萎缩的恐惧。如果说郭沫若、叶绍钧对农民生活的向往或来自"五四"劳工神圣理念的影响，或来自传统士人似的"田家乐"心态，那么鲁迅对乡村颓败的揭示则完全是来之于他在寻根心理驱使下的一种强烈的生命感知。正是失根的恐惧和寻根的喜悦这种生命感知的二重性，造成了《故乡》在乡土叙事上的复调结构。复调当然是文学创作中经常使用的方法，但《故乡》的复调结构非同一般，它是鲁迅精心设计的，曾深刻影响鲁迅之后一代又一代的乡土文学作家。譬如潘漠华在小说《人间》中提到他的故乡的变化，不胜唏嘘："无千无万的人，都被物质生活追逼着，使他们苦恼于衣食住的鞭下，只有颓唐，凄楚。流浪的也较前稀少了，赌博也较前衰落了，唱曲的也较前凋散了，东西聚集着谈笑的也较前少见了，都各自各离开，消磨生命于家与苦作的中间。"[1]厚今薄古，永远进取，本来是五四新文化运动的根本精神，《故乡》的画外音奏响的是青年必胜于老年、未来必胜于过去的进化论的进行曲，而鲁迅在对故乡的叙述中则在真心感叹着芳华易逝、今不如昔。由此可见，这种复调结构中潜藏着作者心灵深处的多少感伤，多少忧愁，理性与感性之间的纠结又是多么的缠杂难解！林毓生所谓五四新文学家理智上反传统、情感上皈依传统这一论说模式[2]，在《故乡》一类小说中可以得到一个新的验证。只不过皈依传统体现的是一种文化寻根，而情系乡土，则主要是一种生命寻根。文化寻根往往是一种群体意识的爆发，生命寻根则纯然是个体性的心理冲动。唯有在个体生命存在的意义上，进步

1 《应修人潘漠华选集》，人民文学出版社 1957 年版，第 139 页。
2 〔美〕林毓生：《中国意识的危机——"五四"时期激烈的反传统主义》，穆善培译，贵州人民出版社 1986 年版，第 236、243 页。

与退化、革命与保守、传统与新潮的边际才不会那么壁垒森然、界线分明。

乡土与寻根是20世纪中国文学史上成就显著、影响深远的两大母题。尽管在文学史的时间顺序上，乡土文学发轫于20年代，寻根文学突起在80年代，但从上述的分析中我们能够清晰地看到，这两大世纪性的文学母题其实一开始就是紧密地联系着，而且通过一个伟大作家的实践将乡土与寻根的精神融合提升到了世纪的高度。可以说，20年代诞生的乡土文学本质上就是寻根文学，无论作家感受到的心理冲动是生命的寻根还是文化的寻根，无论作家体验到的精神颤悸是触摸到自我之根的喜悦与欣慰，还是面对民族之根渐行渐远的恐惧与茫然，对根的体认与探寻始终是乡土文学的灵魂与动力。在这个意义上，80年代的寻根文学无疑是20年代乡土文学的一种超时代的文化精神赓续，一种潜意识的心理基因遗传。鲁迅的乡土书写，既有自我之根的触摸，也有民族之根的探寻。自我之根的触摸是个人性的，浸透着个人的生命秘密；民族之根的探寻是公共性的，体现着一个时代的精神反思的使命。鲁迅的世纪高度在于，他天才般地将一个文学家的自我之根与民族之根如水无形地融合在一起。这种融合使他的乡土书写充满着一个又一个令人惊喜的发现，而他对乡村的种种发现，既为20世纪中国乡村现状的认知提供了丰富的社会学文献，同时也在人类精神现象史的永恒复现中建构起了属于自己同时也属于民族的独特贡献。

（原刊于《文艺研究》2019年第11期）

《狂人日记》与现代生命伦理的建构

《狂人日记》问世已经百年，其流传之广，影响之大，在百年中国文学中鲜有能与其比肩并立者。关于它的研究成果，其数量之多，意见之纷纭，也堪称现代文学之最。不过，历来对《狂人日记》的主题意义和历史价值的评价，学者们一直习惯于从“破”的角度来思考，譬如暴露宗法礼教制度的弊端，抨击封建礼教“吃人”的罪恶，等等，这无疑与30年代鲁迅在为《中国新文学大系·小说二集》写序言时的自我评价有直接的关联，或许也受到百年来的“‘五四’学”中大家所形成的一个共识的影响，这个共识就是把五四新文化运动的本质看做是反叛乃至破毁中国文化传统的运动，把鲁迅看做这一以“破”为目的的运动本质的代表性人物。近些年来社会文化界颇为流行的胡适鲁迅比较论，也无疑与这种学术共识有着密切的关系，或者说就是这种学术共识衍生的必然结果。其实，当年的胡适与鲁迅在文化策略上都是有破有立的意见领袖，胡适提倡重建文明，但也主张评估一切价值，甚至主张到国故中去捉鬼打鬼，鲁迅当然呼喊过要扫荡千百年来中国传统中的“人肉宴席”，但鲁迅也写过《我们现在怎样做父亲》这类正面阐述新文化观念的文章，而“立人”则是他在五四新文化运动发生前十年就已经抱持的坚定信念。所以，在《狂人日记》发表百年之后，我们对它的认知是否能够超越这种“破”的视点，从“立”的角度来重新评估它的意义与价值呢？我认为是可以的，这不仅是因为经典作品的意义本来就是随着时代的发展而不断延展与丰富的，只有这种不断的延展和丰富才能真正展现出经典的生命魅力，而且也是因为《狂人日记》这部作品的主旨诠释存在着一个模糊空间，在最为原初的立意与现在流行的观点之间一直存在着遮蔽与反遮蔽的演绎过程，澄明这个模糊空间，最大可能地释放这部作品自身具有的生命能量，乃是今天对这部伟大经典最好的纪念与致敬。

一

按照《狂人日记》的小引所言，小说虽名日记，其实“不著月日，惟墨色字体不一，知非一时所书”。小说中也有“我翻开历史一查，这历史没有年代”“太阳也不出，门也不开，日日是两顿饭”之类的描述，显示出小说时间背景上的混沌性。但时间的混沌并不意味小说没有故事的演绎进程，“吃人”是致使“狂人”内心恐惧的中心意念，也是《狂人日记》讲述的中心事件。围绕着“吃人”事件，小说有两条时而交叉时而又重合的故事情节链条。一条是诅咒“吃人”，一条是劝转“吃人”。从作品的结构看，全部日记是十三节，前七节重心在诅咒“吃人”，从第八节开始，后六节重心在劝转“吃人”。从小说主旨的功效发挥上看，诅咒“吃人”是“破”字当头，而劝转“吃人”无疑体现出作者“立”的愿景。

在小说叙事的具体描写上，诅咒“吃人”的情节链处理的主要是“狂人”与环境之间的关系，有月亮、赵家的狗、“眼色便怪”的赵贵翁、古久先生的流水账簿、“满眼凶光”的大夫、打儿子的女人、“脸色也都铁青”的小孩子，等等，故事更为丰富，细节更为生动，人、历史、自然构筑的“吃人”的环境像天网一般笼罩在狂人的周边。在这样密密麻麻、难以挣脱的吃人之罗网中，鲁迅通过狂人的生命感受，揭示了吃人历史的悠久（从来如此）、吃人行为的本质（礼教吃人）、吃人主体的含混（既是被吃者也是吃者）和吃人方式的鬼祟（软刀子）。第八节以后，情节主要以对话的方式展开，一场对话是与“二十左右”的年轻人，一场对话是与自己的大哥，对狂人的生命感受的生动描写也被对狂人的未来愿景的观念揭示所取代。毋庸置疑，从小说叙事艺术自身的规律来看，对生命感受的具体描摹，较之人物对话与观念的表达，在艺术效果上更能引人入胜，也更具有深度阐释的不尽空间，所以在本来就已形成的学术共识的引领下，对这两条情节链，过去的研究成果呈现出明显的偏见也就是很自然的事了。学者们都把分析的才华挥洒在鲁迅诅咒“吃人”的深刻性与尖锐度的分析上，而对劝转“吃人”的情节链的分析往往用力不够，对鲁迅通过这一情节链表达出的未来愿景（“将来是容不得吃人的人”），轻描淡写地评价一句空洞渺茫而不再深究。

其实，从小说的整体结构上看，这两条互相交叉而又重合的情节链是同样重要的，甚至从结构的功能意义上看，诅咒“吃人”乃是劝转“吃人”的铺垫和前戏，劝转“吃人”才是情节发展的高潮与结果，是作者所要表达的中心观念，因而劝转“吃人”的情节链或许在理解鲁迅创作此部小说的动机方面，在评价此部小说的历史价值方面，更为重要。对劝转“吃人”的情节链的分析，有两个关键的词语需要引起特别的重视。一个是“将来”。“将来”是一个时间概念，相对诅咒“吃人”的情节链中的时间混沌而言，“将来”用的是明确的肯定句式，显示出鲁迅对“将来”的确定性的自信。鲁迅的《〈呐喊〉自序》中也曾提到过“将来”，鲁迅说他之所以在寂寞与绝望中听从朋友之劝写起小说来，就是“因为希望是在于将来，决不能以我之必无的证明，来折服了他之所谓可有”。这个

“将来”用的是委婉退步的语气，显示着的是一种难以预证的无奈。悬疑与确信，鲁迅的自叙与小说中的狂人对“将来”的判断显示出的差异是值得重视的。鲁迅相信，任何一种文化的革新总包含着破毁与建立的两面，破毁的一面固然痛快淋漓，而且像自己这种从旧营垒出身的人反戈一击更容易制敌于死命，但是建立的路程则更其任重道远，充满着艰辛曲折。这种感悟和信念，即使后来在左翼文学时代来临时，鲁迅也没有动摇过。所以，在《狂人日记》中，鲁迅的个人情怀与新文化战士对“将来”的自我判定上的差异性，恰恰说明了鲁迅对于文化革命中“立”的路径的重视，也就是说，鲁迅尽管自己如何绝望于铁屋子的万难破毁，但是对于新文化战士建立新文明的愿望与构想，他是从来不会也不忍心予以否决和嘲讽的。

另一个词是“真的人”。严格说来，“人”在这部小说中的含义，不同之处有不同的用法。“吃人”中的“人”，不过是一种食材，同鸡鸭乃是一样的，所以小说第三节写狂人被拖回家，“进了书房，便反扣上门，宛然是关了一只鸡鸭”。而“吃人的人”中的后一个“人”，想吃自己的同类，甚至敢吃自己的兄弟亲人，这样的人当然也不是人，乃和禽兽等同。所以，小说中不断地写到赵家的狗，写到狗的本家狼，写到狼的亲眷海乙那，写到狮子似的凶心，兔子的怯弱，狐狸的狡猾，都是在暗示“吃人的人”其行为和这类禽兽的同伍。相对而言，“真的人”当然既不是被吃的食材，也不是吃同类甚至吃人的禽兽。在小说中，“真的人”应该有两个层面的意义，一个层面是“没有吃过人”的人，一个层面是“不吃人的人”。“没有吃过人”的人是一种客观描述，但他是动态的人格，他可能在生命伦理的规范下永远不吃人，也可能在环境演变中堕落成为“吃人的人”。而“不吃人的人”则是一种文明程度的主观判定，是一种意志与信仰的表述，也是一种生命伦理觉悟的显示。他可能“没有吃过人”，也具有不吃人的信念，当然是“真的人”，他也可能过去曾吃过人，但真心改过了，成了不吃人的人，他也是“真的人”。所以，小说中的劝转“吃人”的情节链里，狂人对大哥的劝转用的就是进化论的“变”的理论：“大约当初野蛮的人，都吃过一点人。后来因为心思不同，有的不吃人了，一味要好，便变了人，变了真的人。有的却还吃，——也同虫子一样，有的变了鱼鸟猴子，一直变到人。有的不要好，至今还是虫子。这吃人的人比不吃人的人，何等惭愧。怕比虫子的惭愧猴子，还差得很远很远。”狂人对于众人的呼喊就是“从真心改起”，不仅“可以改了”，而且要“立刻改了”。“可以改了”是告诉众人，你们本来具有改过自新的能力，“立刻改了”是警告众人时间已经紧迫。因为“你们要不改，自己也会吃尽。即使生得多，也会给真的人除灭了，同猎人打完狼子一样！——同虫子一样”。

“五四”时期，作为进化论的信徒，较之其他的新文化运动前驱者，鲁迅更为注重也更为理解生命自身的价值和意义。他知道，“既是生物，第一要紧的自然是生命。因为生物之所以为生物，全在有这生命，否则失了生物的意义”，“依据生物界的现象，一，要保存生命；二，要延续这生命；三，要发展这生命（就是进化）”。[1]生命是个体的，每一个个体生命为了保存自己的生命、延续自己的生命，在竞争的环境下应该怎样同别的个体生命相处呢？这就是鲁迅所谓第三项“发展这生命”也就是进化的意义之所在。在进化的途中，人之所以超越于虫子、猴子，甚至超越于野蛮的民族，不仅仅在于人创造了文明，拥有了享受文明的能力，更重要的还在于人在文明的创造和享用中养育了良知，产生了敬畏，具备了自省的能力。有良知，就会怜悯同类的生命；有敬畏，就不会轻易地剥夺同类的生命；能自省，就能在同类的身上看到自己的命运。于是，从猴子进化而来的人类成了“真的人”，作为人之道的核心的人类生

1 鲁迅：《我们现在怎样做父亲》，见《鲁迅全集》第一卷，人民文学出版社 2005 年版，第 135 页。

命伦理学也就应时而生。小说中有一段狂人内心活动的描写，非常贴切地展现了鲁迅对生命问题的思考。狂人面对周边的吃人者，充满了正义与勇气，“我可不怕，仍旧走我的路”。但他也有困惑和苦恼，“最可怜的是我的大哥，他也是人，何以毫不害怕；而且合伙吃我呢？还是历来惯了，不以为非呢？还是丧了良心，明知故犯呢？”在这里，鲁迅几乎是天才般地揭示了良知、敬畏和自省这人类生命伦理得以形成的三大基石。“毫不害怕”，当然指的是对生命没有敬畏之心；“历来惯了”，当然是指生命的主体缺乏自省能力；“丧了良心，明知故犯”，则是生命之恶所以作孽的根源所在。人类生命伦理的三大基石全面坍塌，“吃人”现象的发生也就不足为奇的了。正是在这种意义上，鲁迅通过狂人对“吃人”事件的尖锐质疑、深刻反思和透彻剖析，展示了生命伦理在人类文明体系中的绝端重要。小说的叙述曲曲折折，言说疯言疯语，但有一个中心观念却是十分明白的，这就是，小说中的这些“吃人的人”和“被吃的人”，无论他们拥有多么古久的历史（“这历史没有年代”），无论他们拥有听起来多么动听的文明词汇（“仁义道德”），只要他们还在吃人，或者还在想吃人，他们就毋庸置疑地还是“野蛮人”，甚至是虫子、猴子，“难见真的人”。

二

鲁迅是一个喜欢谈论自己作品的作家，关于《狂人日记》的主题，他也有过明确的解释，虽然这些解释前后之间有所变化，但这些变化也可以从时代精神和鲁迅思想的变迁中找到它的缘由与痕迹。考察这些解释以及这些变化的缘由与痕迹，对全面、客观地评价这部经典的意义与价值而言，是很有必要的。

1918年8月20日，鲁迅在给老友许寿裳的回信中首次谈到

《狂人日记》的主题。许寿裳收到鲁迅寄给他的《新青年》第四卷第五期，在来信中问鲁迅《狂人日记》的作者是否是他，鲁迅回答道："《狂人日记》实为拙作，又有白话诗署'唐俟'者，亦仆所为。前曾言中国根柢全在道教，此说近颇广行。以此读史，有多种问题可以迎刃而解。后以偶阅《通鉴》，乃悟中国人尚是食人民族，因此成篇。此种发见，关系亦甚大，而知者尚寥寥也。"[1]这段话有两层意思对理解《狂人日记》极其重要，一层意思是指出《狂人日记》的主题即是揭示"中国人尚是食人民族"这一现象。"中国的根底全在道教"和"中国人尚是食人民族"这是鲁迅非常自诩的关于中国历史的两大发现，这两大历史发现，鲁迅在"五四"时期用各种不同的文体形式表达过。譬如几乎写于《狂人日记》同时的一些"随感录"，对扶乩、灵学等妖化科学的社会乱象的猛烈批判，显然是"中国的根底全在道教"这一思想发现的体现，而《狂人日记》的"因此成篇"则无疑是来自"中国人尚是食人民族"的觉悟。这里"尚是"一词特别重要，意谓吃人事实不仅历史上如此，而且现实中依然如此。历史上记载有吃人的事实并不足为奇，而在文明进化的今天仍然有吃人的恶性遗存就是令人震撼的事了，这也就是所谓"悟"的意义。另一层意思是表达了鲁迅对这两个发现的评价。"关系亦甚大"，说明鲁迅认为他的这两大发现对于中国国民性改造和文化重建，都有着重要意义。但前者"近颇广行"，如周作人在《祖先崇拜》等文章中也多次表达过对道教的批判，所以鲁迅只是建议朋友用这种眼光去阅读历史。后者是"知者尚寥寥"，鲁迅在这里用了鲜明的、强烈的比较描绘，显示出作为进化论者的鲁迅对这一现象的深深忧虑与敏锐的警觉：如果国人还不明白不觉悟到"中国人尚是食人民族"这一点，就有可能在进化途中被文明世界挤落到野蛮民族乃至非人中去。了解到鲁迅的这一忧虑，我们

1 鲁迅：《180820 致许寿裳》，见《鲁迅全集》第十一卷，人民文学出版社 2005 年版，第 365 页。

就能够理解为什么鲁迅要采用“狂人日记”的形式来表达“吃人”主题。因为用狂人作为叙述者，狂人的语态也就是所谓的“疯言疯语”恰恰最适合于启示录式的文学表达。一方面，它能够以其零散中的尖锐与无序中的机警有效地阻断人们习惯的思维定势；另一方面，它又能以其独断的语气与非逻辑的外在形态，使得狂人得出来的结论无论如何偏至与激烈，都无须证明。这样就可以省去许多外围的叙述环节，不仅使“吃人”意象直捷鲜明、简洁干脆地突出在读者面前，而且也能够极大地强化“将来是容不得吃人的人”和“救救孩子”这些先知语言的震撼力度，从而达到振聋发聩的社会效果。

鲁迅的这种忧虑在“五四”时期得到集中的爆发，除了《狂人日记》外，这一时期鲁迅在不同文章中不断提到中国各种类型的“吃人”现象。小说《药》，以人血馒头作为情节展开与人物塑造的中心意象，简直可以说就是《狂人日记》中“吃人”的一个现实版本。又如《随感录·四十二》：“土人一字，本来只说生在本地的人，没有什么恶意。后来因其所指，多系野蛮民族，所以加添了一种新意义，仿佛成了野蛮人的代名词。他们以此称中国人，原不免有侮辱的意思；但我们现在，却除承受这个名号以外，实是别无方法。因为这类是非，都凭事实，并非单用口舌可以争得的。试看中国的社会里，吃人，劫掠，残杀，人身买卖，生殖器崇拜，灵学，一夫多妻，凡有所谓国粹，没一件不与蛮人的文化（？）恰合。”[1] 在《我们现在怎样做父亲》中，鲁迅指出“况在将来，迷信破了，便没有哭竹，卧冰；医学发达了，也不必尝秽，割股”[2]。在《论照相之类》中，鲁迅在批评S城人关于“洋鬼子”挖眼睛、挖心肝的传言时，也指出：“道学先生之所谓‘万物皆备于我’的事，其实是

---

1 鲁迅：《随感录·四十二》，见《鲁迅全集》第一卷，人民文学出版社2005年版，第343页。

2 鲁迅：《我们现在怎样做父亲》，同1，第144页。

全国，至少是S城的‘目不识丁’的人们都知道，所以人为‘万物之灵’。所以月经精液可以延年，毛发爪甲可以补血，大小便可以医许多病，臂膊上的肉可以养亲。”[1]即使到了1926年，鲁迅在撰文纪念自己的老朋友时，还特地提到“徐锡麟是被挖了心，给恩铭的亲兵炒食净尽”[2]。这些例子都可以直接证明，鲁迅《狂人日记》的主题正如其言，就是“乃悟中国人尚是食人民族”。

一直到1935年鲁迅为《中国新文学大系·小说二集》写序，鲁迅对《狂人日记》的主题才表达了一种新的说法。“从一九一八年五月起，《狂人日记》《孔乙己》《药》等，陆续的出现了，算是显示了‘文学革命’的实绩，又因那时的认为‘表现的深切和格式的特别’，颇激动了一部分青年读者的心。然而这激动，却是向来怠慢了绍介欧洲大陆文学的缘故。一八三四年顷，俄国的果戈里（N. Gogol）就已经写了《狂人日记》；一八八三年顷，尼采（Fr. Nietzsche）也早借了苏鲁支（Zarathustra）的嘴，说过‘你们已经走了从虫豸到人的路，在你们里面还有许多份是虫豸。你们做过猴子，到了现在，人还尤其猴子，无论比那一个猴子’的。而且《药》的收束，也分明的留着安特莱夫（L.Andreev）式的阴冷。但后起的《狂人日记》意在暴露家族制度和礼教的弊害，却比果戈里的忧愤深广，也不如尼采的超人的渺茫。”[3]《狂人日记》的主题陈述正式从“乃悟中国人尚是食人民族”转变为“意在暴露家族制度和礼教的弊害”，而且是由作者鲁迅自己完成这一转变的。当然，这种转变并不是突然的，其间有一个中间站，那就是写于1925年的《灯下漫笔》。在这篇文章中，鲁迅指出：“所谓中国的文明者，其实不过是安排给阔人享用的人肉的筵宴。所谓中国者，其实不过

1 鲁迅：《论照相之类》，见《鲁迅全集》第一卷，人民文学出版社2005年版，第191页。
2 鲁迅：《范爱农》，见《鲁迅全集》第二卷，人民文学出版社2005年版，第321页。
3 鲁迅：《〈中国新文学大系〉小说二集序》，见《鲁迅全集》第六卷，人民文学出版社2005年版，第246—247页。

是安排这人肉的筵宴的厨房。”“因为古代传来而至今还在的许多差别，使人们各各分离，遂不能再感到别人的痛苦；并且因为自己各有奴使别人，吃掉别人的希望，便也就忘却自己同有被奴使被吃掉的将来。于是大小无数的人肉的筵宴，即从有文明以来一直排到现在，人们就在这会场中吃人，被吃，以凶人的愚妄的欢呼，将悲惨的弱者的呼号遮掩，更不消说女人和小儿。”“这人肉的筵宴现在还在排着，有许多人还想一直排下去。”[1] 这一段话，标志着鲁迅直接将“吃人”行为同中国文明联系起来了，或者说标志着鲁迅将“吃人”从具体的吃人行为引申到了礼教吃人。[2] 比较一下《狂人日记》和《灯下漫笔》，可见两篇作品存在着这样的不变与变：不变的是“尚是”和人肉筵宴“一直排到现在”，变的是在《狂人日记》中吃人的人和被吃的人主体是含混的，而在《灯下漫笔》中，人肉筵宴中有了贵贱、大小、上下之分，也有了“凶人”与“弱者”之分。从这些分别上，我们可以看到鲁迅思想和关注点的变化，也就是从“五四”时期的生命伦理关注向后期思想中的政治伦理关注的转型。所以，当30年代中期，鲁迅已经习惯于以政治伦理立场来观察事物和分析问题时，鲁迅在重提《狂人日记》的主题时将其表述为“意在暴露家族制度和礼教的弊害”这种政治伦理命题，也就是必然的事了。

自此之后，“暴露家族制度和礼教的弊害”就成为《狂人日记》的标准主题，从历史书中满篇写着“仁义道德”的字缝里看出“吃人”二字的细节，就自然地被解读为“仁义道德”吃人，而“吃人”这一具体的历史事实和现世行为也就演变成了一个象征意象。当然，也有不少学者提出异议，要将《狂人日记》的主题正名到鲁迅最原初的陈述。如汤晨光《是人吃人还是礼教吃人——论鲁迅

---

1 鲁迅：《灯下漫笔》，见《鲁迅全集》第一卷，人民文学出版社 2005 年版，第 228—229 页。

2 小说中的从仁义道德的字缝中看出“吃人”二字细节，并没有将“仁义道德”直接等同于吃人。这种描写导致了以后有些研究者认为鲁迅并不是写仁义道德吃人，而是写仁义道德没有阻止住中国人吃人的行为。（参见贾泉林：《〈狂人日记〉的章太炎因素》，《上海鲁迅研究》2018 年第 3 期。）

〈狂人日记〉的主题》一文认为，《狂人日记》长期以来被定论为揭露礼教吃人，但从鲁迅的一贯思想和小说发表时鲁迅的自述可以断定，其原初的核心的动机是表现人吃人，是揭露存在于中国的食人蛮性，它通过对被吃的恐惧感传达出鲁迅对民族摆脱野蛮状态的热望以及对人的肌体和生命的强烈关注。[1] 应该说，这些学者要求回到鲁迅最为原初的意旨上去，都是合理的。值得指出的是，如果仅仅只是要求回到鲁迅自述的原点，而看不到这一原点所包含的深广的意义的话，这种回归反而有可能遮蔽或者损害《狂人日记》所具备的经典性。笔者认为，不仅是鲁迅对生命本身的强烈关注，而且是鲁迅对生命伦理建构的强烈关注与思考，才是《狂人日记》"乃悟中国人尚是食人民族"这一主题的深广意义所在，而这一点恰恰与"五四"时代的精神特质以及鲁迅对这一时代精神的积极呼应有着密切的关系。

"乃悟中国人尚是食人民族"，《狂人日记》的这一原始主题在五四新文学革命时期，其实是得到大家公认的。《狂人日记》发表之后不久，《新青年》的主要作者之一吴虞在第六卷第六号上发表了著名的《吃人与礼教》一文，后来学术界普遍认为，正是这篇文章成为首倡者，将《狂人日记》的主题阐发为礼教吃人，其实这是不确切的说法。这篇文章影响固然很大，而且标题就是吃人与礼教这两个十分刺眼的词汇，但通观全文，吴虞还是将吃人与礼教这两个词分开来议论的，吃人是吃人，礼教是礼教，两者本来就是矛盾的。吴虞为了证实鲁迅"乃悟中国人尚是食人民族"这一主题，列举了许多中国历史上人吃人的故事，而且这些故事都是正统史书上有所记载的，其可信度与野史和传说是大不一样的。值得注意的是，吴虞所列吃人史实是有所选择的，入他之眼的吃人者往往都是大谈礼教的王公大臣。吴虞双管齐下，一面描述其尊周公讲礼教的

---

1 汤晨光:《是人吃人还是礼教吃人？——论鲁迅〈狂人日记〉的主题》,《湖南师范大学社会科学学报》2004 年第 1 期。

姿态，一面列举其啖吃人肉的故事。如春秋时的齐侯，很讲君君臣臣的纲常名教，就是关于小小的一块祭肉也不能苟且，可就是这位在葵丘大会上说了许许多多敬老慈幼的门面话的五霸之首，居然对为他调和膳食的易牙说想吃蒸的婴儿，以致易牙“蒸其首子，而献之公”(《管子》)。汉代开始罢黜百家，独尊儒术，但“汉诛梁王彭越，醢之。盛其醢，遍赐诸侯”(《史记·黥布列传》)。唐时张巡守睢阳，弹尽粮绝时杀其妾以飨军士，被史家称为忠烈。哪怕到了近代，曾文正灭太平军时，其日记中也有记载：“洪杨之乱，江苏人肉卖九十文钱一斤，涨到一百三十文钱一斤。”正是在这样的对比中，吴虞盛赞鲁迅的《狂人日记》“把吃人的内容，和仁义道德的表面，看得清清楚楚。那些戴着礼教假面具吃人的滑头技俩，都被他把黑幕揭破了”。最后大声呼吁：“到了如今，我们应该觉悟！我们不是为君主而生的！不是为圣贤而生的！也不是为纲常礼教而生的！甚么‘文节公’呀，‘忠烈公’呀，都是那些吃人的人设的圈套，来诳骗我们的！我们如今应该明白了！吃人的就是讲礼教的！讲礼教的就是吃人的呀！”由此可见，吴虞奇怪的是吃人和礼教本来是矛盾的，怎么在中国就成了并行不悖的，他发现原来这是讲礼教的人所设的圈套，吃人是真的，礼教是假的。吴文最终也没有说“礼教”吃人，而是落在“吃人的就是讲礼教的，讲礼教的就是吃人的”这一骗局的揭穿上。在这一点上，鲁迅和吴虞有着共识，他一生都在批判古代儒生的伪善，认为儒生并不真正相信或者坚守孔子的学说，大都是在将孔子的学说当做敲门砖。这些论述，也是鲁迅深知儒生骗局的一个证明。

三

《狂人日记》发表后，事实意义的吃人与象征意义的吃人这两种思路对中国现代文学的影响极其深远。关于象征意义的吃人，学术界已多有研究成果，不再赘言，这里对事实意义的吃人的影响，略举例证说明。1925年3月，鲁迅的私淑弟子川岛在《语丝》上发表《人的叫卖》，不仅谈到了庄季裕的笔记中所载唐初朱粲“以人为粮”，“谓啖醉人如食糟豚”，靖康时，山东、京西、淮南等地“盗贼官兵以至居民更互相食，人肉之价贱于犬豕，肥壮者一枚不过十五千，全躯暴以为腊。登州范温率忠义之人绍兴癸丑岁泛海到钱塘，有持至行在犹食者。老瘦男子廋词谓之‘饶把火’，妇人少艾者名为‘不羡羊’，小儿呼为‘和骨烂’，又通目为‘两脚羊’”，而且作者对现世中的事实吃人也有所记载：“北五省旱灾以前的那次旱灾时，就在平定，人如果饿死，家人都不敢哭。因为哭声出去之后就有人拿了明晃晃的刀和篮子来分割人肉。”[1]《语丝》编辑周作人虽然一向认为学术研究应该严谨，注意常识，“平常所谓风俗，当以现代通行者为准，不能引古书上所记录，或一两个人所做的事，便概括起来认作当世的风俗。倘若说这是可以如此说的，那么我们知道德川朝有通火烧，锅煮，浇滚汤，钉十字架种种死刑方法，也可以称他是世界无比，根据了男三郎的臀肉切取事件，也可以说日本有吃人的风俗。但是头脑略为明白的人便知道这是不对，因为后者是个人的事情（虽然人肉治病是民间的迷信），前者乃是从前的事情了”[2]，但在给川岛的回复中，周作人还是很明确地说：“吃人，这是我中华古已有之的事。要说是坏，固然也是的，但是在重精神文明的国民，只要保住精神，吃掉了物质或者也不很打紧，即使不主张毁物质即所以保精神。”周作人还说，“我所最感到趣味的是《鸡肋编》里所说，登州忠义之人带了人腊到钱塘的行在来吃。吃了人肉做忠义之民，这是中国礼教的具体的象征”（见《语丝》第十七期）。“忠义之民”带了人腊到行在来吃，而吃了人

---

1 川岛：《人的叫卖》，《语丝》1925年3月9日第十七期。
2 周作人：《鸦片祭灶考》，《语丝》第四卷第二期。

肉还要做“忠义之民”，这和吴虞的“吃人的就是讲礼教的，讲礼教的就是吃人的”其实是同一种观察结果，洞察之见何其相似乃尔。

在现代文学史上，有一些小说为了塑造人物性格或者为了展示生存环境，也写到了种种吃人的情节与意象。如谭正璧的小说《莎乐美》，写皇后的活吃人心，较之现实生活中恩铭的亲兵炒吃徐锡麟的心肝更为残暴：“又是疯狂般地把那颗心向自己嘴里送，淋得胸衣上、被子上都是血，满手满嘴也都是血，不知怎样，竟被她活生生地吃了下去。在旁的太监宫女都吓得呆了，一时不知所措，都立着不动。忽然‘哇’的一声，血像喷雾般从皇后的嘴里射出来，吃下的心也吐了出来，跟在心的后间，血更像潮水般向地上涌。皇后的脸上尽是血，仿佛是燃上了火焰，身体在抽搐着。血还在涌，她的身子软得倒了下去”。又如李拓之的小说《遗袜》，写安史之乱带来的生灵涂炭。小说中杨玉环死在马嵬坡后，无以为生的老妇和孙子拾荒刨坟，发现了杨玉环美丽光洁的身体。老妇居然情不自禁地吻了上去，而年幼的孙儿则由于太过饥饿，狠狠地咬下尸体的乳头将尸肉吃下肚去。“温泉水滑洗凝脂”，“侍儿扶起娇无力”，这是千百年来一直在国人的文学想象中承传下来的关于女性身体的美丽故事，但在这一小说中，一代“仙女”杨玉环的尸身不幸成了山民的果腹之物。美的肉身，人的恶性，两相对照，既是写实，也是反讽，虽然都是历史事件，也不难让人想起现世中灾荒之年饥民“以人为粮”的困境。当然，人在没有任何资源来维持生存的状况下，以吃同类的血肉来延续自己的生存，从高标准的文明底线来衡量，这也是不符人之伦理的。但从低标准的文明底线上看，这毕竟显示出的是人类在生存与伦理之间难以取舍的悖论。只有在 20 世纪人类文明进化到物质生存已经不再是无法克服的困难的状态下，居然还有人类像贾平凹的小说《带灯》等作品里面所描写的那样，为了美味，为了养生，或者为了治病，不仅吃女人的胎盘，而且吃打下来的已经成型的胎儿，这才不仅是一种吃人的蛮性的残留，而且简直就是一种民族劣根性的发露。这种现象的存在，恰恰证实了鲁迅“乃悟中国人尚是食人民族”这一洞见的深刻，也证实了《狂人日记》所揭示的主题还远远没有过时。

1915 年，陈独秀痛感民国建立之后国家政治尚没有真正实现现代意义的转型，共和国只有政党的政治，只有政客的政治，没有国民的政治运动，所以他创办《青年杂志》启动五四新文化运动的思想启蒙工作，目的就在于唤醒和促进国民的政治觉悟。在《吾人最后之觉悟》一文中，陈独秀明确指出中国的问题要获根本解决，“犹待吾人最后之觉悟”。而他心目中的“最后之觉悟”，则包含“政治的觉悟”和“伦理的觉悟”两种。值得特别注意的是，尽管思想启蒙的目的在于唤醒和促进国民的政治觉悟以催生中国的国民政治运动，但陈独秀还是先知般地悟到了在这两种觉悟中，后者也即伦理的觉悟更为重要。因为“伦理思想影响于政治，各国皆然，吾华尤甚。儒者三纲之说，为吾伦理政治之大原，共贯同条，莫可偏废。三纲之根本义，阶级制度是也，所谓名教，所谓礼教，皆以掩护此别尊卑明贵贱制度者也。……自西洋文明输入吾国，最初促吾人之觉悟者为学术，相形见绌，举国所知矣。其次为政治，年来政象所证明，已有不克守缺抱残之势。继今以往，国人所怀疑莫决者，当为伦理问题。此而不能觉悟，则前之所谓觉悟者非彻底之觉悟，盖犹在惝恍迷离之境”。所以，陈独秀以其一贯的坚定态度和独断语气指出：“吾敢断言曰，伦理的觉悟，为吾人最后觉悟之最后觉悟。”[1] 这一断言，不啻为五四新文化思想运动最有洞察力与预见性的一个启蒙方略。先进的政治制度建立起来了，现代的社会治理方式完善起来了，前沿的科学技术发达起来了，但人的伦理观念还处于前现代阶段，还没有完全实现现代化的转型，社会的进步就只是一个跛脚的前行，甚至面临倒退与翻转的风险。大到“五四”

1　陈独秀：《吾人最后之觉悟》，《青年杂志》第一卷第六号，1916 年 2 月。

之后百年来的启蒙运动发展，风风雨雨，曲曲折折，反反复复，小到贾平凹笔下的人物还在偷偷摸摸地以成型的胎儿为药材来治病，这些都无不验证着陈独秀这一方略的重要性。

就鲁迅思想而言，早在辛亥革命前的思想启蒙工作中他就已经疾呼“立人”，“人立而后凡事举”，而他在立人方面树之为标杆的则都是拜伦、雪莱、尼采、易卜生这类英哲与精神界之战士，他们的共同特点就是在思想上不惮异端，在伦理上争天抗俗。由此可见，如果说胡适发表《文学改良刍议》一文显示出他是陈独秀文学革命观的知己，而鲁迅投入文学革命的第一掷投枪就是《狂人日记》，这恰恰说明在伦理觉悟之为最后觉悟这一启蒙观念上，鲁迅也是陈独秀思想革命观的知音。鲁迅一旦投入这场《新青年》发起的思想启蒙运动中，就以催生“伦理的觉悟”为己任，这既是听取前驱者的将令，也是鲁迅自己内心的一种自觉。尤其值得重视的是，伦理作为一种价值体系，包括社会伦理、政治伦理、经济伦理、学术伦理、生命伦理等多层次的内容，而作为生命体的人，乃是一切社会、政治、学术活动的中心和目的，因而在伦理这一价值体系中，生命伦理居于核心的地位，生命伦理的现代化也显得格外重要和迫切。鲁迅从一开始就把生命伦理的现代化摆在了首要位置上，他抨击“吃人”，呼喊“救救孩子”，相信“将来是容不得吃人的人”；他反对祖先崇拜，提倡“幼者本位”，鼓励“老年人欢欢喜喜地死去”，让年轻的一代欢欢喜喜地走向前去。这些都是五四新文学在中国生命伦理现代转型方面的最为重要的标志性成果，也是他作为《新青年》同仁对陈独秀“吾人最后之觉悟”的启蒙方略的实施与推进。而在他后来一系列的文学创作中，鲁迅对病人安乐死的肯定，对统治者虐杀酷刑的批判，对残疾者的创造精神、自强意志的尊重，等等，可见鲁迅毕其一生都在呼喊着生命伦理的现代化，也可见出鲁迅真正是五四新文化精神最为深刻也最为杰出的坚守者与践行者。礼教杀人，这在封建时代就已有思想异端者道出其中利害，而在新儒家回归的今天，“仁义道德”吃人的命题又屡遭质疑与攻击，虽然有不少学者力图为鲁迅辩护，力图把“吃人”这一意象的强烈色彩予以淡化或者模糊，但这些做法与鲁迅当年创作这部小说的原初动机也是渐行渐远。鉴于此，或许只有在生命伦理现代化这一启蒙路径上来看《狂人日记》，这部经典作品的意义与价值才会得到更深刻的彰显，更广泛的认同。

（原刊于《安庆师范大学学报（社会科学版）》2020 年第 1 期）

精神向肉体的复仇

——鲁迅创作中复仇叙事的一种独特维度

鲁迅的复仇叙事之所以引起研究者的关注，不仅是因为鲁迅的作品中，这种叙事写得最为诡谲波折，色彩秾丽，而且也是因为这一叙事中潜藏的意蕴，最能体现鲁迅精神世界的个性与深度。近年来，研究者在这个话题上倾注了很多的心力，但多数研究者还是依循“复仇”的原始意义，在鲁迅自身与外界之间的关系中也就是复仇者与复仇对象之间的关系中去寻找话题，建构意义，诸如弱者对强者（社会恶势力）的复仇，先觉者对愚昧的庸众的复仇等等。这些固然都是鲁迅复仇叙事中本有之义，但对这些维度的认识还不足以显示鲁迅复仇叙事在现代中国文学中的独特性。我认为，鲁迅复仇叙事的独特性不在于他与外界社会的关系，而在于鲁迅自身，在于鲁迅内在的精神自我与肉体自我的冲突。鲁迅是一个特别注重和推崇精神生活的贤者，从他早年呼唤“精神界之战士”到晚年借别国的火来煮自己的肉，都可以看出鲁迅毕生都在关注和建构着自己的精神自我。精神自我是可以由自己做主的，但身体发肤受之父母，肉体自我的产生并不是自主选择，其成长也往往不在自我意识的控制范围之内。对于精神自我而言，肉体或者是一种苦难，或者是一种负担，或者是一个虚无。精神自我的成长壮大，不得不承受着肉体的苦难折磨，负担压抑和虚无的消解与异化。在这种冲突中，精神自我不断地以各种形式向肉体自我实施报复，最终在这种快意复仇中成就一种极致与飞扬的大欢喜的生命境界。这就是鲁迅复仇叙事的精髓所在，也是鲁迅给现代中国文学复仇母题的叙事深度作出的独特贡献。

一

肉体的苦难是伴随鲁迅一生的沉重。作为长子，鲁迅从小就在为父亲的病而奔波，也近距离地感受到了肉体的病痛（水肿、喘气）对父亲的精神的折磨。鲁迅自己也长期患有各种程度不同的慢性疾病。据须藤五百三的说法，鲁迅患有龋齿、胃肠加答儿、消化不良、肠迟缓症、长年食欲不振、便秘、痔疮、筋骨薄弱、肺结核、胸膜炎等病症。[1]这些慢性疾病，有的会引发疼痛，有的使得身体严重不适，造成精神的紧张或萎靡。这种肉体上的磨难，在鲁迅的日记里常可找到记载。查鲁迅 1913 年与 1914 年两年的日记，关于头痛、胃痛、肩痛、大发热之类的记载，其频繁程度实在令人吃惊。1913 年 10 月 1 日的日记说得尤其痛切："写书时头眩手战，神经又病矣，无日不处忧患中，可哀也。"这种忧患当然是指自己的健康状况的恶劣而言。健康的肉体是在无形无觉中承载精神的飞扬的，而当一个肉体无日不忍受着病魔的肆虐，精神的关注点就不能不被拉回到肉体自身。有的朋友说鲁迅意志坚强，对自己的病况从不在意，才能够在如此严重的肺病折磨中活到超出医学预期的时间长度。说鲁迅全不在意自己的病，这是对的，是鲁迅对病症的达观态度，但这并不意味着鲁迅不关注自己的身体。在这一点上，我

---

1 须藤五百三：《医学者所见的鲁迅先生》，见《1913—1983 鲁迅研究学术论著资料汇编》第 2 卷，中国文联出版公司 1986 年版，第 163—167 页。

很赞同部元宝的意见。鲁迅是一个身体书写的圣手，他其实比任何现代作家都更善于也更深度地关注着自己的身体。身体的病的苦痛是时时在磨砺着鲁迅的神经的，对此鲁迅深感无奈。鲁迅不仅感觉到“苦痛是总与人生联带的”，而且认为人于痛苦简直“无法可想”。他宣称，“自己对于苦闷的办法，是专与袭来的苦痛捣乱，将无赖手段当作胜利，硬唱凯歌，算是乐趣，这或者就是糖罢。但临末也还是归结到‘没有法子’，这真是没有法子！”[1]确实，这种痛苦一旦到了无可忍受或者无法可想的时候，鲁迅就不能不憎恶起这肉体自身。病魔的肆虐带来肉体的痛苦，肉体的痛苦促使精神产生对肉体的憎恶，而憎恶的心理引发或者说培植起报复的意志。这是一个个体性的但无法扭转的生命逻辑，鲁迅后来在同自己的心爱之人谈论起身体这一私密性话题时，曾经沉痛地说自己一度设法自我泯灭。“有时则竟因为希望生命从速消磨，所以故意拼命的做。”[2]

对于肉体病痛的刻骨铭心的感受，可以用来解释鲁迅为何会与佛学发生关系。据许寿裳回忆，“民三以后，鲁迅开始看佛经，用功很猛，别人赶不上”[3]。另查鲁迅这数年的书账，除佛学著述与大量的墓志碑帖外，鲁迅几乎很少购进介绍西方人文思想的新潮书籍。鲁迅本人文化修养中的佛学资源，这已经是公认的学术界共识。但有两个与此相关的问题，学术界也是应该回答的。一是在鲁迅的精神结构中，佛学思想有怎样的位置？二是鲁迅要读佛经，而且用功很猛，为什么不在东京时期，也不在“五四”以后，恰恰在“民三以后”的那个几年？关于前者，晚年鲁迅曾对人说：“我自己总觉得我的灵魂里有毒气和鬼气，我极憎恶他，想除去他，而不能。”[4]这所谓“鬼气”与“毒气”，不太可能如某些研究者们所指认

---

1 鲁迅：《两地书》，见《鲁迅全集》第十一卷，人民文学出版社 2005 年版，第 16 页。

2 同 1，第 81 页。

3 许寿裳：《亡友鲁迅印象记》，人民文学出版社 1953 年版，第 44 页。

4 鲁迅：《240924 致李秉中》，见《鲁迅全集》第十一卷，人民文学出版社 2005 年版，第 453 页。

的是传统儒家思想的影响。传统儒家思想体系的核心观念是礼教，是三纲五常，鲁迅对此洞烛幽微，批判从来不遗余力，他不可能称之为游荡不定似有非有的“鬼气”。而且，儒家文化传统中的道德规范，也有不少合乎人情物理的地方，如尊师敬老等，鲁迅一直身体力行，也不可能感觉其如“毒气”般可怖。我认为，被晚年鲁迅视为“鬼气”般无形无影而又无处不在，“毒气”般可惊可怖的精神附着物，很有可能恰恰指的是佛家思想的深刻影响。如果这种推测成立的话，那么，这段话表示出的就是，佛家思想给自己的精神所造成的巨大紧张和沉重压力，鲁迅已经深切地感受到了。鲁迅爱护青年，希望他们不要像自己，活得如此沉重与险峻。但鲁迅也知道，面对如此污浊世间与烦恼人生，佛家思想确实能够解决一些令人困惑的人生根本问题，所以才“想除去他，而不能”。直到晚年，鲁迅仍然以佛经中的某些偈言作为处世的座右铭，如在 1934 年 5 月，日本僧人高昌眉山访问中国，曾造访周府并求墨宝，鲁迅当即书写《金刚般若波罗蜜经》偈语“如露复如电”一句，以赠友人，那种世事无常、人生如幻的感受依然可见。

至于后者，则显然与佛学的思想逻辑有关。佛学是一门哲学，阐释的是人为什么痛苦以及如何解脱痛苦。一切皆苦，这是佛教四大义谛中的第一义谛。而且，佛教判定一切皆苦的来源，包括两个方面：一是精神的逼迫性，即个体生命在与有情世间的联系中，由于矛盾、缺陷等原因，情感、意志、思想、心理等方面产生的逼迫与恼忧，如怨憎会苦，爱别离苦，求不得苦等等；二是身体本身的生理病痛，即所谓生老病死四苦。佛教认为，十月住胎时人就在水深火热中煎熬，一朝分娩，则众病交攻，四大难调，无有宁日。将人的生理性苦痛极度夸大与渲染，恰恰正是佛教人生价值观的独特之处。精神的逼迫性与生理的病痛性，鲁迅当然兼而有之。但是，在这双重苦痛中，生理性病痛应该是直接触媒，促使鲁迅接近佛学。这时的鲁迅，年龄刚满三十岁。一般说来，这种年纪刚健活泼，如日中天，正是人生最富精力的时期，也是最有创造性的时期。但鲁迅却没有享受到这份生命的华宴，而是无日不在忍受肉体痛苦的折磨。长期处于精神矛盾与紧张之中，人最容易萌生怀疑，破除法执，长期患于病苦的人，则最容易视肉体生命如桎梏而破除我执。佛家认为，只有“我执”与“法执”的双重破除，才能验证佛家所谓“生存即苦”，才有可能体味到佛家悲智双运的般若境界。据许寿裳回忆，鲁迅曾对他说：“释迦牟尼真是大哲，我平常对人生有许多难以解决的问题，而他居然大部分早已明白启示了。真是大哲。”这种赞叹语气，重复强调，表述出来的当然是铭心刻骨的感受。精神逼迫固然让鲁迅痛苦，但鲁迅心灵力量的强大，足以忍受甚至化解这种无形的痛苦。而生理病痛对神经的磨砺，则是有形有感的痛，是物理的痛，越是敏感的心灵，对这种物理病痛的承受力越是脆弱。可以说，只有想象肉体病痛对鲁迅的折磨，才能真正领略到鲁迅对释迦牟尼的钦佩之情，才能真正领略到鲁迅独自“咀嚼着人我的渺茫的悲苦”这一胸襟的寥廓广远。

肉体的病痛是对于精神的一种折磨，但肉体与精神的纠缠之处还不仅于此。肉体的本质就是一种依附，它必须依附于空气、水、食物才能存在，也就是佛教所说的因缘凑泊，无自性，也无自体。这种依附性与精神的独立自由恰成对立。对于注重精神生活的人而言，必须依附有条件而存在的肉体，这往往成为精神飞扬时难以承受的沉重。中国社会以实用理性为思想基础，不为五斗米折腰，须得有几分薄田，历史上为五斗米而折腰的气短英雄，难以计数。肉体的负担性，作为破落家族的长子，鲁迅也是深深体味过的。且不说少年时代，鲁迅奔走于当铺和药店之间的窘迫，在东京留学期间，鲁迅为了母亲拒接光复会暗杀的指令，后来为了母亲回乡成婚，为了弟弟的学业，放弃自己的梦想回乡就业，多方拜托师友在外谋职，至于20年代鲁迅辛辛苦苦上班兼职，养家糊口，却被家里的日本女人赶出家门，更是鲁迅无法释怀的心痛。肉体生存，就会有必须谋划的俗务，要谋划俗务，就不免要放弃或者变形自己的精神原则。这种精神与肉体的纠缠，在鲁迅的作品中曾经得到深刻的表现。鲁迅不仅在杂文中不断地申说过“第一要生存”“爱要有所附丽”的要义，而且在小说创作中也不断地为人物设置肉体生存特别艰难时的窘迫情景。《阿Q正传》中的阿Q就是在被盘剥得不剩一毛，而且谋生的途径都被堵死之后，才铤而走险去“革命”的。孔乙己的“窃”书也一定是为了填饱自己的肚子，而不是为了收藏某个版本。尤其值得注意的是《彷徨》中几篇以知识者为题材的作品，更能够体现出精神与肉体纠缠时作者的痛切感受。《在酒楼上》中的吕纬甫当年意气风发，“同到城隍庙里去拔掉神像的胡子”，“连日议论些改革中国的方法以至于打起来”，现在却“敷敷衍衍”“模模胡胡”，甚至去教“子曰诗云”、《女儿经》之类，无非是“借此还可以支持生活”，而且“堂倌送上账来，交给我；他也不像初到时候的谦虚了，只向我看了一眼，便吸烟，听凭我付了账”。中国人好礼让，而经济的窘迫使得他连一点坚持传统礼节的气概也荡然不存了。《伤逝》中的涓生最终放弃子君，直接的原因也是生活的压迫。“其实，我一个人，是容易生活的，虽然因为骄傲，向来不与世交来往，迁居以后，也疏远了所有旧识的人，然而只要能远走高飞，生路还宽广得很。现在忍受着这生活压迫的苦痛，大半倒是为她”。小说写到子君临走时把“两人生活材料的全副”，“盐和干辣椒，面粉，半株白菜，却聚集在一处了”，更是凸显了悲剧背后的生活压力。《孤独者》中，魏连殳是多么的傲气与不驯，可是当“生计更其不堪了”时，人的精神状态就发生变化，“窘相时时显露，看去似乎已没有往时的深沉”，知道“我”要动身离开山阳时，“深夜来访，迟疑了许久，才吞吞吐吐地说道：‘不知道那边可有法子想？——便是钞写，一月二三十块钱的也可以的。我……’”。不是困顿到走投无路，一个曾经像受伤的狼一样嗥叫的男子汉是不会如此窘迫与踌躇的，甚至连“我”都“很诧异了，还不料他竟肯这样的迁就，一时说不出话来”。肉体的负担以及“精神”面对这种负担的峻急时刻的无助与无奈，就这样在魏连殳的身上得到了令人颤栗的展示。

二

在《娜拉走后怎样》一文中，鲁迅曾说：“梦是好的；否则，钱是要紧的。”“钱这个字很难听，或者要被高尚的君子们所非笑，但我总觉得人们的议论是不但昨天和今天，即使饭前和饭后，也往往有些差别。凡承认饭需钱买，而以说钱为卑鄙者，倘能按一按他的胃，那里面怕总还有鱼肉没有消化完，须得饿他一天之后，再来听他发议论。”[1]而且，鲁迅还对只带着一颗“觉醒的心”走出去的娜拉揣想了三条路，一条是饿死，一条是堕落，一条是回来。鲁迅创作的人物也经常面对这样的生存境遇，而且必须作出自己的抉择。有的堕落了，如魏连殳，最终做了军阀的顾问，躬行自己过去所憎恶的事情；有的饿死了，如孔乙己，即使堕落去窃书，还是免不了饿死的结局；有的回去了，如吕纬甫，像“蜂子或蝇子停在一个地方，给什么一吓，即刻飞去了，但是飞了一个小圈子，便又回来停在原地点”。过去，学术界从历史唯物主义的观点出发，对鲁迅“第一要生存”的思想予以深切的关注，认为这是鲁迅进化论思想的根基，也是鲁迅后期世界观转换的动力，这固然不错。但是我们也要注意到，鲁迅强调第一要生存，这个生存是有意义的生存，而不是好死不如赖活着的苟活，更不是从奴隶的生活中寻找出美来陶醉自己的奴才式的活着。所以，鲁迅笔下的人物在精神与肉体出现纠缠时，在肉体需求面临着崩溃的危机与走投无路的境遇时，即

1　鲁迅：《娜拉走后怎样》，见《鲁迅全集》第一卷，人民文学出版社 2005 年版，第 168 页。

使人物堕落了，或者回来了，堕落之下其梦仍在，回来之后心有不甘，内在的冲突、精神与肉体的缠结不是平息了，化解了，而是更加隐蔽，更具杀伤力了。这时，鲁迅往往会别出心裁地在这类人物的精神中注入一种强烈的力量，这种力量带着仇恨的性质，也带着自我毁灭的性质，其矢向直接指着精神所依附的肉体自身。这种情节设置，在鲁迅的作品中呈现为精神向肉体的复仇，并且成为鲁迅创作中复仇母题叙事的一个独特的维度。

通观鲁迅的创作，这种精神向肉体的复仇书写大致可分为三种方式。一种是精神向肉体的告别，精神已经难以忍受肉体的平庸，他要脱离这肉身，让肉身成为一个没有生气、没有灵光的躯壳。如《影的告别》，影可谓之精神，形即指肉身，影向形的告别，本意上就是精神向肉身的告别。精神控诉肉身"你就是我所不乐意的"，不仅不想如影随形一样地"跟随你"，而且再也"不愿住"在肉身里。精神宣告自己要"独自远行"，或者就"不如在黑暗里沉没"。这些句子，虽然缠结，但无一不说明精神向肉身告别的决绝。对鲁迅这篇散文诗的肉体话语，郜元宝曾有很精彩的分析，郜文认为"事实上，就鲁迅一生的文学实践来说，精神之'影'扬言的所谓'独自远行'那种事也并没有发生。立意要'独自远行'的精神之'影'最终还是回到它所谓'不想跟随''不愿住'的身体，'影'和身体既保持一定的张力，又从来不曾决然相离，二者如此纠葛缠绕，这才呈现出完整的自我"[1]。这一观点强调了鲁迅思维方式中精神肉体两方面的缠绕纠葛所带来的思想的张力，但我认为，这种思想张力的深度根底里也许还是来自鲁迅思想中"精神之我"对"肉身之我"的穿透。鲁迅虽然一生都在为肉身正名，都在为肉体需要的正义性呐喊，但那是在公共话语领域内的文化行为，一旦回到私我的话语场域中，这位崇仰"精神界之战士"的哲人却一直对肉身

1 郜元宝：《从舍身到身受——略谈鲁迅著作的身体语言》，《鲁迅研究月刊》2004 年第 4 期。

的意义有所保留，甚至怀疑。至少在思维的方式上，精神之我始终在渴望穿透肉身之我的束缚而独自飞扬。精神的远行在《墓碣文》中有很贴切的隐喻。这也是一篇精神与肉体颉颃的作品。关于这首散文诗的主题，解读的观点甚多，我认为它的主题就是通过已经离开肉体远行的精神之“我”对肉身之“我”的省视，来写精神对肉体认知的艰难。“有一游魂，化为长蛇，口有毒牙。不以啮人，自啮其身，终以殒颠。”这种精神的反啮写的是精神之我与肉身之我的缠结历史。诗中的“我”就是那个自啮其身的游魂，“我”与“游魂”是二而一的。从作品交代的情节看，“自啮其身”的是“游魂”，而不是肉身，想知道心（肉身之心）的本味的也是“游魂”，而不是肉身，所以，墓碣上的那段著名的悖论文字乃是“游魂”远行时在墓碑上写下的斯芬克斯式的问答，而不像许多研究者们所认为的那样，是死尸向观者“我”的宣示。精神远行之后，肉身成为死尸，“胸腹俱破，中无心肝。而脸上却绝不显哀乐之状”，甚至说话也“口唇不动”，这种没有生气、没有灵光的状况，恰恰也正是精神向肉身报复而想要达到的效果。

精神向肉身的第二种复仇方式，是精神用自己的高度亢奋来磨砺肉体，让肉体得不到它想要的休憩。鲁迅是医学出身，虽然他为了美学，曾有意在生理学作业中将血管的路线图画得好看些，但他对肉身的生理特质无疑是十分了解的。“人的皮肤之厚，大概不到半分，鲜红的热血，就循着那后面，在比密密层层地爬在墙壁上的槐蚕更其密的血管里奔流，散出温热，于是各以这温热互相蛊惑，煽动，牵引，拼命地希求偎倚，接吻，拥抱，以得生命的沉酣的大欢喜。”《复仇》中的这种肉身描写，不仅意味着鲁迅在肉身书写上的文采飞扬，而且显示着鲁迅对肉身的十分细致精密的观察。但在个人的日常生活中，鲁迅对自我身体的管理却是十分随便的。这种随便，从意识到的层面看，有无奈的一面（郜元宝对此有所分析），但从潜意识的层面看，这或许是一种久已养成的自我压抑的呈现。

自我压抑，在本质上就是精神的胜利，意志的张扬。鲁迅的《过客》可以说是这种自我压抑的典型文本。“黑须，乱发，黑色短衣裤皆破碎，赤足著破鞋”，从“短衣裤”“赤足”这种外貌和衣着来看，过客显然是卸去肉体的保护要求来磨砺肉体。“从我还能记得的时候起，我就在这么走，要走到一个地方去，这地方就在前面。”虽然要走到的地点具体是哪里，过客并不知道，但他清楚地知道自己一直就这么走着，这是以剥夺肉体的休憩要求来磨砺肉体。“倘使我得到了谁的布施，我就要像兀鹰看见死尸一样，在四近徘徊，祝愿她的灭亡，给我亲自看见；或者咒诅她以外的一切全都灭亡，连我自己，因为我就应该得到咒诅。”对小女孩的布施的拒绝，则是以阻断肉体的供养要求来磨砺肉体。毫无疑问，这篇散文诗剧表达的是鲁迅的漂泊的生命精神，这种永动不止、前进不息的精神正是五四新文化精神的一种诗性化表述。但漂泊者并非一定要卸去肉体的保护，剥夺肉体的休憩，阻断肉体的给养，鲁迅在这里显然要表达的还有他的人生哲学。从《野草》中展示的种种相反、对立的悖论来看，这种人生哲学的核心层面就是他对精神与肉体的颉颃的思考与体验。值得一提的是，诗剧有四次写到过客的“忽然惊起”，而且每一次的“忽然惊起”之后，紧跟着的都是过客的“我还是走好”“我只得走”的喃喃自语。鲁迅惜墨如金，但也惯用复沓技法。诗剧中不断地重复这一细节，其深长的意味，显然是要表达精神之“我”面对女孩的温情抚慰与老翁的经验劝阻，对懈怠与放弃的拒绝，对肉体之“我”的诡计的警惕。

精神向肉体复仇的第三种方式，是故意拼命地做，从速消磨这肉体。这是一种更为极端的精神复仇方式。对这种复仇方式，鲁迅不仅在自己的日常生活中曾经实践过，而且在《孤独者》这一小说中作过浓墨重彩的描写。小说铺写魏连殳的性格变化，可谓一波三折，而波折的转捩点都是“生计”。在“生计”不成问题的时候，魏连殳是一匹桀骜不驯的狼，任性而为，孤独而倔强，语句不多，冰冷而决绝。可是一旦“生计”成了问题，魏连殳就变得“窘相时时显露，看去似乎已没有往时的深沉”，说话也迟迟疑疑，吞吞吐吐。虽然魏连殳说“我还得活几天”，甚至说因为“还有人愿意我活几天”，所以“我愿意为此求乞，为此冻馁，为此寂寞，为此辛苦”。但“生计”不成问题时的那种活着的气概与魄力是没有的了。至于后来，他做了杜师长的顾问，每月的薪水现洋八十元，“生计”又不成问题了。这时，也就是魏连殳在信中反讽地说起“我现在已经‘好’了”的时候，魏连殳“人就和先前两样了，脸也抬高起来，气昂昂的。对人也不再先前那么迂”。过去叫房东“老太太”，现在改口叫“老家伙”，过去见了孩子们比见老子还怕，现在要孩子们装狗叫，磕响头。当然，如果只是要表达一个启蒙者怎样在环境的逼迫下放弃自己的原则，小说写到这里也可止笔了。但鲁迅还没有止住，他让这个孤独者在这“新的宾客，新的馈赠，新的颂扬，新的钻营，新的磕头和打拱，新的打牌和猜拳，新的冷眼和恶心，新的失眠和吐血”的热闹中骤然暴毙，这一情节设置无疑是值得读者进一步玩味。小说里房东太太述说的两个细节特别有意味，一是“人送他仙居术，他自己是不吃的，就摔在院子里——就是这地方——叫道，‘老家伙，你吃去罢。’”一是“大约是早已瘦了下去的罢，可是谁也没理会，因为他总是高高兴兴的。到一个多月前，这才听到他吐过几回血，但似乎也没有看医生”。这两个细节都是关于肉身的，前者说明他不愿意养身，后者说明他不愿意护身。从常识来看，如果魏连殳真的变节了，放弃了自己的原则，或者说已经安于“躬行我先前所憎恶，所反对的一切，拒斥我先前所崇仰，所主张的一切”，那么，他就应该积极主动地养身护身，因为只有积极主动地养身护身，才能够长久地享用他自己用放弃信仰与原则而换来的肉身的“快活”与“舒服”。但魏连殳不仅不愿意养身护身，反而在明知自己的肺病严重的情况下，用房东太太所说的“胡闹”迅速地、彻底地摧毁了自己的肉身。在这里，我特别欣赏鲁迅对魏连殳死后形貌的描写，悲凉，反讽，一种典型的精神之我与肉身之我二元分离的思维方式。“他在不妥帖的衣冠中，安静地躺着，合了眼，闭着嘴，口角间仿佛含着冰冷的微笑，冷笑着这可笑的死尸。”这“冰冷的微笑”就是魏连殳的“精神之我”，这“可笑的死尸”就是魏连殳的“肉身之我”，“精神之我”当然知道是因为“肉身之我”存在的需求逼迫自己放弃自己所崇仰的和主张的，但现在“精神之我”终于用从速消磨这肉体的策略摧毁了“肉身之我”，从而完成了一个孤独者为自己的精神痛苦所渴望的复仇。

三

精神与肉身的颉颃与纠缠，精神奋起对肉身的复仇，这种紧张的主题主要出现在《呐喊》《彷徨》和《野草》时期，1927 年前后，鲁迅与许广平相爱并同居，“还有人愿意我活几天”，成了鲁迅心灵世界中的一个重要信念，一个温暖的力量源泉，这种精神向肉身复仇的主题就几乎不再出现，精神与肉身的紧张关系，在鲁迅的作品中也得到明显的缓解。事实上，鲁迅在《野草》中用悖论的诗学呈现出自己关于生命的哲学观念与情感体验，在《朝花夕拾》中用记忆的诗学为自己前半生的某些重要的生命痕迹作了寻根式的描述之后，他的生命中隐含的巨大的生命能量得到了释放，此后他的创作就很难再见到对自我个体生命深处的心灵颤栗的开掘与把握了。这一创作情势的变化，恰恰也从另一个角度说明，鲁迅笔下的精神与肉身的紧张关系，不仅仅是一种创作构设，一种创作者的想象力的呈现，而且也是创作者自身的生命力量和生命状态的表达。当然，这种主题的创构，也与鲁迅在这个时代中的文化接受有着密切的关系。

精神与肉身的纠缠，首先是来自肉身的疾病状态。疾病本身对生命的影响有两种可能，一种是摧毁生命的意志，使精神萎靡不振，最终屈服于疾病的肆虐。另一种可能是更加激起生命意志的张扬，使精神高度亢奋，从而调动起生命的所有能量，做出超凡的创造性成就。世间有无数这样的先贤的例子，尼采就是其中之一。尼采从小身体羸弱，多病，最终也是在英年毁于精神疾病。但他在清醒的时候，意志力从来没有被肉身的疾病压倒过。他曾说："一位历经种种身体状况的哲学家同时也会步入种种哲学，会把每次身体状况转变为思想形态和思想背景"，"我们哲学家不可能和大众一样，将灵魂和肉体分开，更不能将灵魂和思想分开。我们既不是有思想的青蛙，又不是内脏冰冷的客观记录仪，而必须持续地从自己的痛苦中娩出思想，像慈母一般倾其所有，以鲜血、心灵、热情、喜悦、激情、痛苦、良知、命运和灾祸给思想以哺育。在我们，生命就是一切，我们总是把生命、把遭际的一切化为光与火，舍此便无所作为。至于疾病，我们不是问过，难道它对于我们必不可少吗？巨痛，作为怀疑一切的师爷，才是思想的最终解放者，它把每个U都变成X，那个不折不扣的、正正当当的X；……巨痛，那绵延的巨痛，它不慌不忙，犹如架起嫩绿的柴火将我们焚毁，是它才迫使我们哲学家潜入自己的心灵底蕴，并且实施我们的一切信任，善良、掩饰、宽容、中庸……"[1]这显然是尼采的夫子自道，也是尼采对身体疾病与创造力迸发之间关系的一个哲学思考，这个尼采式的论断同样也适合鲁迅。正是肉身绵延不已的病痛，迫使鲁迅潜入自己的心灵底蕴，持续地从自己的痛苦中娩出思想。"五四"时期不乏注重思想的文学家，胡适、周作人、茅盾、郭沫若、林语堂、梁实秋等等，都可称之为思想深刻、情感丰富，而且"五四"时期里直接用文学宣泄个人的苦痛，呼天抢地，喊穷叫苦，也曾经俨然是一种浪漫的时代风气。但是，只有读鲁迅的作品，才能真正领悟

---

1 〔德〕尼采：《快乐的科学》，黄明嘉译，华东师范大学出版社2007年版，第38—39页。

到什么叫来自肉身深处的思考。鲁迅的思想里含有丰富的肉身质素，能把捉到神经的颤栗，能闻到热血的腥味，甚至能看到一种肺病式的深黑颜色。学术界一直习惯于从反庸众、扬个性的角度来看鲁迅对尼采的信仰，其实，如何从肉身病痛中激发出生命的巨大能量，这才是鲁迅对尼采最为心领神会的地方。因为，反庸众，扬个性，体现的是启蒙者与社会的关系，而从肉身病痛中激发出生命的巨大能量则是个人性的问题，因而最切近，也最深刻。

无论是对肉身疾病的漠视，还是故意拼命地做，欲从速消磨这肉体，这种精神复仇方式多少带有一点自杀意味。应该说，像鲁迅这样意志力坚定的人，医学和病理学上的自杀倾向固然不可能发生，但在哲学和美学意义上，鲁迅对自杀的意象却有点迷恋。这也许与叔本华的影响有关。叔本华 1851 年出版《附录与补遗》这部涉及许多主题的论文集，其中就包括《论自杀》《论世界的苦难》《论存在的空虚》等。“从这本书起，他开始受到人们的关注。”[1] 在这本书里，叔本华从积极性的意义的角度阐述过自杀的意义，“认为自杀恰恰是肯定意志的最强烈的表现，因为自杀的原因往往是欲求的无法满足。自杀所毁灭的只是个体，而不是物种，更不是意志。自杀只是在对身体（个体现象）的毁灭中，连带地否定了这一个体的一切欲求，但这一行为本身并不否定意志”[2]。可见在叔本华那里，自杀这一行为本身就是意志（精神）对欲望（肉身）的胜利。除了自杀，叔本华还指出了两条逃脱意志的出路，一条是伦理学，一条是美学。“从一个道德的角度，我们可以拒斥激情和欲望；从一个美学的视点，我们可以凝视艺术美。”[3] 这种通过艺术创造与欣赏的角度来化解意志痛苦的理论，王国维在评论《红楼梦》时曾

---

1 〔美〕撒穆尔·伊诺克·斯通普夫、詹姆斯·菲泽：《西方哲学史》，丁三东等译，中华书局 2005 年版，第 481 页。

2 叶秀山、王树人总主编：《西方哲学史》第七卷，凤凰出版社、江苏人民出版社 2005 年版，第 75 页。

3 同 1，第 490 页。

最早予以阐发与运用。鲁迅曾治中国小说史，对浙江同乡王国维的小说研究颇为关注，而且他早在东京留学时，也已经对叔本华有所研究，把叔本华放在“精神界之战士”一类人中进行过介绍。他曾称赞叔本华“自既以兀傲刚愎有名，言行奇觚，为世希有；又见夫盲瞽鄙倍之众，充塞两间，乃视之与至劣之动物并等，愈益主我扬已而尊天才也”[1]。后来，鲁迅在各种场合也多次引用叔本华的言论来说明或注解自己的观点，有些是刻意引用的，如“Schopenhauer说过这样的话：要估定人的伟大，则精神上的大和体格上的大，那法则完全相反。后者距离愈远即愈小，前者却见得愈大”[2]。叔本华的这个观点就是典型的精神肉体二元思维的方式，突出了精神与肉身的认知法则的差异，鲁迅对这一观点一直是心仪不已的，精神之所以能有力量对肉身进行复仇，也就在于精神有它自身的“大”，一种不受肉身体格束缚的“大”。另有些是随意点染发挥的，如“有些作者，是连账簿也用心机的，叔本华记账就用梵文，不愿意别人明白”[3]。这些观点是从叔本华的著作中信手拈来的，可见鲁迅对叔本华了解之深。面对肉身苦难的肆虐，鲁迅一方面曾故意拼命地做，欲从速消磨这一肉体，一方面积极而坚定地从事着艺术的创造与赏鉴，甚至无论做什么工作，一生都没有放弃这种生命的爱好。由此足可见在精神与肉身的二元对立问题上，鲁迅受叔本华影响的深刻。

在现代文学史上，也许很难再找到一位作家像鲁迅那样，在描写精神玩味肉身的死亡上具有如此特别的兴趣与独到的体验。鲁迅说：“在我生存时，曾经玩笑地设想：假使一个人的死亡，只是运动神经的废灭，而知觉还在，那就比全死了更可怕。”根据这一奇

---

1 鲁迅：《文化偏至论》，见《鲁迅全集》第一卷，人民文学出版社 2005 年版，第 52 页。

2 鲁迅：《战士与苍蝇》，见《鲁迅全集》第三卷，人民文学出版社 2005 年版，第 40 页。

3 鲁迅：《孔另境〈当代文人尺牍钞〉序》，见《鲁迅全集》第六卷，人民文学出版社 2005 年版，第 429 页。

异的设想，鲁迅构思了《死后》，写“梦见自己死在道路上”后所遭遇到的种种悲喜剧。虽然这篇散文尚是对世态人情的讽刺，表现的是对世间无耻之徒不放过利用死人的机会这一丑恶行径的憎厌，但文章结尾时，鲁迅说：“几个朋友祝我安乐，几个仇敌祝我灭亡。我却总是既不安乐，也不灭亡地不上不下地生活下来，都不能副任何一面的期望。现在又影一般死掉了，连仇敌也不使知道，不肯赠给他们一点惠而不费的欢欣。……”对这种死亡的方式，鲁迅甚至说“觉得在快意中要哭出来”。这显然是鲁迅主观情感的流露与心理悸动的揭示。像这类浸透着鲁迅的主观情绪的关于死亡的精辟议论与别致的意象，在《野草》中随处可见。如：“他在手足的痛楚中，玩味着可悯的人们的钉杀神之子的悲哀和可咒诅的人们要钉杀神之子，而神之子就要被钉杀了的欢喜。突然间，碎骨的大痛楚透到心髓了，他即沉酣于大欢喜和大悲悯中。”（《复仇（其二）》）“于是只剩下广漠的旷野，而他们俩在其间裸着全身，捏着利刃，干枯地立着；以死人似的眼光，赏鉴这路人们的干枯，无血的大戮，而永远沉浸于生命的飞扬的极致的大欢喜中。”（《复仇》）“在无边的旷野上，在凛冽的天宇下，闪闪地旋转升腾着的是雨的精魂……”“是的，那是孤独的雪，是死掉的雨，是雨的精魂。”（《雪》）“这是死火。有炎炎的形，但毫不摇动，全体冰结，像珊瑚枝；尖端还有凝固的黑烟，疑这才从火宅中出，所以枯焦。”（《死火》）“‘待我成尘时，你将见我的微笑！’”（《墓碣文》）“每听得机件搏击空气的声音，我常觉到一种轻微的紧张，宛然目睹了‘死’的袭来，但同时也深切地感着‘生’的存在。”（《一觉》）总括这些议论与意象，我们能够清晰地观察到鲁迅笔下的一个反讽：有意义的死并不像无聊的生那样阴冷、灰沉、晦暗与恐怖，反而显得颇有朝气，颇有情趣，宛若一种“生命的飞扬的极致的大欢喜”。这种精神对肉身死亡的玩味，精神对肉身死亡所感受到的极致的大欢喜，从它的表现形态上看，更像是一种佛教式的死亡体验。佛教对死之意义是非常讲究的。当年梁启超曾依佛学种子义谈自己的生死观，并名之曰“死学”，由此可见佛学对死亡意义之探究实在儒、道之上。佛教把人生的趋向归结为两条相反的途径，一条是陷入轮回道中，随波逐流，听任环境的支配，称为“流转”。另一条是对“流转”的反动，即破坏它，变革它，使之逆转，称为“还灭”。有了这两种相反的人生趋向，也就有了两种不同的死亡境界。在轮回道中流转，死亡并无意义，因为作为前世惑业造成的果报身即肉身虽然不复存在，但业力有增无减，新的果报又将实现。而在“还灭”途中，生命的最高境界就在于证得涅槃之际那一刹那的圆满、光明、寂静、真性湛然、周遍一切。不仅灭除生死的因，而且灭尽生死的果，从而超越于轮回之上。所以，死亡在俗世凡人看来是大悲痛，是生命的衰朽与结束，而在得道的修行者而言，死亡则是灭度，是圆寂，是生命的极致与飞扬，是生命的大欢喜。佛教教义以其四谛之一的灭谛高度肯定了后一种死亡之境界，而让前一种死亡的主体坠入到地狱中去接受阎罗审判。鲁迅欣赏佛学的死亡观，将死亡看做生命的极致与飞扬，并非为了在实践行为上证得涅槃，而是因为他深深地感觉到，唯有肉身的毁灭才是对人生苦痛与无聊的最快意的复仇方式。生命的过程即是与苦痛搏斗的过程，苦痛无往而不在，生命也无往而不紧张。当你在刹那间结束了肉身的生命延续，苦痛势力便失去了他肆虐的对象，为苦痛所折磨而又无法可想的生命便以最极端也最简捷的方式复了仇，生命本身的意义也就达到飞扬与极致，于是有大欢喜。《孤独者》中的魏连殳死后“口角间仿佛含着冰冷的微笑，冷笑着这可笑的死尸”，这“冰冷的微笑”就是“精神之我”在弃绝肉体这一苦集之场之后的大欢喜的最为惊心动魄的表现。

（原刊于《南华大学学报（社会科学版）》2016 年第 3 期）

鲁迅：用世界眼光讲叙中国故事

在一种世界的背景上，用一种世界的眼光来讲叙中国故事，这是“五四”时期里以鲁迅为首的一代新文学家们最为突出的思维特点。采用这样的眼光，当然与“五四”一班新文学家大都出身于留学知识分子有关，他们的手里都掌握着丰富的西方文化资源，可以信手拈来。但更为深层的原因是，这群留学知识分子自觉或者不自觉地感受到了中国历史上文化变革的一个从未跳脱出去的怪圈，这就是台湾学者龚鹏程曾指出的，借助主流文化的非主流因素来反主流。这种体制内的反叛，虽然有时也能热闹一阵，但最终结局要么被收编，要么沉入主流文化的汪洋大海中再无消息，儒家传统不仅稳坐江山，而且把整个中国文化变成更加密不透风的大染缸。所以，陈独秀发起新文化运动，高高举起的旗帜是西方的“赛先生”和“德先生”，胡适提倡白话文学，虽然也作作《白话文学史》，说说禅宗语录的贡献，但那只是以子之矛攻子之盾的一种战法，他的理论依据乃至思维方式都是地地道道的杜威实验主义。鲁迅也许最为突出，他不仅以进化论观中国情势，以尼采学说看国民性格，而且在个人心境上深深地咀嚼着背负“鬼气”与“毒气”前行的生命之重，以至于发出要么全有，要么宁无的时代绝叫，不留丝毫的折中与妥协的空间。（鲁迅的“听将令”“与前驱者取同一的步调”，可以理解为对这一文化策略的认同。）应该说，由君主向民主的国家政治体制的改变，由臣民向公民的个人社会身份的转换，天然地给了新文学家用西学来反传统的理论自信，从世界来看中国的方法自觉。所以，上个世纪20年代初期，新文学运动与国粹派和文化保守主义的论战刚刚交锋，新文学家就十分不屑地宣称，不必再和国粹派保守派们进行理论上的较量。（这一自信带来后患无穷，在后来的历次与保守主义的论战中，那些新文化运动的后辈们既没有前驱者们那种国学功底，也没有那种亲身感受，所以屡屡失语，挡不住新儒家的气势。）因为新文学家们坚信，新瓶怎能装旧酒？在现代民主政体下，作为君主专制政体的精神支柱的儒家传统自然已经失去它的精神引导的现实正当性。

20年代末期，时代转换了主题，情势发生了变化。普罗文学的兴起突破了“五四”时期文学上的写实与古典、社会与山林、国民与贵族的对立结构，阶级性与普遍人性的对立在新文学自身阵营里划开了一道意识形态的鸿沟，世界也不再是一个混沌的整体，而是俨然划分成了东西两个阵营。在这样的时代背景下，轰毁了进化论，在马克思主义理论的火里面煮过自己的肉的鲁迅，在思想观点、思维方式乃至个人兴趣上发生一些变化，这也是很正常的。但值得注意的是，当人们纷纷转向，以集体主义的名义轻易放弃自己的个性时，鲁迅的文学创作与文化活动却由“五四”时期的“听将令”转向了对自己独立观察与自由思考的信心与权利的坚守。“左翼鲁迅”主张阶级性的文学，看到了民族的脊梁，但他一如既往地表现出对改造国民性的重视，表达出对尼采、对佛学的欣赏，对儒家的缺乏好感等等，这些其实都是“左翼鲁迅”对“‘五四’鲁迅”的坚守。尤其是当普罗文学阵营中的文学家们张扬起阶级的大旗，用阶级的眼光和阶级的意识来观物抒情，或者用苏俄式的方式来讲叙中国故事时，鲁迅依然像“五四”时期一样，用一种超越东西阵营意识形态鸿沟的整体性世界意识来讲叙中国故事。讲叙现实中国的故事，这是新文学家们自我赋予的一份社会责任，无论是写实派还是浪漫派，是唯心主义还是唯物主义，是革命作家还是非革命作家，概莫例外。不同的是怎样讲叙中国故事，以什么样的眼光，在什么样的背景上讲叙中国故事，正是在这一点上，文学始终和政治保持着暧昧的关系，而文学家个人思想的深浅、志趣的大小、品位的高下等等，也判然显示出了差别。看不到“左翼鲁迅”与“‘五四’鲁迅”在这一点上的一致性，恐怕也就难以真正理解鲁迅的伟大之处。

写于1934年的《关于中国的两三件事》就是一篇非常典型的讲叙中国故事的杂文。文章讲叙的是“火”“王道”和“监狱”这三种事情的“中国特色”，一开篇就指出希腊的“火”与中国的“火”的不同，希腊民族记得的是为他们偷来火的神，而中国民族记得的却是放火的人，给人们带来火灾的，不仅不敢怨恨，还要敬奉，禳谢它不要再放火。讲中国的“王道”故事也是先从读日本人中里介山的信谈起，从日本人眼里的“支那”心态讲到中国人对侵略者的欢迎态度，从而说明中国历史上横行的只是霸道，没有王道。讲中国的监狱故事，则不仅说明所谓的文明监狱是学西方的，而且举了外国人牛兰夫妇和印度甘地的例子来作对比，牛兰夫妇在监狱绝食抗议，在西方监狱也许能够奏效，但在中国监狱不仅无效，反而落成笑料。因为西方监狱目的在于剥夺自由，而中国监狱的精神则在于惩罚肉体。这种以文化比较的方式，从世界眼光看出“中国特色”的例子，在鲁迅晚年的作品中俯拾即是，不可胜数。如《难行和不信》讲叙中国的儿童教育：“请援，杀敌，更加是大事情，在外国，都是三四十岁的人们所做的。他们那里的儿童，着重的是吃，玩，认字，听些极普通，极紧要的常识。中国的儿童给大家特别看得起，那当然也很好，然而出来的题目就因此常常是难题”。《从孩子们的照相说起》讲叙中国儿童的性格塑成不在于儿童而在于大人："我曾在日本的照相馆里给他照过一张相，满脸顽皮，也真像日本孩子；后来又在中国的照相馆里照了一张相，相类的衣服，然而面貌很拘谨，驯良，是一个道地的中国孩子了"，"为了这事，我曾经想了一想。这不同的大原因，是在照相师的。他所指示的站或坐的姿势，两国的照相师先就不相同，站定之后，他就瞪了眼睛，觑机摄取他以为最好的一刹那的相貌"。《运命》从内山完造所谓丙午年出生的日本女人克夫的命运而且无法禳解的迷信谈起，批评中国人的"无特操"，指出"信运命的中国人而又相信运命可以转移，却是值得乐观的。不过现在为止，是在用迷信来转移别的迷信，所以归根结蒂，并无不同"。《中国文坛上的鬼魅》将中国与日本对比，批评中国政府的出版审查制度："他们的引日本为榜样，是错误的。日本固然不准谈阶级斗争，却并不说世界上并无阶级斗争，而中国则说世界上其实无所谓阶级斗争，都是马克思捏造出来的，所以这不准谈，为的是守护真理。日本固然也禁止，删削书籍杂志，但在被删削之处，是可以留下空白的，使读者一看就明白这地方是受了删削，而中国却不准留空白，必须连起来，在读者眼前好像还是一篇完整的文章，只是作者在说着意思不明的昏话。"

值得指出的是，"左翼鲁迅"的政治观点较之"'五四'鲁迅"确实发生了重要的变化，但这种政治观点的变化并未影响鲁迅的比较文化思维方式。在著名的《答国际文学社问》中，第三点关于"在资本主义的各国，什么事件和种种文化上的进行，特别引起你的注意"的答问可谓意味深长。鲁迅说："我在中国，看不见资本主义各国之所谓'文化'；我单知道他们和他们的奴才们，在中国正在用力学和化学的方法，还有电气机械，以拷问革命者，并且用飞机和炸弹以屠杀革命群众。"（应该理解为在中国还看不见资本主义各国之所谓文化，而不是指鲁迅站在中国，看不见资本主义国家的文化。这样，前一句的"看不见"和后一句的"单知道"在语义与语气上就都连贯起来了。）这段话明显有两层意思，后一层意思具有明确的政治意义，既符合国际文学社的问话用意，也符合鲁迅的左翼文坛领袖的身份。而第一层意思则显示出鲁迅将文化与政治区别开来的深刻思想。政治是一时的，现世的，党派的，而文化则是长久的，历史的，民族的，就当时的具体历史情境来看，资本主义国家的政治是反动的，但这些国家的文化体现着世界文明的进步性，仍然是值得中国学习和借鉴的。所以鲁迅才有点遗憾地表示自己在中国还看不见资本主义各国之所谓“文化”，这一点与“‘五四’鲁迅”将中国比喻成一个大染缸，什么国外的新东西都被同化掉的悲观心境何其相似。正是这种思想的坚持，鲁迅在30年代才敢于不断犯忌，不断地指出应该向日本人学习，“即使那老师是我们的仇敌罢，我们也应该向他学习。我在这里要提出现在大家所不高兴说的日本来，他的会摹仿，少创造，是为中国的许多论者所鄙薄的，但是，只要看看他们的出版物和工业品，早非中国所及，就知道‘会摹仿’决不是劣点，我们正应该学习这‘会摹仿’的”(《从孩子的照相说起》)。不仅技术上如此，甚至为了进行社会批评而读历史书，鲁迅也不吝赞扬日本的历史教科书，在“我自己，是因为懂一点日本文，在用日译本《世界史教程》和新出的《中国社会史》应应急的，都比我历来所见的历史书类说得明确”(《随便翻翻》)。尤其值得指出的是，正是由于鲁迅对政治立场的超越，鲁迅的文化比较并非一定是用西方的优来衬出中国的劣，有时也看到中西的相似性，如谈漫画，“欧洲先前，也并不两样。漫画虽然是暴露，讥刺，甚而至于是攻击的，但因为读者多是上等的雅人，所以漫画家的笔锋的所向，往往只在那些无拳无勇的无告者，用他们的可笑，衬出雅人们的完全和高尚来，以分得一枝雪茄的生意”(《漫谈“漫画”》)；有时即使看到了西方文化中的弱点，但也告诉人们如何剔除糟粕吸取精华，如谈名人名言的通病：“德国的细胞病理学家维尔晓（Virchow），是医学界的泰斗，举国皆知的名人，在医学史上的位置，是极为重要的，然而他不相信进化论，他那被教徒所利用的几回讲演，据赫克尔（Haeckel）说，是给了大众不少坏影响。……现在中国屡经绍介的法国昆虫学大家法布耳（Fabre），也颇有这倾向。他的著作还有两种缺点：一是嗤笑解剖学家，二是用人类道德于昆虫界。……但倘若对这两点先加警戒，那么，他的大著作《昆虫记》十卷，读起来也还是一部很有趣，也很有益的书"(《名人和名言》)。这些例子都说明，无论"'五四'鲁迅"还是"左翼鲁迅"，他用以讲叙中国故事的世界眼光都并非纯粹找茬的眼光，而是一种开阔的世界意识和豁达的世界胸襟的外显。

当然，讲叙中国的故事可以用世界的眼光，同样也可以用民族的眼光。晚年鲁迅在《〈草鞋脚〉小引》一文中，对"至今为止，西洋人讲中国的著作，大约比中国人民讲自己的还要多"的现象就表示过遗憾，他认为"这些总不免只是西洋人的看法"，他也希望有人能用中国的眼光和立场来讲叙中国的故事："中国有一句古谚，说：'肺腑而能语，医师面如土。'我想，假使肺腑真能说话，怕也未必一定完全可靠的罢，然而，也一定能有医师所诊察不到，出乎意外，而其实是十分真实的地方。"但鲁迅终于还是坚持或者说习惯于用世界的眼光来讲叙中国故事，除了他真正了解西方的学养优势、他独立自由的个性特点之外，根本原因还在于他对中国历史提供的讲叙资源和讲叙机制的不满与不放心。鲁迅认为中国历史提供的讲叙资源是病态的，瞒、骗、转是它的基本特点，而中国历史上的讲叙机制则是专制的，话语自觉或不自觉地趋奉权力。所以，早在"五四"时期，鲁迅就猛烈批判过中国文化的大团圆意识，呼吁用现实主义精神扫荡"瞒"和"骗"的文艺，而在《阿Q正传》中，鲁迅塑造的这个"转"的病态心理典型，已经成为国民魂灵的无可争议的象征形象。对于话语与权力的历史关系，鲁迅更是看得十分透辟。在晚年写的《关于中国的二三事》中，鲁迅借讲叙中国的故事深刻地剖析了中国叙事资源与机制中的话语权力的形成。"在中国，则无论查检怎样的历史，总寻不出烧饭和点灯的人们的列传来。在社会上，即使怎样的善于烧饭，善于点灯，也毫没有成为名人的希望。然而秦始皇一烧书，至今还俨然做着名人"，"其实，秦的末年就有着放火的名人项羽在，一烧阿房宫，便天下闻名，至今还会在戏台上出现，连在日本也很有名。然而，在未烧以前的阿房宫里每天点灯的人们，又有谁知道他们的名姓呢?"一旦在中国叙事资源与生成机制中洞察到了权力话语的蛮横与诡计，一生都站在弱小者一边，一生都在为"被损害和被侮辱者"呐喊的鲁迅，那么自觉而坚守着用世界的眼光来讲叙中国的故事就是很好理解的了。其中既体现着鲁迅对于自己曾经参与过的五四新文化运动的深深敬意，也透露着一个看穿了历史把戏的"世故老人"的无法言说的悲凉。

（原刊于《探索与争鸣》2016年第7期）

伊藤虎丸的鲁迅论及其对当下鲁迅研究的启示意义

作为日本鲁迅研究承前（竹内好）启后的一个代表人物，伊藤虎丸的鲁迅论不仅在日本，而且在中国鲁研界也产生了重要的影响，在鲁迅研究界享有所谓“伊藤鲁迅”的美誉。当年的青年学者张福贵、吴晓东等都曾对伊藤虎丸的鲁迅论进行过介绍，直到近些年依然有不少学人对伊藤虎丸的鲁迅研究在日本学界的特点、在中国学界的影响感兴趣。鲁迅研究史专家张梦阳先生曾从五个方面总结了伊藤虎丸鲁迅研究的成就，认为“伊藤虎丸是日本鲁迅学界最具代表性的人物。他把‘竹内鲁迅’发展到更为科学的境界，不仅在日本，就是在中、日、韩三国的东亚来说，他对于鲁迅的理解与阐释也达到了高峰”[1]。2008 年，李冬木先生选择了伊藤虎丸鲁迅论的一些代表性论文结集为《鲁迅与终末论》在人民文学出版社出版。在译者后记中，李冬木先生将伊藤虎丸的学术研究的特点作了精细的分析和归纳，他认为伊藤虎丸的鲁迅论的精髓在于他站在自己的时代，带着自身的问题进入鲁迅研究，而且伊藤虎丸的鲁迅研

1　张梦阳：《日本鲁迅研究概观》，《文艺研究》2006 年第 12 期。

究着重点在探讨鲁迅的思维方式，也就是说重心不在于探讨鲁迅是什么，而是探讨鲁迅以什么方式“是”，这些归纳也是十分富有启示意义的。正如张梦阳先生在其文章中所指出的，伊藤虎丸的鲁迅论不仅继承和超越了“竹内鲁迅”，而且“也矫正了我们研究鲁迅的态度”，“我们的确应该很好地继承他留下的珍贵遗产，好好读读他的著作”。张梦阳先生甚至说自己“深悔读伊藤虎丸太晚，未及在他生前与他交流”。笔者与张先生颇有同感，最近重读了伊藤虎丸的《鲁迅与终末论》，再一次被这位自称为业余的鲁迅研究者倾注在自己的研究活动中的浓烈的情感和独特的见地所吸引，觉得对这位 40 年前的鲁迅研究者的独特的研究成果以及这些成果对我们当下鲁迅研究的启示意义，有必要进一步作深入的探索与总结。

一

通常而言，学术研究的过程就是一种判断形成的过程，学术研究的结果就是要说明某件事物是什么。鲁迅逝世以来，其人虽然可以盖棺论定了，鲁迅研究者也在极力说明鲁迅是什么这个不断被人们提出的问题，但得出的结论也在不断被人们推翻或质疑，以致日本鲁迅研究的开创者之一竹内好在他的鲁迅传记写作中就不禁感叹地说：“规定他是什么很难，但规定他不是什么却很容易。”[1] 在这个问题上，伊藤虎丸有一种独特的见解，也许是他本人并非鲁迅研究专家，鲁迅是什么这一问题，对他所关注的事情并不重要，也许是他深受存在主义哲学的影响，觉得人生的结果并不重要，重要的是它的过程，所以伊藤虎丸明确地宣布，在他的鲁迅研究理念中，鲁迅是个人主义者也好，是进化论者也好，是马克思主义者也好，无

---

1 〔日〕竹内好：《鲁迅》，转引自〔日〕伊藤虎丸：《鲁迅与终末论——近代现实主义的成立》，李冬木译，三联书店 2008 年版，第 94 页。

论是什么都不重要，重要的是鲁迅以什么方式“是”，或者说鲁迅以什么方式成为了他所成为的。这对习惯了阐释经典和构架体系的传统的鲁迅研究，也许具有颠覆性的意义，而对伊藤虎丸鲁迅论的这种方法论上的意义，人们似乎还认识不足。

正是在这样一种方法论基础上，伊藤虎丸的鲁迅论从一开始就特别注意鲁迅的思维方式。有学者认为伊藤虎丸的鲁迅论“更在于对‘竹内鲁迅’创造性地发展与超越上，其中一个很重要的方面就是把目光聚焦到竹内所忽略的鲁迅留学时期的思想与经验上”[1]，这是很有道理的。因为人的思维方式一般在青年时代开始养成，而且比较明显地体现在人的逻辑推论方面，因而在材料运用上，伊藤虎丸也就会特别地对鲁迅留学东京时期的几篇文化论文感兴趣。伊藤虎丸指出，从东京时期开始，鲁迅就一直具有并保持了一种观察事物的整体意识，这表现在两个方面。一方面，从南京到仙台，从学矿务到学西医，鲁迅一直在接受着西方近代科学精神与技术理性的熏陶，但鲁迅并没有像他的许多同时代人一样，陷入科学主义的窠臼，他始终保持了一种整体性观察把握文明的思维态势，不仅没有将科学与人文割裂开来，而且在《破恶声论》等文章中将唯科学论当做一种恶声进行了批判。另一方面，鲁迅在东京筹划他的思想启蒙工作期间阅读了大量的西方文学与文化的书籍。他写作的《摩罗诗力说》，他与周作人共同翻译的《域外小说集》等等，都可证明他在这一期间的阅读面之广泛。不过，鲁迅的特点恰恰在于他能够整体性地去把握住欧洲近代文化的本质精神，而不是关注那些皮毛似的各种时兴学说。伊藤虎丸认为，“鲁迅留日时代的评论却显示出他对欧洲近代有着极为本源性的理解”[2]，这种“本源性的理解”就表现在“留日时代的鲁迅，通过自然科学书、进化论、科幻小

1　刘伟：《鲁迅的“原点”——伊藤虎丸对竹内好和丸山升的质疑》，《沈阳师范大学学报（社会科学版）》2009 年第 4 期。

2　〔日〕伊藤虎丸：《鲁迅与终末论——近代现实主义的成立》，李冬木译，三联书店 2008 年版，第 51 页。

说、尼采、克尔凯郭尔等等，凭借一个青年鲜活的感受性，感受到了它们根柢当中的那种共通的‘自由精神’及其能量，并且以进化论者和尼采式的个人主义者这一形态，把它们化做自己的东西（在这个意义上，初期鲁迅思想是何种主义并不是重要问题，重要的是他获得了欧洲的‘精神’）”[1]。伊藤虎丸在此指出的留日鲁迅对欧洲近代文化的认知方式，前者是一种综合性的把握，后者是一种穿透式的洞察，两者都体现出鲁迅观察事物的整体性思维特征。

当然，以“自由精神”来概括欧洲近代文化的本质，这种理解方式是否真正符合欧洲近代文化发展的实际情况，或许是值得商榷的。不仅欧洲文化中两个重要的源头希伯来文化与古希腊文化各自传统的根本精神并不完全一致，即使在现代多元文化语境中，一定要将某种精神特质说成是这一文化传统的核心或本质，这种思路本身已存在问题。不过，伊藤虎丸对鲁迅整体性思维方式的推重，无疑是富有创见性的思考，对新时期以来国内鲁迅研究也曾经产生过重要的启示。只是由于语境的差异，所面对的问题也有所不同，国内鲁迅研究对“整体性”问题的思考往往由肯定性的文化接受层面转移到了否定性的文化批判层面。在我看来，五四新文化运动中，鲁迅不仅始终是整体性地思考着而不是单个地或者片段地关注中国文化传统的命运，而且在文化价值的评判上对中国的传统文化采取的就是一种“整体性”否定的思维方式。鲁迅在后来的“改造国民性思想”的问题上并没有区分“伪士”与“朴素之民”，鲁迅将中国的启蒙者所处的生存环境比喻做死一般沉寂的荒原，将中国文化传统的巨大的同化力比喻做一个大酱缸，任何的东西放进去就会变了颜色，等等，这都是一种关于中国文化传统的整体性的描述。尤其是在《狂人日记》中，鲁迅用“吃人”二字来概括宗法礼教制度的四根精神支柱“仁义道德”，就更是从整体上对中国文化传统的

---

1 〔日〕伊藤虎丸：《鲁迅与终末论——近代现实主义的成立》，李冬木译，三联书店 2008 年版，第 48 页。

功能与命运作了一个整体性的判决。“五四”时期，启蒙主义思潮催生了早期新文学的问题小说，劳工问题，妇女问题，教育问题，儿童问题甚至卫生问题等等，都是当时启蒙主义者们关注讨论的对象，鲁迅当然也随潮流写过《我们现在怎样做父亲》《我之节烈观》等讨论具体问题的论文。不过，“不少抱着启蒙主义观念的新文学作家热衷于创作‘问题小说’，但持续的时间不是太长就纷纷退场了，这并非问题已不复存在，更不是问题已经解决好了。……这主要是因为如果封建宗法社会的整套价值体系与话语方式没有得到根本的动摇，仅仅局限于某些枝蔓问题的研究是不够的，开出来的药方也是那样的渺茫”[1]。可以说，“五四”时期的鲁迅之所以在思想和文学成就上远远高于同时代的问题小说，就在于他突破了枝枝蔓蔓的重围，抓住了宗法礼教制度的核心罪恶，以一种整体否定的叙事策略将一个巨大的秘密展现在人们面前，强烈地刺激国人麻木的神经。“‘五四’鲁迅”这种对传统文化的整体性否定与伊藤虎丸所指出的留日鲁迅对欧洲文化的整体性把握，在认知和思维方式上应该说是一脉相承的。没有这种对欧洲文化“自由精神”及其价值功能的整体性把握，哪能产生出对本国文化传统进行整体性否定的巨大的痛苦与坚定的自信？

伊藤虎丸鲁迅论的另一个重要观点就是，鲁迅对于外来文化的“抵抗性接受”，这是鲁迅之所以是其所是、成其为所成的一个重要的思维方式。所谓“抵抗性接受”，伊藤虎丸是在鲁迅阅读赫胥黎的《天演论》的惊异神情中发现的。他认为鲁迅的这种神情是一种“面对异质性的惊异”，因为“赫胥黎坐在书房里那么想，而且想得那么新鲜”(《琐记》）的事情是鲁迅从来没有感受过的，而伊藤虎丸认为鲁迅面对进化论时的那种“面对异质性的惊异”之所以值得重视，是“因为这种惊异是他身上的固有文化对新思想抵抗的表现，已经暗示出一种和同样是接触新思想并产生感动，却并无

1　参见拙文《鲁迅小说启蒙主题新论》，《鲁迅研究月刊》1999 年第 1 期。

抵抗而是共感，并被其所有的‘接受快’完全相反的态度”[1]。在伊藤虎丸那里，这种“抵抗性接受”主要有三个方面的要点：一是鲁迅从来不接受既成的理论、信念和教条，即“鲁迅并没把欧洲近代产生的各种思想（包括文学、科学、社会制度）看做‘既成品’或‘零部件’（作为零部件的“主义”），而是从‘造就它们的精神’中来接受”[2]。二是鲁迅接受任何一种理论信念，都要从自己的生存经验和传统教养予以一番鉴别，伊藤虎丸曾把这种接受特征概括为“在自身内部来寻求逆转”。他在分析鲁迅对进化论与尼采主义的接受时这样指出：“‘作为西欧扩张的资本主义意识形态的进化论这种对世界的解释’也好，在本国亦成为纳粹主义思想源流的尼采的区分‘超人’与‘畜群’的‘反动思想’也好，在鲁迅那里，因为所采取的姿态是‘在自身内部来寻求’逆转的契机，以摆脱作为弱者的中国民族的灭亡危机，所以也就不是作为被固定化了的意识形态和作为被实体化了的外来权威来接受，而是作为造就思想的内在精神原理（反过来说，就是作为不具备构造和程序的某种“假定”之物），作为通过彻底认清其异质性并使之与自身对决来重新构筑自身原点的人的原理，换句话说，就是作为迫使旧有的人的观念本身发生变革的东西来把握的。”[3]这种所谓的“在自身内部寻求”逆转的思维方式，从民族的角度来看是思想的本土化，从个体的角度看，则是观念的血肉化，都与思想者的人格体验与文化教养紧密地联系在一起。三是鲁迅的“回心”特征。“回心”是竹内好使用过的概念，被伊藤虎丸承接下来用于他对现实文化问题的思考。按照李冬木注释，所谓“回心”一般特指基督教中忏悔过去的罪恶意识和生活，把心灵重新朝向对主的正确信仰的心灵过程。竹内好使用这个词，则包含有通过内在的自我否定而达到自觉或觉醒的意思。

---

1 〔日〕伊藤虎丸：《鲁迅与终末论——近代现实主义的成立》，李冬木译，三联书店 2008 年版，第 145 页。
2 同 1，第 80—81 页。
3 同 1，第 156—157 页。

而且竹内好用这一概念比较中日文化，认为回心以抵抗为媒介，转向则没有媒介，所以日本是转向文化，中国文化则是回心型文化。[1]伊藤虎丸特别欣赏这一概念，不断地用这一概念来说明鲁迅的思想形成，也就是强调鲁迅在接受西方文化影响的同时产生了内部的抵抗，是一种“抵抗性接受”。可见，无论是从造就它们的精神来接受，是在自身内部寻求逆转，还是以抵抗为媒介的回心，这三点都决定了鲁迅不可能以一个既成的名目如尼采主义者、进化论者甚至马克思主义者来定义他，鲁迅只能是他自己。因为“所谓思想的本土化，并不是简单的折中和连接可以做到的，而只有通过这种来自‘根柢’的再形成才能实现”[2]。“再形成”的过程已经是一个创造性转化的过程，“再形成”的产物当然也就不可能是影响主体的连接与仿制。在伊藤虎丸的心目中，鲁迅就是这样以反西方文化的姿态成为了西方文明的真正有力量的承继者，而伊藤虎丸在此基础上为鲁迅所定义的“个性化地接受了马克思主义”，即鲁迅后期对马克思主义理论的接受，也不是当成既成的理论来接受，而是当做一种思维方式、当做一种整体精神来接受，这也为我们理解后期鲁迅的思想转型提供了一个富有启示性的命题。

吴晓东曾将伊藤虎丸和美籍华裔学者林毓生对《狂人日记》的解读作一对比分析，伊藤虎丸鲁迅论认为在怀着被吃的恐惧时的狂人还停留在患被害妄想狂的独自觉醒阶段，只是发现自己也无意中吃过人的狂人，才真正是觉醒的战士，才回到社会去从事启蒙工作，这是鲁迅的回心。而林毓生则在鲁迅的思想中发现了一个吊诡：“在鲁迅面前等着他去做的基本工作是：透过思想与精神革命去治疗中国人的精神的病症。然而，一个在思想与精神上深患重疴

1 〔日〕伊藤虎丸：《鲁迅与终末论——近代现实主义的成立》，李冬木译，三联书店 2008 年版，第 5 页。
2 同 1，第 155 页。

的民族如何能认清它的病症的基本原因是它的思想与精神呢？”[1]一个是回归社会（疾病痊愈，候补），一个是面对吊诡，无地彷徨。吴晓东在比较中肯定了伊藤鲁迅的结论，认为“小说中的狂人也许堕入了林毓生所揭示的逻辑的吊诡，但历史中的鲁迅却由于对罪的意识的获得，完成了他的‘第二次文学自觉’，从而‘成为对世界负有真正自由责任的主体’”[2]，这是一种别出心裁的解读。不过，我更感兴趣的倒是伊藤虎丸和林毓生之间的在探讨鲁迅的思维方式上很有意味的相似性。可以说，伊藤虎丸关于鲁迅对西方文化的“抵抗性接受”，与林毓生的鲁迅是以反传统的姿态成为传统的继承者的观点如出一辙。以反传统的姿态成为传统的继承者，在林毓生看来，这在鲁迅那里是一种不得已的、或者说潜意识的反映，而在伊藤虎丸看来，则是鲁迅面对外来文化时的一种主体的自觉选择。无论是林毓生还是伊藤虎丸，都意在揭示鲁迅文化态度的一币两面，从而揭示出鲁迅的思想为什么那么复杂而深厚，鲁迅的思想构成为什么在现代中国那么具有典型意义。比较一下这两个人的思路是颇耐人寻味的，在教育背景上，林毓生是纯粹西方的，他所运用的理论也是如支援意识等典型的西方当代人文科学理论，伊藤虎丸虽然是基督教徒，但他是在日本本土接受的教育，无疑属于东方的。在研究目的上，伊藤虎丸想说明的是中国近代化与日本近代化的不同，也就是回心与转向的不同，并借此批评日本近代化的路向，而林毓生的目的在于探讨中国的现代化道路的曲折性，因为他从鲁迅、陈独秀等人的思维方式上看到了“五四”一代先驱者借思想文化革命来解决社会问题的思路与中国儒家文化传统的一致性。在研究的结论上，林毓生看到了鲁迅激烈的反传统背后的深厚的传统修养与情感皈依，伊藤虎丸看到的则是鲁迅对西方文明的热情介绍与

---

1 〔美〕林毓生：《中国意识的危机——“五四”时期激烈的反传统主义》，穆善培译，贵州人民出版社 1986 年版，第 256 页。

2 吴晓东：《竹内好与伊藤虎丸对鲁迅〈狂人日记〉的解读》，《鲁迅研究月刊》2002 年第 2 期。

推崇背后的抵抗西方的文化警惕。

当然，沿着伊藤虎丸的这一思路发展下去，一些新的问题就不期而至，需要伊藤虎丸的鲁迅论作出解释。譬如，伊藤虎丸通过对鲁迅的基督教思维的分析，认为在“鲁迅态度里，的确被赋予了某种特征，那就是拒绝把一切‘主义’和‘世界观’作为‘新的权威’从外部带入，同时也不相信一切‘体系’‘程序’和关于‘黄金世界’的‘蓝图’”[1]。但是，结合鲁迅生平中极其重要的启蒙主义思想来看，这里有一个重要的逻辑悖论：鲁迅的“呐喊”难道不也是一种外部的强行塞入吗？如果不是这种外部的塞入，启蒙主义在哪里？启蒙无论是点明，还是唤醒，都是来自外部力量的干预。鲁迅自己如果不相信某种体系、程序和关于黄金世界的蓝图，那么他的“呐喊”的力量又来自何处？又如，鲁迅一直怀疑中国的传统文化甚至包括国民人格有自我更新的动力，伊藤虎丸则认为鲁迅对农民的“白心”、素朴之心抱有期望，“鲁迅竭力设法要在民族之魂中找出不容易找到的变革中国的主体（能够接受“外来的新声”，通过变革自身而得以成为变革中国的主体）”[2]，这其实是与鲁迅的思想不相符合的，鲁迅将这种素朴之心与“伪士”两两相对，只是想说明农人气质的诚实而已，并非为他的“立人”这一中国国民性的改造工程寻找依托基础。如果如伊藤虎丸所言，中国文化的近代化是在自身内部寻求的逆转，那么，这种自身内部的力量来自何处？竹内好和伊藤虎丸都批评日本的近代化，而赞许中国的近代化，认为在近代化的过程中，“日本因其进步性，避免了悲惨，但却堕落，中国因其保守性而陷入悲惨，却避免了堕落”[3]。如果世界大势逼迫二者必择其一的话，为什么中国一定要选择悲惨呢？吴晓东曾从中日两个民族的现代化背景上对竹内好和伊藤虎丸津津乐道的“回

---

1 〔日〕伊藤虎丸：《鲁迅与终末论——近代现实主义的成立》，李冬木译，三联书店 2008 年版，第 182 页。

2 同 1，第 310 页。

3 同 1，第 224 页。

心”论作过分析与批评，认为：“考察竹内与伊藤对‘回心’的运用，其历史语境是对日本在现代化进程中无抵抗地全盘西化的反省。而在反省过程中，竹内和伊藤可能都偏于过分估价了中国的所谓抵抗的回心型文化。‘回心型’的概念用于文化上是一个有待展开和论证的范畴，它的有效性和普适性其实还需进一步追问。当竹内好和伊藤虎丸过分地强调了中国的抵抗的文化姿态，就有可能忽略了中国的现代历史追求‘现代化’的层面。”[1] 这无疑是切中了问题的实质。虽然竹内好和伊藤虎丸等日本学者对中国的所谓“回心型”文化特性大加赞扬，那是日本学者对自身问题的求索之道，中国学者是春江之鸭，身在水中，知水冷暖，则不能不有所警醒。再如，“五四”时期的鲁迅有一个大焦虑，他始终担心中国文化传统的过于强大会使新鲜的外来文化发生异化或变形，失去它的纯粹性，这种担心在鲁迅那里是最为强烈的，甚至可以说贯穿终生。这就自然出现了问题，如果伊藤虎丸所言属实，那么鲁迅的所谓“抵抗性接受”与鲁迅的这种文化焦虑有何种关系？鲁迅的“抵抗性接受”本身又是不是一种变形？这些问题在伊藤虎丸的鲁迅论中，都是应该回答可惜没有回答的。

二

伊藤虎丸的鲁迅论特别强调了鲁迅思想的反体系特征。鲁迅思想的“反体系”，竹内好也是看到了的，他是从鲁迅的个性发现的，认为：“他的小说是诗歌式的，评论也是感性的。他在气质上，也和凭借概念来思考缘分甚远。做类推而不做演绎，有直观而无构成。他不擅长以目的和方法来对应世界，也就是缺乏立场这东

---

1 吴晓东：《竹内好与伊藤虎丸对鲁迅〈狂人日记〉的解读》，《鲁迅研究月刊》2002 年第 2 期。

西。”[1] 而伊藤虎丸则是从现实情境和文化批判的需求上来看待鲁迅思想的“反体系”，他指出：“倘若他和尼采都是思想家，当他们去强行构筑不可能构筑的某种思想体系或逻辑结构（在小说便是虚构）时，便只能陷入虚伪或观念上的单纯的逻辑整齐。”[2] 而鲁迅是一个“清醒的现实主义”者，他勇于直面惨淡的人生，正视淋漓的鲜血，呼吁撕破一切的假面，当然不会去虚假地追求这种思想体系和逻辑整齐。伊藤虎丸不仅赞许鲁迅思想的这种反体系特征，而且由于自己是以鲁迅研究来回应所面对的社会与文化的现实问题，因而对鲁迅的研究也有意识地走着反体系或者说非体系的路子。在他的鲁迅论中，上述那些问题应该回答却未能回答，或者说来不及回答，也许就与他的这种反体系观念相关。不过，伊藤虎丸的鲁迅论中关于鲁迅的基督教人格的分析，却似乎见出论者构筑某种体系的愿望。他将西方文化的源头划分为古希腊传统和基督教传统，然后细致地考察了鲁迅早年在东京所写的四篇论文，认为鲁迅对西方文化的介绍与接收偏重于基督教传统，并且由此推断鲁迅在自我思维建构中自觉地吸取基督教传统，从而使自己在文化批判中形成了自己的基督教的个性气质。伊藤虎丸把这种个性气质概括为批判性、偏激性和终末论三个维度，然后逐一分析，逐一展开，显示出的就是在一种体系建构中应该具有的逻辑力量。

所谓批判性是由《圣经》中的恶魔撒旦的形象意义生发开来的。在伊藤虎丸看来，“圣书里的‘恶魔（撒旦）’，并不是和善神对立的恶神、邪神，他是同样处在神的支配下的天使中最有力量的一个”[3]。正如圣书中有上帝也必有撒旦一样，撒旦就是上帝的异己，也是上帝自身的批判力量，因而基督教神学中天然地包含着批

1 〔日〕竹内好：《鲁迅》，转引自〔日〕伊藤虎丸：《鲁迅与终末论——近代现实主义的成立》，李冬木译，三联书店 2008 年版，第 94 页。

2 同 1，第 100 页。

3 〔日〕伊藤虎丸：《鲁迅与终末论——近代现实主义的成立》，李冬木译，三联书店 2008 年版，第 307 页。

判性的思想特质。西方文化史上的批判哲学（如康德）、批判神学的兴起，乃至马克思主义的武器的批判以及尼采式的“重估一切价值”，都是基督教批判性思想谱系的子孙，“因反基督教而在本质上是基督教”[1]。鲁迅对“撒旦”的形象是十分了解也情有独钟的，据伊藤虎丸分析：“在应该称作‘被排挤的天使’这一点上，也是诚如鲁迅所说的，鲁迅把他放在了‘争天抗俗’的‘精神界之战士’也就是预言者的谱系中。”“鲁迅的‘撒旦’，就是向一切权威、权力，或者说是一切命运以及‘既成’（“天”和“神”是其象征）的果敢的批判者和反抗者。”[2]确实，在《摩罗诗力说》一文中，鲁迅清晰地表达了自己对恶魔精神的批判性的理解，所谓“恶魔者，说真理者”，体现出的就是借摩罗之声对“思无邪”的中国传统儒家诗教的对立与批判。此后，在“五四”时期鲁迅所极力推举的以易卜生为代表的“轨道破坏者”，以及他笔下所创造的“狂人”“孤独者”“过客”“这样的战士”，乃至想为奴才砸开窗洞的“傻子”等等形象，也无疑都是撒旦谱系的破坏与批判型的人物。终其一生，鲁迅以批判为己任，早期是思想文化批判，后期在思想文化批判之上，增强了社会现实的批判，以致当代有些别有用心的人将鲁迅与胡适比较，给鲁迅加上一个“破坏者”的名义而贬低其意义。其实，并非鲁迅不愿意或者不善于建设，也不是鲁迅心中没有蓝图，只要看看后期鲁迅对中国的木刻、版画艺术发展的贡献，就很能说明问题了。而鲁迅终于还是以“轨道破坏者”自持，以文化批判者名世，除了现实的强烈的逼迫，就只能理解为人格的内驱，个性的使然。所以，伊藤虎丸从基督教人格的角度来看鲁迅思想的批判性特质，应该说是一个很有意蕴的理论构想。

偏激，好走极端，这是伊藤虎丸的鲁迅论对鲁迅个性气质的又

---

1 语出 K. 莱比特：《历史当中的意义》，转引自〔日〕伊藤虎丸：《鲁迅与终末论——近代现实主义的成立》，李冬木译，第 308 页。

2 〔日〕伊藤虎丸：《鲁迅与终末论——近代现实主义的成立》，李冬木译，三联书店 2008 年版，第 307—308 页。

一个论断。其实，对自己的偏激个性，鲁迅是有所自省的，他不仅多次在和友人的通信谈话中提到这一点，而且在他的文学形象中经常塑造到这一类的典型。譬如，奴才叹自己房间阴暗，“傻子”马上提起锄头去砸墙，村子里的人不让“狂人”去吹灭“长明灯”，狂人就说“我要放火”，等等，鲁迅自己也特别赞赏这样的一种人：“他得像热烈地主张着所是一样，热烈地攻击着所非，像热烈地拥抱着所爱一样，更热烈地拥抱所憎——恰如赫尔库来斯（Hercules）的紧抱了巨人安太乌斯（Antaeus）一样，因为要折断他的肋骨。”[1]“热烈地”，“更热烈地”，这种形容词强调的就是超出于寻常的极端态度。因为鲁迅对中国社会的变革之艰难有深刻的认识，他知道在搬动一张桌子都要流血的国度里，循序渐进、按部就班的改革几乎不可能，矫枉必须过正。至于自己的这种偏激与极端的个性的来源，鲁迅是把它视为“中国性的”，认为是中了韩非与庄周的毒，而且与他喜欢魏晋文人风度也有关系。伊藤虎丸把这种偏激与极端的否定看做是“鲁迅的独特性”，不过，他对这种个性的探源却与鲁迅相反，他把鲁迅的这种个性看做“非中国性的”。他说：“就‘鲁迅的独特性’这一点来说，在被人们经常指出的他文学上的与‘中庸’之德截然对立的强烈的偏激和彻底的否定当中，我漠然地感受到某种非中国的东西（例如和老舍、郁达夫完全不同的东西）、非常西化的东西（而且和在日本一般所认为的西欧极不相同的东西）。”[2]至于这种“非中国的东西”为何物，伊藤虎丸明确地指出是基督教气质。他说：“那种东西与其说是希腊的，倒不如说是以色列的；与其说是多神教的，倒不如说是一神教的。”[3]他认为：“总括鲁迅思想所能感受到的，不是希腊式理性的冷静，而是犹太

1 鲁迅：《再论“文人相轻”》，见《鲁迅全集》第六卷，人民文学出版社2005年版，第348页。

2 〔日〕伊藤虎丸：《鲁迅与终末论——近代现实主义的成立》，李冬木译，三联书店2008年版，第300—301页。

3 同2，第301页。

式的意志的偏激，尼采和马克思自不待言，他受其影响的大多数思想家，在很多情况下，可以算到基督教的谱系里来。”[1]伊藤虎丸举了鲁迅对进化论的接受的例子，他认为，鲁迅在接受进化论方面和严复不一样的是，他拒绝斯宾塞的把人类社会看做自然界一样受进化法则（自然法则）支配的一元论，而倾向于赫胥黎的“二元论”。而赫胥黎的伦理观把人（伦理化过程）和自然（宇宙过程）对立起来，鼓吹伦理的进化，在反映着基督教式的原罪观的同时，也在本质上继承了构筑在基督教式的人间观基础上的伦理观。伊藤虎丸还详细引证分析了高田淳关于鲁迅的基督形象塑造的论文，最后，他十分肯定地下了结论：“高田在上述论‘复仇’时指出，鲁迅把严复反省的‘偏至’有意当成自己的立场。而鲁迅的这种态度本身，使我感觉到了基督教式思想的谱系。经常被当作鲁迅思想特色而指出的几近极端的偏激性和否定性，如果不把它还原为个人与生俱来的性格的话，那么可以认为，其根本在于他思想的这种堪称‘唯一神教式性格’的东西。”[2]

“终末论”是伊藤虎丸鲁迅论的一个中心词，但正如伊藤虎丸自己所言，鲁迅是东方人，又是无神论者，用“终末论”来称呼他所具有的思想，是不贴切的。所以，伊藤虎丸在整个鲁迅论中使用的都是“终末论式”的这样一个语词结构，其用意就在于只是借用这个宗教性的词语来说明鲁迅的思维结构，而不是指称他的思想内容。李冬木在《译后记》中也特别指出了这一点：“在基督教当中，一方面认为终末时代（上帝之国）因耶稣基督的到来而‘已经’来临，另一方面又坚信这‘上帝之国’只有在耶稣基督从天国重新降临，最终消灭一切邪恶，给地上带来绝对和平，即‘千禧年’到来之际才能获得终极性实现。因此，所谓‘现在’，便总是处于终末论所提示的‘已经’与‘尚未’之间的紧张关系中，从而被赋予一

1、2 〔日〕伊藤虎丸：《鲁迅与终末论——近代现实主义的成立》，李冬木译，三联书店 2008 年版，第 314 页。

种能够使人真实地感到‘生’的意义。”[1]伊藤虎丸的鲁迅论就是在这个意义上将鲁迅的思维结构与终末论联系起来的，他是这样描述鲁迅的思维结构的：“不仅拒绝以往的依赖于既成‘主义’‘体系’和‘蓝图’，并要把自己委身于其中的心情，同时也拒绝把自己委身于油然而生的‘自然’的激情与冲动。这是一种既不依赖于过去的一切（既成的主义、体系和体制）也不依赖于未来的一切（程序、蓝图以及‘黄金世界’的心像）的态度，它只面对由死当中所自觉到的现在。”[2]伊藤虎丸用终末论作为自己的鲁迅论的中心观念，显然来自竹内好关于鲁迅的“赎罪文学”观念的启发，在自己的论述中，他把竹内好所言的鲁迅的“文学的自觉”替换成了“终末论式的个的自觉”，这不仅仅是一种表达方式的替换，从上引的论述中可以看到，伊藤虎丸的终末论式的思维结构就是对现在的执着，这种执着不是与生的自觉而是与死的自觉联系在一起。也就是说，终末论不是从生来思考死，而是从死来思考生，从死来思考现在。“现在”是一种向死的存在，因而也就内在地具有一种巨大的虚无的力量。不仅虚无一切既成的主义、体系与体制，虚无未来的蓝图与“黄金世界”，而且虚无自己。但是，死的特殊意义不仅在于意味着人在其自身当中不再具有其存在的根据这一事实，而且也意味着人不得不对这一事实产生自觉和作出反省，这种自觉就是责任意识的产生，从而使死具有尊严和保持意义。所以，鲁迅的“终末论式的个的自觉”事实上就是巨大的虚无主义与这种向死的责任意识的交织。通常而言，一个人的思想内容往往是在精神结构的表面层次上，与个体的人的社会认识、文化传承、教育习得等关系密切，而思维方式则处于人的精神结构的深层次中，往往与个人的生命体

1 李冬木：《〈鲁迅与终末论〉解说·译后记》，见〔日〕伊藤虎丸：《鲁迅与终末论——近代现实主义的成立》，李冬木译，三联书店 2008 年版，第 401 页。

2 〔日〕伊藤虎丸：《鲁迅与终末论——近代现实主义的成立》，李冬木译，三联书店 2008 年版，第 182—183 页。

验等精神结构中的隐秘性内容有关。鲁迅一生，确实对死的问题及与死相关的某些问题有着堪称痴迷的关注[1]，鲁迅的思想、创作甚至为人处世方面呈现出的某些重要特点，也都源出于他对“死”的体验与思考。在这个事实上，伊藤虎丸将基督教的终末论与存在主义向死而生的哲学观念结合起来描述鲁迅的思维结构，这固然与他本人是一个虔诚的基督教徒有关，但对于鲁迅研究中如何认识鲁迅的思想与人格特质，是从通常意义上的显在的知识谱系来研究，还是从具有原始隐秘性的个人生命体验上来透视，无疑是具有启示意义的。

三

毫无疑问，上述伊藤虎丸鲁迅论的一些核心的观念，与他的知识谱系和他的特殊身份有关。但更为重要的是，这些核心观念的形成，直接来之于伊藤虎丸对于现实情景与文化再生等切身问题的追寻与思考。伊藤虎丸为什么要研究鲁迅，这可能是我们研究伊藤虎丸的鲁迅论时首先就应追寻的问题。为什么我们要研究鲁迅，或者说为什么我要研究鲁迅，如果将这个问题向海内外的鲁迅学者们提出来，肯定都能得到侃侃而谈的回答，而且答案也许会比较趋向一致。譬如说为了继承鲁迅这笔伟大的文化遗产，为了通过鲁迅来解释中国 20 世纪的社会文化变革，为了通过鲁迅这座桥梁来促进中外文化交流，等等等等，不一而足。这些宏大话语当然是不错的，这些学者专家式的研究起源，也许占有鲁迅研究队伍中的大多数。但是，有多少人是带着自己的迷惑、带着自己切身的问题选择了鲁迅研究，或者说有多少人是在自己私密的情感或心灵的痛苦上一头

1　可参阅钱理群《人间至爱者为死亡所捕获》（载《鲁迅研究月刊》2003 年第 5 期、第 6 期）等文。

撞入鲁迅研究的大门呢？恐怕数量不会太多，伊藤虎丸无疑是这类研究者中较有典型性的一位。

李冬木先生在《译后记》中指出，“作者的着眼点始终是日本战后社会的现实问题和思想问题。他认为‘战后民主主义’的最大失败就是扼杀了人的主体性，而扼杀人的主体性又是现代社会的普遍问题，主体性的丧失即缺少‘责任意识’的本质内涵，这对日本来说也就意味着很难保证不再重蹈战争覆辙。在这个意义上，鲁迅对主体性的建构，作为‘方法’便具有巨大的警世意义，这是鲁迅对现代社会的价值性所在。通过本书可以看到‘鲁迅’以怎样的契机，又是如何深刻地介入到战后日本社会中来”[1]。刘伟也指出：“伊藤虎丸对‘竹内鲁迅’的反省批判态度是毫无条件全盘继承和接受的。他继承了竹内好强烈的现实感和反省意识所构成的主体精神的自觉，体现在对日本近代的反省之中。对鲁迅及中国现代文学的思考，是立足于对日本近代化的反省与批判上，包含着对历史的深刻认识，将竹内好的‘抵抗’思想注入于历史观之中。”[2]以上评价都已指出伊藤虎丸是带着反省与批判日本战后近代化的问题进入鲁迅研究的，或者说伊藤虎丸之所以研究鲁迅就是要通过鲁迅来回答和解决这些问题。这可以说是对伊藤虎丸鲁迅论特色的一个原点性的总结。但是，我觉得这一总结还应该再进一步。也就是说，我们应该看到，伊藤虎丸带进鲁迅研究的这些问题不是学院式讨论中的枯燥刻板的纯粹学术的问题，伊藤虎丸提出这些问题的态度与方式也不是专家式的冷冰冰的态度和方式，这些问题不仅切近现实，逼入灵魂，而且散发着生命的气息，刻印着个人的痕迹，听得到发问者的心的颤动。

---

1 李冬木：《〈鲁迅与终末论〉解说・译后记》，见〔日〕伊藤虎丸：《鲁迅与终末论——近代现实主义的成立》，李冬木译，三联书店 2008 年版，第 396—397 页。

2 刘伟：《日本“战后民主主义”的反省与“伊藤鲁迅”的形成》，《学术交流》2010 年第 11 期。

首先，这些问题与其说是伊藤虎丸提出的时代性的问题，毋宁说更是伊藤虎丸自己的问题。伊藤虎丸曾自述说，在《鲁迅与终末论》中所收的文章就是“以一个大学教师的身份去对应一九六八、六九年以来的所谓‘大学斗争’的副产品”[1]。所以他说，“我在这些文章里所写的内容，虽然都来自我阅读鲁迅时所作的笔记，的确是我自己的学习所得，但我总觉得它们与我的实践活动有关”[2]。是一种怎样的“实践活动”呢？据伊藤虎丸自己介绍，他在广岛大学时从事了十年的普通教育，其中有四年的时间大力提倡大学教育的改革，而围绕这些改革也出现了纷争。伊藤虎丸的鲁迅论就与这些纷争有关，或者说就是由这些纷争所促成，并在这些纷争中获得灵感。当时，伊藤虎丸作为生活协同组合的理事，常年致力于解决发生在学生之间的内部纠纷，他从学生们身上看到了两种截然分开的思想倾向，一种是尖锐却又不负责任的“原点主义”，一种是认真却又墨守成规、不肯由此迈出一步的“事务（官僚）主义”，两者具有一个共同的类似点，就是非主体的和非科学的精神态度，而这种精神态度又与日本“战后民主主义的空洞化”也就是“科学主义”与“文学主义”的分裂息息相关。关于现代科学精神发达给人类文明带来的变化，上个世纪20年代就在日本思想界有所警醒。如日本文学批评家厨川白村在《西洋近代文艺思潮》中，就曾借用美国文学家爱迪生的关于近代社会使人变成一副好的手指，一个好的耳朵的话，来批评近代科学对人的主体性与文明的整体性的戕害。半个世纪后，这种现象在资本主义高度发达的日本显现得越加分明。伊藤虎丸认为，“战前就已经由三木清等人提出，战后又致力于重建和恢复的文化总体性的重新分化（教养 = 人间观的崩

1 〔日〕伊藤虎丸：《〈鲁迅与终末论〉代序》，见〔日〕伊藤虎丸：《鲁迅与终末论——近代现实主义的成立》，李冬木译，三联书店 2008 年版，第 1—2 页。

2 〔日〕伊藤虎丸：《鲁迅与终末论——近代现实主义的成立》，李冬木译，三联书店 2008 年版，第 286 页。

溃），就处在今日状况的根柢中”[1]。是力主科学理性，继续促进文化的细分化与专业化，还是张扬人文精神，重建现代文化的总体性，这是当时大学教育所面临的时代使命，也是伊藤虎丸和他的同事们在大学教育改革中的最大的分歧点所在。正是苦恼于这样的切身问题，处在这种纷争中的伊藤虎丸以一个非专业者的身份投入了鲁迅研究，从鲁迅的《狂人日记》中，伊藤虎丸发现了“狂人回归社会”和“有责任的参与”这一“回心”的开始，及其对于克复现代人对社会时事漠不关心的事务主义的意义；从《文化偏至论》《摩罗诗力说》《破恶声论》等早期理论文章中，伊藤虎丸发现了鲁迅对西方文化精神的本源性把握，及其对于克服现代文明中科学与人文分裂、重建文化总体性的启示性。尤其值得指出的是，伊藤虎丸不只是作为一个学校的管理者来思考科学与人文的分裂问题，他是作为一个深受科学人文分裂之苦的现代日本人来思考这些问题的，所以，他是“以战败为契机，把学问确立在对战前的学问方式进而是明治以来的日本‘近代’总体的‘反省’之上，意在重新恢复学问和文化的总体性；而这种志向本身，同时又是在精神深层来接受战败这一事态，并且以面向重建新日本的实践性（也就是某种意义上的国民的）热情与希求为主题”[2]。而他对《狂人日记》中的“狂人”形象的分析，“一方面认识到现实世界几乎不可能变革，一方面又将自己投放到其中，面对眼前零散琐屑的现实付出极为踏实的、科学的，而且不知疲倦的持续不断的努力（有责任的参与）；同时，令这种活法成为可能的，是与终极意义上的绝对否定者的相遇——可以将其试表述为根植于终极意义的‘死’的、伦理的和意志的活法。以上这两点就是我以‘终末论’来称呼的东西”[3]。这一说法，也完全可以视为处于纷争之中但为改革大学教育而决不退缩

---

1 〔日〕伊藤虎丸：《鲁迅与终末论——近代现实主义的成立》，李冬木译，三联书店 2008 年版，第 50 页。
2 同 1，第 40 页。
3 同 1，第 185 页。

的伊藤虎丸的夫子自道。

其次，伊藤虎丸带入鲁迅研究的这些问题无疑是哲学性的问题，但在一定程度上也鲜明地体现出了这些问题所具有的情感性特征，也就是说，这些问题不是冰冷的，也不是干硬的，它们有温度，有色感，也有血性，散发着伊藤虎丸的生命的气息。正是这种情感性特征，使得伊藤虎丸在他的研究中特别注重个人的感觉。譬如，伊藤虎丸自己是基督徒，他不仅说“鲁迅作为对我构成威胁、不肯接受我的一种完全异质的精神原理，也与《旧约圣经》一道不时地叠映在我的脑海里”[1]，而且甚至说自己读鲁迅，感觉就如读圣书。“从最初读鲁迅起，我一直有那么种漠然的感觉，那就是与我很久以前在圣经尤其是旧约文学中所获得的那种感觉极为相似。”[2]伊藤虎丸用诗一般的笔调描述了这种感觉：“强烈的憎恶、对于神的执拗争论（诘问）、严峻的神与人的断绝。昼间太阳灼烤大地，令万物枯萎，夜间青白的月光令人恐怖。那是一个明白无误的沙漠般的世界，一切爱憎、黑白、明暗都已明确到了残酷的程度，但也正因为如此，又在深切的渴望与安慰中充满了爱，就像要在这沙漠中寻找清泉……”[3]由此可见，伊藤虎丸几乎是以一个基督徒的生命体验式的宗教感进入鲁迅研究的。这种感觉既包括精神上的认同，如他对丸山升的鲁迅研究的评价：“丸山的工作，其特色（虽然有人说在于实证主义，其实）倒总在于争论。因此在他的论争（polemic）动机当中，正像已经指出过的那样，一方面包含着对某种教条主义的批判，另一方面也包含着对‘文学主义’对‘文学’的神秘化了以及主张越是‘本质的’就越是对现实不负责任的某种‘原点主义’的不信任感和不清洁感。我亦有同感。”[4]同时也包括在研究活动中所获得的生理上的刺激，如他说及自己在将战争

1 〔日〕伊藤虎丸：《鲁迅与终末论——近代现实主义的成立》，李冬木译，三联书店 2008 年版，第 41 页。
2、3 同 1，第 82 页。
4 同 1，第 266 页。

前后日本思想状况比较之后在精神上的震撼："在我看来，三木清在战争和法西斯主义到来前夜所指出的状况，与我们在四十年后的今天所面临的文化状况有着某种极为相似之处，这令我感到某种震撼。"[1]这种震撼就具有生理刺激性，也正是这种精神震撼，增强了伊藤虎丸鲁迅论的生命向度，也引导了伊藤虎丸鲁迅研究的目光聚焦。所以，伊藤虎丸鲁迅论的关注点也主要集聚在回心、信仰、魂灵、动能等等与生命的深层结构紧密相连的问题。

再次，就是这些问题不是偶然的，突发的，漂移的，或者转瞬即逝的，而是"执着之念"。所谓"执着之念"，是丸山升批评尾崎秀树的《与鲁迅对话》时提出的一个概念。尾崎秀树是日本30年代左翼作家尾崎秀实的同父异母弟弟，尾崎秀实1928年被朝日新闻社派驻上海三年，其间与鲁迅多有通信往来。鲁迅曾对增田涉赞扬尾崎秀实德才兼备，而尾崎秀实也曾在《谈中国左翼文艺战线的现状》(附在山上正义所译的《阿Q正传》之后)一文中对鲁迅给予了很高评价。1941年10月尾崎秀实被"佐尔格事件"牵连，不久即被作为首犯判处绞刑。这一事件对尾崎秀树的刺激很大，他说："从我哥哥死刑那时起，我就被阿Q遭枪毙前看到的狼眼睛死死抓住了。从那个后，我一直在思考这狼眼睛所具有的意味，不过，直到现在也还没能充分理解。"从阿Q的被枪毙，尾崎秀树也看到了自己哥哥的被判决的命运，"'至于舆论，在未庄是无异议，自然都说阿Q坏，被枪毙便是他的坏的证据：不坏又何至于被枪毙呢？'结尾的这段话深深地刺痛了我。尾崎秀实被判了绞刑。这就是说，被判了绞刑便是他坏的证据吗？"正是带着"这种深深地刺痛"，尾崎秀树从此开始了自己与鲁迅的对话，用尾崎秀树自己的话说，这种对话"与其说是鲁迅研究，倒不如说是托鲁迅来谈我自身像"。而且，这种刺痛始终伴随在对话的过程中，没有终结。

---

1 〔日〕伊藤虎丸：《鲁迅与终末论——近代现实主义的成立》，李冬木译，三联书店2008年版，第13页。

在《与鲁迅对话》一书的结尾，尾崎秀树就坚定地表示："冲着阿Q的'狼的眼'仍在我们面前，我与鲁迅的对话还并未结束"。[1]像尾崎秀树这样，个体的心灵被现实问题深深刺激，于是从鲁迅的精神世界中去寻找共鸣，而被刺激的痛感始终伴随在寻找的过程中。这就是所谓的"执着之念"。当然，丸山升批评尾崎秀树主要是针对其材料使用上的随意性与"非专业性"，而对其"执着之念"的研究态度乃是给予肯定的，甚至说自己也在这一点上"不居人后"，他为此还提出了一个更进一步的命题，即"所谓作家研究，只有在对象所具有的独自的精神与自己的'执着之念'构成紧张关系的前提下才能成立"[2]。伊藤虎丸在自己的论文中详细地检讨了丸山升对尾崎秀树的批评，从行文中可以看到伊藤虎丸对所谓"执着之念"也同丸山升一样抱有敬意。这不仅表现在伊藤虎丸本人多处宣称自己走的是"蔑视专家"的研究之路，而且也表现在伊藤虎丸用自己的研究经验将所谓的"执着之念"的内涵作了进一步的开拓与丰富。伊藤虎丸在与丸山升辩论时曾这样描述过自己的研究状态："为了向鲁迅学习（这是自学生时代以来我对鲁迅的始终如一的态度）并把他的活法'化做自己的东西'，就需要在鲁迅的'事实'与我自身之间找到一个契合点，这可以说就是被叫做鲁迅之'回心'的那种东西的普遍化——这是每个人都会获得的体验并可由此理解的东西。"[3]这就是说，"执着之念"既是向鲁迅那里寻找共鸣，也是将鲁迅"化作自己的东西"，这就不仅将鲁迅与研究者所面对的当代问题联系起来，而且将鲁迅精神与研究者自身的人格精神的成长也联系起来了。有了这种"执着之念"，鲁迅研究中的各种问题的提出，才真正既是时代的，也是个人的，是时代性与个人性的

---

1 以上关于尾崎秀树的引文都转引自〔日〕伊藤虎丸：《鲁迅与终末论——近代现实主义的成立》，李冬木译，三联书店 2008 年版，第 231、232 页。

2 转引自〔日〕伊藤虎丸：《鲁迅与终末论——近代现实主义的成立》，同 1，第 242 页。

3 同 2，第 264 页。

融合，鲁迅研究才会被赋予灵魂。

葛兆光在谈论日本的“中国学”时曾指出，日本自甲午战争以后，对中国产生了强烈的优势心理，认为中国的古典文化是好的，而中国的现代文化是很差劲的。这种心态影响了日本“中国学”的发展态势。“对于日本来说，近代作为标志性观念的‘脱亚’论背后，是对挣脱古典中国文化笼罩的强烈诉求，对于中国这个巨大的‘阴影’，是把它作为与‘西洋’一样的‘东洋’，还是把它当做‘方法’而成为日本的‘他者’，其实从德川时代到当下，一直是日本思想史和学术史上的一个大问题。对中国古典的认同与对中国现代的拒斥，对现代中国革命的理想想象和对现代中国文化的无端轻蔑，其实背后都有相当深刻的思想史内容。”[1] 如果说二战以前的日本学界对于中国的研究其主流倾向是崇尚古典，轻视乃至轻蔑现代，那么，伊藤虎丸继承竹内好的思路，从中国近代化道路的优势来反思日本的近代化尤其是战后民主主义的空洞化弊端，这对日本“中国学”的当代转型来看，无疑也是有其学术意义的。当然，伊藤虎丸的鲁迅论的意义，归根结底还是在于对中国当下鲁迅研究的启示。中国的鲁迅研究长期处于代圣贤立言的状态，上个世纪 80 年代伴随思想解放运动的展开，走向问题式言说。李泽厚、刘再复对鲁迅的研究，起源于他们对人的主体性与文学主体性的匮乏的思考，王富仁对鲁迅的研究起源于他对中国社会改革的必须进行思想启蒙补课的深深的焦虑。世纪之交以来，中国社会现代化的情景与日本的四十年前的状态比较相似，西方的科技、思想包括教育模式都被引进、实验和模仿，与文化的大环境一样，鲁迅研究也明显地走向专业化、学术化、学院化，琐细的研究越来越琐细，割裂的研究越来越碎片化，专门性的研究成果不少，但鲁迅研究如何回应我们的时代问题，研究者如何在鲁迅研究中得到新的震撼，鲁迅研究

---

1 葛兆光：《谁的思想史？为谁写的思想史？——近年来日本学界对日本近代思想史的研究及其启示》，《中国社会科学》2004 年第 3 期。

的灵魂在哪里，鲁迅研究怎样才能像曾经那样给中国当下的文学研究带来动力，鲁迅研究者们多少有点迷茫，或者说不太引起重视。尤其是我们这个时代同伊藤虎丸的时代还有不同，不仅是科学与人文的悖论，整体性与分裂感的背离，同时面临着的是资本发达时期和资本原始积累时期两个时代的不同的问题，公正、公平、正义等等，强势者与弱小者的对立问题等等鲁迅当年痛切关注的问题依然以新的形式凸显，这不就是显示出鲁迅研究更需要鲁迅精神的回归吗？而这，首先需要鲁迅研究者切实地能够感受到、焦虑于这种时代的问题，自身有强烈的精神情感的投入，才能有问题意识的产生，才能像伊藤虎丸那样“借鲁迅论来发言，来提出问题”[1]。

（原刊于《首都师范大学学报（社会科学版）》2014 年第 5 期）

1 〔日〕伊藤虎丸：《鲁迅与终末论——近代现实主义的成立》，李冬木译，三联书店 2008 年版，第 33 页。

“耻辱”之后，再是什么

——评丸尾常喜鲁迅研究专著《耻辱与恢复》

1995年底，丸尾常喜在中国出版《鲁迅：“人”与“鬼”的纠葛——鲁迅小说论析》，在中国的鲁迅研究界引发了一场抑制不住的兴奋，1996年3月29日，中国鲁迅研究会在鲁迅博物馆为此书召开了专题讨论会，出席讨论会的多是国内鲁迅研究界一流的专家学者，丸尾常喜也被邀请参与研讨会。会上，大家一致赞誉此著开辟了鲁迅研究的新的视野，而此著提出鲁迅精神世界中“人”与“鬼”的纠缠，这一思路的重要影响，也可从国内学界一些颇有好评的鲁迅研究成果中赫然见到，这种影响甚至使得中国鲁研界继“竹内鲁迅”“丸山鲁迅”之后，又有了“丸尾鲁迅”的美誉。2009年，丸尾常喜又在中国出版了《耻辱与恢复——〈呐喊〉与〈野草〉》一著，这本著作所提供的研究鲁迅的又一种独特的思路，使得“丸尾鲁迅”这一美誉实至名归。这一著作同样赢得国内鲁研界的尊敬与赞赏，不过，比较一下这两部著作在中国鲁迅研究中造成的影响程度，似乎后者尚不及前者，这大致表现在：鲁迅精神结构中“人”与“鬼”的纠葛无疑已成为鲁迅研究者比较一致的共识，而鲁迅的“耻辱”意识在其文学作品中的体现，鲁迅研究者们似乎还只是把它当做一种鲁迅研究的独特视角，这种独特视角或者说鲁迅的“耻辱”意识在中国近代文化转型中的意义何在，不仅丸尾常喜言之尚少，而且国内的鲁迅研究也还没有给予深刻的发掘与总结。对于鲁迅这样的伟大作家而言，一种独特视角的出现，其意义绝对不仅仅是视角而已，新的、独特的视角的出现往往代表着一种新的鲁迅认知乃至新的现代中国文化认知的开始。从这个意义上看，丸尾常喜的《耻辱与恢复——〈呐喊〉与〈野草〉》确实值得我们不断地去阅读，不仅在阅读中得到启示，也在阅读中去发现新的问题。

一

丸尾常喜集中讨论鲁迅“耻辱”意识的论文共有三篇，一是《从“耻辱”(“羞耻”) 启程的契机——作为民族自我批评的鲁迅文学之一》，原载《北海道大学文学部纪要》第 25 卷第 2 号，1977 年 3 月出版；二是《“耻辱”的形象——作为民族自我批评的鲁迅文学之二》，原载《北海道大学文学部纪要》第 26 卷第 2 号，1978 年 3 月出版；三是《从“呐喊”到“彷徨”——作为民族自我批评的鲁迅文学之三》，原载《北海道大学文学部纪要》第 31 卷 2 号，1983 年 1 月出版。按照丸尾常喜的设想，他还准备写出第四、第五篇，分别拟题为《关于〈彷徨〉里面“耻辱”的推移》和《关于“耻辱”的恢复》。后来，这一设想虽然未能完成，但据丸尾常喜自己说，其预设的思路通过后来的《野草》研究继承了下来。这三篇文章发表的时间历经将近 6 年，而此后的《野草》研究是直到 1997 年才正式出版，由此可见，丸尾常喜对鲁迅文学中的“耻辱”意识的思考有一个较长的时间过程，在其心目中，“耻辱”意识显然不是一个偶然得之和偶然用之的概念，而是一个具有特定的历史内容、包含着一种完整的思想逻辑结构的现实问题。

亚里士多德在其伦理学中曾将耻辱感归纳到伦理意识的范畴内，并认为这种伦理意识伴随着一定的身体生理反应，正如恐惧伴随着脸色苍白一样，耻意识则伴随着脸红与出汗的生理症候。丸尾常喜受此启发，在他的鲁迅作品阅读中特别注意鲁迅自己或者鲁迅作品中人物的脸红与出汗的生理反应描写，以这些描写来证明他的耻辱感观点。但从丸尾常喜的整体构想来看，他还是将耻辱感更多地看成一种具有深厚文化内涵的情感意识。所以，丸尾常喜试图梳理鲁迅的耻感意识来源时，首先想到的乃是中国的儒家文化传统。他借日本哲学家森三树三郎的话说，“耻是‘名’里面的意识，不单儒教把耻当做道德的原动力，而且这是包含诸子百家在内的中国人所共有的思想；它由学习而植根于心底，成为内在的道德意识。譬如，孔子说：‘道之以政，齐之以刑，民免而无耻；道之以德，齐之以礼，有耻且格。’(《论语·为政》）这就告诉我们，相对于外部强制力的‘刑罚’来说，耻可以‘作为由恶向善的内在动力’。到了孟子那里，更是作为‘人的本能的道德感’被提高到内部的修身标准（譬如《尽心》说‘仰不愧于天，俯不怍于人，二乐也’；《公孙丑》说‘羞恶之心，义之端也’）。这就是中国传统的耻意识”[1]。在丸尾常喜看来，前期鲁迅与中国文化传统的关系可以分为两个阶段，一个是早年熟读“四书”的传统文化的习得阶段，一个是“五四”时期“对中国文化传统进行整体性批判或者将其客观化”的阶段。在习得阶段中，鲁迅同许许多多中国的读书人一样，把耻意识这一“包含诸子百家在内的中国人所共有的思想”，内化到了自己的精神人格结构中。所以，至少“在对中国文化传统进行整体性批判或者将其客观化之前的鲁迅，基于森三树三郎氏所说‘名与耻的文化’”[2]，养成了自己的耻意识。

---

1 〔日〕丸尾常喜：《耻辱与恢复——〈呐喊〉与〈野草〉》，秦弓、孙丽华编译，北京大学出版社 2009 年版，第 4 页。

2 同 1，第 5 页。

如果说习得阶段是一种自然的、没有多大选择余地的文化传承与身心修养，那么为什么在一种共同习得的文化修养的基础上，有的人的耻意识却在淡化，有的人的耻意识甚至荡然无存而变成无耻者呢？这与人格形成过程中的自主选择的习得方向与生命体验中的某些独特刺激是有密切关系的。也许正是出于这样的思考，丸尾常喜举例分析了鲁迅在日本留学时期耻意识突然强化的几个重要的精神来源。一个来源是当时革命党人的影响。章炳麟在《革命的道德》（1906年）一文中曾说到革命家的道德，他认为一个时代的革命家在道德人格上必须做到四点，前三点是借用了清初学者顾炎武《日知录》卷十三谈"世风"时所说的"知耻""重厚""耿介"，然后又加入了"必信"一点。一个革命家身肩重任，出生入死，没有坚定的信仰是难以成其事业的，所以章炳麟特别强调革命家人格中的"必信"，是很自然的事情，他曾经撰文鼓吹"无我宗"，企图以宗教心来发起国民的道德感，去除国民的自私心、奴隶心和怯弱心，他认为只有去除了这些自私、奴性、怯弱，才能像尼采一样特立独行，在革命的事业中百折不挠。但章炳麟赞同顾炎武的说法，以"知耻"作为革命家道德人格建构的基本标准，事实上与《公孙丑》所言"羞恶之心，义之端也"是一脉相承的，强调的也是以"知耻"作为道德感的原动力。丸尾常喜还举了《革命军》作者邹容的例子，邹容曾疾呼："中国最不平、伤心惨目之事，莫过于戴狼子野心、游牧贱族、贼满洲人而为君，而我方求富求贵，摇尾乞怜，三跪九叩首，酣嬉浓浸于其下，不知自耻，不知自悟。"（《革命军》）他尤其怒斥清朝的读书人缺乏"耻辱感"："中国士子者，实奄奄无生气之人也。……贼满人又多方困之，多方辱之，多方汩之，多方羁之，多方贼之，待其垂老气尽，阉然躯壳，而后鞭策指挥焉。……辱之者何？辱之以童试、乡试、会试、殿试（殿试时无坐位，待人如牛马），俾之行同乞丐，不复知人间有羞耻事。"（《革命军》）正如章炳麟谈革命家道德时，要求去除奴隶性一样，丸尾常喜认为“读一读邹容的《革命军》(1903 年)，就会理解在近代中国，‘耻’的意识深深地缠绕着人对自身‘奴隶’地位的意识”[1]。章炳麟是鲁迅的老师，鲁迅去世前不久还曾说过，当年老师教他的小学功夫早就忘记了，但对先生早年的革命家风范一直是感佩心仪。邹容“《苏报》案”发生时，正在日本留学的鲁迅也在参加光复会的活动，对邹容的《革命军》一文不能说不熟悉。后来，鲁迅在他的小说中一再批判中国传统读书人的“无耻”(《肥皂》《高老夫子》)，批判中国的科举取士制度对人性的戕害(《孔乙己》《白光》)，也无疑可以看到邹容《革命军》的影响。所以，丸尾常喜认为章炳麟与邹容这些革命党人的风范与主张是鲁迅耻辱感的一个来源，这当然是有根据的。

另外，丸尾常喜也注意到了留学日本时期鲁迅的阅读活动对鲁迅耻意识突然强化起来的影响。1903 年也就是邹容《革命军》发表和“《苏报》案”发生的同一年，鲁迅翻译发表了《斯巴达之魂》。这是一篇讲述著名的古希腊斯巴达之战的故事，在德尔摩比勒战役中，逃归者亚里士多德被妻子涘烈娜的死谏所警醒，悄然投身于接下来的浦累皆之战，直至战死沙场。涘烈娜的谏言就是：“设其人知耻，奚不解剑？”而鲁迅赞扬斯巴达武士精神“不胜则死”的“名誉感”与“耻辱感”，目的也就是“掇其逸事，贻我青年”，唤醒国民尤其是青年国民面对民族欺压时的耻辱感。鲁迅 1934 年将此文收入到《集外集》时，在《序言》里还深情地提到自己重读这篇旧作时“自己也不免耳朵发热”。丸尾认为这是一篇典型的“耻辱感恢复的故事”，鲁迅“基于森三树三郎氏所说‘名与耻的文化’养成的耻意识，与斯巴达城邦国家式的耻感文化发生了直接的共鸣”[2]。这种“不胜则死”、反对苟活的精神在邹容的《革

1 〔日〕丸尾常喜：《耻辱与恢复——〈呐喊〉与〈野草〉》，秦弓、孙丽华编译，北京大学出版社 2009 年版，第 4 页。

2 同 1，第 5 页。

命军》一文中也多有阐述。邹容在《革命军》中谈到汉族人的奴隶地位时，曾悲愤地说：“汉种！汉种！不过为满洲人恭顺忠义之臣民。汉种！汉种！又由满洲人介绍为欧美各国人之奴隶。吾宁使汉种亡尽，杀尽，死尽，而不愿其享升平盛世，歌舞河山，优游于满洲人之胯下。吾宁使汉种亡尽，杀尽，死尽，而不愿其为洪承畴，为细崽，为通事，为买办，为缁绎于地球各国人之下。”值得注意的是，1902 年邹容到日本留学，在东京同文书院学日语，这时的邹容已经酝酿写作《革命军》一文了，1903 年春邹容回国，5 月，《革命军》由上海大同书局印行。鲁迅也是 1902 年到日本东京的，他的《斯巴达之魂》于 1903 年 6 月刊行于《浙江潮》。考虑到寻找资料和翻译成文最后刊印所需要的时间，可以说鲁迅写《斯巴达之魂》与邹容写《革命军》在时间地点上都有交集之处。这说明，“不胜则死”、宁亡种也不苟活的精神在当时东京的留学生革命青年群落中是一种具有主导性的思潮，一种普遍性的情感氛围。《革命军》和《斯巴达之魂》就是这种思潮与氛围鼓荡下的结果。《革命军》是直接的呼吁，《斯巴达之魂》是借他人之酒杯，浇自我民族之块垒。在这一意义下，与其说是鲁迅在《斯巴达之魂》中找到了共鸣，毋宁说是身怀民族“耻辱感”的鲁迅带着这种情感意识，有意到外国文化中寻找相关的材料来编译故事，不仅以此为火山口来喷发自己的耻意识，而且想唤醒广大同胞的耻意识。

关于鲁迅耻意识的精神资源，丸尾常喜还找到了尼采来说明。丸尾在分析《狂人日记》中“狂人”的思想逻辑时，引用了尼采《查拉图斯特拉如是说》中关于“人和超人”的三段论述，第一段说：“人类是应该被超越的。……直到现在，一切生物都创造了超越自身的种类，难道你们愿意做逆大潮而动的回流，宁愿返回动物，也不肯超越人类吗？”第二段说人类只是进化链条中的一环：“在人类看来，猿猴是什么？一个哄笑的种群，或者让人感受到耻辱之痛的存在。在超人看来，人类也正是如此：一个哄笑的种群，或者耻辱之痛的存在。”第三段说“人”的被超越的必然性：“你们已经走了从虫豸到人的路，在你们里面还有许多份是虫豸。你们做过猴子，到了现在，人还尤其猴子，无论比那一个猴子的。”引用了这三段话后，丸尾常喜指出，“‘哄笑的种群’，对于人类来说，是作为全无关系的他者来把握的猿猴的存在；而‘耻辱之痛’，则是人类基于在自身内部发现与猿猴同样的兽性的立场所看到的猿猴的存在。人类在人类中间发现应该引以为耻的部分，为由此而来的羞耻心所冲动，要超越自己（鲁迅《随感录四十一》所引用的“大侮蔑”意味大体相同）。这种逻辑，对于鲁迅来说，是极易引起共鸣的”。[1]鲁迅与尼采在精神上的密切关系，这已经是鲁迅研究中一个公认的事实。但丸尾常喜在耻意识上将鲁迅与尼采联系起来，对于我们如何认知尼采影响对鲁迅的意义无疑有进一步的拓展。相对《斯巴达之魂》而言，《狂人日记》的发表已经是15年之后，尽管鲁迅在1907年自1909年间所发表的论文中多次提到尼采，也赞扬过包括“掊物质而张灵明，任个人而排众数”之类的尼采思想，但鲁迅真正把尼采思想观念与精神特性融入自己对人性、对社会的观察，当然是在参与新文化运动之后。如果说在《斯巴达之魂》等早期文章中，鲁迅的耻意识还是与民族的救亡意识融合在一起，强调的是自我所在的民族生存的“耻”感，那么，到了五四新文化运动，鲁迅的耻意识似乎已经超越了民族的范畴，也超越了救亡的视域。正是尼采的耻意识，引领鲁迅的耻意识由救亡功能走向了启蒙功能，由对民族存在状态的关注走向了对人类存在状态的沉思。这也许是丸尾常喜在将尼采思想引入鲁迅耻意识的精神资源结构中始料未及的一个学术启示吧。

---

1 〔日〕丸尾常喜：《耻辱与恢复——〈呐喊〉与〈野草〉》，秦弓、孙丽华编译，北京大学出版社2009年版，第20—21页。

二

在民国教育部做京官的鲁迅为什么听从好友的劝告参加新文学运动，最为权威的解释当然是鲁迅自己。尽管时间推移，鲁迅前后在《〈呐喊〉自序》和《我为什么做起小说来》等相隔十多年的文章里还是坚持自己的说法，这就是立意启蒙。启蒙正是五四运动作为一场思想文化运动的根本特征，于是就有了所谓“听将令”之说。以后几乎所有的鲁迅研究者在涉及鲁迅文学这一原点问题时，都在认同鲁迅的夫子自道。丸尾常喜的《耻辱与恢复》一著要解决的一个重要问题也是鲁迅的文学生涯从哪里启程，面对这一问题，他当然绕不过鲁迅的自叙。但丸尾常喜的贡献就在于，他从鲁迅自叙中读出了属于自己的感悟，并由此建构起自己对这一问题解答的逻辑理路。关于鲁迅文学生涯的启程，丸尾的老师丸山升在《鲁迅——其文学与革命》一著中曾以突破“寂寞”(对辛亥革命的生命体验)为出发点来解读鲁迅的自叙。丸尾常喜认为这种解释是极为正当的，但他在系列论文之三《从“呐喊”到“彷徨”》中还是谈到了自己的不同看法。他说：“的确，鲁迅难耐‘大毒蛇’一样缠住其灵魂、不肯离去的‘寂寞’之苦，曾经用了种种办法，来麻醉自己的灵魂，使自己沉入国民中，回到古代去，而今以文学的重新启程来消解‘寂寞’——《自序》的这种解释连同其敏锐的文体，具有跨越时间深深打动我们心弦的魅力。可是，至少是关于促使鲁迅以《狂人日记》为发端的‘五四’时期的作品之执笔的动机，我认为《自序》的说明与当时的真实情况有不尽吻合之处，这是本文的立论立场。”从这段话中可以辨析出来，丸尾常喜不仅不完全赞同鲁迅的文学生涯是从突破“寂寞”出发，而且也不认为鲁迅的自叙与鲁迅当时开始“听将令”从事文学创作的实际情形完全吻合。丸尾的看法是：“我认为，譬如，在《药》的展开中看到自身‘寂寞’的埋葬，而‘人类总不会寂寞，因为生命是进步的，是乐天的'（《随感录六十六·生命的路》，1919 年）这句话，则表明要打破中国的‘寂寞’、使中国民族作为‘人类’不可动摇的一员获得再生的决心。以《新青年》为中心的热烈氛围中，面对‘真的人’而产生的‘羞耻'（“耻辱”）意识与对‘进化论’的信仰，才是让‘五四’时期的鲁迅启程的契机。”[1]这里，丸尾常喜虽然将进化论的信仰也视为鲁迅文学生涯启程的契机之一，但很明显，在丸尾常喜的整个论述理路中，进化论的信仰只是牵引鲁迅文学生涯发展方向的一个力量维度，而鲁迅文学生涯的启程即出发原点无疑是耻意识，这也是丸尾常喜在他的著作中着力阐述的内容。

丸尾常喜探究鲁迅的耻意识，也是从幻灯片这一经典事件的解读开始的。如果说当年竹内好从幻灯片事件中看到的是鲁迅的“屈辱感”，认为鲁迅是咀嚼着屈辱离开仙台的，那么，丸尾常喜将这一事件中鲁迅的精神创痕定义为“耻辱感”，这无疑是一个具有重要意义的发现。[2]因为屈辱感乃是一种被动状态，是外在环境加上的，而“耻辱感”的发生当然也有外在因素的刺激，但它主要来之于自身主体的内省，也就是丸尾常喜所言，“‘耻’是在自己之中兼具‘能够看见的自己’与‘看人的自己’的意识”。所谓‘看人的自己’，是指人给自身设定的典范或征象；而‘能够看见的自己’，则是在这一典范或征象映照之下显出否定性真相的‘现在的

1　〔日〕丸尾常喜：《耻辱与恢复——〈呐喊〉与〈野草〉》，秦弓、孙丽华编译，北京大学出版社 2009 年版，第 77 页。

2　吴俊在《评丸尾常喜教授的“鲁迅论”及其他》（杭州师范学院学报 1996 年第 5 期）一文中曾说：“在我和丸尾先生的几次讨论中，他都向我说明过‘耻辱’与‘屈辱’两者在语义和鲁迅思想观念上的显著差别。在自觉为‘受辱’这一层次上，它们是相同的。但是，在‘受辱’的自觉性认识程度上，两者便有了深刻的思想距离。前者是‘自觉为耻’，后者仅‘自觉为屈’。在耻辱意识中，有鲜明的自我批判内涵，而屈辱意识则主要是一种情感上的挫折感受。或者说，前者是属于思想性领域的，后者是属于情感性世界的。因为有这种区别，它们所显示的对于自身所受之辱的承担心理也有很大不同。鲁迅根本上是把传统的羁绊当作自己耻辱的缘由，所以他因耻辱意识而表现出的自我批判性，既是一种历史的清算，同时也是人格重建和人性恢复的‘新人’的诞生证明。如果只是情感上的屈辱意识，那就不容易导向思想的全面、彻底的反省之路。”此言可作参考。

自己’”[1]。在主体内部，这两个“自己”的背离所引发的紧张、不安以及由之而起的内省就是“耻辱感”。丸尾认为鲁迅的“耻辱感”经历了这样的不断累加、不断强化的过程，在幻灯片事件中，鲁迅为同胞们的麻木不仁而耻辱；在辛亥革命前，鲁迅“被迫结婚所代表的鲁迅个人的耻辱体验，从根柢上挖毁了他自以为有别于庸众的基础”[2]；而辛亥革命的成功及其挫折，则彻底地改变了鲁迅对民族的认识。“虽然‘朴素之民’的印象尚留余影，但是，已经不能成为产生新的构想的契机，‘历史的整数’为没有‘精神’的‘物质’所充塞，曾有的英雄被挤到小数点以下在‘历史结账’时舍弃。……《狂人日记》第十二节末尾的‘现在明白，难见真的人！’正是从‘吃人’一方对于‘真的人’所产生的‘耻辱’(“羞耻”)意识的表现”[3]，可以说正是辛亥革命的挫折带给鲁迅的“耻辱感”，是鲁迅精神主体对民族精神现状的内省所带来的情绪反应。对于丸尾常喜强调内省力的特点，孙郁曾予以高度评价，他指出，“丸尾常喜在这些文字间，和我们中国的读者同样地激动着。而他在这个激动里，带来了我们中土文人内心所没有的另一种耻辱后自省的意识。那就是，恢复人的尊严和内省力吧，没有内省力的思考，是苍白的思考。鲁迅启示他的地方，可能就在这里”[4]。辛亥革命后，鲁迅虽然抄古碑，读佛经，其实一刻也没有停止过内省与思考。正是这种长期的内省的准备，所以一经好友的激励，常年坐在大槐树下透过密密麻麻的叶子看一点一点的青天的鲁迅就有了写作《狂人日记》的精神冲动，而鲁迅的文学生涯也就在耻意识这一个重要的契机上启动了它的历史进程。

对于鲁迅文学的丰富性与整体性，丸尾常喜是有清醒认识的，所以丸尾常喜说过，他并“不想把‘耻’意识确定为鲁迅文学的本

1 〔日〕丸尾常喜：《耻辱与恢复——〈呐喊〉与〈野草〉》，秦弓、孙丽华编译，北京大学出版社 2009 年版，第 7 页。
2、3 同 1，第 33 页。
4 孙郁：《耻辱记忆下的诗学》，《书城》2011 年第 10 期。

质”，但他也说，既然“鲁迅的文学生涯是把‘耻’意识作为一个重要的契机而启程的”，那么，研究者的使命就“是要从鲁迅的生命与文学中所不时表现出来的耻意识切入，探索‘作为民族的自我批评的文学’之客体的、主体的内涵”。[1] 丸尾常喜对鲁迅小说的细致的分析，真正切实地贯彻了他自己的批评主张。综观他的研究成果，他对鲁迅小说耻意识的分析大致包括如下内容：一是耻意识作为一种情绪反应的伦理关联性。耻意识与嘲笑、轻视、蔑视等情绪意识都不一样，耻意识的产生必须以对象与主体的关联性为基础。鲁迅在幻灯片事件中之所以感到耻辱，是因为麻木者正是自己的同胞[2]，“狂人”为“吃人者”感到“耻辱”，是因为“吃人者”正是他的大哥。在分析“狂人”在发现“吃人的是我哥哥！我是吃人的人的兄弟！我自己被人吃了，可仍然是吃人的人的兄弟！”这一真相之后的精神震撼时，丸尾常喜把这一精神震撼同幻灯片事件联系起来，指出“在意识到自己的伦理责任之后，把作为‘民族’（同胞）的自然关系当做自我之事承担起来，不正是此时鲁迅的立场吗？”[3] 自然关系是无法更改的，而伦理责任却是主体可有可无的一种内在品性，在乎这种自然关系就会有耻意识的产生，不在乎这种自然关系，也自然不会有耻意识的产生。所以，丸尾常喜认为“狂人现在不是由于从自己的内部发现了共通的耻辱，才与吃人者共有着耻辱；而是如前所述，在兄弟的责任上面，共有耻辱（不是无关的轻蔑与嘲笑），要唤醒他们的耻意识（换言之，是要唤醒人们：意识到我们的凄惨吧）”[4]。这种从耻意识启程的文学，是唤醒的文学，也就必然是“作为民族的自我批评的文学”。

---

1 〔日〕丸尾常喜：《耻辱与恢复——〈呐喊〉与〈野草〉》，秦弓、孙丽华编译，北京大学出版社 2009 年版，第 7 页。

2 所以，在著作中丸尾特意指出，“《破恶声论》的作者如果是日本人，大概会以拍手的同胞为耻吧”。这就是说，日本人不会为麻木者感到耻辱，鲁迅也不会为喝彩者感到耻辱，因为他们与自己无关。

3 同 1，第 18 页。

4 同 1，第 20 页。

二是耻意识作为一种省思意识的指向双刃性。在丸尾常喜看来，耻意识乃是双刃剑，一面朝向他人，一面朝向自己，一面是为他人而羞耻，一面是为自己而羞耻。这种双刃性在鲁迅的小说中都有表现。就前者而言，如《狂人日记》《药》《阿Q正传》等，而后者，如《一件小事》《鸭的戏剧》等。丸尾常喜对二者都有十分详尽的分析，尤其是对后者即朝向自己的耻意识的分析，不仅详细而且有趣，显示出批评家的细心和知人论世。丸尾常喜将《一件小事》《无题》等作品联系起来，看到了鲁迅面对民众的高贵品质，“榨出自己的小”时的羞愧，看到了鲁迅面对普通民众的“羞愧”时的自我“羞愧”，这当然不是什么创见，鲁迅的这种自我解剖精神早已被鲁迅研究者予以多方的阐释，丸尾常喜对这些作品的解读分析的意义不仅在于它丰富完满了自己对鲁迅文学的耻意识的多重性质的界定与认识，有年轻学者批评丸尾常喜将不同的羞耻感强拉在一起分析，他认为“狂人‘吃人’的‘惭愧’与阿Q‘将圆画成了瓜子’的‘羞愧’以及《一件小事》中‘我’的‘惭愧’，这些与‘耻’相关的近义词在各自的文本中都有着截然不同的所指与意义。是否真能有一种话语、一种范畴将鲁迅生命与文学中林林总总的‘耻意识’一并打通、整合，归集为一个中心，凝结为一个意指？抑或鲁迅‘耻意识’的实相本就呈现为各个时期、各个层面的纷繁有异，而那些承载着‘耻意识’的语词又有着各自异大于同的所指？”所以，他批评“丸尾常喜对上述语词不无过敏的念兹在兹、纠缠往复，亟待将它们本体化、甚至不惜曲解原意”。[1] 殊不知这种“本体化”恰恰是丸尾的细心之处，也是他的独到之处。因为丸尾的耻意识本来就具有多面的内涵，具有不同的指向，而且是用“民族的自我批评”这一思想线索贯穿起来，而不是用耻意识的基本语义来贯穿的。值得指出的是，丸尾还特别从发表时间的前后关

---

1 张勐：《“日本人立场的问题意识”——从丸尾常喜的鲁迅研究专著〈耻辱与恢复〉谈起》，《杭州师范大学学报（社会科学版）》2011年第3期。

系上看到了鲁迅耻意识的发展脉络。他指出：“《一件小事》的不相信人是‘看不起人’，与此相对，《无题》则是‘怀疑人类’。这显示出，在鲁迅来说，由‘真的人’‘人类’‘进化’这些典范、征兆所严格规范的那个时代已经结束，他站在了新的起点上。新状况的出现，是对本民族的怀疑与绝望（这是辛亥革命之后的走向在他的心里引起的如同霉菌一样蔓延的东西）扩展为对人类本身的怀疑，连支撑其文学活动的‘羞耻’意识——《狂人日记》的展开与《〈一个青年的梦〉译者序》已清晰地表明——这一立足之地都要失去的重大危机叩响了他的门扉。”[1] 从怀疑民族到怀疑人类，从对民族的羞耻到对人类的羞耻，这无疑是预告着《狂人日记》式的热烈呐喊时代的结束，《野草》式的自我沉思时代的到来。甚至文体上也可看出痕迹，丸尾指出：“《为“俄国歌剧团”》与《无题》显示出，在‘寂寞’自身变成声音的场合，散文离开‘随感录’式的启蒙、批判的性格，转向抒情诗与身边琐记。”[2] 关于这种变化，过去鲁迅研究者只是从鲁迅在新文化运动分化后的寂寞中来琢磨，而丸尾常喜从鲁迅作品中的羞耻感的表现中看到了这一点，不能不说是慧眼独具。

三是耻意识作为一种情绪反应在鲁迅思想结构中具有的历史内涵。在这方面，丸尾常喜将鲁迅的历史意识区分为“民族认识”和“民众认识”两种。所谓“民族认识”与“民众认识”，这一区分的意义何在？据笔者理解，所谓“民族认识”指的是国民性认识，针对者不分阶级群体，整个民族都包含其中，也就是鲁迅经常所说的“暴君的臣民”“无主名无意识的杀人团”“无物之阵”，而所谓“民众认识”中的民众则特指下层百姓，也就是鲁迅在《破恶声论》里面所说的“朴素之民”，“民众认识”在鲁迅的小说中往往是具体

1 〔日〕丸尾常喜：《耻辱与恢复——〈呐喊〉与〈野草〉》，秦弓、孙丽华编译，北京大学出版社 2009 年版，第 84 页。
2 同 1，第 85 页。

可感的，而“民族认识”则是比较抽象的。丸尾如此区分开来，目的在于想说明在“民众”那里，还经常保留着一些中国文化的“固有血脉”，所以鲁迅会有《一件小事》《无题》之类的作品，在“民众”的“光荣”中触发自己的羞耻感。但丸尾常喜也清醒地认识到，所谓“民族认识”与“民众认识”是难以剥离的，“鲁迅的民族认识其区别与同一尚在混沌之中，但是，与其民众认识不离不分的不寻常的事实，不说也完璧般地显示出来”[1]。丸尾常喜的这一思路的特点在于，首先他指出了“民众认识”在鲁迅文学中的“民族认识”的中心地位，“无论正或负、光荣或耻辱，民众的认识都应该占据民族认识的中心，这样才能成为一个民族性的作家”[2]。其次，他认为“民众认识”是鲁迅从“民族认识”的“耻辱”中“恢复”和“超越”的一种动力。在《药》的分析中，丸尾指出，“庸众与天才的构图，由这种自身耻辱的自觉，也就是天才之所以成其为天才的基础的崩溃，而被超越。鲁迅以这种自我与民族的黑暗的认识为媒介接近了中国民众。但是，在《药》里，庸众与天才的构图，从与此不同的方向被超越了。支持作者展开整个结构的冲动，不是描写那些像‘暴君的臣民’一样因为鉴赏夏瑜的死刑而快活的民众，而是以特别罄其所有买来人血馒头的老栓夫妇的形象为中心”[3]。通过上下文的联系，可以理解到丸尾的基本思路就是：鲁迅在“民族认识”（鉴赏夏瑜的死刑而快活的“暴君的臣民”）中触发了自我的耻辱感和民族的耻辱感，而在“特别罄其所有买来人血馒头”的老栓夫妇的“求生意志”中得到温暖、慰藉，从而耻辱感得到超越，走向恢复。

---

1 〔日〕丸尾常喜：《耻辱与恢复——〈呐喊〉与〈野草〉》，秦弓、孙丽华编译，北京大学出版社 2009 年版，第 50 页。
2 同 1，第 51 页。
3 同 1，第 46 页。

三

丸尾常喜的《耻辱与恢复》出版后，国内鲁迅研究界给予了很高的评价，当然也有一些不同的批评意见，这是很正常的，因为从学术史的经验来看，越是具有创造性的学术见解就越容易引发争议。丸尾常喜本人也曾一再地表示，他所提出的问题如果能得到讨论，他当引以为幸，这正是一个严肃的学人对自己的研究成果应有的姿态。

笔者认为，丸尾常喜的《耻辱与恢复》对于鲁迅研究的启示意义至少可以从三个方面来肯定。首先是耻意识的视角，对这一点，孙郁曾精辟地指出，丸尾常喜“从这个角度切入鲁迅的世界，可以看清许多问题。说鲁迅有耻辱感，不是夸大的说法，我们在其文本里不正是可以常常看到这些么？仙台的幻灯事件，以及后来东京的诸多感受，都可以作一些注解。那时候他感到满族统治下的中国，从形式到内容，都有落后于世界的地方，从对比里，就看到了华夏黑暗下的生命的悲哀，没有什么可以夸耀的生命之色，黎民早就被压抑到无声里了吧？”[1] 当然，孙郁评价的重心放在鲁迅的民族反思意识上，笔者认为还可以进一步从文学自身的意义上来看。文学的任务不只是体现在对民族生活内容的揭示上，优秀的文学尤其是个人内在的生命意志的表现。文学的本质是苦闷的象征，这正是“五四”时期鲁迅从事文学活动时所信奉的理念，理解他的作品就不能仅仅只是从民族生活内容的单一角度来观察，而需要或者说更重要的是从鲁迅个人生命意志力的表现方面来深入解剖。耻辱感恰恰融合了这两个方面，一方面它是一种伦理意识，必然包含历史的和现实的民族生活内容，另一方面，它是一种伴随着脸红、出汗之类的生理反应的情绪活动，与个人的生命的血肉性连接在一起，更

1 孙郁：《耻辱记忆下的诗学》，《书城》2011 年第 10 期。

能够渗透出个人生命的深层秘密。所以，耻意识角度的展开十分恰切地将鲁迅“民族的自我批评”和自我的生命呈现融为一体。

其次，文本细读的方法。关于“丸尾鲁迅”的方法论问题，译者秦弓也曾从“历史还原法”角度予以肯定，认为丸尾常喜“把鲁迅放回到特定的社会文化背景中去，放回到鲁迅自身的精神发展脉络与作品生态群落中去”[1]。这当然是重要的方法论特色，当读者看到丸尾常喜为了考证鲁迅的耻辱感及其恢复的意识历程时，坚持不懈地注明他所分析的每一篇作品发表的时间，从时间先后的承续上来做文章，找依据，自然会会心一笑。但笔者觉得，从方法论意义上看丸尾，更重要的或者说更有感染力的是丸尾常喜对文本的细读以及这种细读带来的力量。譬如在分析《狂人日记》时，丸尾常喜对“狂人”对于“吃人”的感情的分析，从莫名其妙的“恐怖”（对一种吃人传说的、没有具体对象的生理反应），到看到似乎是用来吃的“人肉”的“呕吐”（已经有具体对象刺激的生理反应），再到“耻辱”意识的降临（吃人的人是我的大哥，我是吃人的人的兄弟），丸尾常喜认为“狂人”的耻意识的产生经历过了这样三层次的生理反应过程，而且逐次地加深。这种关键词的捕捉与有意义的链接，对《狂人日记》的文本解读无疑是一个独特的贡献。又如丸尾常喜对《药》的结尾的解读，“把‘哑’的一声大叫着，向着远处的天空，箭也似的飞去的乌鸦作为背景，两位老母由被夺去爱子的共通的悲哀联系在一起，并肩走去——从其背影，我们能够看到采用‘曲笔’的作者的祈望与意志的真实。归根结底，革命家与民众的隔绝，存在于民众与民众（人与人）（这是《狂人日记》发现的情形）的隔绝之上。华大妈与夏四奶奶由于同样的悲痛填补了这种隔绝”[2]。对《药》的结尾的解读，有的学者看到的是花环下的更

---

1 秦弓、孙丽华：《编译后记》，见〔日〕丸尾常喜：《耻辱与恢复——〈呐喊〉与〈野草〉》，秦弓、孙丽华编译，北京大学出版社 2009 年版，第 437 页。

2 〔日〕丸尾常喜：《耻辱与恢复——〈呐喊〉与〈野草〉》，秦弓、孙丽华编译，北京大学出版社 2009 年版，第 49 页。

其阴冷，而丸尾常喜看到的而且十分重视的是无边阴冷中的丝丝温情，是“停滞的灰色”之中的共通的“爱”与“共通的悲哀”的微光。这样的细节感悟与解读，恰恰是日本汉学家的长处，这与日本民族的国民性中的物哀（愍物宗情）特点有关，因此容易引发这样的情感共鸣吧。

其三也是最为重要的一点，丸尾常喜以耻意识为切入点来研究鲁迅，这种思路像一面镜子，照出了中国文化传统中的一种严重的匮乏。文化史学者本尼迪克特把规制人的行动的伦理原动力区分为“罪”与“耻”，由此形成民族文化的两种类型，一是把道德的基础建立在内在的罪的自觉之上的“罪感文化”，一是把道德的基础建立在他人的批评即外在的强制力之上的“耻感文化”。本尼迪克特认为日本民族是“耻感文化”的代表，“耻在日本的伦理里，与‘纯洁良心’‘信仰上帝’‘回避罪恶’在西欧的伦理所占位置一样，具有权威的地位”。丸尾常喜以耻意识为切入角度来研究鲁迅，也许是受到本尼迪克特这种分类的影响，但笔者认为更有可能的是丸尾从自身浸润于的日本“耻感文化”中得到启示，力图从一个日本人的立场与思维特性来观察与思考鲁迅的问题。对此，曾有年轻学者予以批评，认为丸尾常喜的《耻辱与恢复》是站在日本人的立场来思考和观察中国文学与中国问题，而且“这种‘日本人立场的问题意识’绝不只是竹内好等学者个别的治学理路，而是一个时期以来日本鲁研界共同的方法论。丸山升认为：‘竹内塑造的这种鲁迅像，之所以在战后不久的日本具有巨大的影响力，便是因为很多日本人开始回顾给日本带来那场战争的“近代”究竟是什么’，在他们的心目中，鲁迅事实上衍为了一面矗立于日本近代面前的‘镜子’”。[1] 笔者认为，如果仅仅批评丸尾从日本人的立场来

1　张勐：《“日本人立场的问题意识”——从丸尾常喜的鲁迅研究专著〈耻辱与恢复〉谈起》，《杭州师范大学学报（社会科学版）》2011 年第 3 期。

研究鲁迅[1]，这种批评恰恰是从相反的方面突出了丸尾常喜学术的思想力。学术研究有两条通行的路子，一种是纯粹学术式，一种是问题思考式，后一种路子从来都是以自己或者自己民族面临的问题为出发点，来观察、思考、研究他者他民族的现象与问题，目的在于激活自我以及自我民族对所遇问题的思考与解决能力，寻找解决的方案。赛义德就曾经指出，西方的东方学其实没有东方，只有他们自己的问题，是借东方的问题来反照和回省自己的问题。这种路子尽管时常遭到訾议，但它的研究成果确实最富启示性，甚至能够在不经意处为他民族的文化反思提供一面镜子，一种契机。

丸尾常喜鲁迅论的耻意识就是这样一种研究成果。它的意义不仅在于为鲁迅研究增添了一种新的研究思路，更在于它为我们进行民族文化反思时提供了一面明亮的镜子。如果说本尼迪克特的“罪感文化”“耻感文化”的区分有其道理的话，中国文化传统应该说属于“耻感文化”一类。丸尾常喜对此也是不否认的，所以他在谈到日本文化的伦理核心是耻感时，也简略地分析了中国儒家文化对耻感的重视，指出鲁迅的耻感是由这种文化传统的习得而形成，并且也指出了与鲁迅同时代的胡适、陈独秀等人的耻辱感的表现。但必须看到的是，耻辱感在很长的一段时间里已经在中国文化传统中逐渐消亡，至少可以说其重要性已经不复存在。从汉儒以来直到宋明理学，中国的文化在两千年的历史中已经发生了变化，变得既不是“罪感”，也不是“耻感”，而是以“乐感”为其特征的文化。“乐感文化”是李泽厚先生在1985年春一次题为《中国的智慧》的讲演中提出的，收录在《中国古代思想史论》中，后来在《华夏

1　笔者理解该批评文章的用意在于指出丸尾常喜的以日本人立场的问题意识来观察思考中国现象与问题，进而批评日本鲁迅研究中的“大东亚”意识，就笔者本人所知，日本鲁迅研究界大多数学者尤其是伊藤虎丸、丸尾常喜等严肃的日本鲁迅学者对于当年日本侵略中国的战争及其所谓“大东亚文化”都是持反省及批判的立场，与该批评文章中所论及的“大东亚文化”意识不可同日而语。因此问题与本文的中心主旨关系不大，特此简略提及，不作详细讨论。

美学》一书中又有所发挥。其实，中国文化的这种乐感特征，早在三四十年代林语堂向西方人介绍中国文化时就已经指出过，他把中国哲学概括为“快乐哲学”，与所谓“乐感文化”语意大致相同。“快乐哲学”也好，“乐感文化”也好，其思维方式就是实用理性，其存在方式就是乐天知命。这种乐感文化的长处在于增强了人们生活的韧性，如何艰难险阻，如何屈辱卑贱，人们都会努力地生活着，并以此为乐。这种文化形态存在的最大的问题则是罪恶感与耻辱感的丧失。罪恶感本来就不是中国文化传统中具有的特质，但在中国远古时代，人们却是“有耻且格”的，知耻而后勇，这是儒家对传统知识分子的一种基本的人格要求。汉儒以后，礼仪演化为礼教，封建统治者加强了奴化统治，王朝的更迭与异族的侵略使得汉族子民的生存状态愈来愈艰难险困，封建帝制的政治生态也使得官场潜规则盛行于世。中国的读书人开始将儒学当做获取名利的敲门砖，而不再奉为人生的信仰，于是口是心非、厚颜无耻的伪君子几乎成为中国读书人的一个“历史的整数”。丸尾常喜以耻意识来切入鲁迅的研究，这一思路的意义其实已经超越了鲁迅小说研究本身，它让我们深刻地看到了在中国文化面临危机，现代化转型已经不可避免的时代里，鲁迅也包括胡适、陈独秀这些中国知识分子的少数先觉者力图打破中国文化的乐天知命状态，重建中国文化的“耻感”，从而认清民族生存的现状，激活民族奋争的意志力的伟大的文化构想。

四

《“人”与“鬼”的纠葛——鲁迅小说论析》在中国出版后，在为丸尾常喜这本著作召开的一次座谈会上，陈漱渝先生曾批评该著有些分析过于琐碎，有的假说还需要进一步论证。这些不足其实在

《耻辱与恢复》中也依然存在。这一方面显示出日本学者传统的细致之处，一方面也许是因为丸尾常喜的写作对象主要是日本读者，而不是中国读者，所以有些分析过多地交代背景，追溯原委，确实显得过于琐细。在《“人”与“鬼”的纠葛》中，丸尾常喜的主题在谈论鲁迅笔下的人与鬼的关系，而“鬼”本身就是一个假说，所以作者在文本分析中有时也不能不采用假说。而《耻辱与恢复》主要分析鲁迅心理活动与鲁迅文学生涯发生的关系，更多地与历史现实相联系，所以无待假说，更重推论。丸尾常喜的推论自有他的逻辑，推论过程很细密，尤其是对于小说细节的感悟力很强，对细节的意义阐发相当精辟。但是，由于丸尾常喜的推论过于倚重细节，或者说过分地倚重自己所发现、所需要的细节，这样，不仅鲁迅小说中的其他不被丸尾常喜逻辑所需要的细节就被忽略，而且鲁迅小说在主题上的宏大布局及其在叙事上的整体策略也就很容易地被这些琐细的细节分析所掩盖，这样推论出来的结论有时自然就不免偏颇，有时甚至与鲁迅的原意相差甚远。

关于这方面的瑕疵，可以举出很多的例子。譬如鲁迅在《破恶声论》里赞许农人“气秉未失”，从上下文来看，主要是指农人的“宗教感”，而鲁迅在另一篇文章《文化偏至论》中所提到的“外之既不后于世界之思潮，内之仍弗失固有之血脉”，此一“固有之血脉”是相对于“世界之思潮”而言的，在原文中内容含量很丰富。但丸尾常喜在自己的分析中，将农人的“气秉未失”与“弗失固有之血脉”等同起来，认为“鲁迅所说的‘固有之血脉’，由于‘民生多艰，是性日薄’，只是在‘古人之记录’与‘气禀未失之农人’那里才能见到”[1]，这种联系显然不符合鲁迅在写这两篇文章时的原意。又如丸尾常喜认为“被迫结婚所代表的鲁迅个人的耻辱体验，从根柢上挖毁了他自以为有别于庸众的基础”。将鲁迅的婚姻与鲁

1 〔日〕丸尾常喜：《耻辱与恢复——〈呐喊〉与〈野草〉》，秦弓、孙丽华编译，北京大学出版社 2009 年版，第 14 页。

迅的耻辱感联系起来，这一问题想得确实细致，甚至可以说是丸尾常喜的独特发现，但是鲁迅面对这一婚姻时的态度是十分复杂的，他自己也曾在不同的场合直接或者间接地谈到过自己的感受，所以应该予以全面的考虑。这一婚姻不是鲁迅自愿的，是母亲送给他的“礼物”。不能反抗母亲的意志，也不能伸张自己的意志，结果是像鲁迅所言的被长辈说一声你们住在一起，于是两个本不相干的人就住在了一起，这就个人而言，确实是一种耻辱的生存体验。但鲁迅后来曾说过，他之所以默认了这一生活形式，是要以此来了结中国民族历史上四千年的旧账，他在《我们现在怎样做父亲》一文中，也悲壮地将自己这一代“历史中间物”的使命归结为“肩住了黑暗的闸门，放他们（指年轻的一代——引者注）到宽阔光明的地方去”。可见，鲁迅对这一婚姻并非一种浑浑噩噩的屈从，这是对生存悲剧的一种具有自觉意识的自我担承，具有这种担承意识，就与庸众有了根本的区别。所以，与其说鲁迅在这场婚姻中具有的是把自己等同于一个庸人的耻辱感，毋宁说鲁迅充斥于心的是一种将自己献上祭坛的自我牺牲的英雄气，一种自觉意识到的“历史中间物”的悲苦感。

当然，诸如此类的例子虽然会引发争议，但并不影响对鲁迅本人及其作品倾向的基本判断。相对而言，丸尾常喜的个别论断不仅在他自己的逻辑理路上是一个重要的、关键性的环节，而且对鲁迅作品总体倾向的认知也会产生颠覆性的影响。譬如，丸尾常喜在自己的著作中不断地举例分析了鲁迅对下层民众的“生存意志”的表现。在《药》的分析中，“作为小说作者，深入到老栓一家的日常生活时，鲁迅所遇到的，是民众所具有的这种‘生存意志’。虽然面临打击、难以生存，但总要设法活下去”[1]。其他的作品也是如此，如孔乙己“即便蒙受耻辱，也要生活下去”，单四嫂子“抱着

---

1 〔日〕丸尾常喜：《耻辱与恢复——〈呐喊〉与〈野草〉》，秦弓、孙丽华编译，北京大学出版社 2009 年版，第 47 页。

三岁儿子去找医生，在烈日之下疾走”，七斤在“皇帝复辟带来的家族崩溃中惶恐不安”，还有“连父亲给他颈上戴过的除魔的银项圈也不能给予儿子的闰土，被怀疑要偷拿碗碟的行为与偶像崇拜（指要香炉和烛台）”，“都属于这种‘求生意志’的表现”。[1]甚至阿Q也是如此，“阿Q不单是‘精神胜利法’的傀儡，《阿Q正传》的生命力也在于让雇农阿Q的生活以阿Q样的本色挣扎着活下去，读者的感动也与此相关”[2]。看到了鲁迅对下层民众的挣扎着活下去的生存意志，这是没有问题的，问题在于如何认识鲁迅对待这种“生存意志”的态度。丸尾常喜不仅认为鲁迅对民众的“求生意志”的描写是他作品的中心主旨，如前面已经引到的，丸尾常喜认为《药》中支持鲁迅展开整个《药》的结构的冲动，“不是描写那些像‘暴君的臣民’一样因为鉴赏夏瑜的死刑而快活的民众，而是以特别罄其所有买来人血馒头的老栓夫妇的形象为中心”[3]。而且，丸尾常喜认为鲁迅对这些民众的所谓“求生意志”也是感动和认同的，正是这些民众的“求生意志”使得鲁迅完成了对自己的“民族认识”的超越。《药》中华家父子的“求生意志”，使得鲁迅“庸众与天才的构图，从与此不同的方向被超越了”，而在《阿Q正传》中，“‘暴君治下’的‘臣民’阿Q对现实个别性的执着到底，使得鲁迅的‘羞耻’与‘民族’紧密相连，决不允许沉迷于接受并保持一切的‘永远回归’的‘勇猛’的虚无哲学”，“不止于此，鲁迅的笔触，通过逼真的书写，让我们看到了作为民众不幸的真正元凶的阶级统治与一种‘革命’之死以及导演‘革命’之死的新势力（假洋鬼子）的抬头”。[4]

丸尾常喜的这些论断显然有以偏概全之弊端，以“特别罄其所

---

1 〔日〕丸尾常喜：《耻辱与恢复——〈呐喊〉与〈野草〉》，秦弓、孙丽华编译，北京大学出版社2009年版，第47页。

2 同1，第63页。

3 同1，第46页。

4 同1，第73页。

有买来人血馒头”的求生意志为中心，其实就遮蔽了鲁迅在小说中倾其全力来刻画的民众的麻木与革命者的寂寞，强调阿Q“以阿Q样的本色挣扎着活下去”对读者的感动，无疑也会消解鲁迅在小说中批判“精神胜利法”的良苦用心。当然，问题还不仅止于此。“五四”时期劳工神圣思想在知识界十分流行，人道主义情感也在新文学作家中占有主流的地位。对下层民众的“生存意志”的认知与感动，这是“五四”时期普通的有良心的知识分子都能达到的精神境界，鲁迅的精神中当然鲜明地体现着这些思想情感质素，但这种思想情感质素并不能体现出鲁迅与同时代人之间的区别及其深刻之处。鲁迅的深刻与伟大之处恰恰在于他在自己的文学活动中倾其全力地批判着整个民族当然也包括下层民众的“苟活”意识和浑噩状态。就在《狂人日记》发表后不久，鲁迅曾很激愤地指出：在中国，“穷人的孩子蓬头垢面的在街上转，阔人的孩子妖形妖势娇声娇气的在家里转。转得大了，都昏天黑地的在社会上转，同他们的父亲一样，或者还不如”，“所以看十来岁的孩子，便可以逆料二十年后中国的情形；看二十多岁的青年——他们大抵有了孩子，尊为爹爹了——便可以推测他儿子孙子，晓得五十年后七十年后中国的情形”。“中国的孩子，只要生，不管他好不好，只要多，不管他才不才。生他的人，不负教他的责任。虽然‘人口众多’这一句话，很可以闭了眼睛自负，然而这许多人口，便只在尘土中辗转，小的时候，不把他当人，大了以后，也做不了人。”[1]被丸尾常喜当做感人之处的这些“求生意志”，这种“挣扎着活下去”的韧性生存，其实就是鲁迅时时刻刻不忘批判的中国文化传统中“好死不如赖活着”的苟活意识，就是鲁迅在此以无比厌恶的笔调写真过的从小在家里转，长大以后在社会上转的国民（不分穷人富人）的昏转状态。正是这种批判，使得鲁迅超越了所有同时代的启蒙主义和人道

1　鲁迅：《随感录二十五》，见《鲁迅全集》第一卷，人民文学出版社2005年版，第311页。

主义新文学作家，超越了丸尾常喜为鲁迅的文学生涯的启程而倾心建构起来的耻意识的情感体系，而成就了自己的时代思想高度。

于是，在此引发出了一个更有趣味也更有意义的问题：如果说耻辱意识乃是鲁迅文学生涯启程的契机，那么，耻辱之后，再是什么？丸尾常喜的回答是耻辱之后，鲁迅走向了恢复，而且是在"民众认识"的温情与力量中走向了恢复，这当然可以说是丸尾常喜耻意识逻辑体系的自我圆成。但笔者认为，即使我们相信耻辱感是鲁迅文学生涯的开始，耻辱感也不过是一个起点，不会是终点，对于一个不管前面是坟还是花园，都要听从前面声音的召唤而永不停止的"过客"而言，更不可能是走向自我的"恢复"。可以说，耻意识只是鲁迅意识结构中的一个浅表的层面。斯宾诺莎曾经说过，耻辱是为我们想象着我们的某种行为受人指责的观念所伴随着的痛苦。那么，耻辱感之后，还应该有着被鲁迅独自咀嚼的更为深刻的痛苦，耻意识之后，在鲁迅的精神结构中还应该有着更为广渺浩茫的意识深层。其实，前面所引用的丸尾常喜对《无题》的分析，已经隐隐约约地感到了鲁迅耻辱感的一种走向，就是从"对本民族的怀疑与绝望"（这是辛亥革命之后的走向，在他的心里引起的如同毒菌一样蔓延的东西）扩展为"对人类本身的怀疑"，只是因为丸尾常喜急于阐述鲁迅的耻辱感是如何从"民众认识"的力量与温情中走向"恢复"的，鲁迅意识的这一扩展并没有得到进一步的展开分析。《彷徨》中的一些小说开始揭示人与人之间无法消弭的隔膜，《野草》中的一些篇什揭示人类生存无法化解的悖论，这些主题当然已经无法用"民族认识"更不能用所谓的"民众认识"来涵括。如果说鲁迅的文学生涯开始正如《狂人日记》中的狂人经历了"恐惧""呕吐"和"耻辱"的生理反应过程，那么，鲁迅从"对本民族的怀疑"扩展为"对人类本身的怀疑"，经历的却是一个由"耻辱"走向"呕吐"，再走向"恐惧"的心理反应过程。"耻辱"是鲁迅与人类之间的伦理责任的体现，"呕吐"是鲁迅对人类荒诞现象的不适，其震惊的程度超越于脸红与出汗之上，而“恐惧”则是“于浩歌狂热之际中寒”“于一切眼中看见无所有”的生存状态，是影的黑暗会使我沉没，光明又会使我消失于无形的无法超拔人类困境的无地彷徨。所以，耻辱之后，不是恢复，而是一个更大、更沉的痛感。如果要用一个词来概括这一痛感的话，与其说是“耻辱”，不如说是一种悲苦。悲苦包孕着耻辱，但较之耻辱更深广沉潜，更具有凝缩性与闷重性。耻辱感有优越感潜在其中，悲苦感不以优越性而生发，而出自一种无可奈何。20世纪初期，尼采宣告上帝死了，弗洛伊德发现了无意识这一人类无法认知与克服的黑暗大陆，存在主义感觉到了人类自身无处不在的荒诞，人类从此恐惧的不是自然的威力，而是自己内心中的荒谬。这是一种世界性的具有先知意义的感觉，鲁迅在《彷徨》《野草》中天才性地把握住了这种感觉。从对民族的怀疑到对人类的怀疑，从民族意义上的耻辱感，到人类意义上的悲苦感，这就是鲁迅文学生涯从耻辱感出发后的走向与路程。在分析完《呐喊》之后，丸尾常喜又逐篇解读了鲁迅的《野草》，但在这些解读中，丸尾常喜似乎依然沉浸在他的发现的喜悦中，只是想在他为鲁迅建构起的耻意识的情感体系上添砖加瓦，这就难免影响了他对《野草》解读的意义深度。

（原刊于《南华大学学报（社会科学版）》2015年第2期）

论王富仁“鲁学”的精神遗产

去年是五四文学革命运动发生百周年，今年是鲁迅的《狂人日记》发表百周年，也是改革开放四十周年，明年则是五四运动百周年。王富仁先生一生的学术活动都与这些重大的历史事件息息相关，因而在这样的历史时刻，纪念、回顾、整理和研究王富仁的学术贡献，实在是十分有益于当代学术发展的事情。整理和研究王富仁的学术贡献有两种思路，一种是细致全面地发掘和总结王富仁四十年学术道路上所提出的种种创新性观点，所涉足的种种现代文化史和文学史的重要问题以及对这些问题研究的富有标志性的推进与深化。在这方面的整理与研究无疑会有非常开阔的空间与十分丰富的资源。王富仁是一位具有丰富生动的创造力和敏锐深厚的思想力的学者，他在学术界的第一声呐喊“鲁迅小说是中国社会反封建思想革命的一面镜子”，就在改革开放初期的学术界起到了振聋发聩的作用，对传统的鲁迅研究完成了一次颠覆性的叛逆与革命。后来，他不仅在鲁迅研究领域深耕细作，而且不断地开拓新的研究领域，不断地提出新的学术观念和学术思想。大者譬如关于近代中国社会变革物质与精神、政治与文化发展的逆向性特征的阐述，关于中国现代主义文学的本土性问题的分析，关于“新国学”概念的提出与意义内涵的界定，关于中国语文教育的思考；小者譬如关于历史小说的研究，关于郭沫若创造社的青春文化的提出，关于满族作家端木蕻良的研究等等。几乎每涉足某一个领域某一个问题，王富仁都能提出令人耳目一新的观点。这些观点是王富仁思想智慧的结晶，浸染着他所处时代的精神特征，也牵动着一个时代的学术文化的神经。分析研究王富仁提出这些观点的思想文化背景，辨析王富仁的思想成果与同时代著名学者之间的同异，总结王富仁论证这些问题与观点时的高度个性化的思维方法特征，发掘王富仁这些学术观念的增殖性及其对现代中国学术发展的影响，等等，这些工作都是我们应该去做的，而且会大有作为的。另一种思路则是超越这些具体的学术观点，或者说以这些具体的学术观点为基础，探讨王富仁的学术思想的原则和学术精神的追求，分析王富仁的学术思想和学术精神对当下甚至未来中国学术发展所具有的启示意义。这两种路径前者是基础，是对过去已成性的总结，后者是升华，是对未来可能性的预判。两种路径无疑都很重要，都需要有研究者去踏踏实实地做，但在今天这样的学术环境中，学术界体制内外的分化已不可避免，意识形态与学术的关系正在由过去的指导升级为管控，而在网络技术的助势下，大众文化的消费趋向对纯粹学术的挤压与消解，比之上个世纪 90 年代更是有恃无恐。改革开放前期学术界所形成的共识已经土崩瓦解，学术圈中对社会的观感、对未来的预判、对价值的认知、对规则的理解、对学术目的的追求等等，学术人的分化越来越严重，甚至各种利益集团的身影在学术圈中的晃悠也越来越明显。在这样一种学术思想日益芜杂、学术精神日益萎落的趋势下，对王富仁的学术贡献的研究，我个人认为后一种路径无疑显得更其重要。本文即立足于这一思考，以王富仁的“鲁学”为例，来展现王富仁的学术思想和学术精神的特点，进而探寻这些特点对当下鲁迅研究所具有的启示性。

一

王富仁的鲁迅研究是从鲁迅与俄罗斯文学的关系研究起步的，《〈呐喊〉〈彷徨〉综论》中提出鲁迅小说是中国社会反封建思想革命的一面镜子，使他在鲁研界一举成名，甚至成为旗帜性人物。在80年代思想文化界的所谓“清除精神污染”和“反资产阶级自由化”运动中，王富仁的鲁迅研究成果都被学术界“左”的势力当做靶子进行批判，就足以说明这一研究成果的理论意义以及对学术界的影响力。到90年代以后，王富仁针对学术界日益显著地贬损五四新文化运动的倾向，深入研究鲁迅对中国文化的态度和认识，不仅涉及儒家文化，而且包囊了鲁迅与道家、佛家、法家与墨家等多方面古代文化传统的关系，这些研究将鲁迅定位在中国文化守夜人的地位，既坚持了鲁迅是中国传统文化最坚决最深刻的反叛者立场，也深入分析了鲁迅继承和弘扬传统文化精神的复杂性，甚至提出了“继承和发展了孔子文化传统的不是现代的新儒家，而是鲁迅，而是像鲁迅这样具有独立创造精神的中国现代知识分子”[1]。这样发人深省的观点，使得鲁迅与传统文化的关系研究既超越了传统的或者分裂或者传承的二元对立思维模式，也超越了林毓生的理性反叛、情感皈依的二律背反模式，达到一种整体性与融合性的理论高度。后来，王富仁又从时间、空间、人三者关系的互动中，阐析了鲁迅哲学思想中的空间主义和现在主义的思维特征，指出了鲁迅的空间选位、文化选位与近现代一般知识分子的区别，不仅精辟地说明了鲁迅文学独特性的思想由来，而且驳斥了学术界一向流行的认为鲁迅思想缺乏哲学体系的观点。可以说，《〈呐喊〉〈彷徨〉综论》是着眼于鲁迅思想与社会现实改造的关系，守夜人的历史定位是着眼于鲁迅与中国文化传统重建的关系，空间主义与现在主义的

1 王富仁：《中国文化的守夜人——鲁迅》，人民文学出版社2002年版，第128页。

解析则是着眼于鲁迅思想和世界与宇宙的哲学关联。从现实改造到文化重构再到哲学沉思，显示出的正是王富仁“鲁学”发展的三个逐次提升的思想层次，也可以说是三种境界。

无论是现实改造，文化重构，还是哲学的沉思，三种境界无疑都贯穿着王富仁的“鲁学”思维的一个重要特征，这就是大处着眼，大局入手，对鲁迅精神之大的凝视和阐析，始终是王富仁的鲁迅研究的自觉的学术追求。“五四”时期关于社会改造的议题，其实也有大小不同的路径，小者如当时流行的“半步主义”“问题小说”等等，半步主义的提倡者希望从自己的脚下开始，半步半步地进行社会改革，积少成多，集腋成裘，一点一点地取得社会改革的成果。“问题小说”的作者显然受胡适影响，用新文学的形式探讨具体的社会问题，如劳工问题、妇女问题、教育问题、童工问题等等，虽然未必给出答案，或者给出的答案过于空蒙虚幻，但对社会具体问题的切实的讨论也充分显示了“五四”时期的启蒙精神。鲁迅的出现风格和他们显然不一样，鲁迅是横空出世，像茅盾当年所形容的是像划破夜幕的闪电。同样是启蒙工作，之所以造成这样的效果，主要是因为鲁迅的亮相之作《狂人日记》没有局限于枝节问题的讨论，甚至连封建宗法制度的弊端也没有一条一条地罗列列举，而是直接用“吃人”二字对封建礼教作了整体性的批判与否定。联系鲁迅当时的思想实际来看，这种整体性批判与否定，绝不是偶然的，而是鲁迅投身新文化运动从事思想启蒙工作的一种自觉的策略选择。这里所谓小和大，当然不是从褒贬的意义上来区分的，格局无论大小，都于启蒙工作是必要的。只不过鲁迅所选择的整体性否定的启蒙策略以其格局之大，不仅显示出了五四新文学革命运动的气势，而且也在酱缸一样的思想文化环境中尽可能地发挥出了刺激国人麻木神经的思想力度。王富仁提出的“反封建思想革命的一面镜子”的学说，无疑是对鲁迅这一大格局的精准概括。而这一学说的核心观点，如关于中国革命的历史进程必须是思想启蒙与政治革命同步；对知识分子命运的考察结果是知识分子是启蒙的中坚力量，知识分子的悲剧不是因为他们性格软弱，而是因为封建习惯势力过于强大；对农民阶级的基本看法重点在愚昧麻木，而不是优秀品质等等，几乎都对应着中国现代民主革命历史进程中关于革命力量和步骤的重大问题。可以说，只有这种对鲁迅小说思想的大格局考察，才能全方位地实现对鲁迅研究中鲁迅小说意义传统结论的颠覆性作用。

关于鲁迅与中国文化传统的思考，其出发点是对于五四新文化运动的贬损者们的回击，但王富仁的关于鲁迅是中国文化守夜人的思考，其意义远远大于与贬损者们的论战。在鲁迅研究史上，对鲁迅文化态度的攻击由来已久，最初的时候，这种攻击恰恰是鲁迅的一种荣耀，是鲁迅思想之新的一个有力证明，但上个世纪 50 年代以后，当古为今用、推陈出新成了一种国家文化政策而儒学传统借助国家的文化政策之力不断地获得关注时，鲁迅研究中有些文化保守主义者开始在鲁迅的古典文化修养中寻找鲁迅对传统的赞赏和爱好，鲁迅的魏晋风度，鲁迅的读佛经，鲁迅的拓片造像收藏，鲁迅的毛边书爱好，鲁迅的旧体诗成就，鲁迅的笺谱研究，鲁迅的小说史观念，等等，都成了鲁迅并不是彻底反传统的证据，这些研究的目的就在于为鲁迅的反传统形象进行洗白。而华裔学者林毓生的理性与情感的二律背反论，也曾经成为学术界的流行话语。这些研究成果本身当然是有价值的，但是如果研究的目的是用来为鲁迅反传统的文化态度辩白，那就不仅是苍白无力的，而且更加显示出鲁迅的文化态度是错误的印象。与这些温温吞吞的辩白和小心翼翼的表白不一样，王富仁没有局限在鲁迅是反传统还是不反传统的二元对立上，也没有纠缠于鲁迅在多大的程度上是反传统，在多大的程度上是归依传统之类的永远也计量不清的问题中，而是直接切换思维角度，从文化重构的高度来考量鲁迅和他的“五四”同仁们对传统文化的态度及其作用。王富仁通过对鲁迅与儒、道、法、佛、墨等文化传统之关系的多方位的考察，最后得出结论："当鲁迅和他同时代的中国知识分子摆脱了传统儒家文化的束缚，独立地、自由地感受和理解全部中国古代文化遗产的时候，中国传统文化才以其全部的复杂性呈现在他们的眼前。在这个意义上，他们是全部中国文化传统的拯救者，而不是中国传统文化的扼杀者。他们对中国传统文化的拯救首先表现在重新激活了被儒法合流的儒家文化压抑乃至扼杀了的中国古代思想家和文学家的文化创造。"[1] 现世中的人都生活在一定的文化传统中，不可能不传承这样或者那样一些传统因素，所以用鲁迅对文化传统的某些传承来为鲁迅的反传统洗白，不仅没有意义，而且眼界格局很小。王富仁将鲁迅和他的同仁们的文化意义从叛逆者提升到拯救者，这才是大眼界，大格局，真正地凸显了鲁迅与"五四"知识分子反叛传统的态度、策略与方式对民族文化重建的深远意义。

在鲁迅哲学思想的阐述中，王富仁特有的思辨力和逻辑性得到了高度自由与充分的发挥。在这一主题领域的研究中，王富仁几乎省略了所有具体文本的细读，思绪一直在宇宙、世界、时间、空间、自然、文明、世界人、民族人等哲学概念中回旋与激扬。而这些概念的碰撞、组合和互诠，无非是要说明鲁迅他们的时代已经面对着两个"空间"，"鲁迅们"的时间观就是在这两个空间的碰撞、错杂和移位中形成并发挥作用的。王富仁认为，"鲁迅们"所面对的是两个世界，而不是一个世界；是两个不同的空间结构，而不是一个空间结构的两个组成部分。"它们各自都有自己的自足性，都是一个相对封闭的空间系统。在二者之上没有一个统一的仲裁者，上帝管不了中国，孔子管不了西方，两个空间结构都变成了两个具有实体性的结构，二者之间的冲撞正在发生着。一个统一的没有隙缝的空间观念在关心着民族命运的中国近现代知识分子的意识中可

---

1 王富仁：《中国文化的守夜人——鲁迅》，人民文学出版社 2002 年版，第 128 页。

悲地丧失了。这不是一个他们愿意不愿意的问题，而是一个不能不如此的问题；不是一个比中国古代知识分子‘先进’了或‘落后’了的问题，而是一个他们眼前呈现的世界到底是一个什么样子的问题。正是这种空间观念的变化，带来了他们时间观念的变化。鲁迅是这个知识分子群体中的一个，但却是沿着这种空间观念的变化走到了更远的地方的一个。”[1]如果说，“中国社会反封建思想革命的一面镜子”的定性，指出了鲁迅文学在中国现代民主革命历史过程中所具有的伟大意义，鲁迅是中国文化传统的拯救者的结论不仅显示了鲁迅思想在民族文化重构中的积极意义，而且显现了鲁迅作为命定要担承文化涅槃中的“历史中间物”所应该具备的文化人格的博大，那么，鲁迅哲学思想的探讨则让我们在时间、空间与人的关系中领略到了鲁迅精神境界的悠远与广大。现实意义的伟大，文化人格的博大，精神境界的广大，这就是王富仁的“鲁学”大厦中的三根支柱，王富仁的全部学术生命都凝聚在这三根支柱的奠基和不断完备与坚实之中。

鲁迅研究要坚持其大者，这是王富仁的“鲁学”的自觉追求。在一次访谈中，王富仁曾这样说过：“我是研究鲁迅的，但我从来不提鲁迅哪一年哪一天做了什么事，哪一次和冯雪峰谈了什么话。我主要是掌握鲁迅的一个基本思想。有些事实我可能搞不清楚，但是，我知道鲁迅这个人，他往左能到哪个地方，往右又能到哪个地方。生活中他要是很随便，自由的时候自由到什么边沿，严谨的时候严谨到什么地方，只要在这个范围内就是可以理解的。你超过了这个范围，你说鲁迅去逛妓院去了，或者说鲁迅去巴结哪一个大官去了，你就是搞出了再多的证据，我不信。我这个人很别扭吧？因为我不研究这个。比如说，鲁迅到了日本跟谁谈了恋爱啊，我觉得这个跟我没有关系，谈不谈恋爱都是鲁迅。我关注的是整体性的

1　王富仁：《时间·空间·人（一）》，《鲁迅研究月刊》2000 年第 1 期。

东西。”[1]关注“整体性的东西”，就是从大处着眼，从大局着手。当然，大与小、整体与局部本身是辩证的关系，小可以衬托大，没有局部也就没有整体，但不能用小来淹没大，用局部来取代整体。“鲁学”博大精深，题材领域非常开阔，近些年来，鲁迅研究中有不少细部的开掘，如鲁迅的日常生活研究中包括鲁迅的牙疼、鲁迅的用药、鲁迅的交友、鲁迅的宴游等等题目都有学者涉及，鲁迅的艺术生活研究更是众所瞩目，鲁迅的各种藏品不断地被翻检出来予以透视和鉴赏。这些细部和小处的研究，当然是有学术价值的，也可以视为鲁迅研究的新的掘进，但是一旦这种细部研究成为一种“鲁学”时尚，或者成为一种学术态度（如有的学者认为鲁迅研究的大局观是空洞的、构造的、意识形态的，只有这种细部的研究才是学术的、严肃的），甚至成为一些学者否定鲁迅之大的一种路径时，对细部和小处的强调与热衷就是值得鲁迅研究学人深思的倾向了。在各种不同的场合里，王富仁都曾发出过“中国需要鲁迅”的呼吁，这个鲁迅当然是那个大的鲁迅。鲁迅可能确实是一个好父亲、好丈夫、好朋友、好收藏家，甚至是一个好病人，但中国比鲁迅还父亲、还丈夫、还朋友的男人无以数计，比鲁迅更专业的收藏家也不在少数，而那个大的鲁迅却只有一个。对鲁迅之大的凝视与专注，才能真正把握到鲁迅对中国社会和民族文明的价值。在这个意义上，王富仁的鲁迅研究显然给我们以深刻的启示。

二

王富仁是俄语专业本科出身，虽然在读大学之前已经阅读了《鲁迅全集》，但那时的感受还不是太深。他说读《鲁迅全集》给他

1　王富仁、王培元：《鲁迅研究与我的使命——王富仁教授访谈》，《学术月刊》2001 年第 11 期。

的一个直接的影响恰恰是对外国文学的重视，“这是从《青年必读书》这篇文章得来的”，“少看中国书，其结果不过不能作文而已。但现在的青年最要紧的是‘行’，不是‘言’”，王富仁认为，“这即使不是鲁迅说的最深刻的话，也是最深刻的话之一”。[1]正是在鲁迅的影响下，王富仁在大学阶段主要看外国的文学作品，甚至就给自己定下了研究契诃夫的学术目标。鲁迅小说当然也读，但那时并没有特别青睐，而且认为把鲁迅放在诸如巴尔扎克、福楼拜、莫泊桑、左拉、罗曼罗兰、普希金、果戈里、屠格涅夫、托尔斯泰、契诃夫等等世界级的小说家中，确实也有些不起眼。后来从事学术研究，虽然没有实现自己从事契诃夫研究的早期愿望，但第一本鲁迅研究专著还是《鲁迅小说与俄罗斯文学》。这本学术著作之所以在鲁迅研究和比较文学研究中都深受好评，无疑与作者对俄罗斯文学的熟悉程度和理解的深刻有关，后来王富仁在《〈呐喊〉〈彷徨〉综论》中阐析鲁迅的思想启蒙主题时，也多是以俄罗斯文学作为参照的坐标。这些学习和学术经历都说明，王富仁的早期阅读经历和外语系出身的学养，不仅使得王富仁成为在鲁研界中不多见的具有丰富的外国文学修养和能够直接阅读外国文学的学者，而且使他成为鲁研界最有资格关注和研究鲁迅文学的世界性特质和鲁迅思想的世界性意义的学者之一。很有意味的是，王富仁的鲁迅研究并没有朝向这样的可能性方向发展，反而是朝着一个相对的方向深入开拓，这样就形成了王富仁的“鲁学”研究的另一个重要特征：对鲁迅思想和文学的本土性特点及其本土意义的发掘与阐析。本土性、本土经验、本土意义，既是王富仁阅读、观察、思考鲁迅文学的一个坚持到底的尺度，也是王富仁“鲁学”研究自始至终坚守着的一个自觉追求的思想目标。

这种学术精神来之于王富仁的“文革”体验。王富仁说，自己

---

1 王富仁：《中国需要鲁迅》，北京师范大学出版集团、安徽大学出版社 2013 年版，《前言》第 2 页。

真正重视鲁迅小说是在“文革”发生以后。“我觉得，鲁迅小说好像给我打开了天灵盖，使我开始看清了整个中国，看清了中国人和中国文化。……在过去，鲁迅杂文和外国文学、哲学，使我知道了很多以前不知道的东西，但有些连不成片。倒是鲁迅小说，一下子使这些都连了起来。我觉得，我们中国人到现在都还是鲁迅小说中的人。它们很小，但地盘却很大。容纳了我们全部的中国人，当然也包括鲁迅自己。我活的年岁越多，越觉得自己就是一个孔乙己，到忘乎所以的时候，则像阿 Q。时至今日，我仍然崇拜西方那些伟大的小说家，而只有鲁迅小说，给了我这种感觉，这种一旦粘住你，你就甩不掉的感觉。我认为，这也是正常的。我是中国人，我生活在中国这个环境中，不论怎样读外国书，但真正关心的还是中国这个文化环境，体验最深刻的也是给我透视了这个文化环境的小说家。至于鲁迅在世界文学上应有一个什么样的地位，对我并不重要。”[1] 王富仁的这段表白看上去很平实朴素，但字里行间包含有很深刻的生命感受。为什么会甩不掉呢？这就是因为读鲁迅的小说你不能置身事外。莎士比亚、托尔斯泰确实伟大，读他们的作品也会深深地为其人性的力量而感动，但感动过后是情绪的净化，是心灵的安宁，是精神的提升。优秀的读者在净化、安宁和提升之后，可以轻松地向这些伟大的作品挥手告别。但是读鲁迅的小说，你越是优秀的读者，你越是读得深入和细致，你就越是躁闷，越是不安，越是心情坠落，因为小说中的人就在你的身边活动着，小说中的故事就在你身边上演，恶狠狠地瞪了你一眼的赵家的狗就悄悄地躲在你的身后，过去如此，现在如此，看不到头的将来也许还是如此。这就是鲁迅小说的本土性的力量，也是王富仁为什么坚定地守住本土立场来从事鲁迅研究的心理原因。

在具体的研究中，王富仁的本土立场主要表现在两个方面：一

---

1 王富仁：《中国需要鲁迅》，北京师范大学出版集团、安徽大学出版社 2013 年版，《前言》第 4 页。

是坚持在中国的现实和中国社会的问题的土壤上来看鲁迅的问题和意义。譬如鲁迅前期小说与俄罗斯文学的关系，鲁迅接受俄罗斯文学的影响是多方面的，既有果戈里式的“含着眼泪的笑”，也有安特莱夫式的阴冷，有陀思妥耶夫斯基的“灵魂的拷问”，当然也有托尔斯泰的博大的人道主义情感。王富仁对这些情况都是十分熟悉的，他曾将鲁迅接受俄罗斯文学的影响详细地分为三个时期，对每一个时期的特点和接受的主要对象都有精确的概括，但在这一专题研究中，王富仁真正最为着力关注的无疑是果戈里和托尔斯泰的影响，因为他们都关心农民的命运，而农民问题正是中国历史和中国现实社会中最本土性的也最为切近人生和最为艰难的问题。关注现实主义方法，而不太注意现代主义精神，这种鲁迅与俄罗斯文学专题研究的偏好，并非受到当时学术环境的限制，在那个时代里，王富仁曾惊世骇俗地提出了不应以新民主主义论为教条来研究鲁迅，而要回到鲁迅那里去的口号，具有这样的锐敏思想和学术勇气的学者怎么可能会被时代的学术风尚所束缚？王富仁的偏好完全是一种内心情怀的流露，是他对中国本土问题的一种强烈的责任感的体现。稍后提出的反封建思想革命“镜子说”，则更是将鲁迅小说的本土意义（本土问题的聚焦、本土文化的批判、本土性格的解剖等等）提升到了中国社会现代化的高度来定位的。正是这样的立意和定位，在《〈呐喊〉〈彷徨〉综论》这部专著中，王富仁关于鲁迅小说的主题、人物、情节、艺术风格等要素的分析，全部都是围绕着反封建思想革命这一中国社会现代化进程中最急迫的问题来进行。条条思路，个个环节，最后都是通向中国现代社会迫切需要思想革命这一结论。鲁迅研究的本土问题关注，既贯穿在王富仁所有的鲁迅研究成果中，譬如对鲁迅的《青年必读书》的赏析，这篇论文的精辟之处就在于，王富仁没有在外国书和中国书的优劣这一问题上纠缠，而是通过对反对者的心态的分析，直接把问题提升到了对中国民众的“文化爱国主义”的批判，这一“文化爱国主义”现象在中国历史上是由来已久，而在中国社会的现实土壤上也根深蒂固，对这一现象的批判可以说是将鲁迅研究与本土的现实问题密切联系起来的一个典范。同时，王富仁的本土问题意识也贯彻在他所有的鲁迅研究方法中。譬如叙事学方法，这是王富仁曾经运用过的少数几种具有固定形态的外国人文研究方法之一，他试图在原有的叙事学研究的基础上进一步对鲁迅小说的叙事艺术作一些探讨，但他也明确表示："我仍然不把鲁迅小说作为一种小说语言学的研究材料，而是把它作为一种小说的言语形式。研究的目的是感受鲁迅小说的独立的叙事艺术，而不是寻找小说叙事的普遍规律。在这个研究中，我使用的是文化分析与叙事学研究的双重变奏，试图通过鲁迅小说的文化批评的意义发掘鲁迅小说叙事艺术的特征，也通过鲁迅小说叙事艺术的特征更深入地感受鲁迅小说的文化批评的意义。"[1]这也就是说，他用一种从外国引入的方法来分析鲁迅作品时，只是把这种方法作为一种桥梁，最终要走向的还是鲁迅对中国社会问题的思考本身。

其二，王富仁的本土立场也表现在他深受鲁迅的影响，把自己的学术之路深深刻印在中国的土地上。自从80年代中期将鲁迅小说定位在中国社会反封建思想革命的一面镜子，从而为鲁迅研究乃至整个现代文学史研究开创一个全新局面之后，不仅是鲁迅研究，王富仁的学术思考的每一次重大聚焦都与当下中国社会的紧迫问题联系在一起，或者说正是中国社会面临的紧迫问题催生了他的学术聚焦和转型。在80年代末期，当中国文化发展呈现多元态势，一些怀抱启蒙立场的文化精英渐渐离去，正是王富仁通过对中国近现代文化发展模式的考察，提出了著名的物质革命与思想革命的"逆向性"理论。这一理论观点的现实意义就在于告诫人们，中国社会的文化启蒙还远未完成，人们将时时有可能重新回到"五四"的起

---

1 王富仁：《中国需要鲁迅》，北京师范大学出版集团、安徽大学出版社2013年版，第6页。

点。90年代初，当文化精英们被市场经济冲击得头晕目眩无所适从时，也是王富仁敏锐地看到了文化危机期间知识分子发挥主观能动性的可能条件，从而提出了中国知识分子目前应当追求什么的问题。在新旧世纪转型之际，中国经济有了长足发展，热情的人们开始做起了现代化的美梦，现代性问题的讨论也在学界纷纷扬扬。王富仁在《中国现代主义文学论》的长文中，从分析中国现代主义入手，精辟地指出五四新文化运动就是中国的一个现代主义文化运动，因为中国现代主义是针对中国古典主义的概念，应当以中国现代人对现代化的欲望、思考与实践为基础，而不应将其纳入西方现代主义体系中去。正是在这样的思想基础上，王富仁在新世纪初提出了他的"新国学"构想，而这一构想的提出，无疑是直接针对中国当下社会中意识形态权力话语与文化保守主义结盟挤压和扭曲五四新文化精神的生存空间这一现实文化形态而来的，是王富仁从现代中国人的现代生活与现代感受的角度，对五四新文化精神的价值与意义的一种新的定位。这些理论观点的提出，已经或正在给中国当代学界产生深刻的影响，它们之产生绝不是偶然的感兴，而是经过了严格学术化的人文思考。这些观点的震撼力量，除了来自本身具有的严密的逻辑推论与高屋建瓴般的理论思维之外，无疑也来自作者对中国本土文化心理结构深邃的洞察。

我在给"鲁迅与20世纪中国"研究丛书所写的代序中曾说："鲁迅作为20世纪中国伟大的文学家、思想家和社会文化批评家，他的伟大之处就在于他对中国现代社会问题的思考具有鲜明的独特性。他同无数现代先进知识分子一样，为了改变民族命运而积极介入中国社会问题的思考。而他与很多现代知识分子不一样的地方在于，他是在中国这块文化土壤里诞生出来的一个思想独行者，他从来就是立足在中国的土地上、立足在'当下'这一时间维度上，以自己对于中国民族生存现实的极其个性化的生命体验为基础，来考量、思索和辨析中国社会存在的问题。所以，鲁迅对于20世纪中国文化史的贡献乃是他提供了一种极其鲜明的、具有民族本土性和生命个体化的关于中国问题的思想。”在“鲁学”领域中，像王富仁、钱理群这一类型的学者都是得到鲁迅文学的孳乳而成长起来的，他们不仅在治学上而且在个人的精神追求上都深受鲁迅的影响，都自觉地追寻着鲁迅的足迹奋勇前行，所以他们的鲁迅研究以及其他学术志趣都具有一个共同的特点，这就是像鲁迅一样，自始至终保持着对中国社会当下问题的高度关注，对于学术研究中的本土立场的坚守。这种立场特点在学术价值多元化的今天，难免会被人漠视，甚至受人质疑和不屑。最近就有青年学者为鲁迅研究的历史划分阶段，认为以王、钱为代表的80年代崛起的“鲁学”是一种区域性“鲁学”，关注的是区域性问题，新生代“鲁学”将是一种世界性“鲁学”，关注的是鲁迅的世界性价值和意义。这当然有其道理，也很令人鼓舞。但看看中国目前的思想文化状况，看看封建时代的那些观念譬如女德、孝道、忠君等等的借尸还魂，我更宁愿向王、钱“鲁学”所显示的本土性（区域性）立场表达崇高的敬意。

三

在鲁迅研究中燃烧自己的生命激情，跃动自己的生命血脉，这是王富仁的鲁迅研究留给后世“鲁学”的一份最为宝贵的精神遗产。

鲁迅研究历史中有一个比较显著的发展轨迹，最开始时是以鉴赏鲁迅的作品为主，后来发展为研究鲁迅的思想，再后来才有了对鲁迅自身生命现象的研究。王富仁的鲁迅研究也不例外，近些年来，他的鲁迅研究可以说始终以鲁迅生命现象作为一个思想的聚焦点。譬如他在阐述鲁迅的哲学思想时，对鲁迅的生命形态和他的思想形成之间的关系就作出过相当生动而又深刻的分析。他指出鲁迅一生的思想形成与变化是生命的五次大爆炸的结果，可以说是当代“鲁学”中对鲁迅思想发展的一个最具创造性的研究成果之一。他批评过去“在我们的鲁迅研究里，常常把鲁迅的一生描述为随着中国历史的前进而前进的一条线性的道路。实际上，这是我们用我们的历史观和生命观描述出来的一个鲁迅，而不是鲁迅生命存在的固有形态。首先，鲁迅不是跟随着历史前进的，而是创造自己的历史，创造自己民族的文化史的人物。他没有‘跟随’过谁，‘跟随’过一个什么样的思想。他是自己为自己选择人生道路的人；第二，他的生命不是一条线，不是一个方向，而是具有空间性的规模的，是一种在生命连续性的大爆炸中形成的空间运动的形式”，而“构成这五次生命大爆炸的主体性原因在于鲁迅是一个认真的人，是一个厌恶苟且，鄙视巧滑，反对敷衍，正视现实，不阿谀，不媚世，不趋强，不附众，不人云亦云，不同流合污的人。这使他不像我们一样总能在现实的世界上钻出一个孔子，从别人的脚底下溜过去而寻到自己的一条‘出路’；也不像我们一样常常找到一个似是而非的理由而在自己龌龊的生活中把自己的生命安顿下来，并把这龌龊当做光荣。他的人生常常陷入精神的困境，常常找不到任何的精神出路。在这时，他是一个富于忍耐力的人，他不会仅仅为了自己的舒服而去主动损害别个的生命和幸福，不会把自我的意志强加在别人的头上，这使他的生命收缩又收缩，逐渐收缩成一个潜藏着巨大势能的凝固的整体，但空间的压迫向来是没有止境的，而一当空间的压迫强化到他的生命体再也无法忍耐的时候，一当他必须坚持自我生存的权利和生命的价值，他的生命就会发生一次巨大的裂变，同时向四面八方爆炸开来，爆发成一个空间，一个宇宙。这个空间是以他的一个中心的意念为核的，而在周围的空间却旋绕着他的各种不同的思想的星云”。[1] 这里说的是鲁迅，但只要对王富仁的生命轨迹与学术生涯有较深了解的人读到这些分析，又何尝不知道这

1 王富仁：《时间·空间·人（五）》，《鲁迅研究月刊》2000 年第 5 期。

就是王富仁在说自己，是王富仁的夫子自道。在王富仁的“鲁学”中，每一次具有创造性的转型，也都或明显或隐约地能够看到他自身生命能量的瞬间爆炸所形成的推动力。

王富仁一生对鲁迅的研究，既是学术行为，也是生命行为。他非常看重这种学术与生命的叠合，看重这种学术行为对自己生命的影响。他曾经多次回忆过自己与鲁迅研究的缘分，这种缘分本身就具有浓郁的命运色彩。“现在回想起来，从初中一直到大学，始终没有放掉的，就是鲁迅。为什么喜欢他？他好在哪儿？我不知道。但一翻开鲁迅作品，他实在让我入迷，尤其是它那个语言。那种魅力，在别人的作品中是没法获得的。鲁迅的杂文好像很简单，但是你一接触它的语言，就觉得跟别人不一样。它唤起你心里的一种东西，你的心里确实是有感受的。不仅仅是你知道它好，而且是你感到它好。我喜欢它那种语言以及它传达的东西。那种东西我觉得是说不出来的。比如说，我也喜欢朱自清的散文，它的好处我能说出好多来，给学生可以分析得头头是道，但我从朱自清的散文中感受不到从鲁迅杂文中感受到的那种东西。所以，鲁迅杂文我一直读下来，始终没有放弃。‘文革’结束后，涉及到我要做下边的学问，考了研究生，因为我喜欢鲁迅小说……”[1]同时，他也曾经在各种不同的场合表示过：“总之，我喜欢鲁迅。鲁迅没有使我的命运好起来，但我不后悔。因为他也给了我做人的勇气和做人的骄傲。在我最困难的时候，是鲁迅及其作品给了我生命的力量。我经历过困难，但困难没有压倒我，我是站着走过来的，不是跪着、爬着走过来的。我不反对权力，但看不起权力，我愿像鲁迅那样生活。虽不富裕，但不低三下四。没人欺负我，我绝不欺负人，若是有人仗势欺人，我豁上小命也要与他纠缠到底。即使失败，也不后悔；即使

1　王富仁、王培元：《鲁迅研究与我的使命——王富仁教授访谈》，《学术月刊》2001 年第 11 期。

被整个社会所笑骂，也绝不屈服。”[1] 这些描述，没有“高大上”的言语，都是些很实在的日常生活经验的表达，但正是在这种日常生活经验中，我们能看到王富仁是怎样让自己的生命承受鲁迅生命精神的光照，是怎样将自己的生命激情投入到这种光照的承受中。

在王富仁的鲁迅研究中，曾经对鲁迅的非学院派的生命人格作了精彩的分析与赞赏。王富仁对中国的学院派文化一向评价不高，他认为，“实际上中国的学院派不是中国文化的有机组成部分，它对中国社会——不是说对国计民生，而是说对中国的精神历史——没有起到一种应有的作用。中国的学院派只是在消耗文化。为什么这样说呢？你在这里研究这么一点，别人再想研究、再找，题目越找越小，问题越研究越细，离生气勃勃的现实也就越来越远。只有那种创造性的文化，才不会这样。一个文化人，要从文化当中获得一种力量，他要通过反叛以前的文化建立起一种新的文化来”[2]。文化的形成必须具有生命的含量，才能够具有创造性，才能够具备永恒的力量。所以，王富仁认为鲁迅的文化创造力就在于他的生命能量的介入。他说：“鲁迅本质上就不属于学院派知识分子，他之离开了学院而走进了上海的亭子间，是因为学院派关心的是历史而不是现实，是书本而不是人生，是学理而不是人的情感和意志。”[3] 鲁迅曾经有过做教授与做作家的矛盾和苦恼，但当他在鲜血和背叛面前深深感到无奈的时候，他不是龟缩到讲堂去做学院派，而是毅然走到亭子间去做作家，这实际上就是一次生命的重大抉择。在这方面，王富仁曾多次表示过自己对鲁迅的敬仰以及心向往之而不能至的惭愧，但王富仁对那些带着巨大的生命能量投入鲁迅研究的学者特别表示尊崇，引他们为同道，譬如他对一些国外学者的称赞：

---

1 王富仁：《中国需要鲁迅》，北京师范大学出版集团、安徽大学出版社 2013 年版，《前言》第 4 页。

2 王富仁、王培元：《鲁迅研究与我的使命——王富仁教授访谈》，《学术月刊》2001 年第 11 期。

3 同 1，《前言》第 9 页。

“20世纪90年代初，我一开始接触到的韩国学者，如朴宰雨先生以及韩国第一批鲁迅研究的学者，大多数都是留学台湾的。在台湾，鲁迅的作品也是被禁的，他们通过各种各样的抄本，各种各样的偶然的机会偷偷地阅读鲁迅的作品，并且回到韩国后，这些人大多是韩国民族运动的参加者，据我所知，朴宰雨先生也是在监狱中著书立说的。他们学习鲁迅，是真正带着一种鲁迅的精神，为了这个民族的民主化，为了这个民族的发展，为了人类的存在，其实也是为了整个人类的正义事业，作出了他们的奋斗。他们对于鲁迅的研究，不仅仅在文字中，同时也在他们的实践当中。同时，他们的文字本身就是一种实践，而他们的实践本身也是一种文字。”[1]

日本学者尾崎秀树的《与鲁迅对话》，其写作的冲动来之于他的哥哥尾崎秀实的死所带来的生命刺激。尾崎秀实是日本左翼作家，1941年10月被“佐尔格事件”牵连，不久即被作为首犯判处绞刑。尾崎秀树说：“从我哥哥死刑那时起，我就被阿Q遭枪毙前看到的狼眼睛死死抓住了。从那个后，我一直在思考这狼眼睛所具有的意味，不过，直到现在也还没能充分理解。”从阿Q的被枪毙，尾崎秀树也看到了自己哥哥的被判决的命运，“‘至于舆论，在未庄是无异议，自然都说阿Q坏，被枪毙便是他的坏的证据：不坏又何至于被枪毙呢？’结尾的这段话深深地刺痛了我。尾崎秀实被判了绞刑。这就是说，被判了绞刑便是他坏的证据吗？”正是带着“这种深深地刺痛”，尾崎秀树从此开始了自己与鲁迅的对话，用尾崎秀树自己的话说，这种对话“与其说是鲁迅研究，倒不如说是托鲁迅来谈我自身像”。[2]后来，丸山升在评论《与鲁迅对话》时提出了一个著名的概念“执着之念”来形容像尾崎秀树这样的学者，个体的心灵被现实问题深深刺激，于是从鲁迅的精神世界中去

---

1 王富仁：《我看中国的鲁迅研究》，《社会科学辑刊》2006年第1期。
2 以上关于尾崎秀树的引文见〔日〕伊藤虎丸：《鲁迅与终末论——近代现实主义的成立》，李冬木译，三联书店2008年版，第231—232页。

寻找共鸣，而被刺激的痛感始终伴随着生命的寻找过程。日本学者伊藤虎丸也是走的“蔑视专家”的研究之路，他在与丸山升辩论时曾这样描述过自己的研究状态：“为了向鲁迅学习（这是自学生时代以来我对鲁迅的始终如一的态度）并把他的活法‘化做自己的东西’，就需要在鲁迅的‘事实’与我自身之间找到一个契合点，这可以说就是被叫做鲁迅之‘回心’的那种东西的普遍化——这是每个人都会获得的体验并可由此理解的东西。”[1] 在这里，无论是尾崎秀树的“执着之念”，还是伊藤虎丸的“回心”，表现的都是一种研究者与研究对象的生命遇合。王富仁的鲁迅研究也是这样的生命遇合，他像尾崎秀树一样对鲁迅的理解怀有一种“执着之念”，他也像伊藤虎丸一样，极力想将鲁迅“化作自己的东西”，这样，王富仁的鲁迅研究就不仅将鲁迅精神与研究者所面对的当代问题联系起来，而且将鲁迅精神与研究者自身的人格精神的成长也联系起来了。正是这两种密切的联系，赋予王富仁的“鲁学”以灵魂，他关于鲁迅的各种问题的提出，才真正既是时代的，也是个人的，是时代性与个人性的融合。

（原刊于《汕头大学学报（人文社会科学版）》2018 年第 6 期）

1 〔日〕伊藤虎丸：《鲁迅与终末论——近代现实主义的成立》，李冬木译，三联书店 2008 年版，第 264 页。

“每一个词语都是一扇大门”

——论王富仁的语言观及其鲁迅研究中的应用

鲁迅在给许广平的信中曾经谈到过自己的一个苦恼，这就是做教授和做作家的选择。一般说来，做教授和做作家是可以兼而得之的，但鲁迅却为此选择而苦恼，是因为就他的内心与智慧而言，这两种力量都非常强大，强大到非得把对方压倒不可的地步，所以，鲁迅后来终究去了上海做了一个自由作家。这两种心力的强大给鲁迅带来的影响就是，无论他写作还是问学，都会有一个强大的自我意志渗透、浸润其中，形成精神上的自我徽章，无人能够重复。王富仁的学术研究是从鲁迅研究起步的，虽然他没有像鲁迅那样产生这种选择上的烦恼，而且一生走的还是学院派的学术之路，但是文学创作与文学研究这两种不同的精神与心力的活动，也曾经贯穿他的一生。他在读研究生的时候发表的小说曾经被《小说选刊》选载，他在中年时期出版了自己的散文诗集《吃语集》，前前后后也曾写过不少怀人叙事的散文。这些作品无论主题和表达都堪称上乘，只是多年来这些创作的价值和意义一直被王富仁的学术成就的光芒所遮蔽，还有待进一步的发掘。我在此想说的是，文学是语言的艺术，文学创作需要具备驾驭语言的能力，文学研究则需要对文学语言的鉴赏的能力，所以文学创作与文学研究这两种心力活动的交集，很自然地引发了王富仁对语言自觉的关注与重视。就像他的鲁迅与中国现代作家的研究以其思想的深刻与问题意识的突出而深受研究者赞赏一样，王富仁的学术与创作中所呈现出的鲜明浓郁的语言意识和言语特点，也是我们应该予以关注的一笔精神遗产。

一

王富仁的鲁迅研究以其思想的深刻以及对鲁迅作品主题发掘的时代意义而著称，但是他接近鲁迅却是首先被鲁迅作品的语言所吸引。他曾经这样回忆过自己阅读鲁迅时的最初印象：“现在回想起来，从初中一直到大学，始终没有放掉的，就是鲁迅。为什么喜欢他？他好在哪儿？我不知道。但一翻开鲁迅作品，他实在让我入迷，尤其是它那个语言。那种魅力，在别人的作品中是没法获得的。鲁迅的杂文好像很简单，但是你一接触它的语言，就觉得跟别人不一样。它唤起你心里的一种东西，你的心里确实是有感受的。不仅仅是你知道它好，而且是你感到它好。我喜欢它那种语言以及它传达的东西。那种东西我觉得是说不出来的。比如说，我也喜欢朱自清的散文，它的好处我能说出好多来，给学生可以分析得头头是道，但我从朱自清的散文中感受不到从鲁迅杂文中感受到的那种东西。所以，鲁迅杂文我一直读下来，始终没有放弃。‘文革’结束后，涉及到我要做下边的学问，考了研究生，因为我喜欢鲁迅小说……”[1] 这段话有三层意思是很明白的，一层意思是，王富仁认为鲁迅的语言魅力是独一无二的，在别的作家那里是感受不到的；第二层意思是鲁迅的语言是有力量的，它能唤起你心里的一种东西，激起你的感受；第三层意思是鲁迅语言的妙处在于你喜欢它，觉得

1 王富仁、王培元：《鲁迅研究与我的使命——王富仁教授访谈》，《学术月刊》2001 年第 11 期。

它好，但这种好好在哪里，为什么好，你未必能够说出来。当然，这种说法是王富仁在接受访谈时所作的一种多少有点夸张的描述，强调的是自己在最初接近鲁迅作品时那种震撼性的阅读感觉，并非真的指谓鲁迅的语言魅力不可道也不能道。其实，当他后来从事鲁迅作品的学术研究，面对鲁迅的语言特色不能不道时，他对鲁迅小说语言之分析是十分深入细致而且独具慧眼的。

王富仁80年代的鲁迅研究的中心观点乃是鲁迅小说是现代中国反封建思想革命的一面镜子，他在80年代关于鲁迅的方方面面的研究，不管是小说主题、人物、情节、情调的渲染、气氛的铺设、色彩的敷染，还是鲁迅与外国文学的关系等等，其最终指向都是这一“镜子”说，语言的研究当然也不例外。王富仁对鲁迅小说语言现象的观察有一个十分突出的特征，就是对鲁迅小说人物的言说方式包括语气、语式、语调、语词的细致分析。王富仁认为，鲁迅从反映中国思想革命的要求出发，着重塑造了两种类型的人物：一种是堕落的上流社会。在鲁迅的思想启蒙格局中，像赵太爷、赵七爷、鲁四老爷这类肉食者是没有前途的，他们既不是思想启蒙的对象，更不是思想启蒙的动力，他们乃是思想启蒙运动的阻碍力量。所以，对于这种人，“在表面堂皇的言语和行动的隙缝中窥探他们内心的卑劣物质欲望则是鲁迅塑造这类人物的主要艺术手段。在这里，语言和行动的描写具有举足轻重的地位。他们的语言一般较少，言少而重，没有感情的温度，透体的冷酷，多纯理性的判断，无内在感情的真实表达，多命令句、判断句，少祈使句、疑问句、感叹句，反映着他们做为‘主人’的专断和自信”[1]。王富仁特别以《祝福》中的鲁四老爷为例，分析了鲁迅在塑造这类封建礼教的“吃人者”时所运用的语言功能。“在全部《祝福》中，鲁迅只给鲁四老爷这个人物设置了六句话的人物语言，共57个字，有两句只有两个字，一个四字句，最长的也只20个字。但这几句话都

1 王富仁：《现代作家新论》，山西教育出版社1998年版，第35页。

处于读者能够集中关注的地方。第一次是祥林嫂死后：（略）试想，在傍晚的宁静时刻，在‘我’用力辨听着内室嘁嘁喳喳的小声谈话而谈话乍止，‘我’仍用力倾听，等待下面的话声时，突然传出了鲁四老爷的高声诅咒，对‘我’这个小心翼翼地，怀着不安心情注视着有无意外变故发生的人，该是多么响亮、清晰得有些震耳的声音啊！这也有效地在读者的耳目中突出了这句话。而在这句话里，包藏着鲁四老爷那心灵的极端冷酷，这是对人的生命丧失的全然漠视，是对一个被他所代表的封建伦理道德吃掉的弱小者进行的鞭尸行为。少而酷，短而重，如冰谷上突起突落的一阵旋风，起时让人惊而不觉，落后方感寒意透骨。全句二十个字，被分隔成三节，二三节间是一个较大的停顿，如粒粒铅丸，坠落心田。”[1]

另一种人是下层社会的不幸人们，如祥林嫂、闰土、爱姑等等。这些人是思想启蒙的对象，鲁迅对他们的态度是哀其不幸，怒其不争。所以鲁迅写这类人物时往往写出他们言语方式上的木讷，言语态度上的沉默。其实，底层群众虽然少受教育，对文字的运用能力很弱，但是由于民间生存方式的接近自然以及民间日常生活的丰富、民间人物情感交流方式的清新，民间言说方式往往成为古代社会民族语言发展的一种动力。鲁迅不是不清楚这一点，在关于艺术起源的观点上，鲁迅就表示过赞同劳动产生艺术的态度，自称“杭育派”，后来在关于大众语的讨论中，鲁迅也就民众语言的生动有力表达过明确的意见。但在自己的小说人物塑造上，为什么把劳动者都塑造成语言的木讷者？对此，王富仁有深刻的分析，他从反封建思想革命的大局着眼，指出，“封建思想和封建伦理道德的禁欲主义、抑情主义的长期统治，使劳动人民思想情感的表现长期受到摧残，这在他们的精神发展中造成了异常严重的损失。中国文字的繁难，劳动人民没有文化的落后状态，也使他们的语言表现力受

1 王富仁：《中国反封建思想革命的一面镜子——〈呐喊〉〈彷徨〉综论》，北京师范大学出版社1986年版，第319页。

到极大限制，而语言是思想的外壳，劣于语言表现亦即难于进行正常的心理思维活动。在中国文学史上几乎只有鲁迅才能如此深刻地体会到中国劳动人民那寡言少语背后所隐藏着的深沉悲剧性，而这又经常被人们误认为是人民群众的高贵品德而错误地加以歌颂。人民应该有自我表现的权利，应该有自我表现的能力，这是鲁迅严峻地向我们提出的问题”[1]。这一分析从具体的言语方式上升到了文化剥夺与精神治理的社会政治高度，这无疑是对鲁迅创作意图的知己之言，也是对鲁迅小说人物言说方式设计构架的高度评价。

对于鲁迅小说的叙述语言，王富仁也这样描述过自己的阅读感觉：“鲁迅的小说语言有种滞涩感，一般句式较长，读来会使人觉得气力难接，而在长句式中又夹入极短句式，在长句式过程中储足的气力在突然遇到短句式时又会发生回噎，两种句式之间的转换没有固定的规律，使语言的整体像在坎坷不平的路上流着的泥石流，重拙而不畅快，起伏突兀而不平顺，在情绪感染上造成了强烈的沉郁感受。”[2]这种特点当然与鲁迅的表达习惯相关，但王富仁认为，鲁迅是最典型的“五四”人物，他的语言的凝练与含蓄更主要的原因还应是体现着鲁迅所处的那个时代的思维特征。他说：“《呐喊》和《彷徨》语言的凝练和含蓄，与它们整体的凝练和含蓄出于同一本源。语言是外部的思维，思维是内部的语言，语言的特征反映着思维的特征。思维空间的无限扩大，是伴随着我国闭关锁国状态的打破，伴随着接受全人类思想精神的成果和二十世纪最先进的社会生产力造成的思想精神成果的可能性而产生的中国现代社会意识的代表者的重要思维特征。思维空间的广阔性带来了艺术联想的丰富性，艺术联想的丰富性带来了从有限中发现无限、从一点中看到全面的可能性。鲁迅的语言特征最充分地体现了现代中国人所应有的

---

1 王富仁：《中国反封建思想革命的一面镜子——〈呐喊〉〈彷徨〉综论》，北京师范大学出版社 1986 年版，第 344 页。
2 王富仁：《现代作家新论》，山西教育出版社 1998 年版，第 47—48 页。

这种思维特征。紧紧抓住具有极丰富内涵的细节和极具表现力的特点，以可以唤起丰富联想的精练语言和传神性能极强的词汇，简洁地画出事物和人物的神态，为读者留下多方面联想的可能性和根据自己的生活经验补充大量次要特征的余地，是鲁迅小说语言之能够达到高度凝练和含蓄的主要原因。具有多义性象征意义的语言的运用，最突出地体现了《呐喊》和《彷徨》语言的这种特征。”同时，王富仁也充分注意到，鲁迅语言总体上的含蓄与凝练风格，同样体现着鲁迅从事思想启蒙的文化改革的策略。“我们还不难发现，鲁迅小说语言的凝练和含蓄，与鲁迅着眼于中国社会意识形态状况的表现还有更直接的联系。它决定了鲁迅不注重政治、经济细节的精细描绘，而更注重人物精神面貌的再现。中国古典文学以形写神、重在传神的传统，在新的思想基础上得到了鲁迅的发展、运用。”[1]

确实，古代小说以形写神，重在传神，这是中国小说从评书发展过来的一种书写传统。但是，古代评书重在叙事，而现代小说重在描写，小说作者在语言上的特色才充分地体现出来。在这方面，鲁迅曾说他写起小说来，靠的是读了几十本外国小说。王富仁在考察鲁迅的语言特色时，也特别注意到了鲁迅对外国文学经验的吸取，“鲁迅曾称赞陀思妥耶夫斯基说：‘他写人物，几乎无须描写外貌，只要以语气、声音，就不独将它们的思想和感情，便是面目和身体也表示着。’同样的话也用于称赞巴尔扎克，他说：‘高尔基很惊服巴尔扎克小说里写对话的巧妙，以为并不描写人物的模样，却能使读者看了对话，便好像目睹了说话的那些人’”[2]。以语气、声音、对话来写人物精神，来凸显作者的写作意图，这是西方小说的特点，王富仁在他的鲁迅语言研究中，突出鲁迅对这一西方经验的吸取与化用，一方面是这些特点确实能够贴切地说明鲁迅小说思想

1 王富仁：《现代作家新论》，山西教育出版社 1998 年版，第 49—50 页。
2 王富仁：《中国反封建思想革命的一面镜子——〈呐喊〉〈彷徨〉综论》，北京师范大学出版社 1986 年版，第 338 页。

革命主题的表达策略，一方面也是为了说明鲁迅小说反封建思想革命的彻底性与整体性：鲁迅始终保持着对封建文化的警惕性，即使在艺术形式上，鲁迅所用的也是从异质文化渊源中吸取的经验。

二

上个世纪 80 年代中期，黄子平、陈平原、钱理群三人联名发表了《论二十世纪中国文学》的文章，提出了“二十世纪中国文学”的命题，这一命题的影响、意义在当代学术史上已有公论，在此不赘。这里要提出的是，这一命题把中国新文学出现的时间上限推到 1898 年的戊戌维新运动，这就有意无意地抹除了五四新文学革命作为中国新文学源头的意义。当学界都在为“二十世纪中国文学”这一命题的革命性与颠覆性而欢呼时，最早意识到这一命题对五四新文学革命意义的抹除并且公开表示他的忧虑与反对意见的，正是作者们的好友王富仁。到了 80 年代末期，由于寻根文学的兴起抱怨五四文学革命斩断了民族文学的根，再加上海峡对岸的新儒家文化思潮乘机重返大陆，在五四新文化运动 80 周年祭的时期里，对五四新文化运动的反思、批判乃至谩骂的声浪可谓甚嚣尘上。在这种思想文化的大环境中，只有少数学术界的精英分子挺身而出，为五四新文化运动评功叫好。王富仁也是这少数的学术精英之一，他发表的长文《论五四新文化运动》是当时阐述、分析五四新文化运动的意义、价值和局限最为系统与深刻的论文。可以说，从开始研究鲁迅起一直到他离世，王富仁都是五四新文化、五四新文学的坚定而有力的捍卫者。这种捍卫的姿态，在理论上当然主要是围绕思想革命、现代性转型等中心词来体现，但语言变革上的意义发掘也是王富仁的思考中的一个重要环节，值得学术界予以重视。

关于五四新文学革命的性质，当事人自己已经有不同的说法。

胡适是语言形式革命论的首倡者，而周作人则认为第一步是形式革命，第二步是思想革命，而第二步比第一步更为重要。后来对于五四新文学革命的评价几乎主要是循着这两条思路展开。王富仁是坚定的思想革命论者，他对于鲁迅的伟大意义的发掘，对于创造社的青春文化的评析，后来对于左翼文化与五四新文学关系的论述，都是从思想革命的角度来进行的。甚至到了新世纪，当他提出“新国学”的命题，当他参与“汉语新文学”概念的讨论时，他不得不面对五四新文学运动中的白话文的革新成绩时，他仍然认为：“严格说来，受到白话文革新直接影响的是‘宣传’，而不是‘文学’。‘新文学’也是在白话文革新的基础上发展起来的，但只有白话文革新还不足以造成真正意义上的文学革命。‘宣传’是对一种语言形式的直接运用，而‘文学’则是对一种语言形式的创造性运用。没有文学家个人的创造，任何一种语言形式本身都不可能自成文学。这在‘五四’新文化运动与‘五四’文学革命的关系中也可以得到有力的证明。胡适、陈独秀、钱玄同都是白话文的自觉倡导者和运用者，他们都能够写出一手明白晓畅的白话文，但严格意义上的文学革命却是通过鲁迅、周作人特别是鲁迅的文学创作成其事端的。在‘五四’新文化运动中，胡适、陈独秀、钱玄同是其‘先驱’；在‘五四’文学革命中，鲁迅、周作人是其‘主将’。二者相辅相成，但却不是同样一件事情，用‘文白之争’只能说明‘五四’新文化运动，却不能完全说明‘五四’文学革命。”[1]

不过值得指出的是，王富仁虽然认为仅仅只有白话文运动还不足以说明五四新文学革命的性质，但他以自己独特的思考方式，从白话文的社会功能上充分肯定了这一运动对现代中国人的现代生活的形成所起到的决定性作用。他认为，五四新文化运动的重心虽然在思想革命，五四新文化运动的意义与价值也首先必须在思想革

1 王富仁：《新国学・文化的华文文学・汉语新文学》，《学术研究》2010 年第 8 期。

命的成果上予以体现，但恰恰是在思想革命的进程中，旧的思想传统、旧的文化因子最容易发生复辟，也最容易以借尸还魂的方式卷土重来，也就是说思想革命的成果最容易坍塌，也最容易变形。倒是语言形式的革命成果迅速扩展开去，不仅深入地影响着人们的日常生活，而且固化下来成了五四新文学革命运动的主要标志。在《论五四新文化运动》一文中，王富仁指出，“我们可以看到在五四新文化运动的诸因素中，最有力、最带有不可逆转的稳定性的因素却恰恰是这个白话文运动所确立的语言文字的改革。虽然后来屡有白话与文言之争的余波，但它却像一堵牢不可摧的高墙一样堵住了重返古代文言的道路。我认为，它所具有的潜在能量我们至今还是难以估量的，至少人们还没有注意到这样一些普遍的事实：它使一代一代的少年儿童和青年再也不可能首先在中国古代的文化典籍中获得自己最初的思维习惯和审美意识，它使文言成了他们有类于外国语言的第二语言系统，并且永远与之保持着或显或隐的距离感，永远具有一种非自我的那种异己感，它使古代典籍中的东西都必须纳入他们首先在白话文的诗文中形成的思维习惯、审美意识甚至思想观念的基础上来理解、接纳和运用，并同时进行取舍。甚至它的难度本身也疏离了现代中国人与中国传统文化的距离。在生存竞争日趋艰难与激烈的现当代和未来的中国社会上，它逼使传统文化必须在现代社会生活中取得自己的立足地，而不是依靠人们对它自身的敬畏心，即使如此，它再也不可能维持在古代社会那样的绝对统治地位，它将被日益丰富着的中国现当代文化和未来的文化、外国文化所冲淡”[1]。在这段话中，“第二语言系统”“异己感”“逼使”等概念的运用，从语言功能的角度上充分说明了白话文运动所取得的成效，也充分表现了王富仁建立在现代人的现代生活基础上对白话语言使用的自信力与自豪感。

---

1 王富仁：《论五四新文化运动》，见王富仁：《历史的沉思——鲁迅与中国现代文学论》，陕西人民教育出版社 1996 年版，第 67—68 页。

当然，这种语言的自信力和自豪感的基础，除了对现代人的现代生活方式的充分信任，也包括王富仁对五四新文化运动的意义和价值的一种独特的认知。他认为，“五四新文化运动告诉我们的是：中国人要重新学说话，重新学听话”，“重新学习和建立中国的语言”[1]。这里的“说话”与胡适当年在探讨国语文学时所提出的“有什么话，说什么话；话怎么说，就怎么说”的观念有所不同，胡适的意见还是“我手写我口”这一主张的白话阐释，强调的是手口言文的一致性，而王富仁所谓“重新学说话，重新学听话”，不仅指的是手口如一，更重要的是强调作者的心口如一。他说：“我觉得，中国知识分子的最大悲剧在于：学一辈子话，说一辈子话，但替别人说话说得头头是道，但自己的话却说得糊糊涂涂。”“替古人说，替外国人说，替未来人说，替在高位的说，替在低位的说，但到应该替自己说话时，却说不明白了。”“大家都看不起鲁迅，因为鲁迅为自己说话说得明白。”[2] 为了说明所谓“怎样学说话”的含义，王富仁还举了一个例子：“假若有人问我：中国文化的现代化应从哪里开始？我将这样回答：首先思考这样几个问题：我是谁？我是怎样的？我现在需要什么？我怎样才能得到它？对这样一些问题，每个人的回答将是不同的。一个人在不同时候的回答也将是不同的。但只要这样不断地问下去，切切实实地问下去。中国将在不知不觉间便会走向现代化。但千万不可这样问：他是谁？他是怎样的？他现在需要什么？他怎样才能得到它？”[3] 在长期的封建社会里，文言文是封建统治者管理和驯化知识分子的工具，知识分子通过文言文的掌握获得一种做奴隶的资格，而统治者则通过科举、八股、制式等方式，代圣贤立言、文以载道等观念，将知识分子圈养、训练和提拔成家臣与奴隶。而白话文则是自己的日常语言，也是自己的生

1 王富仁：《吃语集》，中国文联出版社 2000 年版，第 215 页。
2 同 1，第 246 页。
3 同 1，第 256—257 页。

命体征之一，用海德格尔的存在主义语言观来看，就是自己生命的栖居之地。所以，归根结蒂，白话文的真正价值就在于开辟了一条说自己的话的通道，提供了一种说自己的话的工具。五四新文学革命之后，中国现代知识分子弃用文言文，学作白话文，其实就是“重新学说话，重新学听话”的开始。用这一观点来论证五四白话文运动乃至五四新文化运动的意义和成果，较之纯粹地比较文言文与白话文之优劣长短，空泛地去讲语言文字之进化的道理，无疑更加痛切有力。

三

上个世纪 90 年代中后期，王富仁在学术之余，将自己的一些零零碎碎的思绪用文学的形式记录下来，出版了他的散文诗集《吃语集》。这是当代文学史上一部其非凡价值尚未被发掘被认识的作品，里面包含着作者对思想、文化、语言、历史、习俗、生命等的富有智慧的思考。在这本集子里，作者说：“如果说人生有一百道大门，前九十九道你都可以在古代人留下的钥匙中找出一把合适的来将它打开，而最后一道门，则必须要用你自制的钥匙来打开。这最后一道大门才是你的智慧之门。前九十九道门只是你的知识之门。”[1] 这本《吃语集》没有引经据典，没有注释，也没有中心主题，没有逻辑线索，只有一个个从作者脑海里蹦出的断想，一道道从作者心灵之弦上弹出的情调。所以，这本《吃语集》与王富仁其他的著作完全不同，它就是作者为读者更是为自己开启的一道智慧之门。集子中对语言问题时有精彩灼见，非常明显的是，王富仁不是语言学家，他也无意于对语言问题进行纯粹的理论性思考，他的语言见解完全是现实文化生活的有感而发，与他自己的学术活动息息

1 王富仁：《吃语集》，中国文联出版社 2000 年版，第 42 页。

相关，所以从这些语言见解中，可以看到王富仁是怎样观察自己的生命与语言之间的碰撞遇合，也可以看到对语言问题的思考是怎样引领着他的学术路径的发展。

归纳起来，王富仁在《吃语集》中表达出来的语言观念有如下两点最值得我们关注。首先，王富仁认为语言是有质变的。在传统的语言学理论中，语言随着时代的变化而变化，这是一种共识，但语言学者们往往只承认在一个民族语言的历史中存在着语言量和表达方式的变化，不认为一个民族语言体系会发生质的变化。王富仁在《吃语集》中明确地对这种语言发展观质疑：“一个民族的语言会不会发生质变?”他的回答是肯定的，他说：“你要承认一个民族的文化有质变，你就必须承认一个民族的语言有质变；你要不承认一个民族的文化有质变，你就不能承认一个民族的语言有质变。”[1]王富仁是五四新文化运动的坚定的拥趸者，他坚信五四新文化是一种与封建旧文化传统完全不同质的文化体系，理所当然地他也就是民族语言有质变的观念信奉者。对民族语言的质变方式或路径，王富仁也有自己的独到体验，他指出，“语言的变化不仅表现在新词的产生，新的语法形式的出现和旧词的消亡，旧的语法形式的改变上，更表现在旧词意义和色彩的变化和旧的语法形式功能的变迁上”，譬如说，“‘褒义词’向‘反义词’的变化是语言的一种质的变化”。[2]当然，在学术问题上，王富仁能够固执己见，但他对于不同的观念一向持有宽容的心态，虽然坚定地捍卫自己的观点，但也绝不抹杀对手坚持自己观念的权利。只是在真理的阐释与坚持方面，王富仁最为器重的学术品格是真诚。这一态度，在他对语言的思考中也得到鲜明的体现。他说：“文化上的保守派必然是语言上的保守派；文化上的革新派必然也是语言上的革新派；否则，他的保守和革新就是假的。”“继承传统的意义是：继续沿用传统的基本语言概念系统。发扬传统的意义是：在传统的基本语言概念系统

1、2　王富仁：《吃语集》，中国文联出版社 2000 年版，第 215 页。

的基础上继续丰富它。假若连传统的基本概念系统也抛弃了而又说继承和发扬了这种传统，那么，文化间的传承关系就没有一个确定的标准了。到那时，连马克思也可以被说成孔子思想的继承者和发扬者了。”[1] 传统文化的基本语言概念系统是文言文，这二者是不可分割的，要做传统文化的保守者，就应该做文言文的保守者，说的是白话，写的是白话文，却说自己是文化的保守者，是文化传统的继承者，这种保守的态度就是假的，反之也一样。所以，这里说的是语言，其实批判矛头指向的是百余年来那些形形色色的假传统与假革新，也就是鲁迅当年所痛恶的“做戏的虚无党”与“吃教者”。

90 年代，德里达的解构主义在中国批评界流行起来。解构主义理论以颠覆语词的延展意义为己任，在人类文明发展到知识膨胀、信息爆炸的时代，语言本身与真理的距离越来越远，解构主义对语词繁殖给人类思想带来的遮蔽与扭曲的解放与颠倒，也确实激荡着无数学术界的年轻与叛逆的心灵。在中国现代思想文化界，由于教条主义和机械主义的思维方式泛滥，不仅语词一直遮蔽和压抑着日常生活中的真实存在，而且语词本身也常常出现异化，无论内涵与外延都在冠冕堂皇地走向它原初意义的对立面。从解放思想、恢复语词的本真这一意义上，王富仁对解构主义的这种思想功能与效果是持肯定态度的，在他对语言的思考中也可以看到这种解构主义观念的影响。譬如他认为，“有重复的语言没有重复的思想。任何一次的重复都使语言获得新的含义。对它的解读只能是对它自身含义的解读，与它原有的意义毫无关系”[2]。解构主义重视语词的创造性解剖，王富仁也认为：“每一个词语都是一扇大门。推开它，里面是一个崭新的世界；不推它，它是一堵墙，挡住你的视线。有的人一生都站在门外叫喊，没有推开过任何一扇大门。他们的语言

1　王富仁：《呓语集》，中国文联出版社 2000 年版，第 216 页。
2　同 1，第 253 页。

是词典里的语言——这扇大门的门面，而不是门里的世界。”[1]这些思考的意思与解构主义的中心观念是一致的，强调的都是解释主体的重要意义。但是，西方解构主义的弊端也十分显著，它把自己的精力集聚在语词本身，只注意语词本身的运动，而对语词相关的其他人类精神活动与文化创造则熟视无睹，这种语言上的解构态度走到极端，就最终把理论本身变成了语言与智力的游戏。所以，王富仁在语言功能的思考中也对解构主义保持着足够的警惕。他不同意解构主义只在句子内部的对立与联系的格局中研究问题，他指出：“一个大句子的意义主要不是由它内部的各个词语及其关系构成的，而是与其它很多大句子的联系和区别中产生的。任何一个读者都不分析这个大句子的内部结构而在它的整体存在中便能感知它的意义。”“文学作品也是这样。文学作品是在诸多文学作品的联系和区别中获得自己的整个意义的，而不是由它的内部诸种联系和对立单独构成的。”“句子是人类语言的最小单位，有小句子和大句子，但没有‘单词’。”“所有的单词都是在一个句子中获得自己的意义的，它是被高度的简化了的一个小句子。‘爸爸’是‘他是我的爸爸’的简化，‘祖国’是‘这是我的祖国’的简化。”“作者的写作和读者的阅读用的都是句子而不是单词和短语。一次性的把握一个句子。”“文学研究是句法研究而不是词法研究。”“句法研究是外部研究而不是内部研究。”“形式逻辑的局限性在于它只解决语言内部的自身组织，而不是在语言与语言的外部对立或联系中确定自己。”[2]这些论断的意思显然是，文学作品的解读，文学问题的研究，必须要在语词与外部社会和文化的对立与联系中进行，才能真正得到文学精神的真髓，才能找到解决或回答文学问题的方法。所以，针对90年代批评界解构主义的泛滥，王富仁语重心长地提出了警告：“语言中的每一个词都像一个魔棒，它可以改变整个世界的形

1 王富仁：《呓语集》，中国文联出版社2000年版，第257—258页。
2 同1，第76—78页。

象。”“有些时候，整个民族，整个人类，都会掉到一个语言的陷阱里，不论它怎样挣扎，都没法从这个陷阱中爬上来。”“人类爬出自己的语言陷阱的方法是：造一个新词或给予一个旧词以一种全新的用法。但要小心，这个新词也可能成为一个新的陷阱。”[1]

也许正是这些语言学的思考，王富仁在新世纪中提出“新国学”概念，整体性地定位鲁迅与中国文化传统的关系的时候，他开始主动地从语言的角度来提出问题和思考问题。譬如，他在谈到“新国学”命题的语言表达方式时说：“在我们现在的语言论中，语言文字只是思想感情的交流工具，是文化的载体。似乎我们的思想感情可以用民族语言进行表达，也可以用外国语言进行表达；我们的文化可以装在这艘民族语言的船上，也可以装在那艘外国语言的船上。但在章太炎这里，却把民族语言提高到了中国文化的‘本质’的重要地位上。‘古字至少，而后代孳乳为九千，唐宋以来，字至二三万矣。自非域外之语，如伽、去、僧、塔等字，皆因域外语言声音而造。字虽转繁，其语必有所根本。盖义相引申者，由其近似之声，转成一语，转造一字，此语言文字自然之则也。于是始作《文始》，分部为编，则孳乳浸多之理自见。亦使人知中夏语言，不可贸然变革。’也就是说，中国的语言文字，是一个由最初极少的古字逐渐孳乳衍生而成的，彼此构成的是一个完整的结构。每一个字词都与其他的字词有着特殊的关联，并形成自己繁多而又相对独立的意蕴与意味，中国语言文字所能表达的思想、感情、情绪和意味，是它种语言所无法完整地进行表达的，而它种民族语言所能表达的，中国语言文字也是无法完整地进行表达的。如果没有这样一个独立的语言体系，就再也没有别的东西可以将中华民族如此紧密地联系在一起。中华民族的民族性首先就表现在中华民族语言文字的独立性上。实际上，直至现在，我们所感到的中国文化的危机，仍然主要是中国语言文字的危机，假若中国人不把自己民族

1 王富仁：《呓语集》，中国文联出版社 2000 年版，第 38—39 页。

的语言当作自己的母语，假若中国知识分子劣于用中华民族的语言文字表达自己的思想感情而优于用外民族的语言文字表达自己的思想感情，也就意味着中国文化危机和中华民族的民族危机的到来；假若中国人只能使用外民族的语言文字，而不再使用中华民族的语言文字，也就意味着中国文化和中华民族的解体。中华民族的民族性，首先孕育在中国的语言文字之中。”[1]

王富仁曾有感于鲁迅研究界对鲁迅哲学思想的无视，他从时间、空间和人的关系上广泛而整体地阐析了鲁迅的哲学思想体系。他指出，“西方知识分子的时空观仍然主要是在人对周围世界（自然、社会、人）的相对客观地考察中建立起来的，即使像弗洛伊德、柏格森、海德格尔、萨特这样一些非理性主义者、直觉主义者、存在主义者，仍然是立于‘世界人’的立场上对人类的时空观念进行的探讨。他们是以‘人’有统一的本质、统一的时空观念为前提的，各自的差异只是切入点的不同，而不是因为人与人的不同。这不是中国近现代知识分子时空观念的建构基础，更不是鲁迅时空观念的建构基础。中国近现代知识分子及其鲁迅的时空观不是在‘世界人’的基点上建立起来的，而是在‘民族人’的基点上建立起来的。不是在人与人都有相同的时空感觉的基础上建立起来的，而是在承认人与人之间的差异也承认人与人之间不可能有完全相同的时空感觉的基础上建立起来的。前者讲的是我们人类应有什么样的时空观念，后者讲的是我们现代的中国人应有什么样的时空观念。这二者是不完全相同的。前者更重普遍性，后者更重独立性”[2]。王富仁的这个论断当然有诸多原因的分析，譬如近代中国人的空间意识首先就是被民族的挨打的耻辱所唤醒的等等，其中有一条论据值得我们关注的是，王富仁细致深入地比较和分析了中国人

1 王富仁：《中国现代学术文化的流变》，《现代中国文化与文学》2005 年第 1 期。
2 王富仁：《时间·空间·人（一）》，《鲁迅研究月刊》2000 年第 1 期。

的时间、空间与人的关系在语言中的习惯表达。他说："在中国的语言中，没有像西方语言中的那种现在时、过去时和将来时的明确划分，因而中国古代人的'现在'的观念是极不明确的，特别是在文化发展中更是如此。对于他们，'现在'是什么？'现在'只是说话时的那一刹那，是在过去和未来这整个连线中点上的一个随时就可抹去的点。是随时就可以消失的东西，它像一条水流的前点，时时出现，时时消失，对我们没有多么重要的意义。这种特点甚至一直影响到我们当代的文化。就在我写这篇文章的时候，报纸上看到这样一个标题：'孔子是中华文明的主要象征'。这在中国的语言中是常例，是屡见不鲜的表达方式，但在西方语言中，这种语言形式则是极少出现的，因为这句话中的'是'必须有现在时、过去时和将来时的区分，在一般的情况下，三者必居其一，也只居其一。"[1]

无论是"新国学"的命题的提出，还是鲁迅的时间意识、空间意识等哲学思想体系的阐发，王富仁的目的都在说明鲁迅与中国文化传统的断裂都是在自己的文化本源（这个本源既包括思维方式，也包括民族母语的表达方式）基础上的断裂，而不是在外国文化本源上的断裂。所以这种断裂不是颠覆，而是创新，不是故作惊人之语，而是应时代要求的一种文化发展趋势。"就这个意义而言，说鲁迅思想与中国传统思想发生的是断裂性的变化并没有根本性的错误。它的错误在于把这种'断裂'视为一种不合理的文化现象，视为对中国文化独立性的戕害。实际上，任何民族文化的发展都是在这跳跃性的'断裂'过程中实现的。没有这种断裂性的变化，就没有文化的发展。这种'断裂'，在我们中国现代文化中就叫做'革命'。但是，这种'断裂'只是一种新的文化产生过程中的现象，中国文化迄今为止也不是、也不可能是仅仅由鲁迅一个人的思想构成的，甚至也不仅仅是由'五四'以后产生的新文化构成的。我们的图书馆里不仅仅有鲁迅的书，也不仅仅有'五四'以后出版

1 王富仁：《时间·空间·人（一）》，《鲁迅研究月刊》2000 年第 1 期。

的书；我们课堂里讲授的不仅仅是鲁迅的小说和杂文，不仅仅是‘五四’以后的白话文作品，我们的城市里不仅仅有现代的建筑物，我们的农村里不仅仅有‘五四’以后形成的新风俗，我们的政治结构不是按照鲁迅的设计建构起来的，我们的经济家不是按照鲁迅的思想进行经营的。我们的文化是一个极其庞大、极其复杂的文化结构体。鲁迅与中国文化的关系就是鲁迅在这样一个极其庞大、极其复杂的文化结构中与其它各种文化成分所构成的共时性的关系。就这个文化的整体，是没有断裂的。中国文化至今还是中国文化，而没有变成美国文化或俄国文化。正像太阳天天发生着内部物质的裂变而太阳还是太阳一样。在这里，我们首先应当指出的是文化的超越性特征。文化，就其产生，有其特定的现实需要，但它一经产生，就具有了超越性。语言文字本身就是具有超越性的，语言文字作品超越了时间上的瞬间性和空间上的一隅性，使一种思想学说能够跨过时间和空间的界限而在人类社会和人类历史上进行广袤性和久远性的运动。”[1]

不管是恶意还是善意，在社会上总有一种这样的声音，批评鲁迅的语言过于尖刻，鲁迅的文化批判言辞过于激烈。也许正是对语言功能效用的观察，对语言自身力量的局限性的反思，使得王富仁一有机会就要为鲁迅的所谓言辞激烈而辩护。他说，“时值今日，中国的知识分子大都还把鲁迅对儒家文化的批判视为过激的批判。实际上，这些知识分子有意无意地忽略了与法家专制政治制度结合在一起的儒家文化对一般社会群众和社会改革者的‘过激’行为。慈禧太后对维新派的镇压，清王朝对孙中山领导的民主革命的镇压，张勋、袁世凯对民主革命的反攻倒算，段祺瑞执政府对徒手请愿学生的枪杀，1927 年国民党政权对共产党人及无辜青年的屠杀，都是比鲁迅的‘过激’言词‘过激’千万倍的行为。所有这一切在中国都是受到儒家文化价值观念的保护的。即使林纾对新文化运动

1　王富仁：《鲁迅与中国文化（一）》，《鲁迅研究月刊》2001 年第 2 期。

倡导者的攻击，中国当代知识分子站在政治立场上对‘胡风反革命集团’‘右派分子’的批判，都带有实际的吃人性质，为什么偏偏觉得鲁迅对儒法合流的政治专制主义和文化专制主义的批判反倒是‘过激’的呢？在中国现代社会上，儒家的政治观念和思想观念已经成为阻碍社会发展和社会进步的主要政治力量和思想力量。鲁迅对儒家文化的批判反映着中国社会的社会化程度的提高和中国知识分子社会意识的加强，是在‘人’的基点上重建中国文化的需要。其意义是不能低估的。”[1] 所以，王富仁对鲁迅的语言作了高度的评价：“所以我觉得，鲁迅的话语是有力量的，因为他的语言本身就是一种誓言，就是一种行动。他在支撑着一个世界，他同时在爱，也是在憎。我觉得中国的鲁迅研究遇到了从来没有遇到过的最严重的危机。中国现代文化的绅士化的发展、才子化的发展、流氓化的发展，已经达到了从中国文化诞生以来从来没有达到的最高点，这就使中国的鲁迅研究遇到了从鲁迅诞生以来从来没有遇到过的最大的危机。这个危机既来自外部，也应该来自我们内部，所以说我们不要埋怨外部世界，中国鲁迅研究者自身也应该反思自己。通过自我反思，把处在这样最困难时候的鲁迅研究坚持下去。中华民族需要鲁迅，不能没有鲁迅。也就是说，中华民族不能光有一些绅士、光有一些才子、光有一些流氓，让他们占领我们的世界，鲁迅也要发出自己的声音。”[2]

（原刊于《西北大学学报（哲学社会科学版）》2019 年第 1 期）

1　王富仁：《鲁迅与中国文化（五）》，《鲁迅研究月刊》2001 年第 6 期。
2　王富仁：《我看中国的鲁迅研究》，《社会科学辑刊》2006 年第 1 期。

如何评价“阿Q式的革命”并与汪晖先生商榷

汪晖先生最近发表的《阿Q生命中的六个瞬间——纪念作为开端的辛亥革命》(刊于《现代中文学刊》2011年第3期，以下简称《瞬间》)一文，即使从纯学术的意义来看，也是近年来鲁迅研究中最值得阅读的也最有价值和创造性的论文之一。作者娴熟地运用文本细读的方法，同时施展开自己擅长精微思辨的才华，紧紧扣住阿Q生命过程中的六个瞬间所透露出来的恐惧、惊慌、无聊等直觉和心理活动，深入地分析了阿Q这个“沉默的国民的灵魂为什么内在地包含着革命的——或者说，这样一种革命的——潜能”。但不必讳言的是，这篇论文无论是在对阿Q的“革命性”的评价上，还是在对《阿Q正传》这一经典文本的解读上，都存在着一些令人疑惑的问题。而且这些问题直接牵涉到应该怎样理解鲁迅对“阿Q式革命”的刻画与定义，以及如何解读《阿Q正传》这一经典文本的关键细节，因而有必要提出来与汪晖先生商榷。

一

《瞬间》在具体分析阿Q生命中的六个瞬间之前，首先谈到了“阿Q是否真要做革命党”以及鲁迅对阿Q做“革命党”这一事件的态度。作者的论证逻辑大致可以归纳如下：“在阿Q身上表现出的这种纠缠——即作为秩序维护者和本能的抵抗者的共在——正是鲁迅对革命的探索的成果。这个探索的核心就是谁是革命主体这一问题。”而在那些农业社会的生产方式占据着主导地位但又被帝国主义卷入了全球劳动分工的社会里，革命的主体乃是无产阶级的替代物即农民、大众、庶民等。鲁迅在《阿Q正传》里通过阿Q这个农民形象的本能反应发觉了“阿Q的革命动力”。汪晖明确指出，“阿Q的革命动力隐伏在他的本能和潜意识里”，“鲁迅并没有看低这个本能，相反，他揭示了这个本能被‘意识’不断压抑和转化的命运”。由此可见，《瞬间》对“阿Q是否真要做革命党”以及鲁迅对阿Q做“革命党”事件的态度的这一问题的结论是阿Q的革命具有“不可避免性”，鲁迅对阿Q的本能反应中显示出的“革命动力”的态度是肯定的。

其实这在《阿Q正传》的研究史上并不是一个新鲜的问题，《瞬间》的结论也不是什么独异于人的观点。早在这部小说诞生不久，郑振铎就曾质疑：“像阿Q那样的一个人，终于要做起革命党来，终于受到那样大团圆的结局，似乎连作者自己在最初写作时也是料不到的，至少在人格上似乎是两个。”[1] 后来一些评论家也在为阿Q的人格是不是分裂的问题争论不休，即使后来鲁迅自己出来进行辩白，由于鲁迅本人的辩白带有他一贯性的讽喻、迂回的晦涩风格，评论家对这个问题的探讨也还是莫衷一是。40年代以后，关于这个问题的看法，意见逐渐地趋同。原因就是毛泽东的《新民主主义

1　郑振铎（西谛）：《呐喊》，《文学周报》1926年11月21日第251期。

论》非常明确地指出了中国的工农联盟是革命的主体力量，同时社会主义、现实主义的个性与共性相统一的典型论也为阿Q即使是一个个体的农民也能体现国民性弱点的阶级论形象分析奠定了理论基础。这一点可以从30年代中期周扬与胡风关于典型问题的论战以及这一论战最后是周扬的观点占据上风的发展趋势得到证实。既然在中国这样的半封建半殖民地国家制度下，工人阶级必须同农民结盟，必须走农村包围城市的道路才能取得民主革命的胜利，肯定和发掘农民的革命性就理所当然地成了革命文学的重大主题。由于鲁迅的《阿Q正传》里面写到了阿Q曾经向“假洋鬼子”表白想投奔革命党的意愿、曾经在土谷祠里做过“革命党”的畅想曲、希望革命党来喊他“同去同去”这样一些细节，因而这部作品就以其巨大的影响力被推崇为现代发掘农民的革命性的经典之作。著名的评论家陈涌将鲁迅的作品概括为中国社会革命的一面镜子，称赞鲁迅批判了辛亥革命的不彻底性及其对于农民这一革命主体力量的漠视，这一经典性的论述也是建立在这些细节描写上的。尽管陈涌的理论依据来之于毛泽东的关于新民主主义革命的思想，但他从鲁迅的作品中发现了这些细节的意义，无疑也是对鲁迅作品的一种创造性的解读。只是后来评论界将这些细节无限地放大和引申，以致阿Q的“革命性”的重要意义甚至遮蔽了阿Q的精神胜利法的重要意义，这就不免喧宾夺主了。从鲁迅研究史的角度看，《瞬间》一文对阿Q的“革命性”的内容与意义的发掘，其深广程度并没有超越当年陈涌的论述，《瞬间》的意义在于它从欲望、本能这种个体的深层心理因素探讨和分析了阿Q“革命性”的内在逻辑。[1]

---

1 1940年林汉达在《阿Q的胜利——心理卫生》(《中美周刊》1940年9月28日—10月5日）一文指出，阿Q“是一个最具体的变态心理的典型人物，凡精神分析学家所解释的种种‘顺应机构’几乎都全备了，例如合理化、投射、退转、补偿、梦想等。阿Q被环境的压迫和内心的冲突，而仍未变为疯子，全赖那些‘顺应机构’”。这是最早从深层心理学来分析阿Q的精神胜利法的文章，而汪晖则是用深层心理学的欲望、本能等范畴分析阿Q人格的“革命性”内容。

新时期以来，对于以陈涌为代表的对阿Q革命性的阐发和肯定的观点与思维方式，学术界有不少的批评意见，其中最有影响力的批评就来之于上个世纪80年代王富仁的“反封建思想革命镜子说”与汪晖自己的鲁迅研究批判。其实，《阿Q正传》是否揭示了农民的“革命性”，阿Q的“革命性”是否对辛亥革命构成了批判，阿Q的“革命性”是一种积极的潜能还是一种消极的人格因素，这些问题都是可以见仁见智的。根据阐释学的理论，每个读者都有依据自己的生命经验和学养构成阐析文本的权利，也就是说无论是认为阿Q有还是没有革命性，无论是认为阿Q的革命性是消极还是积极，只要这种观念是从具体的文本分析中得出，就有其存在的价值和权利，而越是杰出的文学作品恰恰越是具有这样一种可供多元阅读的潜在空间。而鲁迅对这些“革命性”细节描写的态度如何，他是肯定还是否定阿Q身上这些“革命性”质素，这却是一种历史存在，是鲁迅生命历程中的一个思想轨迹，体现着我们对鲁迅思想的一种根本性的观点，因而它是我们不能不通过争论来辨明的。而本文与《瞬间》之间的一个关键的分歧点也就在于此。《瞬间》指出：“在《阿Q正传》里，‘生存本能’是一种积极的能量”，“鲁迅探索的重心是‘精神胜利法’与突破‘精神胜利法’的契机问题，是通过突破‘精神胜利法’而使得革命不可逆转的问题”，“鲁迅的描写也隐含了一种企图，即将阿Q的行动方式的‘循环’理解为‘重复’，从而从历史内部挖掘和保留革命与改革的因子”。[1]而我的看法是，在《阿Q正传》中，阿Q的欲望、本能与直觉始终是与他的精神胜利法联系在一起的，是精神胜利法之所以能够成为胜利法则的事实依据。鲁迅的目的在于通过这些欲望、本能和直觉的精神化解，突出国民灵魂中的精神胜利法的无所不能。鲁迅对于阿Q的欲望、本能和直觉体现出的所谓“革命性”始终保

---

1 以上引文见汪晖：《阿Q生命中的六个瞬间——纪念作为开端的辛亥革命》，《现代中文学刊》2011年第3期。

持的是一种清醒而深刻的批判精神。

要真正理解鲁迅对于阿Q的所谓“革命性”的态度，首先还是必须回到小说文本。《阿Q正传》文本的叙事结构是横纵结合式的，前三章是横向组合结构，通过不同年月所发生的事件的组合来揭示阿Q精神胜利法的基本特征，从第四章“恋爱的悲剧”开始，阿Q的故事有了时间的连续性，阿Q的性格及命运也被嵌入具体的历史中。鲁迅说他写小说是“挤”出来的，这个“挤”字不仅是指他的小说的思想观念，而且包括他的小说的篇章结构，这可以从《孔乙己》《药》等小说对结构的讲究中得到证实。也就是说鲁迅小说的篇章结构是精心设计的，是大有深意寓焉的。《阿Q正传》这一横纵结合式的结构其深意就在于鲁迅特意要用一个具有历史具体感的国家事件来揭示国民灵魂中的“精神胜利法”的现实性，因为在那种“杂文式”的横向的事件组合中，时间似乎是一种混沌，没有人能够判明阿Q的具体时代，也就人人都可以把阿Q精神推给历史，或者推给别人。在今天，辛亥革命已经是一个遥远的过去，但在鲁迅写作阿Q的时代，辛亥革命过去不过十年，人们不仅记忆犹新，而且整个民族沉浸在这一事件的巨大影响之中。只有在这种影响重大而且就发生在眼前不久的国家事件中，阿Q所代表的国民性才获得了一种清晰的现实具体感。可见，鲁迅在这部小说中写辛亥革命，其目的并不是要通过辛亥革命这一现实事件来探讨所谓阿Q的“革命”性或者如汪晖所说的革命“潜能”问题，其实实在在的目的是为阿Q的精神胜利法提供一个显现的现实大场景。鲁迅是想让读者清晰地看到，国民性的弱点不仅显现在日常的琐碎生活中（前三章的阿Q性格叙事都是琐碎的日常生活事件），而且更令人可怕地显现在国家与民族的重大历史事件中。从鲁迅“五四”时代的“立人”观点来看，这种精神胜利法的国民劣根性，如果只是成为个人对抗失败与屈辱的心理转换机制，它所造成的损害不过是个人的尊严和自觉人格的丧失，但如果这种国民劣根性被国民整体性地投射于国家民族的重大历史事件的应对中，国民与国家民族的重大历史事件之间的精神联系就必然会被扭曲，被阻隔，甚至被错置，而国家民族重大历史事件的发生过程与发展方向也就极有可能被异化。

鲁迅研究界通常认为阿Q对“革命”的误读是因为辛亥革命的提倡者不注重发动群众，《阿Q正传》中阿Q要投奔革命党，结果被假洋鬼子举起拐杖呵斥出去，这个细节被传统的鲁迅研究演绎成革命党不准阿Q革命，并进而得出辛亥革命脱离群众的结论。其实这一经典的演绎是一次典型的对鲁迅作品细节的过度阐释。因为在文本中，阿Q只是怯怯地说出了“我要投”，“革命”二字尚未出口，就被假洋鬼子轰了出去。难道假洋鬼子未卜先知，知道阿Q是要来投奔革命的所以轰他出去？显然不是，鲁迅在这里特意不让阿Q说出“革命”二字，其实就是不想让阿Q和假洋鬼子在“革命”这一事件上关联起来，或者说是想继续让阿Q存在于一种游离恍惚的精神状态中，以便深入地挖掘“精神胜利法”这一国民劣根性在应对国家民族重大事件方面的负面作用。我认为，如何理解鲁迅对阿Q的所谓“革命性”的态度，必须明确三个方面的问题。第一，谈阿Q不能离开鲁迅“五四”时期创作的总体语境，在《呐喊》时期，鲁迅并不认为辛亥革命的提倡者们不注重发动群众，至少在他的一系列涉及辛亥革命的作品里，鲁迅并没有刻意突出这一主题。相反，他在自己的小说中突出的恰恰是革命者利用所有的机会、坚忍不拔地向群众宣传革命的道理却得不到响应与理解的寂寞和悲哀。不是革命者不去向群众宣传革命道理，而是群众麻木到了根本就没有兴趣去听革命者的宣传，他们要么就是拿革命者的鲜血去蘸人血馒头，或者就像阿Q似的认为革命就是造反，造反就是与自己为难，就该杀头。第二，正是由于革命者的宣传对庸众的无效性，因而阿Q似的“革命性”是无师自通的，与辛亥革命的共和民主观念毫无联系，但也并不完全出之于“本能”，因为如果仅止于本能的话，有吃有住有女人也就足矣，但阿Q的“革命”畅想曲带有太多的文化内涵，他是要什么有什么，说是谁就是谁，这是典型的中国式帝王思想。而且，搬走钱太爷家的宁式床，这已经接近奢侈，对女人的挑剔则完全是来之于享乐，其要求已经远远超出先前的“无后为大”的繁衍恐惧，至于革命成功后首先要砍掉小D的头那就更是一种仇恨的社会情感的显露，怎么能用“本能”二字来说明呢？第三，鲁迅在小说中始终没有让阿Q产生什么具体的革命行为，他唯一一次差点就成为革命行为的事件是去尼姑庵革尼姑的命，他倒是真的本能地感觉到只有到尼姑庵去“革命”是没有危险的，但是他赶到的时候，尼姑庵已经被“革”过命了。这唯一的一次差点成为革命行为的事件与阿Q的精神胜利法是密切联系在一起的，因为他在此所显示的“革命”要求其实不过是去欺负比他更弱小的人。至于此前此后，无论是从赵太爷对革命的畏惧上感到快意，还是在大街上唱“我手执钢鞭将你打”时的一种高亢情绪的宣泄，乃至最终自以为是“革命党”而被杀时的自慰，阿Q的“革命”始终不过是自己在精神上获得的一种短暂的胜利感而已。

上述三个问题说明，鲁迅之所以笔锋一转，在纵向的历史情境叙事中写阿Q的所谓“革命”，并不是如汪晖所言要去通过阿Q的本能和直觉来挖掘阿Q的“革命”的潜能，而恰恰是为了更深入地揭示阿Q精神胜利法在国家民族重大事件中的表现。在鲁迅的笔下，阿Q的所谓“革命”本质上就是“精神胜利法”这种国民劣根性的一部分甚至可以说是危害更大的一部分。鲁迅对阿Q似的“革命”就如对阿Q似的精神胜利法一样，抱着清醒而强烈的批判态度。过去传统的鲁迅研究者在肯定阿Q的“革命性”时，总喜欢引用鲁迅回答西谛的批评时所说的一段话：“据我的意思，中国倘不革命，阿Q便不做，既然革命，就会做的。我的阿Q的运命，也只能如此，人格也恐怕并不是两个。民国元年已经过去，无可追踪了，但此后倘再有改革，我相信还会有阿Q似的革命党出现。我也很愿意如人们所说，我只写出了现在以前的或一时期，但我还恐怕我所看见的并非现代的前身，而是其后，或者竟是二三十年之后。其实这也不算辱没了革命党，阿Q究竟已经用竹筷盘上他的辫子了。”[1]汪晖在《瞬间》一文中同样引用了这段话来证明他所认为的鲁迅在“寻找沉默的国民的灵魂为什么内在地包含着革命的——或者说，这样一种革命的——潜能”。我认为，理解鲁迅这段话的深刻含义，必须联系到鲁迅说这段话时的历史背景。鲁迅此文发表于1926年12月，此时国共两党合作领导的国民革命已经节节胜利，南方的农民运动也如火如荼，农民作为中国民主革命的主要力量的地位已经显露出历史的地平线。鲁迅是十分关注时事政治问题的，他不可能不意识到时代所发生的变化，不可能不感觉到农民这一中国人口主体所蕴含的巨大的革命力量，但鲁迅对于阿Q的“革命性”并不表示尊崇。我们要特别注意到鲁迅所用的“阿Q式的革命党”这一词汇，这说明即使现实生活中已经到了农民革命真正兴起的时代，他也没有把“阿Q”的革命同中国民主革命的农民力量联系起来。他的“阿Q式的革命党”其本质上是指中国历史上“吃革命”或者说想“吃革命”的人群，这种“吃革命”党中有农民，当然不止是农民。只要有革命出现，就会有“吃革命党”出现，而且不止是历史上有，现在有，将来依然有。这种思考才是鲁迅当时写阿Q的“革命”性的真正原因，也是鲁迅思想的深刻性、独创性所在。也只有在这个意义上，我们才能真正理解鲁迅为什么说阿Q的“人格也恐怕不是两个”，为什么说只要有改革，就会有阿Q式的革命党出现。中国是一个农业大国，中国历史上的农民起义屡屡发生，因而说农民的本能与直觉中具有“革命”的潜能，这不是什么了不得的思想发现，只有在农民的群体中也找到了“吃革命党”的思想因子和性格质素，这才是鲁迅式的深刻与透彻。

1　鲁迅：《〈阿Q正传〉的成因》，见《鲁迅全集》第三卷，人民文学出版社2005年版，第397页。

二

在《瞬间》一文里，汪晖把鲁迅界定为一个生命主义者，这无疑是很有见地的观点。前期鲁迅，无论是写东京四论主张“掊物质而张灵明”之时，还是“五四”前后为控诉礼教吃人而呐喊之时，鲁迅的一切思想和对历史、对文化的考量，都是以生命的存在与发展为中心，为标杆。凡是阻碍生命之发展的，无论《三坟》《五典》，百宋千元，无论天球河图，金人玉佛，无论是古是今，是人是鬼，都在扫除之列，这种决绝的态度，足可见鲁迅对于生命的重视。但汪晖从鲁迅的生命主义出发，通过对阿Q的六个瞬间的分析，进一步得出来的一个结论却不能不让人产生疑惑。这个结论是这样的：“鲁迅试图抓住这些卑微的瞬间，通过对‘精神胜利法’的诊断和展示，激发人们‘向下超越’——即向着他们的直觉和本能所展示的现实关系超越、向着非历史的领域超越。革命不可能停留在直觉与本能的范畴里，但直觉和本能不但透露了真实的需求和真实的关系，而且也直白地表达了改变这一关系的愿望。因此，不是向上超越，即摆脱本能、直觉，进入历史的谱系，而是向下超越，潜入鬼的世界，深化和穿越本能和直觉，获得对于被历史谱系所压抑的谱系的把握，进而展现世界的总体性。”[1] 这个结论看上去似乎较为晦涩难懂，不过把它的意思用直白的语言表述出来，就是革命是从本能和直觉开端，同时在直觉和本能中获取超越的能量与方向。这种思考也许如作者自己所说的，“是一个完全不同的世界观的诞生”。但我认为，这个“完全不同的世界观的诞生”只是汪晖自己的哲学沉思的结果，而与鲁迅无关，不应该以“鲁迅试图”的表达方式，嫁接到鲁迅的头上。

前期鲁迅思想受到弗洛伊德、尼采、柏格森等人的影响，这在

1 汪晖：《阿Q生命中的六个瞬间——纪念作为开端的辛亥革命》，《现代中文学刊》2011年第3期。

鲁迅研究中是一个无可否认的共识。这三个人都是直觉、本能的热烈的崇拜者，也是直觉、本能之意义的深刻发掘者。他们对于直觉、本能的意义的发掘直接促进了人类对于生命价值的理解和生命观念的转型。鲁迅的生命主义的主要思想资源无疑来之于这三个西方近代生命哲学的奠基者。不过，鲁迅对于西方文化的接受从来都是基于自己对于中国现实生存的本土经验，他欣赏弗洛伊德的苦闷的象征与升华的文明压抑与转换模式，崇拜尼采的重估一切价值和与庸众斗争的伟岸人格与孤独精神，喜爱柏格森的生命生生不息的创造与进化的观点，但所有这些生命哲学的思想精髓，鲁迅都是拿来用之于自己所从事的思想启蒙工作，鲁迅对它们的选择性接受也都依据于自己对中国民族现实生存的直接而具体的生命感受。正是这种本土经验与个体生命感觉的深层次的制约，我们可以看到鲁迅的生命主义呈现出他自己的鲜明的特点：首先，鲁迅在表述自己的生命主义时有一个著名的公式："我们目下的当务之急，是：一要生存，二要温饱，三要发展。"[1]过去，人们在阐述这一鲁迅公式时，根据鲁迅的排位，特别注重生存的意义。汪晖也是如此，他在引用了这段话之后指出："生命主义的核心是将生命的价值置于一切之上，而生存本能也作为维系生命存在但又不断被压抑的能量而获得肯定。惟其如此，一旦现存的秩序及其价值威胁生命之时，生存的欲望、本能、潜意识就可能成为对于时代的诅咒，对于一切传统、权威和秩序的颠覆。"[2]我认为，从"二要温饱"这一条比照来看，鲁迅这里的生存含义应该从窄义上理解，即是指肉体生命存在本身。理解了这一点，我们就可以进一步认为鲁迅的这个关于生命的公式其重心或者说鲁迅要真正强调的不是"生存"，而是"发展"。当然没有肉体生命的生存，所谓温饱与发展也就不存在了，鲁迅是

1 鲁迅：《忽然想到（六）》，见《鲁迅全集》第三卷，人民文学出版社 2005 年版，第 47 页。

2 汪晖：《阿 Q 生命中的六个瞬间——纪念作为开端的辛亥革命》，《现代中文学刊》2011 年第 3 期。

从这个意义上把肉体意义上的“生存”放在第一位的，但鲁迅强调的中心词应是发展。没有发展的肉体生存不是真正意义上的生命，我同意汪晖所言，生命主义的核心是将生命的价值置于一切之上，但我认为在鲁迅以“立人”为中心的早期思想中，生命的核心价值不在于它的本能性，而在于它的发展性。生存本身只是生命的前提，而发展才是生命的终极意义和核心价值。这就是为什么鲁迅在他的早期小说中，比较少地去写下层群众的物质生活，而更多的是写下层群众的精神痼疾，写下层群众的愚昧和麻木的原因。在鲁迅小说中，《故乡》的主题不在于写闰土的穷，而在于写人心之间的隔膜，《祝福》中祥林嫂关心的并不是如何生存，而是死后是否有地狱有灵魂的问题。即使贱如阿Q，如果不是“精神胜利法”使他丧失了人格的自主意志，以致一步步地在自我的精神“胜利”中走向死亡，就他撑船就撑船、舂米便舂米的劳动技能来说，简单的肉体生存应该是没有问题的，甚至还时常可以到咸亨酒店赊点小酒喝。从这些人物的刻画上，我们可以清晰地看到鲁迅的生命主义的核心价值在于生命的发展，鲁迅所关注的中心问题不是所谓的“透露了真实的需求和真实的关系”的生命直觉与本能，而是肉体性的生命存在应该怎样向上（自主意识、自由人格）超越与提升。

其次，如果仅仅从理论上看，鲁迅对于生命哲学的本能、直觉、无意识等等概念，是认同和具有好感的，这可以从他对厨川白村《苦闷的象征》的翻译介绍以及在创作中经常运用精神分析的方法上得到证明。但很有意思的是，鲁迅在自己的创作中一旦涉及本能、直觉与无意识等描写对象时，却往往是从负面的、消极的角度来理解，来定位。《补天》依弗洛伊德学说而在女娲大腿间凭空添上的那个“小丈夫”是如此，《肥皂》中的四铭听到有人说将女叫花子咯吱咯吱洗一下的话后买了一块肥皂带回家来也是如此。这里我们还要提到鲁迅对于自身的无意识的解剖，他曾多次谈到自己中了庄周、韩非子的毒，心中有“鬼气”，而且这个“鬼气”很顽强，执着如怨鬼，纠缠如毒蛇。这个“鬼气”完全可以理解为青少年时代经过长期的文化传统的潜移默化积淀在鲁迅精神结构深层的文化无意识，它们不受意识的控制，时常在毫无防备的情况下凸显出来影响着自身的人格表现。对于这样的个人无意识，鲁迅的态度是比较复杂的，他有时在艺术地表达个人生命感觉时，对这种个人无意识有一种无法表达的隐秘的喜爱，但他在人类进步的意义上来理性地思考问题时，却从来没有把它看做是一种积极的力量。所以他才将自己这一代被“鬼气”所纠缠的人定位为“历史的中间物”，说要肩起黑暗的闸门放年轻的一代到光明的世界中去。至于对整个民族的国民无意识的危害，鲁迅的认识与批判比同时代的所有的文学家都要深刻得多，持久得多。《阿 Q 正传》就是一个批判国民无意识的现代史上无与伦比的经典。中国儒家文化以和为贵，以王道为本，强调不战而屈人之兵。于是在千百年的历史上，汉民族的人格不断地被萎化，被外民族入侵凌辱但不思反抗，即使做了亡国奴也总以自己的文明历史悠久来自我安慰。这种心态不断地重复滋生，不断地被压抑转化，就自然而然地在国民精神的深层结构中形成一种集体无意识，这就是阿 Q 的“精神胜利法”。在儒家文化影响下的汉民族，无论农民，还是市民，无论卑贱者，还是肉食者，不分阶级，也不论地域，都或多或少或轻或重地表现出这种“精神胜利法”的人格特征。早期鲁迅启蒙思想的中心观念是“立人”，虽然他看到了上层社会的堕落和下层社会的不幸，但他立人的思想并无阶级之分。在这种立人思想的驱使下，他在小说创作中着重批判了两种具有集体性的国民精神现象，一种是麻木冷漠，一种就是精神胜利法。如果说麻木冷漠是一种意识状态，是精神主体意识到事不关己后的不过问、不参与、不作为的行为选择，那么，“精神胜利法”就是一种无意识状态，是长期以来被压抑在无意识结构中的应对相应事件的一种本能和直觉的反应。所以，在阿 Q 的人格中，“精神胜利法”本身就是本能，就是直觉，就是一种发自内心深处的无须思考和选择的本能反应，直觉选择。而且唯其如此，才更显示出鲁迅批判“精神胜利法”，为国民人格开出一条反省的路这一思想是多么的深刻和富有洞察力。从这个意义上来理解，汪晖关于“在阿Q的精神世界里，直觉成了突破精神胜利法的契机”，“鲁迅试图抓住这些卑微的瞬间，通过对精神胜利法的诊断和展示，激发人们‘向下超越’——即向着他们的直觉和本能所展示的现实关系超越、向着非历史的领域超越”这一论断本身已经包含着无法圆成的矛盾性。

为了圆成这种矛盾性，汪晖在解读《阿Q正传》文本上是下了很深的功夫的，这让我们仿佛看到了当年他在写作《反抗绝望》时对鲁迅文本细节的超卓的思辨力。但是，一方面要尽量地符合鲁迅作品文本的意义规定性，一方面要尽力把自己的观念切换成鲁迅的观念，思辨的能力无论如何卓绝，有时也难免捉襟见肘。这里可以从汪晖分析的六个“瞬间”中举两个例子来看看。一是关于阿Q在被假洋鬼子驱赶后的一段心理状态的分析，鲁迅的文本是：“他似乎从来没有经验过这样的无聊，他对于自己的盘辫子，仿佛也觉得无意味，要侮蔑；为报仇起见，很想立刻放下辫子来，但也没有竟放。他游到夜间，赊了两碗酒，喝下肚去，渐渐的高兴起来了，思想里才又出现白盔白甲的碎片。”汪晖在他的论文里特别强调地分析了这个“无聊”的关键词，甚至把鲁迅《〈呐喊〉自序》中所表述的自己在《新生》失败后的精神状态作比附性的分析。他指出，“‘无聊’不是对失败的直接承认，而是对于自己所做的事情、所经历的事情的意义的彻底怀疑”，“无聊的否定性因此蕴含着某种创造性的潜能”[1]。这个判断当然是深刻的，但是汪晖为了论证自己的观点，进一步指出“也许我们可以从这里去理解他的‘无聊’：‘无聊’是将他与未庄秩序（无论是盘辫子的秩序，还是放辫子的

1 汪晖：《阿Q生命中的六个瞬间——纪念作为开端的辛亥革命》，《现代中文学刊》2011年第3期。

秩序）清晰区分开来的本能”[1]，这就很让人费解了。因为，“无聊”显然不是直觉，不是本能，而是一种具有显著的文化意味的意识状态。第二个例子是对小说中阿Q“求食”的一段文本描写的解读。汪晖非常重视这一个“瞬间”，多次对这一瞬间进行分析，并且十分欣喜地得出结论：“在这一刻，阿Q‘直觉的知道这与他的“求食”之道是很辽远的’。他不再是要求一个馒头、一杯酒，而是另一种与一切既定的求食之道不同的求食之道。这里的新颖之处在于：阿Q正是凭借‘直觉’开始向往一种他所不知道的东西——一种外在于圣经贤传、外在于历史、外在于秩序、外在于自我因而也外在于他与周遭世界的关系的东西，这不正是摆脱他人引导的可能性所在吗？”[2]这个论断如果仅仅单独从汪晖所引用的这段文本来看，那简直是一个精彩绝伦的观点。但是，如果将这段描写重新置入鲁迅的小说总体文本中，通过其上下文本的联系来解读，读者就很容易沮丧地发现，这个精彩绝伦的观点与鲁迅文本的原意相距是何等的遥远。在这一章中，阿Q已经身无分文，未庄也没有人再肯赊账于他，所以馒头、酒店对于他来说都是不可能的事了，但肚子饿总得充饥，于是他没有目的地往前走，而走到静修庵的墙外看到了庵里地中的萝卜，他终于知道他可以拿什么充饥了，于是就有了偷萝卜的一幕。可见这里的所谓“他所求的不是这类东西了，他求的是什么东西，他不知道”，其意思是具体的，限定的，是就“求食”这一具体事件而言，不可能引申为鲁迅在暗喻阿Q开始催生了“革命”的本能，要想寻找别的“求食”之道了。而汪晖不断地引用的“直觉地知道这与他的‘求食’之道是很辽远的”这句话，联系上下文来看，也是鲁迅在顺便地讽刺一下中国知识分子的田家乐心态，并非在暗喻阿Q已经从肉体上的“求食之道”向精神上的“求食之道”转化了。从文学评论的学术原则来看，忠实于

1、2　汪晖：《阿Q生命中的六个瞬间——纪念作为开端的辛亥革命》，《现代中文学刊》2011年第3期。

文本这是第一要义，如果单单挑出某一段文本来孤立地分析、引申和发挥，而完全不顾本段文本与总体文本前后上下文的意义联系，得出的观点无论如何精彩也是难以让人信服的。

三

关于《阿Q正传》的主题，鲁迅研究界的传统观点是批判精神胜利法和总结辛亥革命的教训。汪晖的《瞬间》一文沿袭了这一传统观念，但在鲁迅如何对待辛亥革命的问题上提出了自己的看法。他认为鲁迅“在民国的时代，在颠覆了皇权的共和国里，经常恍如活在宋末、明季——这是晚清民族主义革命者眼中的最严峻、最黑暗的时代。他慨叹说，时间、进步总是跟世界的其他地方有关系的，唯独跟中国没有关系。这个说法与其说是对进化论历史观的臣服，毋宁表达的是他对辛亥革命这一历史事件的忠诚——鲁迅对辛亥革命的批评不是对于这一革命的否定，他的批判起源于无法改变的忠诚”[1]。为了说明这一问题，汪晖指出“在鲁迅的心目中存在着两个辛亥革命，一个是作为全新的历史开端的革命，以及这个革命对于自由和摆脱一切等级和贫困的承诺；另一个是以革命的名义发生的、并非作为开端的社会变化，它的形态毋宁是重复。他的心目中也存在着两个中华民国，一个是建立在‘道德革命’基础上的中华民国，而另一个是回到历史循环的另一个阶段的、以中华民国名义出现的社会与国家”[2]。在以上分析中，汪晖的观点可以概括为两点，一是鲁迅对辛亥革命的批判起源于对这场革命所承诺的秩序变迁的忠诚，二是鲁迅心目中的辛亥革命应该是一场“道德革命”。

1、2　汪晖：《阿Q生命中的六个瞬间——纪念作为开端的辛亥革命》，《现代中文学刊》2011年第3期。

在这里，我非常赞同汪晖将鲁迅心目中的“革命”划分为两个的思维方式，而与汪晖不同的是，我认为这两种“革命”一是民族国家现实生存中实际发生了的革命事件，一是鲁迅心目中对于革命的一个纯粹的理想形式，也就是鲁迅心目中对于革命的一个构想。“革命”一词本来是20世纪初中国留学生从日本语中引入中国思想界的，它的原初意义是指改革、改良，洗心革面，引入中国思想界以后这一词汇的意义才逐渐发生变化，由改革、改良演变成为推翻、取代，词汇本身的中性色彩逐渐演变为暴力的、极端的色彩。这里我们可以参考一位日本社会活动家、也是鲁迅的崇拜者池田大作先生在《谈革命作家鲁迅》一文中对革命的理解以及对革命家鲁迅的革命理念的理解。他说：“所谓革命，是永远向上，永远成长，永远斗争。”[1]永远向上，永远成长，这就是改良，是一个主体内部的斗争所达到的自我改良和壮大的过程，而不是推翻和取代的行为。这种“革命”的意义即是用的日语原意，也是池田大作在表述创价学会的“人性革命”宗旨时的一种习惯用语。鲁迅的“革命”理念形成的时候恰恰就是日本民族的一些改革志士掀起改革日本的“岛国根性”的时候，因而他的“革命”理念建构的思想资源当然要从日本思想中而不是从西方思想中去寻找。池田大作在《谈革命作家鲁迅》一文中进一步指出，鲁迅的革命理念就是“人性革命”“精神革命”，在中国的“五四”时代，世界的政治运动风起云涌之时，“鲁迅先生注视‘人性革命’‘精神革命’的重要，全心全意以笔来为民众带来黎明”。“鲁迅先生的目标是民众觉醒，是变革奴隶根性，同时消除旧社会的主人与奴隶的关系。”而这种“黎明”就是“前所未有的‘第三样时代’，是无辜民众不再受战火与骚乱之苦的时代，而且什么也不隶属，所有民众都赢得人的尊严和幸福的时代。为此，每个人要自觉本来具有的‘伟大使命’，毅然争取使命实现。这就是真正的人性革命道路”。联系早期鲁迅对于

1 池田大作：《谈革命作家鲁迅》，《国际创价学会通讯》2005年6月28日。

“立人”观念的不断阐释来看，作为日本文化的杰出代表的池田大作对鲁迅的“革命”理念的理解无疑是比较切合日语的“革命”原意的，这种“革命”理念当然也包含了为民众求解放的政治学的涵义，但它的更为重要的特点在于对“人性革命”的突出与强调。

正是出于对鲁迅“革命”理念的渊源性的考虑，我认为汪晖关于鲁迅对待辛亥革命问题的理解，在一定程度上自觉或者不自觉地贬低了鲁迅思想的深刻性与独到性。第一，“人性革命”是一个永远的、不断的革命过程，它不会也不可能通过某种具体的政治秩序和社会制度的变革就能毕其功于一役，因而鲁迅的“人性革命”理念乃是一种纯粹的革命理念，不是任何现实的具体的革命事件可以取代和圆成的。在这个意义上，我认为鲁迅所忠诚的并不像汪晖所说的是辛亥革命这一具体的革命事件，而是他自身信仰和坚持的“人性革命”的理念。我们从鲁迅曾语重心长地对左翼作家们强调革命不是浪漫蒂克，革命也有污秽，有血腥，从鲁迅曾不断地抱怨“左联”中的一些党团领导是奴隶总管等等事实来看，不仅是在对待辛亥革命的态度上，而且是在对待所有的具体现实的革命事件的态度上，鲁迅永远是以一个批判者的身份出现的。第二，鲁迅所信仰和主张的是“人性革命”，而不是“道德革命”，因而鲁迅心目中的辛亥革命不是“道德革命”。应该指出，人性革命和道德革命是两个意义不同的概念，道德是建立在一定的社会等级秩序和文化积淀基础上的民族成员的行为规范，属于社会伦理和意识形态范畴，处在一个社会共同体或者民族共同体中的精神文化的表层结构，它所依赖的社会秩序和文化传统一旦发生了变化，它也就会随之发生变化，所以，道德的革命依然是外在的表层的，因而也是比较容易实现的，圆成的。譬如说中国传统道德中女子无才便是德的规训，在五四新文化运动中，几乎没用几年的时间就被彻底地摧毁了。而人性与道德虽然有关系，但并不是重合的关系，很多人性的因素是与社会道德无关的，譬如阿Q的精神胜利法，除了他被假洋鬼子打了以后以欺负小尼姑来换取精神上的胜利这一行为在道德上应被指责以欺凌弱小之外，其他如说“老子先前阔多了”“儿子打老子”“我是虫豸”等等与社会道德毫无关系。人性的根基在人的血液里，肉体中，是一种内在于主体精神结构中的基因式的质素。所以，人性革命就是洗心革面，就是脱胎换骨，这就必然地规定了人性革命将是一个永远不止、永远进取的历史过程，也就必然地决定了任何一个具体的革命事件都不可能圆成、不可能穷尽这一革命的内涵。这也就是鲁迅为什么在所有的具体的现实革命事件面前，他都热烈地为之欢呼，但也坚定而毅然地担当起批判者的角色的主体原因所在。这一点，恰恰是鲁迅的同时代人也包括后来的崇拜者与追随者们都没有达到也不可能达到的思想的深度和人格的伟岸所在。

最后想说的是，自从上个世纪90年代末萌生以来，中国文坛的新左翼文学思潮在其发展的历程中就一直在不断地利用鲁迅的资源。他们不仅像对待切·格瓦拉那样对待鲁迅，在民谣歌剧《鲁迅先生》将鲁迅塑造成一个不断革命的革命理想主义者，而且在自己同自由主义思潮的论战中不断地引申鲁迅的言论作为依据。但鲁迅的不断革命的思想总是被新左翼评论家们引入到他们所局囿的道德范畴，或者社会分配秩序的平等与公正的现实生存领域。他们的目的在于召回鲁迅的亡灵，但其实也在不自觉地将鲁迅的形象程式化，将鲁迅的思想意义狭窄化。之所以会在当下思想文化界出现这样一种情况，一方面是因为鲁迅在过去半个多世纪的思想文化史上一直被封号为中国左翼文化思潮的旗手，新左翼为了显示自己与中国左翼传统的联系，不能不积极地利用这一精神资源。另一方面也是因为近30年来，鲁迅已经完全被符号化，鲁迅思想作为一个活生生的人的对现实的血淋淋的感受，与中国本土现实生存的联系越来越远。一个符号化的鲁迅可以被不同的人从不同的立场进行完全多元化的解读，也可以被不同的人从不同的入口往里面塞满自己的东西而不需要任何的证明。当然，这里面也许还有一种情感与人格的联系，有些新左翼的领军人物曾经是鲁迅研究的专家，他们对鲁迅的思想材料极其熟悉，对鲁迅灵魂的复杂与深邃具有超乎常人的领悟、同情与崇仰，因而他们在阐述自己的思想和观点时将鲁迅作为自己巨大的思想背景，也就是很自然的事。汪晖先生的《瞬间》一文可以说是新左翼文学思潮怎样利用鲁迅思想作为精神资源的一个典型例子，它的一个最突出的思维特征就是努力将鲁迅的思想纳入自己的思维轨迹中来，因而，论文通过精彩的细读阐证所得出的结论恰恰印证了鲁迅研究史上的一个有意味的现象：往往对鲁迅的思想材料越是熟悉，对鲁迅的理解越是深刻，对鲁迅的情感与人格的联系越是真挚丰富，当论战者努力将鲁迅的思想纳入到自己的思维轨迹中时，这种鲁迅资源的利用也就距离鲁迅越远，对于复杂而丰满的鲁迅思想的简约与遮蔽也就越加显著。

（原刊于《鲁迅研究月刊》2011年第10期）

评汪晖近期的鲁迅思想研究

汪晖先生的学术功底出之于鲁迅研究，他对鲁迅不仅有着发自内心的热爱，而且有着一种来之于生命深处的灵魂回响，这是一个鲁迅研究者可贵的精神素质。正是这种精神素质，使得他在上个世纪 90 年代以来，虽然研究的兴趣转向了现代思想发生学和当下社会经济文化现状的研究，但他在自己的思想过程和学术思考中始终坚持着与鲁迅精神的深层对话。正如他在《鲁迅与向下超越》一文中所言，“许多年来，每当我体验到‘“绝对零度写作”的不可能’之时，重新阅读鲁迅就会再一次成为我展开思考和试图突破的契机”[1]，他在不断地从鲁迅经典文本的一次又一次的召回中再造鲁迅的形象，发掘着鲁迅思想的价值和意义。尤其是近几年来，他连续发表了《鲁迅与向下超越》《声之善恶：什么是启蒙？——重读鲁迅的〈破恶声论〉》《阿 Q 时代的“死去”与“活来”》《阿 Q 生命中的六个瞬间——纪念作为开端的辛亥革命》等重要论文，对鲁迅的精神特质、思想特质及鲁迅对 20 世纪中国革命的理解这三个内容不同而又相互联系的重要问题提出了一种新的解读，这种解读无疑是久已沉寂的国内鲁迅研究的一种有力的、新鲜的声音，也是新

1　汪晖：《鲁迅与向下超越——〈反抗绝望〉跋》，《中国文化》第二十七期。

左翼文学思潮在利用鲁迅思想资源方面的一个重要的理论成果，值得思想文化界尤其是鲁迅研究界予以深切的关注。

一

在鲁迅的精神特质上，汪晖引进了“鬼”与“幽灵”的概念来作定性的阐述。他指出：“在鲁迅的文学世界里，没有什么终将在未来被完成的事物；在这个世界里，如果有什么是永恒的，无时不在的东西的话，那就是‘鬼’，就是注定无法完成的支离破碎的历史本身。”“鲁迅的文学方式有一种宣布末日降临的‘革命’意味——这个‘革命者’以‘鬼’的方式现身，乃是因为他从不愿意通过许诺未来表达自己的理念，也从不通过未来确立自己的认同，恰恰相反，他始终在大地上游荡，‘纠缠如毒蛇，执着如怨鬼’。”在以“鬼”的精神对鲁迅的精神特质做出界定之后，汪晖对鬼的精神予以积极的评价，“在我看来，它是一种能动的、积极的、包含着巨大潜能的存在，没有它的存在，黑暗世界之黑暗就无以显现，正是在这个意义上，鬼黑暗而又明亮。”[1]

应该说，从“黑暗”“鬼”“幽灵”方面来分析鲁迅的精神特质本不是汪晖的发明。早在上个世纪中叶，美籍华人学者夏济安在《鲁迅作品的黑暗面》中指出，“死和旧中国一样，都有其魅惑的一面，所以鲁迅从不曾对这两种可憎恶的对象采取决绝的态度”，在这里，夏济安已经感觉到了“黑暗”“死”的主题与形象对鲁迅所具有的“魅惑”性，后来日本学者丸尾常喜在其著作《“人”与“鬼”的纠葛——鲁迅小说论析》中，将“鬼”的世界视为诠释鲁迅作品的一个独特的视角，认为鲁迅的作品通过乃是死灵的鬼

1 以上引文均出自汪晖：《鲁迅与向下超越——〈反抗绝望〉跋》，《中国文化》第二十七期。

的特性而产生的对死者、对由无数死者堆积起来的历史感觉的挖掘，建构起了现代中国文学史上无与伦比的意义深度。在谈到自己对“鬼”意象的思考的来龙去脉中，汪晖谈到了这两位前辈学者对他的影响，他认为自己的贡献在于“将‘鬼’的问题从‘黑暗主题’中解放出来”，也就是说夏济安和丸尾常喜都是从黑暗和消极的方面来谈论“鬼”的问题，而汪晖则赋予了“鬼”以明亮和积极的品质。这种自我评价是实事求是的。确实，鲁迅曾多次谈论过自己内心里具有的但总是难以消去的“鬼气”，多次在作品如《墓碣文》《死后》等中直接用鬼的形象来表达自己对自我与社会的批判，而且终其一生鲁迅都对无常、女吊等绍兴本土民间文化传说中的鬼的形象和“踢鬼”等有关鬼的故事有一种发自生命深处的隐秘的喜爱。这些“鬼气”曾经构成了鲁迅生命的深度，强化了鲁迅思想的幽邃性，甚至转化成鲁迅尖锐地刺破人生假象的一种独特的眼光，汪晖用明亮和积极来界定这种力量的品质，其见识是独到而准确的。汪晖的问题在于，他把一种关于鬼的形象化的思维引入自己对 20 世纪中国知识者问题的理性思考，从而将鲁迅精神结构中的“鬼气”的力量延伸到了鲁迅与 20 世纪中国社会革命的关系的描述中，延伸到了对鲁迅作为一个“革命者”的精神品质的概括中。鬼是不安定的，在大地游荡的，所以鲁迅精神中的“鬼气”具有一种“通过拒绝革命已经成功的说法而表达的继续革命的思想”，“如果革命者是一个在过去与现在之间、人与物之间、死者与生者之间、对象与自身之间徘徊反抗的幽灵，他不就是‘鬼’吗？这种对于没有未来的自觉、对于绝望的自觉、对于末日的自觉，不正是一种能动的力量，一种在黑暗中照见黑暗的黑暗的光芒吗？”[1] 而“鬼”的对立面则是“正人君子、宁静的学者、文化名人、民族主义文学者、义形于色的道德家，当然也有昔日的朋友、一时的同志”，也就是那些高高在上的“现代人、革命派、知识分子”。汪晖的结论也许

1 汪晖：《鲁迅与向下超越——〈反抗绝望〉跋》，《中国文化》第二十七期。

深刻地触及了鲁迅精神品质的某一个方面的特点，但它无法对鲁迅的精神品质作出全面而完整的概括。我认为，由于汪晖的目的在于“将这个问题延伸到如何理解中国的二十世纪”，因而这种学术观点的片面性愈是深刻，它在引导读者误读鲁迅与20世纪中国关系的力量也就愈加强大，这一点是尤其值得思想界注意的。

既然汪晖的论述是从“鬼”的形象特点开始的，那么我的思考也就从“鬼”的象征性出发。首先，中国民间文化中鬼的形象有其阴森怖厉的一面，也有其幽默、温煦、俏皮、执着和出其不意的一面，从鲁迅对绍兴民间“踢鬼”的故事的兴趣，对无常、女吊等鬼的形象的描写来看，鲁迅欣赏和喜爱的恰恰是后者。这种欣赏和喜爱当然包含着鲁迅一以贯之的对民间智慧的尊崇，也是鲁迅对自我生命中经常透露出的一种俏皮、活泼的人间情趣，以及对世事的洞若观火的透视能力的自诩。但是，古往今来，鬼在人类的书写中只是一种精灵，而精灵的境界是小巧的，轻性的，它从对世人的俏皮的捉弄、对世事假象聪敏的揭破中获得了一种欢喜与飞扬，但这只是一种小欢喜，小飞扬。这种小巧、轻灵，这种小欢喜、小飞扬是不足以形容鲁迅的精神品质的。从早年自题小像中的“寄意寒星”“血荐轩辕”到晚年的“风波一浩荡，花树已萧森”，从“狂人”“救救孩子”的呼喊到魏连殳的像受伤的狼一样的嚎叫，从《秋夜》在寒冷中直刺秋空的寒冷的枣树到在生命最后时刻还力排众议、赞叹当年章太炎手摇吊着大总统勋章的扇子在总统府前大骂袁世凯包藏祸心的英雄气概，等等，这些都在说明鲁迅毕生追求的是一种深广寥廓的大境界。这一追求既是艺术趣味上的，更是精神建构上的，它在《野草》这部鲁迅的哲思集中表达得最为清晰。那个“神之子”被他所爱的人们钉上了十字架时，“突然间，碎骨的大痛楚透到心髓了，他即沉酣于大欢喜和大悲悯中”。可以说，大痛楚、大欢喜、大悲悯，这不仅是《野草》的思想与情感的基调，而且也是鲁迅一生精神品质最确切的描述。所以《野草·题辞》说，“过去的生命已经死亡。我对于这死亡有大欢喜，因为我借此知道它曾经存活”；《复仇》中的斗士在广漠的旷野，“裸着全身，捏着利刃，干枯地立着；以死人式的眼光，赏鉴这路人们的干枯，无血的大戮，而永远沉浸在生命的飞扬的极致的大欢喜中”。至于《墓碣文》中那个自食其心的“我”，也是“于浩歌狂热之际中寒；于天上看见深渊。于一切眼中看见无所有；于无所希望中得救”，而“这样的战士”面对着巨大而虚空的无物之阵，依然举起了他的投枪，那是需要多大的勇气与胸怀啊，岂能是鬼们的机灵和厉色所能比拟！

其次，鬼是游移的，飘忽的，按照汪晖的描述，即“始终在大地上游荡”，没有安定的时刻。这是对鲁迅精神特质的一种形象性的描述，换成理性的学术性描述，则是鲁迅“从不愿意通过许诺未来表达自己的理念，也从不通过未来确立自己的认同”，因而他不断地自我质疑、自我颠覆、自我否定。从鲁迅的思想发展历程来看，他确实经历过几个重要的阶段，对于曾经拥有过的一些信念也毫不留恋地轰毁过。但考究鲁迅的一生，其精神果真是这样像“鬼”那样游移、飘忽，始终处于游荡之中吗？我的回答是否定的。我认为，鲁迅之所以成其为鲁迅，就在于他的精神世界里有一种始终不变的情感根基，这就是对于下层民众的大爱，对于众生疾苦的悲悯；就在于他的精神世界里有一种始终不渝的思想根基，这就是对于未来一定胜于现在的坚定信仰（即使在他轰毁了达尔文进化论的影响，转向了马克思主义的阶级论之后，这一信仰仍然贯穿在他的思想活动中）。无论他在人生历程中遇到了什么样的险阻、恐吓、流言、暗箭，在文化生命的践履、延伸中发生了什么样的演化、衍变，这种情感根基和思想根基从来都没有动摇过。关于这些，凡是熟悉鲁迅材料的研究者都可以在鲁迅的作品中找到许多的佐证。我在此需要强调的是，鲁迅是一个真有信仰（或者说有真信仰）而且敬重信仰的人，说其真，是因为他的信仰十分纯粹，不是源于恐惧，也不是出之于思想，更不是出之于功利，他的信仰源之于浸透在个人生命血肉中的大爱与悲悯，因而一旦确立就坚定不移。许多接近过鲁迅的人包括他的朋友和论敌，都认为鲁迅的性格很固执，这也从一个侧面说明了鲁迅对信仰的一种态度。在早期论文《破恶声论》中，鲁迅曾经谈到了他对信仰的看法，有两个观点对我们讨论鲁迅的信仰问题很有参考价值。一点是鲁迅描述了有信仰者的气概，“举世誉之而不加劝，举世毁之而不加沮，有从者则任其来，假其投以笑骂，使之孤立于世，亦无慑也！”鲁迅描写的这种人格气度是多么的令人神往，鲁迅一生都在身体力行地追求这种人格气度，所以鲁迅之言用之鲁迅自身也绝不为过。另一点是鲁迅在这篇论文里提出了“正信”的概念。“破迷信者，于今为烈，不特时腾沸于士人之口，且裒然成巨帙矣。顾胥不先语人以正信；正信不立，又乌从比校而知其迷妄也。”正信是一个佛学的概念，正信同正念、正觉一样都是佛法的八正道之一，佛法之始，惟在正念，佛法之终，惟在正觉，而正信即是正念的结果，也是正觉的前提。正信不仅仅指一个正确的信念，而且指的是一个正大的信念，尤其指的是一个正位（即坚定不移）的信念，正确、正大、正位三者构成了正信的基本内涵。1902 年，梁启超在《新民丛报》上发表了《论佛教与群治之关系》一文，他从六种对比中阐述了佛教对国家治理和民众启蒙的有益之处，其中第一种对比就是“佛教之信仰乃智信而非迷信”，将迷信和智信两两相对。鲁迅当时已去日本，他对晚清严复、梁启超等人的维新思想本来就十分关注，不太可能没有阅读过这篇影响面很大的论文。但鲁迅没有沿袭梁启超的说法，而是用“正信”的概念与迷信的概念相对，其中自有深义寓焉。因为所谓“智信”其实还是一种容易变化的信仰，而鲁迅倡导与人以“正信”，重视的乃是信仰的正大与坚定之义。汪晖在《声之善恶：什么是启蒙？——重读鲁迅的〈破恶声论〉》一文中曾经深入分析过鲁迅对信仰的主张，也对“迷信”与“正信”的概念进行过探讨，充分肯定过鲁迅在信仰问题上的态度，但当他要极力说明鲁迅的精神像“鬼”那样游移、飘忽，始终在大地上游荡时，当他感到并享受着一个学者获得一种创造性的思想成果而笔端竟透露出的“莫名的喜悦”时，他恰恰忘记了自己在别的场合曾经对鲁迅信仰的坚定性所作的肯定。

自从鲁迅去世以后，关于鲁迅的精神特质经历了不断地“神”化的过程，新时期开始，为了破除所谓的“鲁迅神话”，学术界又掀起了一场“人”化鲁迅的思潮，把鲁迅重新还原为一个普通的人，一个丈夫、父亲、学者和文化人，甚至不少人以挖掘鲁迅的私生活为乐事。汪晖的以“鬼”来概括鲁迅的精神特质当然不能与上述思潮同日而语，它充满了一种思辨的激情和理论创造的勇气与喜悦。但不可讳言的是，汪晖的这种“鬼”化观点同以往的“神”化与“人”化在思维方式上有着相似之处，这就是都在把鲁迅精神结构中的某一个方面的特质予以极端化。

二

在鲁迅的思想特质上，汪晖特别突出了鲁迅思想的对立与矛盾。在《声之善恶：什么是启蒙？——重读鲁迅的〈破恶声论〉》一文中，他通过对鲁迅早期一篇用古文写作的论文《破恶声论》的细致解读，发现了鲁迅思想之所以具有巨大张力的一个内在机制，这就是自我颠覆性。他指出：“从形式到内容，《破恶声论》包含着一种自我的颠覆性：从形式上看，它是一个民族主义的文本，但文本的落脚点之一，是对民族主义思潮的批判。这个文本的自我颠覆性不是一个简单的否定，鲁迅对民族主义和世界主义的批判都不是简单的否定，毋宁说他通过这个否定表达了一种自觉。所以，这个文本的形式和内容之间有一种特殊的张力。《破恶声论》帮助我们打破民族主义与全球化的二元论，通过寻找另外一个根基来进行自我批判。”通过这种分析，汪晖得出这样一个结论来概括鲁迅的思想特质：“鲁迅是中国现代思想的一个重要标志。他是一个反启蒙主义的启蒙者、一个反世界主义的国际主义者、一个反民族主义却捍卫民族文化的人物，一个‘反现代的现代人物’。”归根结底也就是说，鲁迅的思想特质是一种“反现代性的现代性”。具体说来，就是“追求现代，但同时批判这个现代”。[1]譬如，鲁迅追求共和制度，但他却对这一现代社会政治体制提出了许多批判；鲁迅重视科学，但他明确表示要“掊物质而张灵明”；鲁迅深知民主对于现代社会政治的意义，但他也大力批判民主对天才个人的压抑，深知以众暴寡对于人类文明进步带来的危害；鲁迅具有深广的国际主义胸怀，但他也坚定地反对“同文字、弃祖国、尚齐一”的大同观念。诸如此类相反相成的观点，纵观鲁迅30年的总体创作，可谓俯拾皆是。汪晖在自己关于现代中国思想的发生史的研究中，充分地使用了这类鲁迅思想资料，并且把这种思维方式比喻式地描述为“自我搏斗”。[2]

上个世纪90年代，现代文学研究界曾经就中国现代文学的现代性问题展开过激烈的争论，讨论的焦点是中国现代文学的现代性究竟是什么，由此衍生出来的一个问题就是现代中国文学到底有没有现代性。不能说这场讨论没有学术成果或学术意义，但是就我的感觉而言，这场讨论不仅没有真正解决何谓现代性的问题，而且把一个本来比较清晰的问题弄得更加复杂纠缠而莫衷一是。现代性问题无论在西方还是在中国，看来都是一个没有谜底的理论迷宫。所以，同汪晖商榷鲁迅是否反现代性这一命题也无法从何谓现代性这一基本前提开始。但是，当我们从抽象的学术思辨中走出，重新复

---

1 汪晖：《声之善恶：什么是启蒙？——重读鲁迅的〈破恶声论〉》，《开放时代》2010年第10期。

2 汪晖：《如何诠释“中国”及其“现代”——关于〈现代中国思想的兴起〉的几个问题》，《天津社会科学》2006年第2期。

原鲁迅曾经存活过的具体的历史时空，重新复原鲁迅思想时的具体语境，我们就可以发现有些思考的原点还是可以由此出发的。首先，在鲁迅的心目中，屠杀“现代”最主要的敌人来自何方？鲁迅研究界有一个共识，即鲁迅从走异路、逃异地、寻求别样的人们开始，到后来弃工学医又弃医从文，从推崇达尔文、尼采，到后来信仰马克思主义，他的思想文化活动有一个中心目标，那就是对于“现代”的捍卫。这个“现代”虽然方生未生，方去未去，但它是旧的死去的见证，是新的诞生的温床，它孕育着种种生机，包蕴着种种新鲜的事物，潜藏着种种未来的可能与希望。屠杀了现在，也就是屠杀了未来。所以，鲁迅毕其一生都在努力发掘“现代”中的新鲜事物的意义，都在为捍卫这个生机勃勃的“现代”而呐喊，甚至断言，只要是阻碍了现代的发展，不管他三皇五帝，圣经神典，天球河图，都在反对和推倒之列。但什么才是真正危险的“现代的屠杀者”呢？鲁迅认为就是中国传统的封建主义，就是中国历史上吃人而被吃者浑然不觉的宗法家族礼教，这一观点鲁迅终生未变，只是各个生命时段表达的形式有所不同而已。鲁迅一生的创作在批判封建主义和礼教思想方面可以说是不遗余力，贯穿一生，而对“以众暴寡”“物质主义”等所谓“现代性”问题的批判却是在具体的语境中阐发的具有时段性的思想观点。我们应该注意到这样一种现象：鲁迅在二三十年代同梅光迪、章士钊、陈西滢、梁实秋、林语堂等从西方留学归来的知识分子进行过论战，对胡适、徐志摩等也在不同的场合曾经表示过不满，后来还极其严厉地批判过国民党的民族主义文学，但考察一下这些论战的起因、过程与主要内容，可以看到除了个别情况是由于对于文学的趣味不同所引发的之外，鲁迅与他们之间的主要分歧就在于复古与反复古，专制与反专制，鲁迅在这些论战中体现出的思想独特性就在于他对于现代中国封建主义借尸还魂、沉渣泛起的高度警觉和锐利的透视。

其次，鲁迅本人对于所谓“现代性”是怎样认识的？汪晖有一种观察是很有启示意义的，他认为鲁迅的时代存在着两种潮流，一种是民族主义潮流，一种是全球化也就是世界主义的潮流，鲁迅超越于这两种潮流之外，对这两种潮流都进行了批判，从而构成了他的思想的独特的现代性。鲁迅何以能够超越于这两种思潮之外，汪晖认为这是受到他的老师章太炎的影响。这固然不错，但我认为鲁迅之所以实现了这种超越，乃是因为他具有一种与众不同的思想禀赋，这就是立足在中国社会的本土现实，以自己的浸润在血肉生命中的个体体验为基础来思考中国的问题。到 1907 年，鲁迅对中国社会和文化改革正式发表自己的意见时，他已经经历了家道中落、父亲早夭、走异路逃异地、幻灯片中的看客、“母亲的礼物”、《新生》刊物的流产等等一系列对他一生影响重大的生命事件。不是那些书本的知识，也不是那些聒噪的“恶声”，而是这些事件所导致的铭心刻骨的生命感受在不断地反刍中所形成的历史感知和生命智慧，决定了鲁迅对现代中国社会的现代性追求的思考。综观鲁迅的有关论述，我认为鲁迅对于现代中国的现代性追求的认识主要集中在如下三个要点上：一是人的解放（“其首在立人，人立而后凡事举……国人之自觉至，个性张，沙聚之邦，由是转为人国。”[1]），包括人的个体性和人的自然性的解放，这一点是针对封建礼教的摧毁而言的。二是民权的确立（“扫荡门第，平一尊卑，政治之权，主以百姓，平等自由之念，社会民主之思，弥漫于人心。”[2]），包括民众的言论权和政治参与权的确立，这一点是针对封建王权的崩溃而言的。三是现代语言形式即白话文的运用（“四万万中国人嘴里发出来的声音，竟至总共‘不值一哂’，真是可怜煞人！”“明明是现代人，吸着现在的空气，却偏要勒派朽腐的名教，僵死的语言，

1　鲁迅：《文化偏至论》，见《鲁迅全集》第一卷，人民文学出版社 2005 年版，第 57 页。
2　同 1，第 49 页。

侮蔑尽现在，这都是‘现在的屠杀者’。”[1]），这主要是针对中国文言文的死亡而言，现代人用现代的口语来交流这是一个社会现代性的基本的标志。这三个有关现代性的观点，是鲁迅在自己的文章中谈得最多的，也是鲁迅终生矢志不渝地追求与捍卫着的。倒是“物质主义”“以众暴寡”等西方工业化发达以来所出现的现代性的异化现象，鲁迅在“五四”以后就较少提及。因为鲁迅深知，在那时的中国，距离科学先进、工业发达、民主完善的现代社会相差甚远，鲁迅甚至常常怀疑自己是否生活在人的世界，又何来“物质主义”“以众暴寡”的工业化社会的弊端呢。在鲁迅看来，中国社会上的物欲横流无非是中国封建社会实用与享乐心态的表现罢了，而“以众暴寡”的论题在“五四”以后鲁迅则将其转化成了文化思想领域内的“无物之阵”，转化成了愚昧的国民用集体无意识杀戮觉醒的个人的意象，与早期从民主政体方面提出的“以众暴寡”的论题已经不是一个层次上的问题了。

再次，我们应该在一个什么样的时间基点上看鲁迅的现代性思想？汪晖在《声之善恶：什么是启蒙？——重读鲁迅的〈破恶声论〉》这篇论文中设置了一些很有针对性的问题，包括启蒙到底是什么，是民族觉醒抑或世界主义，是民主共和还是个人自治，是破除迷信、反对宗教或者还是世俗化，是权利的自觉还是内在性的呈现，以及谁是启蒙者，启蒙是精英对大众的召唤，还是人与人的相互激发等等，汪晖从这些问题入手对鲁迅早期的启蒙思想作了很精辟的阐述。仅从《破恶声论》本身的思想体系和汪晖自己在解读这篇论文时的思想逻辑来看，汪晖得出的结论不仅的确新颖独到，而且无懈可击。但是，汪晖在论文的“尾声”中充满激情地呼吁：“鲁迅在27、28岁的时候，就把创造一个‘有声的中国’——也即‘人国’的诞生——看成他的出发点和立足点。他对中国革命

---

1 鲁迅：《现在的屠杀者》，见《鲁迅全集》第一卷，人民文学出版社2005年版，第366页。

的理解，他对文学的理解，他对人之为人的理解，都需要回到这个出发点上去认识”，这一呼吁却是值得商榷的。“立人”确实是鲁迅思想体系的总体支柱，但如何立人，立什么样的人，鲁迅对这种问题的思考有一个发展过程，不是鲁迅对中国革命的理解，对文学的理解，对人之为人的理解，都可以回到鲁迅在27岁上所写的《破恶声论》这个出发点上来认识的。上个世纪90年代以来，鲁迅研究界对鲁迅的早期“四论”给予了高度的关注，由此来追溯鲁迅现代性思想的起源与发生，这固然是重要的，但鲁迅写早期“四论”时，辛亥革命还没有发生，我们必须注意到鲁迅对辛亥革命亲身的生命体验以及辛亥革命后那段长达七年之久的生命蛰伏期对鲁迅现代性思想形成的决定性意义，不然，我们就无法真正理解鲁迅在《〈呐喊〉自序》里谈论自己在绍兴会馆里抄古碑读佛经夜望星空时的苍凉心境，也无法理解五四新文化运动对于鲁迅的意义。其实比较一下《破恶声论》同鲁迅“五四”时期的创作，就可以发现鲁迅思想的变化是不可低估的。譬如，即使早期鲁迅关于何谓启蒙的理解确如汪晖所论证的是心声、是内曜，是人与人之间的互相激发，但在“五四”这个启蒙者眼中的黄金时期，鲁迅却并不指望被启蒙者具有内曜所需要的心智力量，他深深痛苦的是觉醒者与启蒙对象之间的无法沟通，他独自咀嚼的是神之子被他爱的人们钉上十字架的大悲苦。而且，正如汪晖所说的，鲁迅写《破恶声论》时关于启蒙的工具与媒介即语言问题正在发生着激烈的争论，有两种不同的语言观：一种将语言界定为交流工具，因而强调普世性、大同性，这是世界主义、大同主义的工具论的语言观；另一种将语言界定为自我表达，强调差异性、独特性，这是民族主义和后民族主义的创造论和主体论（或互主体论的）的语言观。汪晖认为鲁迅当时是赞同后者的，所以他采取了比文言文更难懂的古文形式，这是对自己的民族主义语言观的一种实践。但在“五四”时期，鲁迅不仅成了白话的提倡者和捍卫者，而且他身体力行，用自己的白话文创作在语言形式上为新文学运动建立了难以逾越的标杆，再到后来他甚至也赞同中国文字的拉丁化。鲁迅对中国社会和文学的影响，是从五四新文化运动开始的，因而我们整体性地考察鲁迅思想的时间基点就不能不放在这一伟大的时代。而从这一时间基点来看鲁迅的现代性思想，鲁迅不是一个反现代性的思想家，他本身就是现代性的标志，也是中国社会现代性追求的热烈的鼓吹者和战士。他的“自我搏斗”不是思想领域中现代性与反现代性的搏斗，而是一个真正的文学家内心深处绝望这一终极意义的拷问与反抗绝望这一存在与事功意义上的执着之间的无尽纠缠。

三

为了纪念辛亥革命一百周年，汪晖发表了一篇长文《阿 Q 生命中的六个瞬间——纪念作为开端的辛亥革命》(以下简称《瞬间》)。在此文中，汪晖通过对阿 Q 生命中的六个瞬间的具体分析，深入阐述了“阿 Q 是否真要做革命党”以及鲁迅对阿 Q 做“革命党”这一事件的态度这两个问题，并由此阐述了鲁迅与辛亥革命的关系。汪晖认为鲁迅在《阿 Q 正传》里通过阿 Q 这个农民形象的本能反应发觉了“阿 Q 的革命动力”,“阿 Q 的革命动力隐伏在他的本能和潜意识里”,“鲁迅并没有看低这个本能，相反，他揭示了这个本能被‘意识’不断压抑和转化的命运”。[1] 因而，结论是阿 Q 的革命具有“不可避免性”，鲁迅对阿 Q 的本能反应中显示出的“革命动力”的态度是肯定的。关于《阿 Q 正传》的主题，鲁迅研究界的传统观点是批判精神胜利法和总结辛亥革命的教训，汪晖的《瞬间》一文所做的工作是对这一传统观点的细化。但是，在鲁

1 汪晖:《阿 Q 生命中的六个瞬间——纪念作为开端的辛亥革命》,《现代中文学刊》2011 年第 3 期。

迅如何对待辛亥革命的问题上汪晖提出了自己的看法。他认为鲁迅“在民国的时代，在颠覆了皇权的共和国里，经常恍如活在宋末、明季——这是晚清民族主义革命者眼中的最严峻、最黑暗的时代。他慨叹说，时间、进步总是跟世界的其他地方有关系的，唯独跟中国没有关系。这个说法与其说是对进化论历史观的臣服，毋宁表达的是他对辛亥革命这一历史事件的忠诚——鲁迅对辛亥革命的批评不是对于这一革命的否定，他的批判起源于无法改变的忠诚。”[1]为了说明这一问题，汪晖指出“在鲁迅的心目中存在着两个辛亥革命，一个是作为全新的历史开端的革命，以及这个革命对于自由和摆脱一切等级和贫困的承诺；另一个是以革命的名义发生的、并非作为开端的社会变化，它的形态毋宁是重复。他的心目中也存在着两个中华民国：一个是建立在‘道德革命’基础上的中华民国，而另一个是回到历史循环的另一个阶段的、以中华民国名义出现的社会与国家”[2]。在以上分析中，汪晖的观点可以概括为两点，一是鲁迅对辛亥革命的批判起源于对这场革命所承诺的秩序变迁的忠诚，二是鲁迅心目中的辛亥革命应该是一场“道德革命”。

应该说，汪晖将鲁迅心目中的“革命”划分为两个，这是一种具有创造性的思维方式。但与汪晖不同的是，我认为鲁迅心目中的两种“革命”应该从现实与理想的维度来区别。一种是民族国家现实生存中实际发生了的革命事件，一种是鲁迅心目中对于革命的一个纯粹的理想形式，也就是鲁迅心目中对于革命的一个构想。“革命”一词本来是20世纪初中国留学生从日本语中引入中国思想界的，它的原初意义是指改革、改良，洗心革面，引入中国思想界以后这一词汇的意义才逐渐发生变化，由改革、改良演变成为推翻、取代，词汇本身的中性色彩逐渐演变为暴力的、极端的色彩。这里可以参考一位日本社会活动家、也是鲁迅的崇拜者池田大作先生在

1、2 汪晖：《阿Q生命中的六个瞬间——纪念作为开端的辛亥革命》，《现代中文学刊》2011年第3期。

《谈革命作家鲁迅》一文中对革命的理解以及对革命家鲁迅的革命理念的理解。他说："所谓革命，是永远向上，永远成长，永远斗争。"[1]永远向上，永远成长，这就是改良，是一个主体内部的斗争所达到的自我改良和壮大的过程，而不是推翻和取代的行为，这种"革命"的意义即是用的日语原意。鲁迅"革命"理念形成的时候恰恰就是日本民族的一些改革志士掀起改革日本"岛国根性"的时候，因而他的"革命"理念建构的思想资源当然要从日本思想中而不是从西方思想中去寻找。池田大作在《谈革命作家鲁迅》一文中进一步指出，鲁迅的革命理念就是"人性革命""精神革命"，在中国的"五四"时期，世界的政治运动风起云涌之时，"鲁迅先生注视'人性革命''精神革命'的重要，全心全意以笔来为民众带来黎明"。"鲁迅先生的目标是民众觉醒，是变革奴隶根性，同时消除旧社会的主人与奴隶的关系。"而这种"黎明"就是"前所未有的'第三样时代'，是无辜民众不再受战火与骚乱之苦的时代，而且什么也不隶属，所有民众都赢得人的尊严和幸福的时代。为此，每个人要自觉本来具有的'伟大使命'，毅然争取使命实现。这就是真正的人性革命道路"。联系早期鲁迅对于"立人"观念的不断阐释来看，池田大作对鲁迅的"革命"理念的理解无疑是比较切合日语的"革命"原意的，这种"革命"理念当然也包含了为民众求解放的政治学的含义，但它的更其重要的特点在于对"人性革命"的突出与强调。

正是基于对鲁迅"革命"理念的渊源性的考虑，我认为理解鲁迅对辛亥革命的认识、理解鲁迅与20世纪中国革命的关系，应该注意如下两点。第一，"人性革命"是一个永远的、不断的革命过程，它不会也不可能通过某种具体的政治秩序和社会制度的变革就能毕其功于一役，因而鲁迅的"人性革命"理念乃是一种纯粹的革命理念，不是任何现实的具体的革命事件可以取代和圆成的。在这

---

1 池田大作：《谈革命作家鲁迅》，《国际创价学会通讯》2005年6月28日。

个意义上，我认为鲁迅所忠诚的并不像汪晖所说的是辛亥革命这一具体的革命事件，而是他自身信仰和坚持的“人性革命”的理念。鲁迅曾对北伐时期的国民革命充满希望，所以他才会应聘到国民革命的中心广州工作，但他对蒋介石的国民政府的批判始终没有停止过。鲁迅30年代成为共产主义文化战士，对毛泽东领导的苏区政府充满敬仰之心，但他也曾语重心长地对左翼作家们强调革命不是浪漫蒂克，革命也有污秽，有血腥；也曾不断地抱怨“左联”中的一些党团领导是奴隶总管，甚至劝阻年轻朋友为了写作不要加入“左联”。这些事实都说明，不仅是在对待辛亥革命的态度上，而且是在对待所有的具体现实的革命事件的态度上，鲁迅既是一个热情的鼓吹者，同时又永远是一个清醒而严峻的批判者。第二，鲁迅所信仰和主张的是“人性革命”，而不是“道德革命”，因而鲁迅心目中的辛亥革命不是“道德革命”。应该指出，人性革命和道德革命是两个意义不同的概念，道德是建立在一定的社会等级秩序和文化积淀基础上的民族成员的行为规范，属于社会伦理和意识形态范畴，处在一个社会共同体或者民族共同体中的精神文化的表层结构，它所依赖的社会秩序和文化传统一旦发生了变化，它也就会随之发生变化。所以，道德的革命依然是外在的表层的，因而也是比较容易实现的，圆成的。譬如说中国传统道德中女子无才便是德的规训，在五四新文化运动中，几乎没用几年的时间就被彻底地摧毁了。而人性与道德虽然有关系，但并不是重合的关系，很多人性的因素是与社会道德无关的，譬如阿Q的精神胜利法，除了他被假洋鬼子打了以后以欺负小尼姑来换取精神上的胜利这一行为在道德上应被指责以欺凌弱小之外，其他如说“老子先前阔多了”“儿子打老子”“我是虫豸”等等与社会道德毫无关系。人性的根基在人的血液里，肉体中，是一种内在于主体精神结构中的基因式的质素。所以，人性革命就是洗心革面，就是脱胎换骨，这就必然地规定了人性革命将是一个永远不止、永远进取的历史过程，也就必然地决定了任何一个具体的革命事件都不可能圆成、不可能穷尽这一革命的内涵。这也就是鲁迅为什么在所有的具体的现实革命事件面前，他都热烈地为之欢呼，但也坚定而毅然地担当起批判者的角色的主体原因所在。这一点，恰恰是鲁迅的同时代人也包括后来的崇拜者与追随者们都没有达到也不可能达到的思想的深度和人格的伟岸所在。汪晖认为鲁迅写《阿Q正传》表达的是对辛亥革命这一具体革命事件的忠诚，这种观点在一定程度上遮蔽了鲁迅思想的深刻性与独到性。

毫无疑问，从纯粹学理的意义上看，上述汪晖的这些思考和论述是具有创造性的学术推进。但是，汪晖作为当代新左翼文学思潮的领军人物，作为这一思潮的思想智囊，近年来他对鲁迅的研究从来就没有也不会局限在鲁迅研究自身。正如他自己在谈论他关于鲁迅的“鬼”与“幽灵”的研究时所说的，“除了探索鲁迅的思想和文学世界之外，我也将这个问题延伸到如何理解中国的20世纪、如何从这一独特的角度贴近这个时代的精神和知识分子文化”[1]，他总是努力将自己对鲁迅的研究纳入自己对20世纪中国革命和文化精神的总体研究中，或者说他总是从表达自己对20世纪中国社会改革和文化革命的“新左翼”理论立场的需要来进行鲁迅研究，这样，我们就不能不对这些思想的成果质疑。因为关于鲁迅的具体文本的解读容或有不同的意见存在，而且越是意蕴丰富深刻的文本越是能够产生不同观点的解读，但是关于鲁迅的精神与思想特质、关于鲁迅与20世纪中国革命的关系的理解却关乎历史认知上的理论是非，应该在论争中达到对20世纪一个伟大心灵的真正了解。

（原刊于《中国现代文学研究丛刊》2012年第8期）

---

1 汪晖：《鲁迅与向下超越——〈反抗绝望〉跋》，《中国文化》第二十七期。

生命寻根与文化寻根

——评杨义《鲁迅文化血脉还原》

在鲁迅研究的历史上，真正有成就的研究是构筑起了自己的鲁迅，真正有抱负有出息的研究者其最大的愿望也就是建构起一个属于自己的鲁迅。从研究对象上看，鲁迅之博大精深经得起研究者从各种不同的角度、层面甚至不同的领域去解读阐释，而鲁迅人格之复杂深邃，属于那种大爱大憎、特色鲜明的个性，无论在生时，还是在死后，无论是熟识者，还是未曾谋面者，都不太可能有一致的印象。当年曹聚仁就曾经当面对鲁迅说过，“你的学问见解第一，文艺创作第一，至于你的为人，见仁见智，难说得很”[1]。这份难说，当然是指的鲁迅的形象有许多种言说的可能性。而从研究者主体而言，如果是带着自己的问题进入鲁迅研究，而且将自己的情感、习得、教养、个性等方面的特点渗透进自己的研究中，尤其是研究者主体生命中的思想力量、人格个性及其言说的才华强大到足以在自己的研究工作中刻下深深的印记，那么，他所构筑的鲁迅也就是一个属于他自己的鲁迅，而他建构鲁迅形象的方式也是他自己的难以重复仿制的独特方式。正如日本鲁迅研究界有所谓“竹内鲁迅”“伊藤鲁迅”之美誉，新时期以来，中国鲁迅研究成熟与发

1 曹聚仁：《鲁迅评传》，复旦大学出版社 2006 年版，第 120 页。

展的一个重要的标志就是在众多的鲁迅研究者中，终于出现了这种类型的高端学者，这些研究者为数不多，但十分耀眼，他们在建构鲁迅形象方面，无论是问题的提出，文献的采撷，还是思维方式的运用，心智力量的展开等等，都呈现出比较鲜明的独特性，可以直接以研究主体的名字命名而不会掠人之美。譬如王富仁的“思想革命式”、钱理群的“人间至爱”式、汪晖的“反抗绝望”式，等等，杨义无疑也是这一高端学者群体中的一员，近年来他在鲁迅研究方面发表了不少颇有分量与影响的论文，这些论文大都围绕着鲁迅与中国文化传统的关系展开，在论述上鲜明地体现出杨义近年来的学术兴趣与学术思考上的特点，在一种周密的逻辑、细致的分析与比较完整的体系的情形下，不仅构建起了一个新型的鲁迅形象，而且建构起了一个属于杨义自己的鲁迅研究方式。这个鲁迅研究方式，如果要用一个概念来命名的话，可以称之为“生命寻根”式。

一

对中国而言，20 世纪是一个寻根的世纪，20 世纪的中国文学也是寻根的文学。虽然寻根文学的旗帜是在 20 世纪 80 年代才被一批知青作家高高举起，但寻根的冲动就像地底的熔岩，几乎无时不在近百年来的中国文学的地表下奔突、腾涌。可以说，从 20 世纪之交开始，中国的几代知识分子都或多或少，或强烈或潜隐地被两个生存论问题所困扰。一个问题是，生存其中的都市与想象记忆中的乡村，究竟哪里才是自己的生命之根？在中国由近代社会向现代社会转型的过程中，传统的乡村与现代意义的都市之间发生了遽然而巨大的断裂，但恰恰就在这时，一代又一代的知识青年被时代的巨潮抛到了现代都市以求发展。都市繁华，充满着机遇与憧憬，但都市逼仄的生存空间与巨大的竞争压力，不断地以冷漠的鞭打敲碎了这些闯荡都市的都市侨寓者们的热情与梦想。对这些都市侨寓者而言，家乡已在远处，祖辈的亲情、乡土的气息不过是一个遥远的记忆，乡村与都市的遽然断裂还没有重建起回归的精神桥梁。所以，面对冷眼的都市和渐行渐远的乡村，自己的生命之根究竟在哪里，敏感而忧郁的都市朝拜者们四顾茫然，不胜唏嘘。另一个问题是，深厚的古典传统与强势的西方文化，哪里才是自己的文化之根？庚子事变后，中国加快了向西方学习的步伐，在庚子赔款的资助下，一批又一批优秀的青年知识分子负笈西洋。与洋务运动前后的留洋不太一样的是，留学者不再专以修习科学技术为主，不少留学者出国留学的目的就在研读社会人文，有的留学者出去的时候选的是理工，读了不久就转向了人文。这些知识分子后来回国成了中国新文化运动的主要骨干。正是向西方文化学习势头的迅猛发展，“五四”之后，不仅科学话语得到普及，而且从西方引进的包括人本主义、个性主义、民主主义、马克思主义等在内的各种话语也成了中国先进知识者的言说时尚。不过，就在这种话语时尚的背后，时尚的言说者精神深处却掩藏着一种无尽的焦虑。这是因为，无论这些话语有多么的新潮，多么的振奋人心，它们毕竟是一种他者话语，不仅观念的本源意义，而且这些观念的表述方式都与本民族的母语言说有着巨大的甚至是本质上的差异。经过了鸦片战争、甲午战争与戊戌变法等重大历史事件洗礼之后的中国几代先进知识分子，几乎无不在理智上坚信西方的科技以及建立在科技发达基础上的文明体制是中国现代化转型的借鉴，是拯救积弱民族的良方妙药，但当这些时尚话语的拥有者们利用他们的经济、军事优势构成对中国的民族威胁时，中国的先进知识者就难免在理智上坚信这些话语，但在情感上却又常常归依本土文化传统，企望在母语文化传统的依附与确认中获得一种心理的稳定感。这种理智与情感的冲突，使得中国先进的知识者对自我文化之根究竟是植在哪一块土壤上的问题，也内心纠结，依违难定。现代文学家作为一种人文型的知识分子，他以言说作为自己的基本生存形式，因而对生命之根与文化之根这两个生存论问题感受最为直接与深切。这些感受最终要渗透到作家的艺术创造活动中，这就使寻根成了20世纪中国小说的一个重要的主题原型。

鲁迅无疑是这一知识群体中的一个最有代表性的人物，他17岁就“走异路，逃异地”，开始了他一生的辗转生涯；他在1920年回乡处理自己家族的房产财物，“老屋离我愈远了，故乡的山水也渐渐远离了我，但我并不感到怎样的留恋”。此后，鲁迅哪怕生活在上海，也几乎再不回乡，亲手割断了自己与故乡的实际联系。但是，鲁迅的创作中却不断地出现绍兴的风物，儿时的记忆，还有对乡贤的典籍文献的喜爱，现代文学史上的“乡土文学”的兴起与发展，无论创作和理论都实际来之于鲁迅的实验与倡导。鲁迅在南京，在日本，学的是科学，感兴趣的则是人文；鲁迅被人称誉为“托尼学说”，但他自称中过韩非与庄周的毒；鲁迅一辈子都在翻译外国文学，但他所具有的深厚的古典文化修养，是其一生颇为自信与自诩的事情。对这一点，不仅鲁迅的友人颇为赞赏，即使鲁迅的论敌也不能不承认。这样的一种矛盾的复合体，从任何一个维度进入阐释，都可能得到关于鲁迅的深刻的认识，但是，从任何一个单一的维度进入阐释，也都无法真正理解和还原这一复杂的生命现象。生命现象当然可以从思想观念、意识形态来分析，可以从政治目的、社会需要来解剖，也可以从文化积淀、从历史情境来解读，但生命现象终归要到生命之根中也就是生命的本源处探寻，才能找到生命独特性的奥秘所在。当年汪晖通过对鲁迅自身不可克服的内在矛盾的洞察，对鲁迅生命中自我分裂的感觉方式的把握，展示一个“历史中间物”反抗绝望的精神历程；吴俊运用精神分析方法，从负罪心理、自虐倾向、暮年心理等方面来解读鲁迅个性及其在创作中的呈现；日本学者竹内好的回心的文学、赎罪的文学等等，都可以说是鲁迅研究中的生命还原方式的尝试之举，都可以说是在

“根”的意义上对鲁迅生命现象的一个深度的开掘。

作为唐弢先生的最早的弟子之一，杨义在80年代初期就以鲁迅小说研究而在学界崭露头角。那时，他对于鲁迅的人格、鲁迅的生命力对其创作的影响就很关注，譬如他在分析鲁迅小说的崇高美与鲁迅的人格美时指出：“鲁迅小说具有崇高的美，这不是外观数量上的崇高，而是内在精力上的崇高。鲁迅小说的崇高地位，反映了鲁迅人格的崇高地位；鲁迅小说的生命力，包含着鲁迅人格的生命力。我国历史上的卓越文学家影响鲁迅人格较为具体和直接的，是屈原、嵇康和章太炎。《彷徨》比起《呐喊》来，更多一点沉思性和追求性，这个小说集的潜在主题与《离骚》‘九死不悔’的追求精神一脉相通。《彷徨》题词有屈原式的追求精神，《呐喊》题词（“弄文罹文网”）则更多一些嵇康式的愤激慷慨。狂人、N先生、魏连殳有嵇康气。鲁迅是我国历史上具有罕见的社会器识和历史器识的作家，他的‘史识’与‘今识’是互为因果的。《狂人日记》吸收了‘章疯子’以及近代其他思想家的某些气质，使之上升到深刻的象征境界，充满着洞察力和思想力，充满着哲理和诗。鲁迅小说的历史深度，还得力于对野史的研究，鲁迅小说以一代伟人的巨大的伦理感情和深邃的哲理思维，渗透在他对新的生活土层的发现、他所描绘的性格的独创性和他的艺术作品的高度完美之中。在鲁迅身上，出现了人类所异常珍视的人格与天才的高度一致性。”[1] 在另一篇论文中，杨义也进一步地作了概括：“鲁迅小说的崇高，不属于量的范畴。这里没有宏篇巨著，没有血雨腥风的场面，也没有峥嵘奇特的人物。它的巨大力量在于深刻的思想，深广的忧愤，在于隐藏于形象后面的作者那巨人般的思维能力、热情和人格。因此，鲁迅小说的崇高，借用康德的话来表述，并非‘数量的崇高’，而是‘力量的崇高’。”[2] 这些论述，已经清晰地显示出了杨义的鲁迅

1 杨义：《论鲁迅小说的历史地位》，《学习与思考》1981年第5期。
2 杨义：《鲁迅小说与鲁迅人格》，《学习与思考》1983年第1期。

研究在思路上的两个重要元素，一是强调鲁迅的人格和生命力对鲁迅创作的重要意义，二是注重从民族文化传统中来探寻鲁迅的人格与生命力的本源性资源。新世纪以来，杨义的学术研究已经从小说史的研究拓展到诸子研究，从现代文学研究拓展到古代文学乃至古代文化研究，当他重新回到鲁迅的精神世界中来激发学术的灵感与力量时，[1] 他把这两种元素结合起来，从民族的古代文化传统的熏陶上去看鲁迅的生命力与人格，从鲁迅的生命力与人格中去看鲁迅对民族的古代文化传统的创造性转化，这当然是很自然的事了。

鲁迅与传统文化的关系，数十年来鲁迅研究界的专家们在这一方面的研究上做足了功夫，发表了许多有卓见的成果。甚至可以说，上个世纪 80 年代中，在这一课题研究中集聚了一批通贯古今的大学者如任访秋、王瑶等等，这一课题的研究成果在鲁迅研究的学术史上曾经是十分引人注目的。不过 90 年代以来，由于西方一些新的人文理论进入中国，譬如解构主义、民族想象等等，鲁迅研究的时兴话题更加偏向与西方文化的联系，再加上研究主体上能够精通古代文化的研究者也凤毛麟角，因而鲁迅与传统文化的话题虽然不断有人提起，但真正有创意性的成果难得一见。相对而言，近期杨义的鲁迅研究在这一课题研究方面的贡献是最具创造性的。尤其是他新近由北京师范大学出版集团、安徽大学出版社出版的《鲁迅文化血脉还原》一著，可以说是这一课题研究中的继往开来之作。说其“继往”，是因为这部著作继承了当年任访秋、王瑶等先贤以今释古、以古证今的学术精神，准确地把握了鲁迅与中国传统文化的密切而深刻的精神联系，而在古代文化、文献的理解与把握上，也具备了当年那些大家们的气度与识力。说其“开来”，则是因为这部著作超越了一般性的文化影响与接收的师承意义上的研究

---

1 2013 年 9 月，杨义在上海的中国鲁迅研究会理事会上致会议闭幕词时表示，这些年来他主要作诸子先秦研究，但很愿意时常回到现代文学和鲁迅研究的会议上来听听发言，时常会得到一些启发，去推动自己对诸子先秦文献的研究。

模式，从文学发生学的角度，直接将探寻的视角切入血脉这一鲁迅生命深处最为隐秘的部分。

“血脉”一词，体现的是人对自身生命的一种认识，是人的生命自觉的表现。《吕氏春秋·达郁篇》说：“凡人三百六十节，九窍五藏六府。肌肤欲其比也，血脉欲其通也，筋骨欲其固也，心志欲其和也，精气欲其行也，若此则病无所居而恶无由生也。”这里的“血脉”“肌肤”“筋骨”等等，都是生命的物质组成部分。而王充的《论衡·论死篇》更进一步说：“人之所以生者，精气也，死而精气灭。能为精气者，血脉也。”也就是说，在人的肌肤、精气、筋骨、血脉等等肉身生命的种种组成中，血脉是根，是本源性的元素。正是基于这样一种认知，常人将“血脉”一词用之于文化研究，通常只是用在比喻的意义上，中国古代典籍中多有用血脉来形容传承之义，体现出文学批评的一种拟人化倾向。而在杨义这本新著的研究思路中，血脉已不仅仅是一个比喻，也不只是一种拟人化表达，而且就是鲁迅肉身生命中的最为重要的本源。在他看来，“铁屋子的比喻并非古代文献的存货……大概是对院子里的槐树上缢死过一个女人的S会馆的特殊感觉”；鲁迅《拿来主义》中对大宅子比喻的运用，很可能就取自鲁迅故里，“鲁迅是自觉还是不自觉地流露这份童年记忆和中年体验，我们不必深究，总之他是以审视家庭文化的方式来宣示自己对中外文化遗产的姿态和理念的”。鲁迅是以自己的生命感应着民族的古典文化，而民族的古典文化在鲁迅那里不仅仅是一个修养的表现，它简直就是生命的血肉本身。在鲁迅那里，“文化血脉既有经典自身的内在血脉，又有学派传承的纵向血脉，以及文化类型之间相互渗透的横向血脉，可谓是纵横密布，气息相通”[1]。这种文化血脉既是文化的根，也是生命的根，抓不住这一鲁迅精神生成的本源，就无法理解鲁迅的独特与博大。

---

1 杨义：《鲁迅文化血脉还原》，北京师范大学出版集团、安徽大学出版社2013年版，《前言》第5页。

二

"'文化根'，是文学发生学研究的重要命题，是作家文学生命的出发点和立足点。""有'文化根'，才有'文化化生'，'根'与'生'之间，是一个生命过程。"[1]鲁迅本人对于"根"的问题一直是相当重视的。在《破恶声论》中，鲁迅对中国的文化人格作了这样对比性的描绘，一种文化人格是无根者，"本根剥丧，神气旁皇"，没有根本，自然就会像风中芦苇，左顾右盼，无所依归，而结果是"华国将自槁于子孙之攻伐，而举天下无违言，寂寞为政，天地闭矣"。而另一种文化人格则是有根者，什么是"根"呢，在鲁迅看来，即是"心声"，是"内曜"。有了"内曜"，能够发出"心声"的人，才会坚如磐石，挺如青松，才会"惟向所信是诣，举世誉之而不加劝，举世毁之而不加沮，有从者则任其来，假其投以笑骂，使之孤立于世，亦无慑也"[2]。那么，鲁迅的"文化根"在哪里？"鲁迅是谁？他从何而来，向何而去？"正是在这种寻根理念的驱动下，杨义在《鲁迅文化血脉还原·前言》中一开篇就提出了这一被人问过无数遍而且将继续被人追问的问题，可以说，杨义这本著作的整个内容就是期冀对这一问题作出自己的回答。

作为新文化运动的主将之一，早在留学东京时期，鲁迅就对中国现代文化的创生与发展途径提出过自己的设计，这就是著名的"外之既不后于世界之思潮，内之仍弗失固有之血脉"的主张。在鲁迅的设计里，世界思潮和固有血脉是并列着的，但由于清末民初时期，西学东渐之声势已经汹涌澎湃，而鲁迅的《摩罗诗力说》《破恶声论》等著名的"第二维新之声"的论文也主要是介绍和借

1 杨义：《鲁迅文化血脉还原》，北京师范大学出版集团、安徽大学出版社 2013 年版，第 10 页。

2 鲁迅：《破恶声论》，见《鲁迅全集》第八卷，人民文学出版社 2005 年版，第 27 页。

用西方文化新潮，于是，研究者们习惯于从吸取世界新潮方面来探寻鲁迅精神的源泉。杨义尖锐地指出了这种传统思路的弊端：“只讲思潮，是片面的，讲不到根柢的，必须首先、起码同时揭示其血脉。”[1] 在这里，杨义将“血脉”同“根底”相提并论，显然是将固有血脉也即民族的文化传统看做鲁迅的文化之根与生命之根。当然，杨义也清晰地意识到，民族传统文化是一个驳杂庞大的体系，任何一个人都不可能以一己之精力与思想负荷起它的全部，任何一个人也只能以自己个人的境遇与方式来承续它的精神。这种个人的境遇与方式越是独特，他与民族文化传统的血脉联系也就越是深刻与密切。杨义在分析鲁迅“血脉”时无疑深刻地意识到了这一点，所以，他在总纲中用了不少笔墨详细阐述了鲁迅在负荷民族文化传统方面的三种方式：一种是“逆向承续”，所谓“逆向承续”即是吸取“活人”智慧和外来思潮，对“古老的鬼魂”和“气闷的沉重”进行“反戈一击”，由于来之于旧营垒，所以这种反戈一击最容易致敌死命，而且由于这种反戈一击赋予了重新出发的支撑点和思考问题的思想层面，所以看似反击，实是承续，就好像百米赛跑提供反作用力的脚蹬一样。第二种是“深层承续”，这种承续不拘泥于表面形式上的循规蹈矩、亦步亦趋，而是追求内在情调、神韵上的契合。第三种是“建设性承续”，也就是鲁迅所谓“择取中国的遗产，融合新机，使将来的作品别开生面”[2]。在这三个层面的方式中，具有一种明显的逻辑递进关系。首先必须能够“逆向”，也就是具有对传统文化的批判性的眼光与气度，才能够进入到文化的“深层”，也才可能最终达成一种“建设”的目标。“逆向”是基础，“深层”是通道，而“建设”才是目的。不过，杨义同时也指出，“鲁迅甚感兴趣的是对文化血脉的‘深层承续’”，这一观点无疑是

1　杨义：《鲁迅文化血脉还原》，北京师范大学出版集团、安徽大学出版社2013年版，《前言》第1页。

2　鲁迅：《〈木刻纪程〉小引》，见《鲁迅全集》第六卷，人民文学出版社2005年版，第50页。

独具慧眼的，因为“追求内在情调、神韵上的契合”恰恰就是鲁迅在负荷民族文化传统方面自我选择的一种独特的联系方式，也是民族文化传统转化成鲁迅生命之根与文化之根的一条独特的通道。

为了阐明这一观点，杨义对研究者过去一直关注的鲁迅生命史上的几个重要现象作了富有新意的解读。一个是“《青年必读书》事件”。这个事件被杨义称之为鲁迅对当时的新文坛抛出的一块尖锐而坚硬的石头，在中国现代文化史上造成的影响是十分深刻的。不仅在文章发出的当时鲁迅就备受攻击，“署名和匿名的豪杰之士的骂信，收了一大捆”，以致鲁迅在编选《华盖集》时，将此事件视为自己交上“华盖运”的两件事情之一，而且在鲁迅生前死后不断地被别有用心的人翻出，罗织成鲁迅数典忘祖的罪行。在对这个事件的分析中，过去许多研究者重在为鲁迅辩诬，通过鲁迅自身的古典文化修养、鲁迅的古籍整理成绩以及鲁迅也曾经给其挚友许寿裳长子许世瑛开国学书目等等理由，来说明鲁迅并不真正反对阅读中国书。杨义对这个事件的解读可谓别开蹊径，一方面，他运用自己渊博的古典文化知识，对胡适版书目、梁启超版书目以及鲁迅版书目作了比较性的分析。在鲁迅开给许世瑛的书目中，每条书目都有附注，杨义指出：“在每本书的附注中，鲁迅表现出卓越的文化见识，主要是批评标准的鉴别，不要拘泥于‘钦定’的成规或作者在特殊标准自以为的‘大事’；文学研究应该注重目录学、年谱学；文学研究尤其要强调对社会状况、士人习气、风俗迷信、科举制度的透视；要读总集原本，不可看重选本，笔记杂书犹不可缺。从中可以看出鲁迅对文学研究的入手窍门，提倡实以求深、杂以求精、变以求新，总之要还原历史现场，注重生命的体验。”[1]另一方面，杨义认为在《青年必读书》中鲁迅明确表示以自己的经验，应该少读甚至不读中国书，这种观点与鲁迅早年“弗失固有之血脉”

1　杨义：《鲁迅文化血脉还原》，北京师范大学出版集团、安徽大学出版社2013年版，第9页。

之言论并不相左。杨义认为，鲁迅是将人生的阅读行为划为两种方式，一种是在书内阅读，一种是在书外阅读，在书内读的是中国的历史，在书外读的是中国的现实。鲁迅并不是反对阅读，而“是把阅读书外的中国，看得与阅读书内的中国同样重要，甚至更为重要。他将书外的中国与书内的中国，综合成自己的‘文化根’”[1]。

另一个现象是鲁迅毕生对嵇康的执着的爱好。鲁迅与嵇康的关系，历来研究者多有评论。李长之认为：“鲁迅与嵇康有许多共同点：对旧社会不妥协，‘刚肠疾恶，轻肆直言，遇事便发’，这是一；热爱自由，有独特个性，这是二；对事有透辟见解，往往穿过表面，直见底蕴，这是三；攻击传统礼教，这是四；遭受迫害，为反动统治势力所不容，这是五；民主倾向，这是六；爱好艺术，这是七；为群众所爱，这是八。”[2]杨义也注意到了鲁迅与嵇康的多方面的相似性，但他认为鲁迅与嵇康的精神联系是极具个性化的。鲁迅自 1913 年起就从事《嵇康集》的整理，历时达 23 年才得以出版，其中对各种版本雠对比勘，考其异同，对嵇康的生平事迹的了解不可谓不全面精深，但鲁迅在其著作与言论中更多关注的还是嵇康与政治相关的事迹和人格，对其以名士特有的方式奚落达官贵人，尤感兴趣。鲁迅毕生笑傲权势、不畏权势、反抗权势的人格特征，不难从嵇康的人格特征中找到深刻而内在的血脉联系。杨义对鲁迅与嵇康的这种独特的精神联系进行了意义与价值的评判，指出：“鲁迅处在中华民族一个苦难深重的历史时代，历史所赋予这位伟大作家的任务，就是要‘敢说，敢笑，敢怒，敢骂，敢打，在这可诅咒的地方击退了可诅咒的时代’。历史已经没有留下多少机会，让那些知识者在危楼中稳坐交椅，做着搓‘模糊骨牌’的游戏了。因此嵇康式的率性任真、争天抗俗的人品风格，与鲁迅早年接

---

1 杨义：《鲁迅文化血脉还原》，北京师范大学出版集团、安徽大学出版社 2013 年版，第 10 页。

2 李长之：《鲁迅和嵇康》，《北京师范大学学报（人文社会科学版）》1981 年第 6 期。

触到的摩罗诗人的所谓‘恶魔性’有其呼应之处，对于危机深重的时代就显得极有文化心理的针对性。”[1] 确实，“对于一个古代作家的全部遗著，付以如此认真的对待和如此漫长的心血，在鲁迅一生中唯有一个嵇康。鲁迅对嵇康的熟悉和理解程度，决非早年论文中偶或提及的德国哲学家斯蒂纳、丹麦哲学家克尔凯郭尔所能比拟。一些外国文学家、思想家拓展了他的世界视野，甚至左右了他一时的思想方向，但这些视野、方向的把握方式，最终还落实到影响了他的人格气质上”[2]。从这个现象上可以看到，正是以极其个体化的方式完成了对嵇康这样的文化传统类型的深层承续与对中国当下现实的深层介入的结合，从而构成了鲁迅生命上的本土气质，并且淋漓尽致地挥洒在鲁迅的文化创造活动中。所以杨义以诗性的笔墨这样描述鲁迅文化生命的血脉形成：“他遥望着俄罗斯原野上备受摧折的野蓟开放的小花，省视着本国干旱沙漠的草木，那草木中也有他自己，以顽强的生命力伸长自己的根，将深地里的水泉化生碧绿的林莽。”[3]

三

鲁迅曾解释过自己为什么会写起小说来，其中最主要的理由一是还抱着十多年前的启蒙主义，二是那时看了几十部外国小说。根据这种鲁迅自述，长期以来对鲁迅小说艺术的研究，比较倾向于他对外国文学的借鉴。后来尽管研究者不断地到鲁迅小说里去挖掘其民族特色如白描手法等等，但比较一致的看法还是认为鲁迅小说在基本风貌上是以西方文学为其艺术源泉的，民族手法只是鲁迅小说

---

1 杨义：《鲁迅文化血脉还原》，北京师范大学出版集团、安徽大学出版社 2013 年版，第 56 页。
2 同 1，第 53 页。
3 同 1，第 26 页。

呈现出的某种特色而已。杨义的鲁迅小说研究当然没有忽略西方小说艺术的重要影响，但杨义的鲁迅小说研究有他自己的思路特色，这就是前面所述的重视鲁迅人格和生命力在小说创作中的体现。无论鲁迅接受过多么深刻的西方文化的影响，他毕竟是一个中国人，负荷着这个时代、这个民族的历史与现实的苦难，流动着的是这个民族的生命血液，含藏的是这个悠久民族的文化基因。所以，早在上个世纪末期，杨义就特别注意到嵇康人格与鲁迅人格的联系，后来还写了一篇短文寻找鲁迅与孔子的精神联系，认为发源于鲁文化的孔学与越文化之间，有着相去甚远的旨趣、色彩和习性，在弱肉强食的战时环境和封闭自守的文化心态中，是难以相互沟通的。但是，“儒者，柔也，而越文化与鲁迅，则属于刚。在稳定、开明的文化环境中，二者未尝不可以刚柔相济、文野互补、古今互惠”[1]。新世纪以来，杨义的这种特色思路又有所发展，他不仅用“本土气质”这一关键词取代了通常所用的“民族特色”一词，而且将白描手法、魏晋文章、二丑艺术等等研究对象推到了中华文化的重要的源头——诸子学说。

这一发展是很有意蕴的，所谓“民族特色”其实着重的是其对立面“西方影响”，言下之意就是说鲁迅的小说是在西方文学影响下完成的，“民族特色”不过是依附在这一基础上的几个点缀罢了。而“本土气质”则是从生命的根底里强调了鲁迅小说的中国性。所以，在杨义那里，“鲁迅小说鲜明的中国本土气质，雄辩地说明了：它绝不是西方文学的一个分支，而是树立在中华民族土地上的大树，其根系是深深地植入中国文化土壤中的”[2]。而探寻鲁迅小说与诸子文化的精神联系，这不仅是因为杨义在新世纪这十多年间一直致力于诸子发生学的研究，积累了深厚的学术基础，而且也是“本

1 杨义：《鲁迅与孔子沟通说》，《群言》1991 年第 11 期。
2 杨义：《鲁迅文化血脉还原》，北京师范大学出版集团、安徽大学出版社 2013 年版，第 13 页。

土气质”概念提出的必然结果。因为“本土气质”就像一棵大树，其根深深植于中国文化土壤之中，而中国文化土壤的最深层不就是战国时代百家争鸣、流光溢彩的诸子学说吗？所以，“要解开鲁迅思想最深的情结，必须从鲁迅的诸子观入手”[1]。鲁迅与诸子关系的还原，无疑是杨义近期鲁迅研究中最有心得也最为精彩的部分，杨义在其新著中用了大量篇幅来探讨这一问题。作者首先就知微见著，探幽发隐，分析了鲁迅对诸子的复杂的、扭结的情感态度，指出“鲁迅对诸子学术，难免有点牵强挂肚，藕断丝连，说是在激情理智上要来个一刀两断，可是在情感上筋脉相连，断的是自己的筋脉，连的又是自己的筋脉，如此‘抉心而食’是残酷的，却又是时代所呼唤，不能不断然决然的”[2]。在这里，特别要注意到杨义对鲁迅《墓碣文》中“抉心自食”一语所作的这样的解读：“心，乃是中国思想文化中联系人体核心器官，又最具有哲学意味的一个概念。抉心自食，既咀嚼着自己的肉体心脏，又咀嚼着作为自己文化基因的思想心脏。鲁迅的诸子观，乃是一种独特的抉心自食的文化观。这比起《红楼梦》所说的‘满纸荒唐言，一把辛酸泪。都云作者痴，谁解其中味’，包含着更加深刻的心灵震颤和精神痛苦。也就是说，‘抉心自食’的文化观，呈现了一种悲剧性的文化英雄的毅然决然的战斗姿态，它与‘铁屋子’的社会文化体验、‘肩着黑暗的闸门’的文化担当‘鼎足三立’，‘三位一体’，形成一组相互关联的意象之流。”[3]这一解读不仅知微见著，而且发其大端，在一种生命意义的隐喻中深刻地彰显了鲁迅的文化精神本质。

杨义在新著《鲁迅文化血脉还原》中概括出了四种方式来说明鲁迅是怎样从现代的立场去感应诸子文化的。第一种是启蒙思想家的方式，以《摩罗诗力说》为嚆矢。在这种方式中，出于启蒙的

1 杨义：《鲁迅文化血脉还原》，北京师范大学出版集团、安徽大学出版社2013年版，第210页。
2 同1，第213页。
3 同1，第210页。

需要，即打破温柔敦厚却又未免暮气沉沉的文化沉滞之局，发出青春刚健的声音，突破封闭狭隘、陈陈相因的文化视野，让青年呼吸清新的海洋晨风，获得开放性的世界视境，鲁迅对诸子文化的批判尤其是对儒家诗教的批判虽然悲壮，却是义无反顾的。第二种是文学与文化史研究者的方式，以《汉文学史纲要》为标志。在这种方式里，清醒的理智、严谨的学风占了主导地位，“其中的多数判断继承章门学术的传统并有所校正，言之有据，切中要害，显示了以持重求深刻的研究风格和卓尔不群的文学史器识”。第三种是小说想象方式，在表述形态上以《故事新编》为代表。杨义指出，这种方式是一种艺术想象的方式，情感与个性的内容体现得非常明显。“多有阅尽沧桑之后的俏皮的游戏，游戏的俏皮。他的批判带有一丝冷冷的又热热的笑影。”第四种是杂感批评方式，以他的一系列直接针对或者间接提到诸子学说或形象的零碎却犀利的杂文为代表。这种方式在鲁迅的诸子文化观中最为重要，但也最为复杂，“在实质上，他的杂文不是四平八稳地评议诸子，而往往是借诸子的由头，旋转腾挪，声东击西，随心所欲，发出诸子之外的‘另一种声音’”。所以，杨义特别提醒读者，“对于鲁迅杂文中取精用弘的‘诸子杂识’，不能简单地认为那就是鲁迅对诸子一言九鼎的结论，而应该放在特定的文化语境中加以解读和领会”。[1] 杨义认为，这四种方式就是考察鲁迅与先秦诸子关系的四个切入口，四个意义维度。每个维度各有自己的旨趣、方式和效应，而各个维度旨趣、方式和效应的充分发挥和有机整合，就构成了现代中国思想史上颇具特性的鲁迅的复合型诸子观。

值得指出的是，杨义的学术生涯虽然是从鲁迅研究起家，但从上世纪 90 年代以来他转向从事中国古代文化与文学的研究，取得了丰硕的成果。尤其是近年来他对诸子学说的发生学研究，无论是

1 杨义：《鲁迅文化血脉还原》，北京师范大学出版集团、安徽大学出版社 2013 年版，第 232 页。

其观点，还是其思维方法，都在学界产生了很大的影响。在他近期的鲁迅研究中，他又将其诸子发生学方面的研究观点与思维方式引入到具体研究中，可谓为鲁迅与中国文化传统关系的研究别开一个生面，也是古典文化研究与现代文化研究结合起来的一个不可多得的成功范例。正如科林伍德所言，一切历史都是当代史。当年鲁迅对嵇康的把握带有鲜明的现代性气息，是借嵇康来思考历史在当代的价值，作为当前学界具有影响力的鲁迅研究者，杨义对鲁迅与民族文化传统关系的把握，无疑也是立足于当下中国民族文化发展战略的一种高端思考。正是立足于这种当下意义，杨义对鲁迅的诸子观尤其是孔子观的时代局限作了深刻的反思，他指出：30 年代中，"基于当时的政治文化语境，鲁迅的这番带点阶级论的批评，要人们把立足点移到民众中，乃是事出有因，但不能说由此而'非圣'就是持平之论。当时'在现代中国'满怀忧患意识而积极拯救社会和民族危机的思想者，还顾不及从传统主流文化中发掘思想资源。他们注重现实的行动性，这种文化情境，自然也制约着他们对孔夫子'在现代中国'的行动性意义的思考"[1]。这种反思成果，也许并非所有的鲁迅研究者都能赞同，但它确实显示出了在鲁迅逝世将近 80 年后，在中华民族摆脱衰老贫弱动辄挨打的处境崛起为堂堂正正的现代大国的时候，本土学者在新的现代性高度上沟通鲁迅与先秦诸子的一种学术努力。杨义的这些研究成果似乎在告诉人们，在鲁迅研究中寻索现代启示，以博大开放的视野疏通文化血脉和开启生命新机，使鲁迅学成为中国总体文化精神的一个有机、强劲又充满活力的流脉，从而建立现代大国的文化风范，这必然是今天的鲁迅研究实现历史突破的大契机。

---

1 杨义：《鲁迅文化血脉还原》，北京师范大学出版集团、安徽大学出版社 2013 年版，第 243 页。

四

杨义在一次与文学博士后的座谈中曾说，人间学问不仅要用眼学，用耳学，还要用手学（用手去找各种资料）、用脚学（用脚去作田野调查研究）、用心学（用心去体验、思辨、创新），做到眼、耳、手、脚、心“五学”并用。[1]这是他治学的经验之谈，从他当年作中国现代小说史研究到后来作文学地理学、诸子发生学研究，以及他一直坚持不辍的鲁迅研究，都可以看到他对这“五学”的坚持与活用。不过，在这“五学”中，关键还在心学，也就是说有了再好的材料，面对再丰厚的研究对象，如果不能很好地用心去体验、思辨，所谓的学术创新恐怕也是一句空话。对于文学研究者而言，用心去体验，其功夫则主要体现在对研究对象的文本的解读上。尤其是面对鲁迅小说这样的研究对象，几乎每一个细节都被研究者解剖过，几乎每一个关键的词语都被研究者揣摩过，如果读不出自己的感觉，读不出新鲜的意义，这种鲁迅研究要么就是人云亦云，嚼别人的现饭，要么就是从概念到概念，从理论到理论，研究者在思想跑马，却与鲁迅没有多大关联。这些年来，由于鲁迅研究成果积累得特别丰厚，也由于鲁迅研究历史的特别显赫，这两种情况在鲁迅研究中都特别突出。所以，从文本中读出新意，这在别的作家研究中也许是一个入门的途径，而在鲁迅研究中却成了一个很高的要求。在这方面，杨义的研究始终保持着一个相当高的学术境界。他常常用鲁迅的生活印证鲁迅的创作，用鲁迅的杂文印证鲁迅的小说，用鲁迅的学术研究印证鲁迅的文学创作，信手拈来，化用活用，显示出一种高屋建瓴的气度。尤其是他对鲁迅小说文本的解读，常给人以新鲜原初之感。譬如他分析《起死》，主要是抓住小说的戏剧性移转做文章，委婉曲折，让人相信“鲁迅对庄子的揶揄

1 杨义：《学术境界与研究方法》，《北京大学学报（哲学社会科学版）》2008年第3期。

不是横眉怒目，而是搔他的痒痒，搔得嘻嘻苦笑的，他似乎将庄子当朋友，一个拿清高的理论到现实中搞笑的朋友”[1]。又如分析《非攻》，杨义特别对小说的结尾作了评析，他指出，“历代文献，如《战国策·宋策》、《尸子》、《吕氏春秋·爱类篇》、《淮南子·修务训》、葛洪《神仙传》、唐代余知古《渚宫旧事》，都节录或转述过《墨子·公输篇》中这则制止楚国攻宋的故事，但也许认为这个结尾属于细枝末节，纷纷采取‘壁虎断尾’的方法将之舍弃。唯有鲁迅，不但不仿效壁虎断尾，反而使这条尾巴成了古人所谓的‘凤头，猪肚，豹尾’之‘豹尾’那样矫健的尾巴。《非攻》将结尾变成三部曲，一是入宋国界被搜检，二是近都城被所谓‘募捐救国队’募去破包袱，这里时空滑动，嵌入现代组织的名词；三是城门避雨，被巡兵赶走，得了重感冒。一个拯救国家避免危亡而不求回报的英雄，竟然被这个国家借口安全和防范，掠走可怜的财物，侮辱了狼狈的身体，令人感慨于其中包含着何等冷酷的历史悖谬感”[2]。这种结论当然不能说是杨义的首创，但杨义通过对细节的三部曲的解读，通过对历史文献与鲁迅笔法的异同的比较，无疑使得这一结论更加令人信服，推进了对这一结论的理解。

学术研究是一个思维的过程，同时也是一个心灵与情感的挥洒过程，文学研究尤其如此。理性思维的过程也许是枯燥的，但心灵与情感的挥洒从来都是个性化的，丰富多彩的。越是境界高的学术研究，心灵与情感挥洒的个性化就越突出。而在这方面，由于长期以来的思想禁锢使得人们将突出个性视作畏途，学术研究的成果往往在表述方式上成了千人一面的东西。记得 20 年前，我和冯光廉先生在研究评述中国现代文学史著述时，深感现代文学史著述的枯燥乏味，曾经在《中国现代文学史概论》一书中呼吁：“始终板着

1 杨义：《鲁迅文化血脉还原》，北京师范大学出版集团、安徽大学出版社 2013 年版，第 228 页。

2 同 1，第 230 页。

面孔的文学史不会是一部引人入胜的文学史，始终板着面孔的文学史家也写不出引人入胜的聪敏机趣的文学史来。所以，现代文学史家们在加强自己的知识积累和理论素养的同时，适度宽松一下自己的心境也是很必要的。”[1] 在杨义近期的鲁迅研究中，我们能够真切地体会到研究者心态的宽松快乐对提升学术境界的作用。对研究者的心态问题，杨义有着高度的自觉感。他在分析鲁迅是如何塑造诸子形象时曾指出，“《出关》采取的并非研究者的态度，而是小说家的态度，这种态度可见鲁迅是个调皮的学生。研究者不要把脸皮绷得过紧，应该放松自己的心情，分享鲁迅写作的这份快感与从容”[2]。这里说的是研究鲁迅应该具有的一份心情，也是作者自己在鲁迅研究中所追求的一种个性与境界。确实，只有研究者自己常怀一种快乐与从容，才能真正体会到和分享出鲁迅写作的快感与从容。杨义的新著《鲁迅文化血脉还原》中不仅时常可见一些很调皮的笔调，如作者在比较魏连殳和吕纬甫的命运时，不仅慨叹“野狼死了，苍蝇还活着，这就是鲁迅写下的当时知识者的寓言”[3]，尽管以苍蝇来指谓吕纬甫有值得商榷之处，但他对这两个作品中本来就重点刻画过的经典意象的把握可谓深得鲁迅之趣味。又如杨著在分析《故事新编》的“油滑”时说，“如果删繁就简，我们对这种‘油滑’做个也属‘油滑’的解释，那就是它给历史时空上了‘油’，使古今不搭界、雅俗不同类的时空单元，错综组合而自由‘滑’动，从而造成不应同场的人与事偏偏同场不期而遇的尴尬，以及互相赋予不咸不淡的、或不期然而然的意义”。这种对“油滑”的“油滑”解释，也能使读者莞尔一笑，感受到作者在研究中的快乐心情。思路清晰，视野宏阔，表述精准，这是学术研究者的基本

---

1 冯光廉、谭桂林：《中国现代文学史研究概论》，南京大学出版社 1995 年版，第 338 页。

2 杨义：《鲁迅文化血脉还原》，北京师范大学出版集团、安徽大学出版社 2013 年版，第 224 页。

3 同 2，第 39 页。

素质，而在研究中体验到的快乐心情，显示出的则是研究者意念与气度的从容自信。也许可以说，正是这份学术上的从容自信，使得杨义先生经常性地在现代文学与古代文学、文学史与文化史等不同的研究领域中游走自如。

（原刊于《博览群书》2014 年第 1 期，发表时有删节，更名为《生命寻根与文化寻根——评杨义〈鲁迅文化血脉还原〉》）

附录

鲁迅与佛学问题之我见

一

研究鲁迅与佛教文化之关系，首先应该了解清楚鲁迅究竟阅读过哪些佛经或有关佛学方面的著作，这是入室之径，舍此无法登其堂奥。但以目前已发表的为数不多的研究本课题的论文来看，对这个问题是语焉不详的。这并非由于研究者们没有意识到它的重要意义，而是由于准确详尽回答这一问题确实比较困难。困难之一在于，鲁迅日记详细记载了他所购买的佛学典籍，却很少提及对这些书籍的阅读情况。鲁迅收集的佛学典籍甚多，范围亦广，大小乘皆有，佛经以及相关护法的著作也都兼收并蓄。鲁迅不大可能对所有到手的书籍都有所涉猎，而且，有相当一部分书籍是购来的次日便转寄给了时在绍兴的周作人，他就更难每部都仔细阅读了。困难之二在于，佛教历史上宗派林立，门户之见甚严。各派僧徒都以弘传本宗教旨为要务，故习有专门，也就是说古代佛教呈现着一教多宗、互不搭界的局面。而清末佛学鼎兴是以居士佛学为中坚，没有严格的门派之分，遂以“多宗合一”为特征。[1] 如杨文会兼修华严、净土、法相等宗，谭嗣同在哲学上是华严、法相、禅宗合一，在宗教上则是净土与密宗相融。章太炎推重法相、禅宗，而独不取净土与密宗。鲁迅深受近代佛学振兴思潮的影响，走的也是一条佛经注我的道路，即一切以主体自我的精神倾向来接触佛学并化成一个或许并不完整、系统却呈现着鲜明的精神个性的佛学思想结构。所以，我们也很难从某一宗派的理论范畴内探得鲁迅佛学思想之渊源。由于这些困难，过去对鲁迅与佛学问题的研究就出现了两种基本思路。一种是尽可能地从鲁迅的著述与言行中搜集他有关佛教的直接阐述来立论，一种是依据鲁迅的个人精神气质及其创作风貌与佛学义理的契合方面来立论。前者按图索骥，循迹而行，后者是羚羊挂角，无迹可求，而且也并不刻意求迹。两种思路互有利弊，互为补充，但相对而言，后一种思路在目前取得的成就较为可观些，有些论文从佛学影响入手阐述了鲁迅人格精神中积极与消极、精进与徘徊、极热与极冷的二重组合与转换，具有一定的理论深度。而前一种思路迄今仍少有力作，它还有待于研究者的艰辛努力以及鲁迅研究中一些新的史料的发现。

不过，就目前已有的资料来看，有些问题还是可以确定的。首先，鲁迅在经籍的研阅方面比较侧重于华严与唯识二宗，有较充分的史料可作佐证。早在 1904 年写给蒋抑卮的信中，鲁迅已使用过“华严界”一词，这是华严宗用来渲染至高完美境界的专门概念。据日记记载，鲁迅 1914 年 4 月曾购《华严经合论》三十册与唐李通玄撰《华严经决疑论》二册。5 月 23 日又购《华严三种》一册，7 月 28 日再购《大方广佛华严经著述集要》十二册。鲁迅日记还提到“午后阅《华严经》竟”，这是他直接提及自己阅读佛经情况的很少几个例子之一。另外，从鲁迅给周作人的寄书情况看，有不

1 蔡尚思：《论清末佛学思想的特点》，见《中国佛学论文集》，陕西人民出版社 1984 年版，第 37 页。

少佛学著作仅隔数日就转寄走了，而华严经论方面的书籍则未见明确记载。鲁迅在1914年7月29日记载曾寄周作人佛学书籍三包，例外地没有注明包内是何书籍，但即使这三包书籍里就有华严经的话，距鲁迅购《华严经合论》时间也已经三个月有余了。在唯识宗方面，鲁迅所购书籍有《瑜伽师地论》等。很久以后，徐梵澄曾向鲁迅讨教如何入门研习佛学，鲁迅所荐的书其中就有世亲所著《百法明门论》。此书着重论述瑜伽行派的五位百法学说，是研究佛教宇宙观的要素论的重要资料。鲁迅以此书相荐，而反对先习《大乘起信论》，这虽然是由于他相信梁启超关于《大乘起信论》是伪经的考证，但也说明他对《百法明门论》一书大有心得。

推重华严、唯识二宗，无疑是受到其师章太炎的影响。其中华严宗主要教理为法界缘起说，认为宇宙万法，有为无为，色心缘起时，互相依持，相即相入，圆融无碍。本来，世间万物皆由因缘和合而成，这是佛教理论的基石。而华严宗阐述这一理论的特点在于指出这种缘起乃如因陀罗网，重重无尽。这种无尽缘起学说在唯心主义的宇宙观中体现出了事物相互联系、相互依存与转化的辩证思维特征。譬如其论道所用的四法界、六相、十玄门概念，通过理事、使用、本末、性相、一多、相入相即等范畴的阐述，程度不同地揭示了本质与现象、一般与个别、同一与差别、相对与绝对、整体与部分、原因与结果等若干对立范畴的内涵，从而将中国佛教理论思维推到了佛教哲学史的最高峰。恩格斯在《自然辩证法》中指出："辩证的思维——正因为它是以概念本身的本性的研究为前提——只对于人才是可能的，并且只对于已处于较高发展阶段上的人（佛教徒和希腊人）才是可能的。"[1] 华严宗教义中对辩证思维的突出运用，极有可能训练了鲁迅的范畴思辨能力，培养了他的朴素的辩证观点。所以，鲁迅后期如此深刻地转变为一个辩证唯物者，

1 恩格斯：《自然辩证法》，见《马克思恩格斯全集》第26卷，人民出版社1979年版，第558页。

早期建立起来的佛学修为功不可没。此外，华严宗的经典大部分是极富文学性质的。孙昌武先生曾经指出："如果说《维摩诘》像戏剧，《华严经》则更像小说。"[1]《四十华严》写一个饶有家财的善财童子，虽有世间财宝，却没有真实的法宝。于是在文殊菩萨的指点下到各地巡访菩萨道。他寻访了五十三位"善知识"，有国王、长者、医师、船夫、外道、菩萨，甚至还有淫女。寻访过程写得情节生动、形象鲜明，以致有的学者将它比做英国的宗教小说《天路历程》，也有人说它就是"教养小说"。这类极富文学意味的佛典当然对鲁迅最具吸引力。唯识宗以古印度大乘佛学瑜伽一系学说为依据经典，其创始人为玄奘。这一宗派以三十生、八识、五重观法阐述事物的相对真实与绝对真实问题，鼓吹万法唯识，也就是说一切现象都不能脱离识而独立存在，世界一切现象都是内识的变现，识外没有独立的客观存在。这种"内有外无"的宇宙观点把大乘佛学的唯心主义立场推到了一个极端。既然心为实有，万物虚空，人的精神世界就成了生存的第一要义。当年章太炎倡导建立宗教并以唯识为宗，就在于两条理由：一是非有佛教的无生、无我、平等、众生皆佛与三轮清净，就不能去国人的畏死心、拜金心、奴隶心、退屈心与德色心；二是要以佛教的坚定信念锻炼磨砺出"排除生死，旁若无人，布衣麻鞋，径行独往"[2]的尼采超人式的大人格。两条理由均是以精神改造为旨归。鲁迅在仙台学医时已经感受到国民精神问题的严重性，于是在《文化偏至论》一文中大力呼喊"掊物质而张灵明"，并且希望在中国能有一二英哲横空出世。所以，鲁迅研习佛经于唯识宗有所偏好，这是十分自然的，并非仅仅出于师承，其中也还包蕴着他对中国国民精神现状及其改造问题的深沉思索。

此外，鲁迅对记载佛陀与历代高僧的生平事迹的书籍也饶有兴

1 孙昌武：《佛教与中国文学》，上海人民出版社 1988 年版，第 27 页。
2 章太炎：《答铁铮》，见《章太炎全集（四）》，上海人民出版社 1985 年版，第 375 页。

趣。查鲁迅日记，仅 1914 年所购进的佛书中就有《选佛谱》、《释迦如来应化事迹》、《慈恩寺三藏法师传》、《贤首国师传》、唐《高僧传》、宋《高僧传》、明《高僧传》、《善女人传》、《释迦成道记》、《居士传》等多种传记性作品。鲁迅亲手抄写的佛书中也包括《法显传》与《新雕大唐三藏法师取经记》，这两部作品所传的是首开西行求法风气的佛学大师。另据 1914 年 7 月 31 日记载，鲁迅曾从许季市处借得《高僧传》一部，直到 8 月 7 日才归还。有趣的是，鲁迅在归还书的翌日即购进唐、宋、明《高僧传》各一部十册，可见鲁迅对此书是比较赞赏和喜好的。《高僧传》为南梁朝名僧慧皎所撰，是中国佛教史学上十分重要的传记著作。它以“高”取代“名”作为标准来评价历史上的佛教人物，认为“前代所撰，多曰名僧。然名者，本实之宾也。若实行潜光，则高而不名。寡德适时，则名而不高。名而不高，本非所纪；高而不名，则备今录”。作者在写作中确实严格地执行了这一评价标准。如有竺法度者当其生时曾名动佛教界，但他“食用铜钵，本非律仪所许；伏地相向，又是忏法所无”，故慧皎认为他是“故为矫异”，属“名而不高”，没有将他列入正传。慧皎学通内外，博训经律，所写传记不仅甄别准确，而且文辞典雅婉约，堪为中国文学史上传记文学的精品。我们不能忽视此类佛学著作对鲁迅的历史眼光与文学修养的形成所作的贡献，然而更为重要的是，《高僧传》中所记大部分确实是一些志趣坚定、品行高洁、持律严明、人格超拔的佛门弟子，如设习禅科以记安心禅寂者，设明律科以记恪守律法、戒行清洁者，设遗身科以记轻身殉道以启发大众布施之心者，设兴福科以记建塔造像以示信仰之诚者等等，而在译经科、义解科里所记的那些高僧，无不博学鸿览，同时也勤于苦修，精进不已。从 1908 年到 1918 年十年间，鲁迅作为一个文学家其生命无疑处于极度沉静的状态，文学写作活动几乎完全停止，除了在教育部恪尽职守外，他的全部兴趣在读佛经、抄古碑、收罗拓片、稽沉旧著方面。无论我们说他是目睹了民国肇始期的种种黑暗而无可奈何地消磨时日，还是认为他正在为以后的新的文学生命的崛起积蓄力量，有一点是必须看到的，那就是，像鲁迅这样感觉敏锐、怀抱赤诚、情绪激烈的“精神界之战士”，突然从“先觉之声”的鼓吹中冷却下来，而且冷到极致，这是很不容易做到的事情。如果说当年阅读拜伦、雪莱、尼采等人的著作使鲁迅鼓吹摩罗，发为雄声，欲起国人之新生，那么，当他由极热向极冷的情绪转化时，《高僧传》中所记载的许多比丘所表现的淡泊自守，虚静有致，无所畏惧与惊怖的人格力量或许也起到了一定的催化作用。

二

在长达数年的佛学研习过程中，鲁迅是深有所悟的。他曾把自己的感受说给了许寿裳：“释迦牟尼真是大哲，我平常对人生有许多难以解决的问题，而他居然大部分早已明白启示了。真是大哲。”[1] 如果许寿裳的回忆是确切可靠的话，那么鲁迅用这种赞叹的语气表述出来的真是一种铭心刻骨的感受。可惜的是，研究者们对此一直没有引起兴趣与重视。其具体表现是：第一，在研究鲁迅早期思想时过于强调所谓“托尼学说”以及拜伦、雪莱等恶魔派诗人的影响，而佛经的影响只是被轻描淡写地提到或偶尔涉及；第二，即使在研究鲁迅与佛学的专题论文中，鲁迅与佛学的精神联系虽然被充分肯定，但鲁迅究竟从释迦牟尼的说教中解决了哪些人生根本问题、获得了何种明白启示，研究者们并没有明白地予以分辨。因为人们一直习惯于这样一种观念：佛教的根本学说是引导人们厌世遁世，脱离社会生活，以虚静寂灭来求得个人的解脱，是一种消极颓废的人生哲学。鲁迅既然在 1918 年后积极介入到现实斗争并且

1　许寿裳：《亡友鲁迅印象记》，人民文学出版社 1953 年版，第 44 页。

成为新文化运动的一员主将，那就说明他已经从佛经的影响中解脱出来，或者说正在努力摆脱佛经对他的影响了。尤其是后来鲁迅曾经对章太炎的以佛法救中国的论调颇有非议，也曾经表示过佛法在中国已经消亡的观点，这就更加迷惑了研究者们。似乎佛学修为果真在鲁迅早期的精神世界中是无足轻重的，是正在被克服的非积极性因素。这样，鲁迅对许寿裳表示过的那种铭心刻骨的感受就被研究者们轻易地忽视了。鉴于此种研究现状，我认为有三个相关的问题是可以提出来深入讨论的：一、佛学思想在鲁迅早期精神人格结构中究竟处于何种地位？二、鲁迅于当时究竟有哪些正在思考的人生根本问题是从佛学中觅得答案的？三、佛经影响就必然是消极的吗？

要回答第一个问题，首先要明确人的精神结构是多层次的，有政治的层次、道德的层次、人生观的层次、审美的层次等。而诸多层次又可大致可分为两种类型，一种类型与社会集团行为相呼应，一种类型与个体生命体验相联系。在人生的精神活动中，这两大类型可能是吻合的，也可能是相离甚至相悖的。历史上那种政治立场进步而个人行为不端和政治立场保守反动而个人节操良好者从不鲜见。这种分离状态也说明人的精神结构的诸多层次有可能某一时期此层次特别活跃，而另一时期则彼层次格外突出。如果说以民国肇始前后一二年为临界，鲁迅的情绪由极热转为极冷，这实际上也是他的精神结构中的活动兴奋点由社会集团意识诸层次向个体生命体验诸层次转变的过程。在此之前，鲁迅热切关注的是民族的命运、社会的改革，但是，《新生》杂志流产了，他向社会发出的“第一启蒙”的呼喊也回响寥落，“寄意寒星荃不察”，鲁迅开始沉默，他的视线也就必然由外观转向自我内心的透视。我们应该特别注意的是，从民国元年（1912）到1918年鲁迅正由而立之年迈入不惑之年，这是人生一段最为关键的时期，青春的浪漫已经消退，练达澄澈的人生智慧正在建立之中。如果说青春期的生命以躁动灼热为特征，人的生存趋向与思维趋向是融合为一的，那么，进入而立之年后，深切地体验人生、咀嚼人生或为生命的主要特征，人的生存趋向与思维趋向就有可能分离开来，思维或许高高地凌驾于生存之上洞照着生存的磨难与无可奈何。所以，人到中年最容易向生命本身发问，最容易沉湎于生与死、有与无等人生根本问题的玄思冥想。鲁迅进入中年期的沉默，与其说是他对社会黑暗政治腐败的消极回避，毋宁说是他退回内心积极地与自我精神对话的一种主动而自觉的行为。就在这场自我心灵的对话中，佛学参与进来并且成为对话的主要的画外音。查鲁迅这数年的书账，除佛学著述与大量的墓志碑帖外，鲁迅几乎很少购进介绍西方人文思想的新潮书籍。这与鲁迅早年在日本与晚年在新文学运动中的兴趣是迥然不同的。在人的精神结构中，社会集团意识的建立往往体现着个体生命与群体社会的一种观念性联系，那些观念是外在于自身的，可能持之终生，但也可能不断地变更。而以对生命本身的发问、对人生根本问题的探诘为基本主题的自我对话，则属于生命本身的一种活动形式。它内在于个体生命之中，对话中所形成的意念、思想、感受等等不像社会集团意识那样只是作为一种观念形态存在，它们还将渗透到个体生命的气质、情绪、心理、习性等等人性的深层结构中去，影响制约着人的心理行为模式。是佛经也只有佛经作为一种系统而完整的意识形态伴随鲁迅度过了这段人格整合的关键时期。所以，佛学思想在鲁迅精神结构中的重要位置也就不言而喻了。而且，由于这种影响的内在性与无形性，清除绝非容易。鲁迅后来曾对人说："我自己总觉得我的灵魂里有毒气和鬼气，我极憎恶他，想除去他，而不能。"[1]这所谓毒气和鬼气不太可能如研究者们所指认的是传统儒家思想的影响，因为传统儒家思想体系的核心观念是礼教，是三纲五常，鲁迅对此洞烛幽微，批判从来是不遗余力，他不可能称之为

1　鲁迅：《240924 致李秉中》，见《鲁迅全集》第十一卷，人民文学出版社 1981 年版，第 431 页。

游荡不定、似有非有的鬼气。而且，儒家文化传统中有不少合乎人情物理的道德规范，如尊师敬老等，鲁迅一直身体力行，也不可能感觉其如毒气般可怖。我认为，这种被鲁迅视为“鬼气”般无形无影而又无处不在、“毒气”般可惊可怖的精神附着物，恰恰就是佛家思想的深刻影响。鲁迅视之为鬼气和毒气并且声称极其憎恶它，这是对他所喜欢亲近的青年所说，既表现出鲁迅已经深切地感受到了佛家思想给自己的精神上所造成的巨大紧张和沉重压力，同时也是鲁迅对青年的爱护，希望他们不要像自己这样活得如此沉重与险峻。但鲁迅又知道，面对如此的污浊世间与烦恼人生，佛教思想确实能够解决一些令人困惑的人生根本问题，所以才“想除去他，而不能”。

鲁迅早年对人生根本问题的思考结果在后来的创作尤其是私人书信中多有表述。归纳起来大致有三点：一是对人生所作的价值判断，即“苦痛是总与人生联带的”；二是对宇宙世间所作的本质界定，即“惟黑暗与虚无乃是实有”；三是对生死问题的体验证悟，即死亡是“生命的飞扬的极致的大欢喜”。这三个结论正与佛教“生存即苦”“万法皆空”“涅槃”这三个基本观念相对应。佛教宣扬众生为无常患累，不能自我主宰，因而活在世上必受无量诸苦，广宇悠宙，不外苦集之场，甚至人死后由于坠入轮回道中，也不免痛苦。三界无安，犹如火宅，茫茫苦海无边无岸。这一苦谛是佛教四真谛中最关键的一谛，是佛教理论的基石。似乎可以说，鲁迅接近佛学，也就是从体验人生苦痛而登堂入室的。鲁迅不仅感觉到“苦痛是总与人生联带的”，而且认为人于痛苦简直“无法可想”，他宣称，“自己对于苦闷的办法，是专与袭来的苦痛捣乱，将无赖手段当作胜利，硬唱凯歌，算是乐趣，这或者就是糖罢。但临末也还是归结到‘没有法子’，这真是没有法子！”[1] 在20年代的新文学作家

---

1 鲁迅：《两地书》，见《鲁迅全集》第十一卷，人民文学出版社1981年版，第16页。

中，直接用文学宣泄个人的苦痛，呼天抢地，喊穷叫苦，曾经俨然是一种浪漫的时代风气。但鲁迅对自己的痛苦是深藏不露的，因为他知道，真正深刻的苦痛是只能自我咀嚼的，一旦成为苦痛者招集社会同情的手段，苦痛也就由深黑变成浅红而无足道了。与郁达夫等作家不同，鲁迅谈论自己苦痛的精神状态大都是向最亲近的人倾吐心曲的时候，属于个人私交性质，因而没有丝毫矫饰。当然，将人生判定为苦集之场并非佛教哲学的专利，鲁迅青年时代曾经接触过的叔本华的生存意志学说也主张人生痛苦而且无药可治，在其基本思路与解脱方法上与佛教义理异曲同工。但是，叔本华的理论基石是人的欲望的不可穷尽性，他所强调的生命意志的冲动基本上属于精神性质。而佛教判定生存即苦则包含两个方面。一是精神的逼迫性，即个体生命在与有情世间的联系中，其情感、意志、思想、心理等方面由于矛盾、缺陷等原因而产生的逼迫与恼忧，如所谓怨憎会苦，爱别离苦，求不得苦等等；二是身体本身的生理病痛，即所谓生老病死四苦。佛教认为人在十月住胎时就在水深火热中煎熬，出生后众病交攻，四大难调，无有宁日。将人的生理性苦痛极度夸大与渲染以否定生命本身，恰恰就是佛教人生价值观的独特之处。这两种痛苦鲁迅是兼而有之的。鲁迅后来在给许广平的信中曾经说过："人若一经走出麻木境界，便即增加苦痛，而且无法可想，所谓'希望将来'，不过是自慰——或者简直是自欺——之法，即所谓'随顺现在'者也一样。必须麻木到不想'将来'也不知'现在'，这才和中国的时代环境相合，但一有知识，就不能再回到这地步去了。"[1]明知道只有麻木自己才能生存却又不能这样做或者说不可能这样做，这种精神的紧张与逼迫性不独在"民元"以后的几年中就是在"五四"以后的鲁迅那里也是较为突出的。但是，我们如果过分强调这种精神逼迫性对鲁迅的重压，认为它是鲁迅早年好

1 鲁迅：《两地书》，见《鲁迅全集》第十一卷，人民文学出版社 1981 年版，第 25 页。

读佛经的主要原因，也未必真正切合鲁迅当时的实际心态。我认为，在这双重痛苦中，很有可能是生理性的痛苦成为鲁迅接近佛学的直接触媒。鲁迅始读佛经不过三十出头，一般说来，这种年纪刚健活泼，如日中天。而鲁迅却在忍受痛苦的折磨。查鲁迅1913与1914两年日记，关于头痛、胃痛、肩痛、大发热之类的记载，其频繁程度实在令人吃惊。1913年10月1日的日记说得尤其痛切："写书时头眩手战，神经又病矣，无日不处忧患中，可哀也。"这种忧患当然是指自己的健康状况的恶劣而言。无日不忍受着病魔的肆虐，鲁迅不能不憎恶起这肉体自身，也不能不对极力否定肉体的佛教产生好感，视为知音。鲁迅后来常说自己曾经设法自我泯灭，"有时则竟因为希望生命从速消磨，所以故意拼命的做"[1]。如果说长期处于精神矛盾与紧张之中，最容易萌生怀疑，破除法执，那么，长期患于病苦的人也最容易视肉体生命如桎梏而破除我执。只有由这两个方面同时在自身验证到了佛家所谓"生存即苦"，才有可能修到佛家悲智双运的般若境界。理解这一点，我们就真正领略到了鲁迅当初谈及释迦牟尼时的钦佩心情，也能真正领略到鲁迅独自"咀嚼人我的渺茫悲苦"这一胸襟的寥廓广远。

鲁迅曾经对友人说过，他的哲学都包括在《野草》里面。所谓"惟黑暗与虚无乃是实有"这一对宇宙本质的界定即是《野草》主要的"哲学"之一。试举数例："当我沉默着的时候，我觉得充实，我将开口，同时感到空虚。"(《题辞》)"你还想我的赠品我能献你甚么呢？无已，则仍是黑暗和虚空而已。但是，我愿意只是黑暗，或者会消失于你的白天；我愿意只是虚空，决不占你的心地。"(《影的告别》)"于浩歌狂热之际中寒；于天上看见深渊。于一切眼中看见无所有；于无所希望中得救……"(《墓碣文》)"用这希望的盾，抗拒那空虚中的暗夜的袭来，虽然盾后面也依然是空虚中的

---

1 鲁迅：《两地书》，见《鲁迅全集》第十一卷，人民文学出版社1981年版，第79页。

暗夜。”(《希望》) 稍后一年，鲁迅在给许广平的信里更加明确地表述了这种人生感受。这种“虚无”观的产生其哲学根源是像人们通常所认为的来之于尼采的影响，还是来之于佛教哲学的宇宙观呢？我认为主要是来之于后者。尼采的虚无观主要属于历史与伦理的范畴，他认为人在世间生存并无一个超验的目的，目的的安排是一种幻觉。目的的阙如意味着评价标准的阙如，因而，一切价值都是相对的，一切目的都是人为的，在宇宙本体中找不到任何根据。在这个意义上，尼采的虚无观集中在这一判断上：“一切都是假的！什么都可以做。”虚无观的最终落点是在“都可以做”上，实际上它是尼采对生命的创造性的一种肯定。而佛教的虚无观源之于因缘和合学说，是一种宇宙本体论。它强调宇宙间万物生长都是由各种条件（缘）和合而成的，互相依持，互为因果，因而也都无自体，空无所相。这种缘起说与人生现象联系起来，则大千世界皆由众生业力共同形成，成、住、坏、空四劫轮回，无有终始。在这样一个变化无常、悠久无疆的大因果链中，人的个体行为犹如白云点太清里，渺小至极，轻飘无比，对于世间的劫道轮回产生不了丝毫的影响。既然对有情世间的滔滔恶欲、滚滚禄尘做什么都不具意义，因而佛教把有情世间一切法相看做空虚，这就是佛教徒摒弃世俗生活出家修行的理论依据。佛陀强调的救世实际上等于度人，即把有新觉悟者拔出轮回，度到彼岸世界去，而不是要改造好此世间。鲁迅早年确曾深受尼采影响，“五四”时期他用深刻的怀疑眼光洞察到传统伦理道德与封建历史的吃人本质，呼吁重估一切价值，其批判力量之巨大猛烈无疑就是得益于尼采思想的启示。但鲁迅在与佛学结缘以前，他所钦仰的恰恰是尼采的“吾行太远，孑然失其侣”的理想主义，即“见近世文明之伪与偏，又无望于今之人，不得已而念来叶者也”的“深思遐瞩”[1]。“民元”以后，清朝覆灭，民国即

---

1 鲁迅：《文化偏至论》，见《鲁迅全集》第一卷，人民文学出版社 1981 年版，第 49 页。

立，景象一时光明，万众为之踊跃。然而，鲁迅却失去了往日的理想主义，“于浩歌狂热之际中寒；于天上看见深渊。于一切眼中看到无所有”。除了佛教的万法皆空的理论外，恐怕真是没有第二种哲学能够贴切准确地表达出鲁迅当时对国人生存困境的深刻而悲凉的人生体验的。我们应该注意到，在鲁迅的表述方式中，虚无常常是与黑暗连带在一起的。黑暗即是无明，无明即是不觉悟，即是不能以虚空来破除我执与法执，而无明与不觉正是佛陀所最反对的。据佛教史载，释迦牟尼在快得道成佛时，曾从逆观十二因缘，即从后往前推，从老死逐渐逆观到无明，得出了这样的结论：人生现象的真正原动力和人生痛苦的最后总根源是无明，即对人生实相的盲目无知。佛法弘传也有传灯之譬，即是指芸芸众生如处暗夜，佛法如灯可以照明走出暗夜之道。依据鲁迅关于改造国民性的一贯思想来看，这所谓“黑暗”一词的意义既一般地指社会无行，政治腐败，而更主要的应是指群众的不觉悟。“牺牲为群众祈福，祀了神道之后，群众就分了他的肉，散胙。”[1]这个血的教训是鲁迅从秋瑾、徐锡麟等英烈的遭遇中总结出来的，它曾长时期地重压在鲁迅的心头，而在民国建立以后，社会之腐败依旧又不断地验证着这个教训的真实性。由于佛经关于众生业力的学说以及对众生的贪欲、愚痴等等无明现象的淋漓尽致的批判，正与鲁迅对群众的不觉状态的无可奈何的绝望感相投合，于是就有了“惟黑暗与虚无乃是实有”这一佛语式的判断。鲁迅后来在《〈呐喊〉自序》中提出的“铁屋子”思想就是在与佛学接触后产生的，可以为鲁迅对群众不觉悟的绝望情绪作一注脚。而这“铁屋子”当然是由众生业力在无量数的时间中共同铸成的，绝非某一部分人或某一时代之作，因而“绝无窗户而万难破毁”。

佛教把人生的趋向归结为两条相反的途径，一条是陷入轮回道

1 鲁迅：《两地书》，见《鲁迅全集》第十一卷，人民文学出版社 1981 年版，第 75 页。

中，随波逐流，听任环境的安排，称为“流转”。另一条是对“流转”的反动，即破坏它、变革它，使之逆转，称为“还灭”。有了这两条相反的人生趋向，也就有了两种死亡境界。在轮回道中流转，死亡并无意义，因为作为前世惑业造成的果报身即肉身虽然不复存在，但业力有增无减，新的果报又将实现。而在“还灭”途中，生命的最高境界就在于证得涅槃之际那一刹那的圆满、光明、寂静、真性湛然，周遍一切。不仅灭除生死的因，也灭尽生死的果，从而超越于轮回之上。所以，死亡在俗世中人看来是大悲痛，是生命的衰朽与结束，而在得道的修行者而言，死亡则是灭度，是圆寂，是生命的极致与飞扬，是生命的大欢喜。佛教教义以其四谛之一的灭谛高度肯定了后一种死亡之境界，而让前一种死亡的主体坠入到地狱中去接受阎罗审判。可见，有的论者为了证实鲁迅接受佛学影响的消极性而把佛教的死亡观说成是对死亡的困惑与软弱，这是一种误解。但是我们应看到，鲁迅欣赏佛学的死亡观，将死亡看做生命的极致与飞扬，并非为了在实践行为上证得涅槃，而是因为他深深地感觉到，唯有死才是对人生苦痛的最快意的复仇方式。生命的过程即是与苦痛搏斗的过程，苦痛无往而不在，生命也无往而不紧张。当你在刹那间结束了生命，苦痛势力便失去了他肆虐的对象，为苦痛所折磨而又无法可想的生命便以最极端也最简捷的方式复了仇，生命本身的意义也就达到飞扬与极致，于是有大欢喜。《野草·复仇（一）》中的“他们俩”，“裸着全身，捏着利刃，对立于广漠的旷野之上”，宁愿干枯也既不杀戮，亦不拥抱，便是以死亡来报复看客们的无聊。《孤独者》中的魏连殳最终也是以肉体的速死来向一个孤独者的精神痛苦复仇的。鲁迅写他死后“安静地躺着，合了眼，闭着嘴，口角间仿佛含着冰冷的微笑，冷笑着这可笑的死尸”。当然，这种冰冷的微笑与得道高僧示寂时的澄澈圆满是不一样的，但其精神实质颇有相似之处，即生命在弃绝肉体（苦集之场）之后的大欢喜。在唯物主义者看来，将死亡视做生命的大欢喜，将生命与肉体视做可以分离的独立体，这是唯心的玄学。鲁迅即使在好读佛经时也不曾抛却早年培养的高超的科学知识与现代理性精神，他当然清楚佛家所谓涅槃境界正是不打诳语的出家人的最大诳语，鲁迅之所以依照佛学义理来体验与证悟死亡的意义，根本的原因在于他欲以此信念在自身人格方面修成面对死亡时的无所惊怖、无所畏惧亦无所懊恼的超拔态度。在涅槃问题上，佛教内部各宗之间亦有理论上的争执。如进入涅槃境界修道成阿罗汉与佛之后是什么情况、以后是存在还是不存在，历来就说法不一。小乘佛教认为这是人类的生活和语言难以描述和讨论的问题，如果争执与纠缠于这个问题，则无助于觉悟和证得涅槃。关键的问题不是涅槃之后怎样，而是人生怎样通过觉悟与修行而达到涅槃。鲁迅一向比较推重小乘佛教，与这种重视个人修道而不深究修道后的结果的宗教态度无疑是有关的。死亡问题是人类谁都要面对的永恒问题，而对当年长期患于病苦的鲁迅来说，直面与思考死亡的意义问题尤其迫切与逼近。鲁迅早年设法从速消磨自己的生命，并说这是自己所愿意的事情，似乎对死亡有一种潜意识的神往与欢喜。他对自己的身体也一向随便，有病痛则请医生诊治而已，不甚求药。晚年查出久患肺病，而其肋膜炎则是不治自愈，一生中不知渡过了多少疾病的险关，这也是因为他于方寸之间没有营营扰扰如庸人怕病畏死而求治不遑，则身体听其自在是有其抵抗力的。能外其身，有时如视自己已死，胸襟也就达到了一极大的沉静境界，仿佛是无边的空虚寂寞，几乎要与人间绝缘。这是徐梵澄常去拜访鲁迅时所生的感觉，他还指出："其冷静、'渊默'，不能纯粹是对辛亥革命后的许多事情的失望造成的，必亦是由于一长期的修养，即内中的省察存养而致。换言之，在自己下过绝大的工夫。显然，这必是受了佛经或老、庄的影响。"[1] 这真是通人之见。鲁迅对死亡问题的体验与思

1　徐梵澄：《星花旧影——对鲁迅先生的一些回忆》，见《鲁迅研究资料（11）》，天津人民出版社 1983 年版。

考确实没有停留在哲学的证悟上，而是像“深山中苦行的一位佛神”[1]那样贯彻到自己的性情修为中去了。

三

佛教哲学是一个内容十分庞杂的思想体系，它在数千年历史发展过程中虽然恪守了佛陀立教时宣讲的四谛、八圣道、十二缘起等基本理论观点，但在部派佛教兴起后，互相之间的驳诘问难以及与教外无神论之间的斗争，使佛教哲学变得愈来愈复杂繁琐，而且变异性特征十分突出。如原始佛教讲“无我”，部派佛教又出现“有我”说，而大乘教与小乘教在哲学理论上的精神气质差别更大。即使在大乘佛教中，中观学派宣扬“一切皆空”，瑜伽行派则宣传“唯识无境”。这些争执与变异使得佛教哲学本身形成一个矛盾的对立统一体。它既是迷信的渊薮，又具有理性的充足智慧；它既是独断的说教，又闪烁着辩证法的光芒；它既具有引导信徒逃避现世、灭绝自我走入枯定的消极因素，又具有激励信徒道德自律、操行自守以及广慈博爱、饶益众生的积极性倾向。所以，中国的知识分子在与佛教密切的接触中保持着一种“智信”而非迷信的传统。苏轼的儿子苏过替其亡母王氏抄写《金光明经》，问苏轼此经是真实语还是寓言。这位佛学功底甚深的大文学家转引张安道的话予以回答：“佛乘无大小，言亦非虚实，顾我所见如何耳。万法一致也，我若有见，寓言即是实语；若无所见，实寓皆非。”[2]既然佛语的真实与否乃至佛的有无都在己心一念，那么，对于繁琐复杂与自相矛盾甚多的佛教哲学，仁者见仁，智者见智，就不能独断地说接近佛教必定走向消极与虚无。而且，中国古代知识分子往往儒、释、道

1 内山完造语，转引自徐梵澄：《星花旧影——对鲁迅先生的一些回忆》。
2 苏轼：《书金光明经后》，见《东坡后集》卷十九。

三者兼通，以儒为主，释、道为补。如自称香山居士的白居易，他的“置心于佛、处行以儒、浪迹以道”的生存方式曾经为许许多多封建士大夫相仿效，典型地反映了中国知识分子利用佛教的观念对人生进行理智的探索，并从中求得险恶宦途中的心理平定的学佛传统。正是有了这两种传统，古代那些优秀的知识分子才培养起一种超然、洒脱的人生态度，它与儒家思想相互为用，处危难间则无所惧馁，无所挂牵，而一有机遇又能坚持理想，奋进不已。这两种传统鲁迅是兼而有之的。他的智信表现在他对佛教中的颓废倾向一直有所警惕，他多次表示过“惟黑暗与虚无乃是实有”，但也多次说明自己终于不能证实“惟黑暗与虚无乃是实有”。所以他说：“我为自己和为别人的设想，是两样的。所以者何，就因为我的思想太黑暗，但究竟是否真确，又不得而知，所以只能在自身试验，不敢邀请别人。”[1] 就鲁迅早期的思想结构而言，其渊源也是十分复杂的，佛学当然是其重要的一种，但达尔文进化论，尼采的个性主义，托尔斯泰的人道主义，中国传统儒学与道家思想等等，都在鲁迅思想结构的各个相应层次上发生着作用。一言以蔽之，他同“五四”时期许多新文化先驱者一样，心中都有两种性质不同的思想情感力量在激荡冲撞着。田汉曾将这种冲突称之为贵族主义与平民主义的冲突，周作人则称之为隐士与叛徒的冲突。不管名称如何，实质是一样的，即体现着作家心灵中神性与人性的冲突与碰撞。神性的一面体现为精神的超越与对永恒的追求，大都与佛道思想相呼应，人性的一面体现为实践的功利性，大都与传统儒家经世致用、治国齐家的处世原则相联系。两种力量起伏消长，各随时代风貌而得其所。有时这两种力量在作家心灵中同时并举，对抗冲突，形成作家精神的紧张与痛苦，同时也使得作家创作呈现出繁复的意义结构。“五四”时期的鲁迅其精神结构中这两种力量是相持不下的，于是

1 鲁迅：《两地书》，见《鲁迅全集》第十一卷，人民文学出版社 1981 年版，第 80 页。

在“呐喊”之后有“彷徨”，在“热风”浩荡中也有“野草”的寂寞无边与黑色冷峻。而从民国初年到五四运动这七八年间，鲁迅的心灵中则是神性也即精神的超越性占了上风。正如前面所指出的，鲁迅广读佛经是精神性对有情世间的主动超越，是当历史尚未为伟大人物的诞生提供充足条件时的人格整合中的自我对话，而不是对人世的消极逃避。因而，由读佛经引起的沉默虚静正是人格的磨砺、力量的聚集，是大雷雨到来的前兆。静则生明，极度的沉静境界使鲁迅“在思想上成就了精辟的见解，看事物异常深透”[1]。所以，一旦钱玄同相邀，鲁迅“虽然自有我的确信”，但还是“一发而不可收”，并且以其无与伦比的深刻性显示了新文学运动的实绩。在这个意义上，我们没有理由为了说明或者维护鲁迅由民主主义者转变为一个共产主义者这个结论的正确性，也不能为了鲁迅在思想转变的过程中确实努力想革除早年所受的佛经影响这一事实，就把鲁迅这几年读佛经抄古碑想当然地贬之为消沉的、缺乏积极意义的人生行为。

在鲁迅研究中提出这两个问题来讨论并非没有意义。我深信，鲁迅觉得“苦痛是总与人生联带的”，而且“无法可想”，但却偏偏要“与袭来的苦痛捣乱”，他相信“惟黑暗与虚无乃是实有”，却偏偏要反抗这“实有”，要“肉搏这空虚中的暗夜”；他明知道前途的终点是“坟”，而偏偏要继续走下去甚至拒绝同情与感激，这种于无所希望之中反抗绝望、于无所有中反抗虚无的积极的人生态度，恰恰就来自佛教的启示。这有两点理由：首先，佛教说明了人生的无常空虚、无自体，说明了人生是无可挽救的痛苦，但“佛陀只说苦谛应知而不曾说苦谛应断。因为当前的苦果不是从逃避中能获得解脱的，也不是依赖他人能将自己从痛苦中拯救出来的，唯有真实明白了世间之苦，然后进一步寻出苦的因由，用自己的力量

1　徐梵澄：《星花旧影——对鲁迅先生的一些回忆》，《鲁迅研究资料（11）》，天津人民出版社 1983 年版。

来断除苦根，才能获得解脱”[1]。其次，佛教宣传涅槃、鼓吹禅定以求人生解脱，但佛陀从来不主张仅仅只求个人解脱而证得涅槃，而是发下宏愿要普度众生、为广大有情的利乐而精进不息，无有退堕。所以佛教有“以大智故，不住生死；以大悲故，不住涅槃”之说，也就是说，即使自身的觉悟已经达到佛的境地，可以进入无余涅槃了也决不进入，这就是所谓“菩萨行”。前者是教导人们正视痛苦，无惧痛苦，置身于痛苦之中反抗痛苦的肆虐。鲁迅名言“真的猛士，敢于直面惨淡的人生，敢于正视淋漓的鲜血”，其意义庶几相近。后者则是教导人们既要超越有情世间，又不要弃绝有情世间，正如章太炎所说的“释教非不厌世，然其所谓厌世者，乃厌此器世间，而非厌此有情世间”[2]。真正广大深重的菩提心与慈悲心乃是要投入有情世间，忍受世间无量诸苦来做饶益众生的事业。这两者是联系在一起的，体现了佛教思想体系中积极的、救世的精神。近代佛学振兴热潮中，如谭嗣同、章太炎、梁启超等所推重崇仰的都是这种能虚空一切又能涵容一切的博大，能超越众生又能广爱众生的悲悯以及能泯灭自我又能张扬自我的坚忍超拔。梁启超曾经一口气用六个判断句，即佛教信仰乃智信而非迷信、乃兼善而非独善、乃入世而非厌世、乃无量而非有限、乃平等而非差别、乃自力而非他力，将佛教哲学的积极性一面夸说得淋漓尽致。鲁迅与这股佛学振兴思潮渊源甚深，岂独例外？鲁迅后来在解释《过客》意思时曾说：“虽然明知前路是坟而偏要走，就是反抗绝望，因为我以为绝望而反抗者难，比因希望而战斗者更勇猛，更悲壮。”[3]确实如此，所以更勇猛更悲壮者，就在于能够反抗绝望，首先必须要能够反抗自我，破除我执。而这，非彻底参透佛家哲学的真精神是难以

1 《周叔迦佛学论著集》（下），中华书局 1991 年版，第 881 页。

2 章太炎：《建立宗教论》，见《章太炎全集（四）》，上海人民出版社 1985 年版，第 415 页。

3 鲁迅：《250411 致赵其文》，见《鲁迅全集》第十一卷，人民文学出版社 1981 年版，第 442 页。

做到的。这就进一步说明，我们在分析鲁迅从佛教哲学中获得了哪些关于人生根本问题的启示时，必须注意到佛教哲学是一个矛盾的对立统一体，具有双重性质。否则，仅仅依据“痛苦”“黑暗”“虚无”“死亡”等等冷色词语作字面意义的推断，就很容易将佛经对鲁迅的影响看做全然消极的了。

（原刊于《鲁迅研究月刊》1992年第10期）

鲁迅小说启蒙主题新论

1918年初夏北京绍兴会馆中的那个夜晚，在中国新文学历史上的重要意义是众所周知的。因为在会馆里所发生的钱玄同与鲁迅的一场世纪性的对话，不仅催生了中国现代的白话小说，预示着20世纪中国小说的历史即将从这里启程，而且这场对话所涉及的“铁屋子”的隐喻，所提到的希望与绝望的对立，所忧虑的言说的效果，不幸竟成为一道谶语，预示着20世纪中国启蒙主义小说主题的两难和叙述的尴尬。鲁迅作为启蒙主义小说的首创者与启蒙主义的坚信者，同时作为这场世纪性对话的参与者，这种主题的两难与叙述的尴尬在他身上无疑体现得最为深刻，也最为悲凉。本文拟从这场对话所提供的文化思路，对鲁迅小说中的启蒙主题作一新的解读。

一

也许20世纪的中国小说与启蒙主义的联系是一种历史的宿命，早在20世纪刚刚拉开帷幕的时候，晚清维新派大师梁启超在一篇题为《论小说与群治之关系》的文章中，将小说与启蒙的关系提到了空前的高度。“欲新一国之民，不可不先新一国之小说。故欲新道德，必新小说；欲新宗教，必新小说；欲新政治，必新小说；欲新风俗，必新小说；欲新学艺，必新小说；乃至欲新人心，欲新人格，必新小说。”这里的所谓“新”，实际上就是西方启蒙主义概念的中国式陈述。说这番话的时候，梁启超正在日本流亡，并且以保皇立宪的政治主张与章太炎等反清共和的民主派进行论战。后来章太炎也流亡到了日本，鲁迅曾执弟子礼师从其治小学。但鲁迅对其师的保守的文学观不以为然，对梁启超的“新民”说却深有同感，他在1907年写的论文《文化偏至论》中呼吁“启人智”，“张灵明”，无疑是受到梁启超“新民”说的影响。由于这种“新民”说恰恰与鲁迅自己对中国问题多年来的深思熟虑相契合，因而其影响之深远，直到1933年，文坛盛行的口号已经是“阶级斗争”，身为左翼文坛旗手的鲁迅在回答编辑采访提问“我怎么做起小说来”时，还是情有独钟地声称“自己仍抱着十多年前的‘启蒙主义’”。

康德曾经对启蒙概念下过一个经典的定义，他说启蒙就是“使人摆脱其自我原先的未成年状态。未成年状态意味着无他人指导不能运用自己的悟性”[1]。那么，应该用什么工具来使被启蒙者摆脱“未成年状态”呢？康德的回答是理性。由康德的启蒙定义我们看到了20世纪中国的启蒙运动与18世纪西方启蒙运动的两种含义深刻的差异。第一，西方启蒙运动中张扬的理性是建立在几百年来科技进步的基础上，正如哥白尼的“日心说”动摇了基督教神学中的地球中心论，达尔文的进化论动摇了基督教神学的创世观，西方启蒙主义者反对封建主义与神学禁锢所使用的自由、平等、人权等观念无不深深地植根于科学的进步中，有的被科学以形式逻辑的方式所论证，有的直接得之于科学发展的启迪。但中国自中世纪以来

1 康德：《对什么是启蒙这一问题的答复》，载《康德全集》，德国科学院版，第8卷，第35页。本文转引自〔联邦德国〕霍克海默、阿多尔诺：《启蒙辩证法》，洪佩郁、蔺月峰译，重庆出版社1990年版，第74页。

科技一直停滞不前，相反，封建的理学道统却十分发达，理学当然不是理性，却披着理性的外衣成为宗法社会封建礼教的宣道者。所以，20 世纪中国的启蒙者不得不从西方寻找一种价值体系来否定旧的本土传统的价值体系，也就是说不得不用一种新的理性话语来反对旧的理性话语。第二，西方文化有着根深蒂固的基督教神学渊源，笃信神学而排斥近代科学，放弃自己的独立思考的权利，人的理智活动就尚处于“未成年状态”。中国没有真正的宗教，也没有纯粹的神学，儒家与道家各从不同的维度与世俗生活密切联系着。中国的国民虽然不愿独立思考，却也是无特操，具有一种不愿为某种信念哪怕是愚昧的信念而献身的世俗聪明。所以，20 世纪中国的启蒙者在攻击某种旧的观念时，所面对的往往是空虚的“无物之阵”。五四新文化运动时期，不少抱着启蒙主义观念的新文学作家热衷于创作“问题小说”，但持续的时间不是太长就纷纷退场了，这并非问题已不复存在，更不是问题已经解决好了。以我观之，这主要是因为如果封建宗法社会的整套价值体系与话语方式没有得到根本的动摇，仅仅局限于某些枝蔓问题的研究是不够的，开出来的药方也是那样的渺茫。20 年代提倡多研究问题的新文学前驱胡适曾经认真探讨过在中国实行人权的问题，但当他斗胆向已将自由民主写进党义的国民党要求言论自由的基本人权时，却遭到国民党的训斥与警告，这一事件就是对以研究具体问题为启蒙策略的现代自由主义知识分子妙不可言的反讽。在这一点上，鲁迅显示出了比同时代启蒙者更为深刻的立场，更为尖锐的思考，更为悠远的关怀。他一旦进入启蒙的文化语境，就穿透各种枝蔓问题的重围，直逼封建宗法社会价值体系与话语方式的核心，并对这套价值体系与话语方式作出了整体的否定式判断。

《狂人日记》是 20 世纪中国的第一篇启蒙主义小说，也是鲁迅式的启蒙主义文化策略的典范性作品。“吃人”是这篇小说构设的中心意象，也是解读宗法家族制度与礼教的价值体系与话语方式的关键符码。透视这一意象或符码，我们至少可以获得如下的意蕴层次：第一，“吃人”这一行为必须有两个主体，吃者与被吃者。在小说中，这两个主体是既分明又含混的。从小说的事件结构来看，被吃者是“我”，吃者是“我”以外的所有他人，但从小说的意义结构来看，“我”既是被吃者，同时又是吃者，因为“我未必无意之中，不吃了我妹子的几片肉”。这两个主体的交叉合一，说明“吃人”并非特例，也不是某一个社会集团的专嗜，甚至没有年纪的界限，“连小孩子，也都恶狠狠的看我”，它是整个民族的集体行为。第二，“吃人”成为一种公开的密谋，它的合法性依据是什么？在这个意蕴层次上，鲁迅通过“我”的疯言疯语，直截了当地指向封建宗法制度的价值体系核心。“我翻开历史一查，这历史没有年代，歪歪斜斜的每叶上都写着‘仁义道德’几个字。我横竖睡不着，仔细看了半夜，才从字缝里看出字来，满本都写着两个字是‘吃人’。”这段具有高度概括力的名言，准确地抓住了封建宗法制度价值体系核心的两个基本点：一是伦理观，即“仁义道德”；一是历史性，它不仅“没有年代”，古今一致，而且在小说里被多次命名为“从来如此”。在漫长的封建宗法社会中，多少扼杀人性的罪恶是借着“仁义道德”之名以行，而且在“从来如此”的幌子下剥夺被吃者申述的权利，“你说便是你错”。正是这种伦理观与历史性的结合与统一，构筑起了宗法制度与礼教吃人的合法性依据与话语权力。第三，吃者用何种方式“吃人”，或者说被吃者以何种方式成为牺牲？这一意蕴层次触及了封建宗法制度与礼教的话语方式问题，尤其显出鲁迅对于中国封建文化传统解剖的深刻、透彻与细微。细读这篇作品，我们至少可以看到鲁迅对封建礼教“吃人”方式概括出了三种特点。一是软刀子割人不觉痛，吃者虽然眼里含着恶狠狠的凶光，可脸上却“笑吟吟”的，小说中十四次写到了“笑”，对惜墨如金的鲁迅而言，这绝不是闲来之笔。二是给被吃者预备下一个名目，给力抗流俗的独立思考者预备的是“疯子”，给敢于造反者预备的是“恶人”，给妇女预备的是“失节”，给儿女预备的是“忤逆”，等等，有了这些名目，“将来吃了，不但太平无事，怕还会有人见情”。三是逼迫被吃者自戕。小说中“我”敏锐地感觉到了，吃人者虽然想吃人，但“直捷杀了，是不肯的，而且也不敢，怕有祸祟。所以他们大家连络，布满了罗网，逼我自戕”，“最好是解下腰带，挂在梁上，自己紧紧勒死；他们没有杀人的罪名，又偿了心愿，自然都欢天喜地的发出一种呜呜咽咽的笑声”。这三种“吃人”方式鬼鬼祟祟，遮遮掩掩，对吃者而言，是“狮子似的凶心，兔子的怯弱，狐狸的狡猾”，对被吃者而言，则是舒服地、正当地、自愿地被引上牺牲的祭坛。

在作品中，这三个意蕴层次是互为参照的，从中不难体味到20世纪中国反封建思想启蒙工作的艰难。由于封建礼教思想的载体缺乏明确的阶级划分，吃者与被吃者的主体含混使得中国现代的启蒙者不像18世纪欧洲启蒙主义那样有一个市民阶级作为坚定的社会力量的依托；而礼教思想以血缘为基础，以仁义道德为假名，这就使中国的启蒙者言说真理时同时要面对社会的压迫与家庭的羁绊。五四新文化运动之初，曾有人运用科学说明人的生成是男女性爱中精子与卵子结合的自然结果，因而儿女与父母之间不是必须的义务关系，结果被保守派冠之以“不孝”的罪名就是一个极好的例证。至于牺牲者的自愿走向血淋淋的祭坛，则使得启蒙者的叫喊往往像堂吉诃德与风车搏斗一样，至少在外在形式上显得滑稽可笑。鲁迅对中国反封建思想启蒙的艰难性的充分认识，在绍兴会馆那场历史性的对话中所用的“铁屋子”比喻已经表达得非常深刻，所以，当他决定听从前驱者的“将令”为启蒙呐喊时，他理所当然地选择了对封建宗法制度与礼教思想进行整体否定的启蒙策略。鲁迅作为一个启蒙主义大师，他并非完全不重视具体问题的研究，他于此后写的一些文章如《我们现在怎样做父亲》《我之节烈观》《娜拉走后怎样》等可以说是现代启蒙主义研究问题的经典作品，但他清醒地意识到只有整体性的否定才能振聋发聩，使先觉之声穿透国人麻木的灵魂，以达到启蒙应有的效果。“吃人”意象的构设无疑是对封建宗法制度与礼教思想进行整体否定的最有力度的聚焦点。因为人作为文明的创造者、承传者与受益者，在人与文明的关系中始终是主体，是目的，如果某一种社会文明形式在自我异化的过程中，把人由主体变成了对象，由目的变成了工具，甚至成了文明的牺牲，那么这种文明形式本身的合理性就应受到质疑，像小说中的“狂人”那样尖锐地问一声“从来如此就对么”。

其实，这篇小说独特的叙述方式也暗示着鲁迅整体性否定的启蒙策略是一种深思熟虑的行为。关于这篇小说采用的狂人自白的叙述方式，人们大多注意它的象征功能，认为狂人的独白巧妙地将幻想的吃人与现实的吃人、肉体的被吃与精神的被吃融为一体，构成了一个具有深广包容性的象征符号，这无疑是正确的。但这只是指出了狂人独白这一叙述方式达到的客观艺术效果，而鲁迅之所以运用这一独特的叙述方式的主观考虑还应该从鲁迅整体性否定的启蒙策略来揭示。从生理学的角度而言，狂人的语言是零散而又尖锐、无序而又机警、游移而又独断的，这种语言最适合于启示录式的文学表达。一方面，它能够以其零散中的尖锐与无序中的机警有效地阻断人们习惯的思维定势；另一方面，它又能以其独断的语气与疯言疯语的外在形态，使得狂人得出来的结论无论如何偏至与激烈，都无须证明，这样就可以省去许多外围的叙述环节，使“吃人”意象直捷鲜明、简洁干脆地突出在读者面前，从而极大地强化整体性否定的震撼力度。以后也成为著名的小说作家的沈雁冰曾这样描写自己初读《狂人日记》时的印象：“只觉得受着一种痛快的刺戟，犹如久处黑暗的人们骤然看见了绚丽的阳光。这奇文中冷隽的句子，挺峭的文调，对照着那含蓄半吐的意义，和淡淡的象征主义的色彩，便构成了异样的风格，使人一见就感着不可言喻的悲哀的愉快。”[1]这种印象所强调的就是作品特有的突兀尖锐的震撼性与洞穿历史黑暗的爆发力。《狂人日记》之后，鲁迅在一些小说中仍然写到“吃人”意象，如《药》中的华老栓用人血蘸馒头等，这固然表现出鲁迅对这一意象的梦魇式的情绪固结，但由于这些“吃人”意象在作品中是与一些有鲜明特指性的具体事件联系在一起，相形之下，《狂人日记》式的爆发性震撼力就弱了一些。

二

西方法兰克福学派的代表霍克海默与阿多尔诺在《启蒙辩证法》一书中曾将西方启蒙主义精神划分为理性主义与经验主义两种传统，前者以先验的理性为基础，启示主体怎样在观念意识中争取精神的自由，后者以科学知识为工具，教导主体如何在生活实践中卓有成效地支配自然。在中国，由于没有充足的科技进步做后盾，没有诞生出本民族的启蒙话语，更没有诞生出“知识就是力量”这种纯粹的经验主义启蒙口号，所以20世纪的启蒙者在引进西方启蒙话语时更注重的是理性主义传统，具体就表现在启蒙活动的焦点与目的在于促进启蒙对象观念意识的转变，用林毓生的一句名言来说，就是借思想文化作为解决问题的途径。20世纪初期以梁启超为代表的第一代知识分子与以鲁迅等为代表的第二代知识分子在这一问题上都是如此。梁启超在戊戌变法失败之后，曾于1902年给他的老师康有为写信说：“欲救今日之中国，莫急于以新学说变其思想。”接着他还表示“弟子意欲以抉破罗网，造出新思想自任”。[2]不过，梁启超毕竟是一个政治型的启蒙主义者，他在观念上抽象地鼓吹“新民”，但在实际的政治操作中重视的是“开官智”，通过转

1　雁冰：《读〈呐喊〉》，《文学周报》1923年10月8日第91期。
2　丁文江、赵丰田：《梁启超年谱长编》，上海人民出版社1983年版，第278页。

变官僚集团的观念来实践自己的政治主张。他可以在杂志上滔滔不绝地言说自己关于“群”的新观念，却无须也不想直接面对作为启蒙对象的“群众”。而鲁迅则是一个艺术型的启蒙主义者，当他第一个把启蒙精神贯彻到现代小说创作中时，他同前辈启蒙者一样，将思想观念的转型放在首要的位置。但是，小说的艺术性质规定了它以塑造形象为手段，因而，以思想观念的转型为要务的鲁迅就不能不直接面对被启蒙者的精神状态。这是怎样的一种精神状态啊，麻木、虚空、沉寂、冷漠……鲁迅对此的体验可以说比任何同时代作家都要深刻与持久。早在南京求学时，他看到一列新兵鱼贯而过，嘴里唱着军歌，脸上却毫无表情，他不免叹气，这种兵再好的武器放在他们手里也是要打败仗的。后来在日本他从幻灯片中看到一群中国人麻木地围观自己的同胞受杀戮，鲁迅更是无比震惊，并由此作出了人生最为重大的选择。多年来的观察与思考使鲁迅清醒地意识到，直面被启蒙者的精神状态，对中国的启蒙者而言是一桩痛苦而危险的事情，因为启蒙者所面对的虚空沉寂不是暴风雨到来前大海的平静，也不是藏着滚滚岩浆的火山的沉默，而是荒原式的死静。这片死静的荒原，无边无际，无形无影，却具有巨大的吞噬力，能够吞噬一切生命不平的呻吟，甚至也能吞噬启蒙者的呐喊乃至启蒙者自身。只有让所有启蒙主义者真正认识到这片荒原的巨大的吞噬力与危险性，才有可能使启蒙之光穿越这片荒原，到达彼岸点亮被启蒙者精神领域中的黑暗与蒙昧。这样，鲁迅的启蒙主义小说不论是主题的生成、意象的创设、细节的描写、氛围的渲染等等无不浸透着一种令人发怵的荒原感。

与梁启超等维新派启蒙者重视“开官智”大不相同的是，鲁迅虽然出身于已经破落的官宦人家，但他从来没有把官僚阶层纳入他的启蒙对象之内，他的小说中凡是有点身份的人物大都鄙俗不堪，鲁迅也从来没有在肉食者们身上寄予过什么希望。鲁迅小说中的启蒙对象有着严格的阶级区分，它只包含以农民为主体的下层劳动群众，也就是鲁迅所谓“被损害被侮辱的人们”。由于鲁迅在创作上的总体原则是揭示被启蒙者的精神状态，因而，启蒙对象的范围虽是由阶级来划分，但在实际描写中，启蒙对象低下贫穷的物质生活状况往往是作为一种人物的背景材料出现的，启蒙对象当下的精神状态才是鲁迅刻意关注的中心问题。通观《呐喊》与《彷徨》两本小说集，鲁迅给被启蒙者的精神状态所作的最为简洁而总体的概括就是“荒原”。这里包括三个方面的内容：一是意识的荒原。人是意识的动物，但意识有群体与个体两种类别。群体意识是由历史形成的，往往统治者的意识就是社会占统治地位的群体意识。个体意识是由个人独特的生命体验形成，它体现着一个个体生命所达到的自由程度。由于个体生命本身的不可重复性，精神自由者的个体意识对群体意识的突破乃是文明发展的永恒动力。但在鲁迅小说中的启蒙对象那里已经找不到具有个体意识的精神自由者，他们没有个体意识，也不需要个体意识，因为他们已经习惯于用肉食者的意识来处理自己面临的现实问题。《祝福》中的祥林嫂被强迫改嫁，自然会想到“饿死事小，失节事大”，于是在第二次拜堂时将头奋力向香案撞去；《故乡》中的闰土在难以承受生活之艰辛的时候，自然会想起“生死有命，富贵在天”，于是把最后的希望寄托在神龛中的菩萨身上；《阿Q正传》中的阿Q被抓进了衙门，虽然革命之后已经不兴磕头，但阿Q一到大堂，知道堂上坐着的都是一些有来历的人物，自然会想起“上尊下卑”，于是，“膝关节立刻自然而然的宽松，便跪了下去”。由这些细节的描写可以看到，鲁迅是十分深刻地洞察到了中国封建社会的文化环境之所以变得像铁屋子一样万难破毁的秘密，这是因为漫长的封建社会利用地理环境的封闭、时间历史的沉积与劳作方式的落后，将统治阶级的观念意识成功地转变为全民意识。在这里，鲁迅的超乎常人的深刻性还在于：第一，鲁迅揭示了这种转变不仅表现在无意识的遵从，而且还表现在自觉的认同。如阿Q的自身处境与“不孝有三，无后为大”“男女授受不亲”等礼教观念是有着严重冲突的，但他不是从个人应有的权利，而是从不能背无后的罪名出发来向吴妈求爱，他见到男女单独在一起就恨恨地向其扔石头，这无疑都说明了他对肉食者的意识的认同是自觉的。第二，鲁迅指出这种转变不仅消磨了阶级之间的区别，而且也有效地填平了年龄的代沟。《药》中有一个场面是很值得玩味的，当刽子手康大叔在华家茶馆大谈夏瑜的“疯”时，有两个听众的反应被作者特别地予以描写。一个是“花白胡子”，一个是“二十多岁的人”。当康大叔说起夏瑜居然在牢狱里还劝人造反，就是这个“二十多岁的人”“很现出气愤模样”；当“花白胡子”终于听懂了康大叔的叙述，“恍然大悟”地说夏瑜是疯了。这时，“二十多岁的人”也“恍然大悟的说”“发了疯了”。鲁迅在这里多次特意点出两个人的年龄特征，其深长的寓意就在于以此说明在意识全民化的环境中，两个不同时代的人在对待如此重要的问题上其意见是何等的一致。封建宗法社会中，意识的全民化消解了意识的个体性维度，而没有个体性维度的社会意识虽然一统天下，却也避免不了混沌一片。面对这样一种社会意识状态，启蒙者怎能不顿起荒原之感？

其二是人性的荒原。鲁迅现实题材的小说创作全是在20年代完成的，这一时代里“劳工神圣”的思潮在知识分子中间已经流行起来，无论是信奉人道主义的自由知识分子还是受到俄国十月革命影响的社会主义知识分子，都对劳工贴近自然的生活方式与纯朴的性情表示过赞美。鲁迅也曾写了一篇随笔式的小说《一件小事》，由劳工的“高大”榨出知识者“我”的“小”来。但鲁迅作为一位伟大的启蒙主义者，他的深刻与独到之处就在于他非常清醒地意识到，劳工的悲苦命运并不是几句同情与赞美就能改变得了的，鲁迅曾经在《风波》中对那些不着边际的“田园乐”的赞叹予以辛辣的嘲讽。鲁迅认为，对于那些“被损害与被侮辱的人们”而言，真正有意义的工作应是揭示他们的病苦，以引起疗救的注意。所以，在五四新文化运动时期，当郭沫若之类的热情的浪漫者们把工人当做“解放”自己的“救星”，甚至要跪在雷峰塔下的老农面前，“把他脚上的黄泥舔个干净”，鲁迅却在小说中努力揭示出下层劳动群众的病苦。苦是物资性的、肉体性的，病则是精神的、人性的，后者尤其得到鲁迅的特别关注。在《呐喊》《彷徨》中，除了《一件小事》与《社戏》两篇，其他小说中的下层劳动群众都被处理成灰暗的色调，阿Q的精神胜利法、《明天》中蓝皮阿五的乘人之危、《孤独者》中女房东的趋炎附势、《风波》中九斤老太的唠叨、《祝福》中柳妈的迷信、《药》中华老栓对别人生死的冷漠等等，都是精神上某种病症的表现。值得指出的是，鲁迅笔下的启蒙对象有两种形象类型，一是个体形象，一是群体形象，鲁迅对下层劳动群众的精神病症的深刻思考主要是通过群体形象来完成的。这种群体形象，在《狂人日记》中被鲁迅命名为“他们”，“他们——也有给知县打枷过的，也有给绅士掌过嘴的，也有衙役占了他妻子的，也有老子娘被债主逼死的”，但“他们”却是“吃人”者的帮凶；在《孤独者》中则被鲁迅命名为“大家”，正在用“全都照旧”的办法对付“吃洋教”的“异类”。这些“他们”或“大家”，在《孔乙己》《药》《阿Q正传》中充当着茶馆酒店里的听众，在《示众》中则成了街头上百无聊赖的看客。在这些“他们”或“大家”身上，有两种精神病症体现得特别突出，一是喜欢鉴赏别人的痛苦，如《祝福》中祥林嫂最伤心的事情就是儿子的被狼叼去，但是，鲁镇上的“大家又都知道了她的脾气，只要有孩子在跟前，便似笑非笑的先问她，道：‘祥林嫂，你们的阿毛如果还在，不是也就有这么大了么？’”《孔乙己》中孔乙己最气短的是科举不顺，可咸亨酒店中喝酒的“众人”偏要问：“你怎的连半个秀才也捞不到呢？”以揭孔乙己的短取乐。《风波》中的七斤上城被革命党剪掉了辫子，大为惶恐，而乡场上的村民们却幸灾乐祸，“想起他往常对人谈论城中的新闻的时候，就不该含着长烟管显出那般骄傲模样，所以对于七斤的犯法，也觉得有些畅快”。在《阿Q正传》中，当阿Q欺侮小尼姑后“十分得意”地大笑起来时，酒店里的那些看客也在“九分得意”地大笑着。《示众》对这种精神病症有非常精辟的描绘：一个大热天，一个巡警牵着一个犯人在大街上示众，旁边一堆人在围观，大家看着犯人，犯人也脸无表情地看着大家，看者与被看者面面相觑。巡警的脚动一动，大家就看巡警的脚，一个车夫摔倒了大家就去看车夫，谁也不知道自己在看什么或要看什么。鉴赏别人的痛苦，这是缺乏人类同情心的表现，充当无聊的看客，则是对人类自我尊严感的亵渎与放弃，它们的病根就是人的正常人性的缺失或扭曲。所以，鲁迅笔下的这一群像“只有一些不分明的形体，杂沓的动态。忽而伸出一个头，忽而张开一张嘴，这里有一双闪光的眼睛，那里有一团活动的躯体。……这里有人物语言、人物动作、表情、外貌特征的描写，但是却是支离破碎的，拼凑不成一个完整的人物”[1]。这种人物形象的塑造方式无疑是鲁迅有意为之，它是鲁迅对这些“他们”或“大家”的人性缺失与扭曲的一种象征化的艺术表现。这些没有具体的个体形象的“他们”与“大家”，像在夜光中游动的鬼魂，影影绰绰，出现在鲁迅小说的各个篇章片段中，以其共同的特质构成了一片荒原似的混混沌沌、模模糊糊。鲁迅在《我之节烈观》一文中指出：“社会上多数古人模模糊糊传下来的道理，实在无理可讲，能用历史和数目的力量，挤死不合意的人。”鲁迅小说中的这些“他们”与“大家”，就是代表着“数目的力量”，是一个“无主名无意识的杀人团”。在这样一个人性缺失与扭曲的荒原面前，不仅那些具体个人的下层劳动者如阿Q、祥林嫂、爱姑等求告无门，即使无论如何坚强的启蒙者、改革者，一旦陷入这个人性的荒原中，不是被逼疯如《长明灯》中的狂人，就是被吞噬如《在酒楼上》的吕纬甫，或者落荒而走如《孤独者》中的

---

1 王富仁：《中国反封建思想革命的一面镜子——〈呐喊〉〈彷徨〉综论》，北京师范大学出版社1986年版，第335页。

魏连殳……

鲁迅在《〈呐喊〉自序》中回忆当年创办《新生》提倡文艺运动的遭遇时，感慨良深地说："凡有一人的主张，得了赞和，是促其前进的，得了反对，是促其奋斗的，独有叫喊于生人中，而生人并无反应，既非赞同，也无反对，如置身于毫无边际的荒原，无可措手的了。"鲁迅的这段话流露出的是一个启蒙主义文学家的生存环境的荒原感，也就是说，由于严重的封闭与滞后，自己所生存的时代与地域目前不仅不能容忍而且也不能理解先觉者的启蒙之声。不能容忍，就会有反对者应声而起，即使招致严重的迫害，也只会激起精神界之战士更加抖擞精神，奋力搏击。但是不能获得理解，启蒙之声轻飘飘地撒落在毫无声息的深潭之中，启蒙者面对的是"无物之阵"，甚至找不到一个可以攻击的具体对手，这种感觉确实是置身于无边荒原上的人才有可能体验到。这是一种时间与空间双重意义上的荒原。从时间的维度来看，鲁迅曾深刻地把自己这一代人称为"历史的中间物"，既不属于眼前的黑暗，也不属于未来的光明，因而在这个被漫长的封建社会形态凝固起来了的时间中，"历史的中间物"没有自己的定位，只能彷徨于无地。从空间的维度来看，"历史的中间物"并不是历史自身演进的自然结果，而是在某种异质的文化浸润下产生并且被命运重新抛入母体文化环境的一种"异类"。在这个被历史的淤积填塞得透不过气来的文化空间里，"历史的中间物"已经不再可能以自己的方式回归母体文化的运行轨道中去，而母体文化巨大的历史惰力也在产生着阻隔异类渗透的牢固屏障。所以，那些从异质文化环境中重又回到母体文化环境的"历史的中间物"们，他们越是要努力发出启蒙的先觉之声，文化荒原的死寂与空漠感就会越加浓重。在鲁迅的小说中，这种叫喊于生人之间没有回应的文化荒原感，具体到主题的构设与细节的描绘、气氛的渲染等方面，可以看到两个突出的特点。一是特别注意到启蒙者与启蒙对象之间的精神隔膜。《狂人日记》中狂人的语言与现实语言的错位；《故乡》中“我”的温情与诗意被闰土的一声“老爷”刮得烟消云散，“我”的主动的接近也被闰土真实的麻木拉开了一道难以逾越的鸿沟；《药》中的革命者向狱卒宣传反清复汉的道理反遭了狱卒的一顿打骂；《长明灯》中立志要吹灭封建宗法社会的“长明灯”的启蒙者被当做疯子关押了起来；《孤独者》中那位吃洋教的新党魏连殳即使从他所崇拜的小孩子们那里得到的也只是失望。既然启蒙的声音得不到回音，启蒙的热情收获的却是死一般的寂冷，鲁迅在小说创作中就自觉或者不自觉地喜好设置一种死寂的环境气氛，穿插于作品的情节结构中。这是鲁迅小说中环境荒原感表现的第二个特点。如《药》里写华大妈与夏瑜的母亲同时上坟的气氛，特别强调了静，“一丝发抖的声音，在空气中愈颤愈细，细到没有，周围便都是死一般静”。《明天》写单四嫂子死了儿子之后感到的一件异样的事就是“这屋子忽然太静了”。《故乡》在写眼前故乡的颓败景象时也不忘写到它的静。在《孤独者》中，“我”去探访魏连殳但魏连殳却已经死去，鲁迅为了衬托气氛的悲凉与冷峻，两次写到了“一切是死一般静，死的人和活的人”。这里，“死的人”与“活的人”曾是启蒙与被启蒙的关系，过去，启蒙者在启蒙对象的“死一般静”中无比孤独与沮丧，以至于不得不以一种变态的热闹，以“躬行我先前所憎恶、所反对的一切”来抵抗这死一般的寂静，现在，启蒙者与启蒙对象之间终于在“死一般静”中泯灭了两者的界线，“死的人”已经缄默，“活的人”也还是依然故我地“死一般静”，而且，死去的启蒙者还在被活着的启蒙对象们以他们喜欢的方式任意摆弄着。所以，死去的启蒙者只能是“在不妥帖的衣冠中，安静地躺着，合了眼，闭着嘴，口角间仿佛含着冰冷的微笑，冷笑着这可笑的死尸”。环境的荒原感与启蒙者悲怆的命运感以一种象征的方式融在一起了。

三

20世纪中国的思想启蒙运动是以1898年的维新运动开其先端的，但那时的思想启蒙主要侧重在从西方引进新的思想与学说方面，其目的是为维新变法提供理论依据，采取的步骤也是“欲开民智，先开官智”，无非是要争取王公大臣、上层士大夫对维新运动的同情和赞助。但是“启蒙运动乃是在一切人生问题和思想问题上要求明白清楚的一种精神运动。凡是不对的概念和看法，都要用对的概念和看法取而代之。在这种意义之下，势必第一步是消极的，对一切传统的权威，感官的欺骗，未证明的设想，都拟一抛而廓清之”[1]。所以维新派的启蒙运动重引进新思想而不重视扫除旧观念，只能说是不完全的启蒙运动，不仅封建礼教的精神支柱孔孟之道的地位没有被动摇，即使一些相当陈腐的观念在一些比较开明的知识分子那里也依然被当做信条。林琴南是近代翻译西洋小说成就最大者，对20世纪初的思想启蒙不能说没有贡献，但是他的创作小说却是以讲礼防和节孝为中心主题，有写孝子孝女割臂疗亲者如《葛秋娥》，有写贞妇割臂疗夫者如《洪石英》；有的小说竟直接以《韩孝子》《王孝子》等命名，甚至他笔下的男女留学生也是很重礼防的。正以此，小说史家杨义曾不禁奇怪地指出：“以因果报应来劝孝励节，挽救沦夷的世风，其格调之低劣，使人怀疑是不是经过一番启蒙主义运动之后的作品。”[2] 20世纪初叶一位著名的鸳鸯蝴蝶派小说家包天笑也曾说过“大约我所持的宗旨，是提倡新政制，保守旧道德”[3]。可见，真正发扬启蒙的本意，重估一切价值，将输入新的思想与扫荡旧的观念结合起来，这是20世纪第二次启蒙主义

---

1 汉斯・吕耳语。转引自李长之：《迎中国的文艺复兴》，商务印书馆1946年版，第16页。

2 杨义：《中国现代小说史》第一卷，人民文学出版社1986年版，第39页。

3 包天笑：《钏影楼回忆录》，香港大华出版社1971年版，第391页。

运动即五四新文化运动才得以实施的。但是，启蒙作为一种将一切人生与思想问题弄得明白清楚的精神运动，它也不可避免地要带来自己的某些负面影响。李长之曾经指出：“五四运动主张明白清楚，是一种好处，但就另一方面来说，明白清楚就是缺少深度，水至清则无鱼，生命的幽深处，自然有烟有雾……‘五四’是一种反‘深奥’及‘玄学’的态度。”[1] 一度盛行在五四运动前后几年的“问题小说”就是一个很恰当的例子，“问题小说”是在五四新文化运动的启蒙主义精神的直接启示下流行起来的，可以说它是“五四”时期启蒙精神的一个宁馨儿，但“问题小说”普遍地显得幼稚，肤浅，单调，缺乏对于生命的幽深处的触摸与探险，因而艺术的生命力是短暂的，时过境迁之后，除了文学史家还对其保持着应有的尊重，很少再有读者对其感兴趣。但是，鲁迅的启蒙主义小说是一个例外，它一方面以其对封建宗法制度与礼教观念的整体性否定克服了维新派启蒙运动的局限，另一方面又以其深邃的主题意蕴与复调的艺术结构远远地超越了“问题小说”的幼稚肤浅。这种成就的取得，人们往往归功于他对中国社会的深刻认识以及他精湛浑厚的艺术功力，这无疑是对的，但仅有此还不足以成就鲁迅启蒙主义小说的伟大。我认为，一个更其重要的原因乃是鲁迅的启蒙主义小说自始至终贯穿着一个伟大的启蒙主义者对自我灵魂的挖掘与对启蒙本身的拷问。

把“五四”时期的“问题小说”同鲁迅的启蒙主义小说略作比较就可看到，“问题小说”在题材的采用方面视线往往是外向的。如冰心的《两个家庭》谈妇女教育问题，《斯人独憔悴》谈父子代沟问题，叶绍钧的《晓行》《苦菜》谈劳工问题，王统照的《湖畔儿语》谈儿童问题，等等。这类题材都是时代的题材，公共的题材，作家是从时代的流行观念出发来思考小说中所涉及的社会问题，因而，这些题材不仅上述作家能够写，其他作家只要是站到了

1 李长之：《迎中国的文艺复兴》，商务印书馆 1946 年版，第 16 页。

时代思潮的前沿，也都有可能写得同样的好，达到同样的思想高度。但是，鲁迅的启蒙小说采用题材的视线往往是内向的，他所使用的题材大都浸透着自己个人性的情感体验，有些题材经过多年的沉淀与反刍，甚至已经成为他的灵魂深处的固结与梦魇。如“吃人”意象的产生固然是鲁迅对封建礼教制度扼杀人性的理性认识的结果，但同乡革命者徐锡麟被清兵挖取心肝炒吃下酒这一事件在鲁迅心灵中引起的强烈震撼与颤栗则是这一意象得以产生的更为直接、内在的精神力量。“咸与维新”这一概念的使用体现着鲁迅对辛亥革命观察的仔细与明敏，但这一概念的使用无疑饱含着鲁迅对绍兴革命党宽恕杀害秋瑾元凶的深深疑虑与情感上的难以接受。如果说鲁迅用“狂人”的形象来象征反封建思想革命的战士是受到业师章太炎等特立独行、力抗流俗的人格特征的启发，那么，鲁迅在写吕纬甫唯唯诺诺时所用的迁坟情节则完全是自己的亲身经历，体现着鲁迅对自己在《新生》杂志流产后一度颓唐落寞心境的审视与反思。在鲁迅小说中，最具深刻性的意象还有“看客”与“剪辫子”，它们早在鲁迅的青年时代就已成型，在鲁迅的生命历程中被不断地反刍。其中“剪辫子”这一意象蕴藏着鲁迅青年时代巨大的痛苦。鲁迅早在日本留学时，就甘冒丧失官费资助的风险剪掉了头上那条象征着民族耻辱的辫子，但回国以后这种勇敢却给他招致许多麻烦。出外地，陌生人将他误认为日本人，其理由是凡中国的男子一定有辫子，没有辫子就不是中国人。在家乡，乡人们总是对鲁迅投以白眼，就是府台老爷来鲁迅任教的学校视察也总是特别多看几眼鲁迅那颗没有辫子的头。有许多从国外回来的留学生承受不了这种眼光的盯视，纷纷装上了假辫。鲁迅从不装假辫，因而更加深切地体味到被同胞视为异类的痛苦与悲哀。以致辛亥革命前夕，一些激进的学生来向鲁迅请教要不要剪掉辫子，鲁迅婉言劝告学生们暂时不要剪辫以免作无谓的牺牲。这种痛苦鲁迅后来在《头发的故事》中通过N先生的口作了激愤的表达，在《风波》《阿Q正传》

等作品中又以此意象来揭示国民精神的冷漠与幸灾乐祸。由此可见，鲁迅小说中的这些著名的意象之所以成为中国现代小说启蒙主义的经典意象，主要在于这些意象既是公共的，更是个人性的，它们是鲁迅从自我灵魂深处挖掘出来的，是鲁迅精神世界中的情绪固结与梦魇的艺术性释放，因而它们具有经典所必须的不可重复性。

对启蒙本身的拷问，是鲁迅在第一次启蒙尝试失败之后一直在进行的精神活动，所以，当钱玄同劝他为《新青年》写点文章时，鲁迅才会说出那番深思熟虑的话来。“铁屋子”意象的产生就是对启蒙本身拷问得出的答案，这一答案在鲁迅的启蒙主义小说中或自觉或不自觉地得到了体现。在鲁迅“听将令”后第一声启蒙呐喊《狂人日记》中，他为狂人设计了两种生命状态。在狂态时，狂人感觉锐敏、思想清醒、精神亢奋。但在小说的小序中，鲁迅指出狂人已经病愈并赴某地候补。病愈即是恢复常态，候补则是将要与社会同流合污，这种文本设计所蕴含的意义与“铁屋子”意象的意义是一致的，暗示出鲁迅对启蒙成效的深刻怀疑。正如李欧梵所言，狂人病愈后赴某地候补，“这说明他已经回到了‘正常’状态，也失去了原来那种独特的思想家的清醒。引言中既由暗含的作者提供了这种‘团圆结局’，事实上也就指出了另一个暗含的主题，即‘失败’”。在《头发的故事》中，鲁迅又借N先生的口对启蒙主义提出了严厉的质疑：“改革么，武器在那里？工读么，工厂在那里？”“仍然留起，嫁给人家做媳妇去：忘却了一切还是幸福，倘使伊记着些平等自由的话，便要苦痛一生世！”甚至对《狂人日记》中“将来是容不得吃人的人”这一渺茫的希望也提出了怀疑：“我要借了阿尔志跋绥夫的话问你们：你们将黄金时代的出现豫约给这些人们的子孙了，但有什么给这些人们自己呢？”在《祝福》中，鲁迅有意设计了启蒙者与启蒙对象之间的一场对话。“我”是识字的，又是出门人，见识得多，这正是启蒙者的典型特征：具有一种话语的力量。但是祥林嫂不问生只问死（因为她已经失去了生的条件与兴趣），启蒙者所具有的话语力量立刻就显露出了尴尬与困窘。“这时我已知道自己也还是完全一个愚人，什么踌躕，什么计画，都挡不住三句问。”这是一个知识分子启蒙者对自己掌握的话语力量的深刻反思，确实，如果自以为掌握了话语力量的启蒙主义连启蒙对象一个属于话语范畴的问题也回答不了，它又怎么能够担负起改变启蒙对象生存现实的重任呢?《伤逝》是一部具有多重含义的诗化小说，但从启蒙主义的角度看，这部作品明显流露出鲁迅对启蒙之后又怎样的深刻的不安。子君无疑是在启蒙主义话语中成长起来的，所以她有了自由平等的意识，能够喊出“我是我自己的，谁也没有干涉的权力”的典型的启蒙口号。但是，四周的环境依然是那样的灰暗窒息，这个启蒙主义的成功果实也只能像“铁屋子”里几个被叫醒的人那样，在意识到“就死的悲哀”中走向死亡。一方面，鲁迅不断地拷问启蒙本身，对启蒙的意义、力量、结果与成效表示深深的怀疑；一方面，鲁迅又不断地表示自己这一代人应肩住黑暗的闸门，放年轻的一代到光明的地方去，他还把自己描绘成一个长途跋涉的“过客”，始终聆听着前面的神秘呼唤，即使前面是坟，也永不停息。这正是一个伟大的人道主义者与启蒙主义者对自我使命的深刻领悟。对鲁迅而言，启蒙已经成了绝望的抗战，不仅要在绝望之中战斗不止，而且还要反抗绝望本身。所以，鲁迅的启蒙主义小说往往呈现出一种双声复调的意义结构。小说里常常有两种相反的声音在对话，一种声音在言说着启蒙话语，一种声音在拷问着启蒙话语。正是这两种声音的对话，构成了鲁迅启蒙主义小说巨大的意义张力与复合的风格特征，使得鲁迅的启蒙主义小说既是时代的，又是超前的，每一个时代的读者都可以从中读到自己所感兴趣的意义维度。

在写完《呐喊》《彷徨》两个短篇小说集之后，鲁迅放弃了现实题材小说的创作，这一放弃曾引起文学史上的许多猜度。解释也许是多样的，但从鲁迅启蒙主义思想立场的演变与发展来分析，无疑是窥其堂奥的一条重要途径。鲁迅在《〈呐喊〉自序》中曾说:“既然是呐喊,则当然须听将令的了,所以我往往不恤用了曲笔,在《药》的瑜儿的坟上平空添上一个花环,在《明天》里也不叙单四嫂子竟没有做到看见儿子的梦,因为那时的主将是不主张消极的”。确实是这样,历史上的启蒙主义者几乎都是乐观的,因为他们相信自己言说的就是真理,预约的就是未来。但鲁迅本质上是一个深刻的悲观主义者,所以,在“五四”时期热热闹闹的启蒙主义思潮中,鲁迅虽然“听将令”给自己的作品“平空地”添上一个光明的尾巴,内心却有着无以排遣的孤独与寂寞。这种孤独与寂寞是双重的,一方面是启蒙者叫喊于生人中得不到回音,一方面是超越于时代同行者的“高处不胜寒”。这两种意义的孤独与寂寞内在的相互运动,促使鲁迅启蒙主义小说中的双声对话的意义结构逐渐地发生倾斜。从《呐喊》到《彷徨》,鲁迅对启蒙本身的拷问越来越严厉,就与这种孤独寂寞感的不断加深有着密切的关系。五四运动后不到三四年,当年的新文化运动的前驱者们就发生了很大的变化,有的高升,有的退隐,有的由思想文化领域转向实际的政治斗争,甚至连当年力劝鲁迅为《新青年》写稿的老朋友也专心做起了京城的名教授,真是“两间余一卒,荷戟独彷徨”,鲁迅的孤独与寂寞是可以想见的。这不能不使鲁迅将启蒙的注意力开始转移到启蒙主体的精神人格上来。1925 年,写了《示众》之后的不几天,鲁迅说了一段这样的话:“我想,现在没奈何,也只好从智识阶级——其实中国并没有俄国之所谓智识阶级,此事说起来话太长,姑且从众这样说——一面先行设法,民众俟将来再谈。而且他们也不是区区文字所能改革的”[1]。有不少论者根据这段话断定鲁迅此后放弃了启蒙主义的立场,这种看法其实只是就鲁迅小说创作的题材而论,只要我们注意一下 30 年代鲁迅的杂文对看客、奴才性、要

1 鲁迅:《通讯》,见《鲁迅全集》第三卷,人民文学出版社 1981 年版,第 24—25 页。

面子、帮闲等等国民劣根性的批判依然是不遗余力，就可认定启蒙主义在鲁迅那里是终生不移的。不过，鲁迅启蒙主义的注意力确实明显有所转移，前此比较注重揭示下层社会的病苦，此后则更为重视剖析启蒙主体自身的精神弱点以寻找启蒙之所以往往半途而废、虎头蛇尾的深层原因。这本来是促进现代启蒙主义文学深化的一个极好的契机，然而，就在这个时候，时代的发展来了一次飞跃，20年代末的新文坛上，普罗文学运动一夜之间汹涌澎湃，大有席卷一切之势。鲁迅的启蒙主义理想备受文学新进们的奚落讽嘲，阿Q的时代已经被宣告死去，过去被知识分子视为启蒙对象的“第四阶级”成了社会的新兴力量，而知识分子现在所面临的问题已经不是如何坚强自己的人格力量来与庸众搏击，而是如何“奥伏赫变”自己，把自己嵌入大众之中去。鲁迅同情普罗文学，后来成了普罗文学的旗帜，尽管他深知启蒙主义在中国社会现代化转型中的重要性，也不得不暂时中止这已不入时的文学思考，而将启蒙主义的激情挥洒到可以直抒胸臆而又无须直面下层群众的杂文创作中。这是一个伟大的启蒙主义者无可奈何中所采取的文化策略，也是一个文化伟人无以言说的旷世孤独。

（原刊于《鲁迅研究月刊》1999年第1期）

论鲁迅对现代童年母题文学的历史贡献

20世纪20年代初期，已届不惑之年的鲁迅曾经兴致勃勃地用艺术的方式向读者叙述着自我童年生活中一些值得纪念的事情。最早是《故乡》，但那尚是童年回忆的片断式嵌入。到《社戏》时，作品的主人公开始与作家自我童年发生整体性吻合，然后有散文《风筝》《阿长与〈山海经〉》《五猖会》《从百草园到三味书屋》《琐记》等作品相继问世，并且以它们的质文并茂、情理交辉被后世经久传诵着。这些作品也为文学史家们津津乐道，一则因为它们所展示的浓郁的民俗学色彩，为深入研究鲁迅的小说提供了翔实的印证资料；二则因为它们所披露的这些童年趣事出之于鲁迅本人的回忆，所以它们为研究鲁迅人格的形成与发展也提供了可信的个体心理学方面的权威依据。对这些作品的资料价值与文本价值的发掘，文学史家们确实已经取得了可喜的成绩，但这种相对封闭的研究眼光却无意之中忽略了这些以自我童年为观照对象的作品与中国现代童年母题文学之间深刻的历史联系。中国现代童年母题文学从20年代初期滥觞，三十年中经过数代作家的共同努力已经蔚然成为一种具有独立品格和整体意义的文学史现象。从主题学的角度归类，《风筝》《社戏》等作品显然属于这一现象，而且从现代童年母题文学创作的整体水平看，鲁迅的作品也堪称典范，无与匹俦。所以，我认为现代童年母题文学的形成与发展固然有它独特的文化景观，但鲁迅作为新文学的一代宗师，他在这方面的自觉意识及其创作实践肯定规引着这一文学史现象的品格建立及其叙述模式的构型。这些作品的价值也就不仅在于资料与文本的意义上，而且还在于它们对中国现代童年母题文学的深刻与久远的影响上，它们的意识本质、深层价值及其历史贡献也只有置放在中国现代童年母题文学的兴起、形成与发展的历史过程中考察，才能得到真正深刻的揭示。

一

鲁迅最早的童年母题文学《社戏》创作于 1922 年，其余的作品也大都于 1926 年间完成。仅从写作时间来看，鲁迅即是现代童年母题文学创作的首开风气者之一。这一风气的开创意义关系到对文学史上一大空白的弥补。在中国古代文学史上，虽然能够零散地找到一些记叙作家自我童年趣事的散文或韵文，但这些作品却没有像现代童年母题文学那样构成一种具有独立品格的文学史现象，以致周作人从《西青散记》等古代典籍中抄录到几首作家回忆童稚生活的诗歌之后，不胜感慨地指出，这些诗歌“记述儿童生活都颇有意思。如在歌咏儿童的文学发达的地方，这样的东西原算不得什么，但是在我们中国，就不能不说是难得而可贵了”[1]。古代文学中童年母题的缺乏当然有它深刻的民族历史与文化心理方面的原因（可参阅拙作《试论中国现代童年母题文学的产生》，载《安徽教育学院学报》1989 年第 3 期），但就文学本身而言，其原因大致有三：一是古代作家对自我童年的回忆往往是兴之所至，偶尔为之，并没有成为作家关注自我的独特方式和迫切的精神需求；二是

1　周作人：《儿时杂事》，《晨报・文艺周刊》1938 年 11 月 12 日。

对童年趣事的回忆主题较为散漫，没有获得一种共同的品格，缺少一种联系各个时代、各个作家的同类作品的内在灵魂；三是在艺术形态上没有也不可能构成某些共同的叙述模式，归根结底便是因为作家缺乏反观自我童年生活的自觉意识和精神需求。鲁迅之所以能够首开风气并且成为现代童年母题文学创作的一代宗师，就在于他较之同时代的作家而言，这种自觉意识和精神需求显得尤其鲜明与强烈。早在1919年，鲁迅针对中国传统文化观念中的老者本位主义就振聋发聩地提出过“幼者本位”的口号，他希望“觉醒的人，应该先洗净了东方古传的谬误思想，对于子女，义务思想须加多，而权利思想却大可切实核减，以准备改作幼者本位的道德”[1]。此后，鲁迅曾在各种不同场合发表过自己关于儿童教育的见解，直到30年代，鲁迅依然一如既往地保持着对本民族的儿童们所处的生活状况的深切关注。鲁迅的基本思想可以归纳为一句话，即应该让孩子们像孩子那样生活着。因为“孩子的世界，与成人截然不同；倘不先行理解，一味蛮做，便大碍于孩子的发达”[2]。这种思想与卢梭在《爱弥儿》中所提出的“自然要儿童在成年以前先做儿童”的观念是极其相似的。至于如何完成从老者本位到幼者本位这一人伦关系的伟大转折，最初鲁迅是把希望寄托在“五四”时期的觉醒者身上的，他要求这批觉醒者充当“历史的中间物”，“肩住了黑暗的闸门，放他们到宽阔光明的地方去；此后幸福的度日，合理的做人”。但不久鲁迅便对这批觉醒者们产生了怀疑，在1924年，鲁迅已经明确地觉察到了“嫌恶学生的官吏，每是先前痛骂官吏的学生；现在压迫子女的，有时也就是十年前的家庭革命者”[3]。在30年代初期，鲁迅还在尖锐地批评“我们的新人物，讲恋爱，讲小家庭，讲自立，讲享乐了，但很少有人为儿女提出家庭教育的问题，

1 鲁迅：《我们现在怎样做父亲》，见《鲁迅全集》第一卷，人民文学出版社1981年版，第132页。

2 同1，第140页。

3 鲁迅：《娜拉走后怎样》，同1，第162页。

学校教育的问题”。鲁迅尤其不满意的是在已经“改革过了的”中国，当孩子们早已从“孟宗哭竹”“王祥卧冰”的古训中蜕出了的时候，居然又有一些新式的“爱国之士”，“或者用笔，或者用舌，不怕劳苦的来给他们教训。一个说要用功，古时候曾有‘囊萤照读’‘凿壁偷光’的志士；一个说要爱国，古时候曾有十几岁突围请援，十四岁上阵杀敌的奇童”[1]。鲁迅的沮丧心情与愤激态度是可以理解的，因为这些以种种新式的枷锁套住儿童的脖颈的恰恰正是沐浴着新文化思潮成长起来的一代。这种发现使鲁迅清醒地意识到了在人伦道德关系的革命中，仅仅靠引进一些新的观念，破除一些旧的观念是难以奏效的，因为它不仅仅是观念问题，而是一种思维定势，是一种集体无意识，它渗透在整个民族成员的文化心理结构中，对伦理道德的调整具有强大而无形的抵抗力量。对“觉醒者”的怀疑、失望乃至讽嘲，促使鲁迅的批判眼光由外射转向内投，于是，当鲁迅开始透视、审问自我人格结构中的深层因素时，便有了1924年间“抉心自食”的《野草》，当鲁迅将人格回溯的眼光投向自我人格生成的渊源时，便有了1926年间的《朝花夕拾》，后者以它题材的过去性质与内容的自省性质，为现代童年母题文学输入了一种深沉蕴藉的内在灵魂。

当然，仅仅有对现代童年生活状况的理智上的自觉关注，有对自我人格生成的一种意识到了的反思要求，尚不足以催动鲁迅突然对自我童年生活的艺术观照产生如此强烈的兴趣，因为这种理智关注和反思要求完全可以以另一种方式而不是以艺术的方式予以表达，就像冷静的周作人那样。鲁迅之所以于惯常的悲愤峻急、沉郁顿挫中腾出一副热烈明快、轻松自如的笔墨来“旧事重提”，其中深层的原因就在于他从自我童年的艺术观照中找到了一条调谐、整合自我人格结构的有效方式。“五四”时期是城市文化与村社文化

---

1 鲁迅：《难行与不信》，见《鲁迅全集》第六卷，人民文学出版社1981年版，第50页。

撞击最为剧烈的时代，敏锐但多少有点脆弱的中国现代知识分子处在两种文化冲突的夹板缝中，自我人格的双重分裂几乎是他们不可避免的历史宿命。由于中国现代知识分子的绝大多数是在近代中国社会城市与乡村的遽然分化中被时代浪潮从乡村裹挟到都市中来的，他们对承受都市文明的迅速膨胀缺少精神上的充足准备，所以他们外在的理智生活依托于城市文化背景，而内在的情感生活则依托于村社文化背景。理智认同着都市，情感系连于乡土，一旦都市文化中强烈的竞争气氛使他们理想受挫、生计维艰时，他们便会不约而同地魂归乡土，在古老乡村中的淳厚古朴的人伦关系与道德习俗中寻觅精神的慰藉。于是，“身子落在柏油马路上，眼睛触着光怪陆离的现代”，“沾满了黑星星的心，每当夜阑人静，不由向往绿的草、绿的河、绿的树和绿的茅舍”。[1]而乡土的梦又是与童年的梦息息相关的，所以，“这心的彷徨，心的凄惨，引起我逝水般童年的回忆”，那“失落的摇篮，亲密的花猫”，还有“母亲唇上的甜蜜”，“父亲嘴旁的微笑”，“一切可恋慕的那已逝的童时，啊啊，我不能忘记”。(胡也频《乡梦》）即使冷静如鲁迅，虽然清醒地意识到了“思乡的蛊惑”和“旧来的意味”“也许要哄骗我一生”，但自己仍然忍不住要对童年与乡土“时时反顾”。[2]

认定童年回忆与乡土之思作为自我精神避难的风雨茅庐，作为自我人格整合的救赎方式，这是困居于都市斗室中为生存而挣扎的现代作家们的普泛心理需求。在鲁迅那里，这种心理需求尤其深切而迫切，并且被更明确地自觉意识到，这是因为鲁迅不仅要解决精神结构中的理智与情感两种不同范畴的冲突问题，而且还要解决在理智范畴之内的对传统价值观念的整体否定与部分认同的冲突问题。林毓生曾经把鲁迅的意识结构分为隐示的意识层与显示的意识

---

1 李健吾：《画廊集》，见《李健吾创作评论集》，人民文学出版社 1984 年版，第 474 页。

2 鲁迅：《〈朝花夕拾〉小引》，见《鲁迅全集》第二卷，人民文学出版社 1981 年版，第 230 页。

层两个方面，要求完全摒弃中国传统价值观念是鲁迅的显示意识层的主要内容。但鲁迅在他的隐示的意识层次中又始终不渝地信奉中国道德与知识的某些传统价值，这就在他的意识中产生了一种强烈的紧张。林毓生把全盘地反传统主义作为鲁迅显示的意识层次是否妥当另作别论，但他将鲁迅的意识结构划分成两个能够自省到的层次并且指出这两个层次冲突所构成的紧张程度，这不能不说是深刻体察到了鲁迅人格结构状态的精到之论。早期鲁迅确实颇多矛盾之处，他极力贬斥封建的忠孝观念，自己对母亲却终生恪尽孝道；他坚决反对青年踱进研究室整理国故，他本人对古籍整理和国学研究却做出了有深刻造诣的成就；他一贯抨击下层群众的愚昧、麻木与迷信，他对流行在乡野村社的民间文化却保持着一种不同寻常的迷恋。对于这些冲突与紧张所构成的压力，鲁迅本来可以采取一种正确的方式予以反应，也就是说创造性地超越这种意识紧张达到一个新的认识阶段，用二分法的辩证眼光来重新审视传统价值观念，但早期鲁迅没有这样做，因为他当时“是以显示的方式献身于理性和道德的全盘性反传统主义，所以他不愿意说明他信奉某些传统价值的理由。”[1] 在现代价值观念与传统价值观念交锋正相激烈的时候，以二分法的眼光来重审传统价值观念就有可能成为对自己所信奉的现代价值观念的背叛。但对立意识的紧张应当消解，不同观念的冲突应该缓和，自我人格才能臻于谐调，那种背着古老的阴魂解脱不开的精神痛苦以及在自己所信奉的现代价值观念面前的内疚感才能得到化解。对自我童年生活的艺术观照，正是提供了这样一种化解方式。在这里，鲁迅意识结构的显示层次的内容转化为公众性质的思想观念，而隐示层次的内容则转化为私人性质的情趣爱好。在公众性质方面，道义原则是不容丝毫动摇的，所以鲁迅能够继续义无反顾地整体否定传统价值观念；在私人性质方面，则因趣味爱好各

1 〔美〕林毓生：《中国意识的危机——“五四”时期激烈的反传统主义》，穆善培译，贵州人民出版社 1986 年版，第 235 页。

异无可厚非，也就没有必要为自己信奉某些传统的价值观念（主要体现在审美价值和人伦价值）强作辩解。这样，我们就很好理解鲁迅为什么恰恰在自己的精神冲突和人格分裂最为紧张的时候才“旧事重提”这一事实了。“在所有心灵现象中，最能显露其中秘密的，是个人的记忆。……记忆绝不会出自偶然：个人从他接受到的，多得无可计数的印象中，选出来记忆的，只有那些他觉得对他的处境有重要性之物。因此，他的记忆代表了他的‘生活故事’；他反复地用这个故事来警告自己或安慰自己，使自己集中心力于自己的目标，并按照过去的经验，准备用已经试验过的行为样式来应付未来。”[1] 人格心理学家阿德勒的这段话说明的便是人类记忆在人格整合方面所起的重要作用。对自我童年生活的频频回顾，不仅帮助鲁迅顺利地渡过了世界观转变前夕不可回避的心理危机，而且也导致了现代文学中童年母题的兴起与绵延，这点功绩，无论是从文学史发展还是从审美意识的发展的角度估衡，都是值得庆幸的。

二

童年母题文学与一般意义上的儿童文学是在不同范畴内划分的两个不同质的概念。两个概念的外延虽然有一定的交叉叠合的关系，但其内涵却各有自己质的规定性。其间主要的区别在于，一般意义上的儿童文学（也包括童年视角文学）排斥作家自我因素的介入，要求作家尽量站在儿童自身的立足点来刻画童年世界，力求避免用成年人的思维方式、观察眼光与心理状态嫁接到儿童身上去。而童年母题文学作为“人类过去不断重复，今后还会继续重复的精神现象”[2]，它的最突出的特征便是作家自我的强烈介入。作品内容

1 〔奥〕阿德勒：《自卑与超越》，黄光国译，作家出版社 1986 年版，第 66 页。
2 歌德语，转引自〔美〕乌尔利希·韦斯坦因：《比较文学与文学理论》，刘象愚译，辽宁人民出版社 1987 年版，第 138 页。

不仅要求叙述或抒情主人公在其言语状态、行为方式以及心理感受、情绪指向方面应该与作家的童年经历大致吻合，有迹可循，有据可考，显示出性格塑造上的整体感、自足感与清晰可辨性，而且要求成年作家思想情感的现在状态的直接介入。从作家的童年状态到成熟状态之间存在着一个人格生成历史的动态过程，而作家自我思想与情感的直接介入，实际上便是以作家的成熟状态作为支点，对自我人格生成的历史过程进行反思。现代童年母题文学的这种反思品格赋予它以一般儿童文学难以企及的情感的复杂性、思想的深邃性以及对生活洞察的穿透力，并且使它的各种变体都程度不同地凝聚着一种联系着过去、现在与未来的凝重的历史感。如果说这种反思品格的建构是童年母题文学创作本身规律的要求，那么，这种反思品格的心理指向却是得益于鲁迅创作的有力导引。

为了在纷繁的世事和骤变的时代面前获得一种自我确定感，鲁迅对自我人格生成的历史反思首先表现为一种强烈的寻根冲动——追溯自我人格精神泉流的主要源头。追溯在《社戏》中就已经有了明确的答案，鲁迅毫无保留地将自我人格精神的主要源泉与反映着下层劳动人民的意志与愿望的民间文化传统紧密地联结在一起。对《社戏》《阿长与〈山海经〉》等作品，我认为仅仅用歌颂劳动人民的优良品质来涵盖作品的全部意蕴是远远不够的。分析《社戏》的结构，我们应该特别注意鲁迅将对传统京戏（代表着正统文化）的倦厌与对乡村社戏（代表着民间的文化）的神往所作的情绪对比，这一对比其实已经暗示出鲁迅童年母题文学创作的一个特定主题。在《阿长与〈山海经〉》中，我们则要特别注意鲁迅对阿长的迷信、粗俗甚至残忍的反感和厌恶与对阿长借来《山海经》后自己的狂喜所作的情绪对比。一本《山海经》的到手，竟使童年的鲁迅狂喜得“似乎遇着了一个霹雳，全体都震悚起来”，并且“完全消灭”了对长妈妈“谋害隐鼠”的怨恨，以至在成年之后还诚虔地祈愿“仁厚黑暗的地母”“永安她的魂灵”。联系到《山海经》中那个虽被砍头仍然“以乳为目，以脐为口”“执干戚以舞”的刑天对鲁迅一生硬铮铮的叛逆性格的刻骨铭心的影响，那么，与其说鲁迅在此是颂扬长妈妈千方百计为小主人借书的助人精神，毋宁说鲁迅是在叙说自己只有从长妈妈那里才能得到这种珍贵的精神养料的深深感激。《五猖会》与《无常》是姐妹篇，前者叙述童年时代看迎神赛会的急切心情，后者具体叙述自己对迎神赛会中“无常”形象的感受。“无常”是阎罗殿前的勾魂使者，从童年到成年，鲁迅一直对这些民间戏剧中的鬼魂形象（包括目连戏中的女吊）怀有一种秘密的喜爱。美籍华人学者夏志安曾经指出：“一个社会改革家却同情民间流行的迷信，这是出人意外的。”[1] 如果从公众性质的思想启蒙运动来看，此事诚如斯言，但若从私人性质的文化情趣来看，鲁迅喜爱女吊、无常的形象就是势在必然。因为女吊有着“纠缠如毒蛇，执着如怨鬼”的复仇精神，无常则“鬼而人，理而情，可怖而可爱”，而且“那怕你，铜墙铁壁”，“有冤的得伸，有罪的就得罚”。所以，女吊与无常在鲁迅那里已经成为只有从劳动人民固有的民间文化传统中才能汲取一种风趣的反抗意识和韧劲的人格力量这一观念的象征性意象。如果不把这些作品与鲁迅对自我人格建构的反思联系起来考察，我们确实很难真正领会到正在为群众的愚昧麻木而痛心疾首的早期鲁迅竟会一反沉郁森冷的常态而透露出对下层劳动群众的如许温情，也很难真正解悟到一向以反封建迷信为己任的鲁迅为何以如此神秘的喜爱和极大的热情来讨论鬼魂这种令人毛骨悚然的主题。

由于鲁迅对新文学巨大的影响力，对自我人格精神的文化寻根主题，以后一直在童年母题文学创作中不断延伸着，于是，人格结构的整合形成被现代作家们用一种率直、热切的自我表白给明晰与简易化了。现代大部分作家虽然出身封建世家，出生伊始就承受着

---

1 〔美〕夏济安：《鲁迅作品的黑暗面》，乐黛云译，见《国外鲁迅研究论集（1960—1980）》，乐黛云编，北京大学出版社 1981 年版，第 376 页。

封建正统文化环境的浸染，但他们在描绘自我人格的形成过程时却公然蔑视或者嘲讽着“子曰诗云”的传统，自豪地声称自己是吮吸着“狼奶”长大的，或者深信自己的“脉管里流入了农民的血”。[1]所以，在现代童年母题文学中，对下层劳动人民的优良品质的讴歌几乎与他们困苦生活的展示占据同样显赫的位置。在自诩为“地之子”的李广田那里，他既“极爱慕那位喜欢吃酒，喜欢说牢骚话，又喜欢读陶诗的父亲”，同时又强调似的声明自己的童年生活完全是在那位“勤俭劳苦而又有点迂直”的农民父亲影响之下度过的（他曾经过继给舅父为子）。[2]甚至在素以洒脱恬静著称的废名那里，当他回忆并且评估对自我童年人格成长影响最深的两个家庭时，一往情深的也是贫穷所赐予自己的精神富有。他说“小时，自然与人事，对于我影响最深的，一是外家，一是这位婶母家，外家如是以其富有，婶母家是以其贫了。她的贫使得我富有。在现在想来，外家的印象已渐淡漠，婶母家的印象新鲜如故”，因为“婶母家形式虽孤单，其精神则最热闹”。[3]

到了20年代末期，由于阶级斗争的日趋尖锐激烈，由鲁迅开创的人格精神的寻根主题有了新的发展，文化寻根主题逐渐演变为阶级归属的政治选择主题。艾青的《大堰河》一开篇就让读者深切感受到了作者的灵魂阵痛，“我是地主的儿子 / 也是吃了大堰河的奶而长大了的 / 大堰河的儿子”。在生我的地主阶级和养我的农民阶级之间，“我”必须作出严肃的情感选择。当然，这首诗作所提供的真正具有创见性的诗歌意象并不是抒情主人公的必然的选择结果，而是“我”吮光了大堰河的奶之后被生“我”的父母领回家里时“我”对自己出生于的那个大家庭的“忸怩不安”的感觉抒写。

1 臧克家：《我的诗生活》，《臧克家散文小说集》（下），长江文艺出版社1982年版，第877页。
2 李广田：《〈画廊集〉题记》，见《画廊集》，商务印书馆1936年版，第180页。
3 废名：《散文》，见《冯文炳选集》，人民文学出版社1985年版，第366页。

正是这种心理情感上的隔绝感、陌生感的出现，宣告了现代先进的知识分子与封建阶级精神联系上分化与解体的开始。

三

对现代儿童状况的深切关注促使鲁迅在童年母题文学创作中也特别注重审视中国传统的教育方式给童年人格建构所烙下的深刻印记。中国儿童所承受的教育主要来自家庭的与学校的两个方面，鲁迅通过对自身人格形成的历史反思深刻地意识到了中国儿童历来就承受着而且迄今仍然承受着的不幸命运：在家庭身领着长辈与幼辈的精神隔膜，在学校强耐着教育形式与儿童天性的严重睽违。隔膜主题在《五猖会》中获得了集中的体现，当童年的鲁迅为着神往已久的迎神赛会而“笑着跳着”，催促家人赶快启程时，父亲突然“就站在我背后”，“慢慢地”说出了在童年鲁迅听来不啻是贯耳惊雷的一句话：“去拿你的书来。”一个急着要去看赛会，一个非要背完书才能走，这中间相差的心理距离已是多么的遥远。在《从百草园到三味书屋》中，鲁迅则用反比的方式揭示了传统教育的枯燥呆板与儿童天性的新奇好动之间的格格不入。即使在一块小小的自然园地里儿童们也能找到无穷的乐趣，而在“知识”的广阔天空中他们感受到的却是难耐的痛苦。如果说在枯燥呆板的教育形式中儿童们尚可找到许多种顽皮有趣的方式进行消极的对抗和逃避（像三味书屋中的小朋友们那样），那么，当我们回到家庭时面对着的是长辈的不理解时，儿童们的悲剧命运就在劫难逃了。因为在中国这样的礼教社会中，成人们为了使儿童适应礼教观念所规定好的生活秩序和方式，从来采取的都是强制教化的手段。在这样的礼教社会中，“一个孩子在一小时中所受到的干涉，一定会超过成年人一年所受社会指摘的次数”，从某种意义上看，“在最专制的君王手下做老百姓，也不会比一个孩子在最疼他的父母手下过日子更难过”。[1]所以，我们看到鲁迅在叙说自我童年与传统教育形式的关系时采取的是一种喜剧式的调侃态度，这里既有对传统教育形式的不满与反感，也潜隐着几分捉弄这种教育形式的自得与自信。但他在揭示中国家庭中成年与童年的隔膜主题时却显得格外的沉痛。《五猖会》中，当“我”“梦也似地背完了书”，大家都露出笑容仿佛在祝贺“我”的成功时，“我却并没有他们那么高兴”。开船以后，一路的风景以及五猖会的热闹，“对于我似乎都没有什么大意思”。由兴奋到冷淡，这种创伤性的情感转变其缘由就是父亲好心的执拗。“我至今一想起，还诧异我的父亲何以要在那时候叫我来背书。”《五猖会》的这一结尾，不知包含着多少鲁迅由于童年天性不得理解与支持的深切悲哀。

这一反思的主题模式在现代童年母题文学创作中得到了广泛的响应。肖红的《皮球》写到童年的“我”学着故事里乡巴佬的可笑方式蹲在洋车上从街上回家，本来希望盼得长辈的一顿友爱的哄笑，没想到一进院门却遭到母亲当头一顿苛骂。李广田《过失》写自己学舅父栽花，带着满心的欢喜将月季移植到自己的窗前，私心里只盼着那一株月季会长大、繁茂，可父亲一归来就用发怨的眼光盯着“我”满是淤泥的坎肩，并且把月季花连根拔起，愤愤地掷到庭院中。骆宾基的《幼年》写到童年的“我”在父母面前做着藏物的游戏，并且极希望父母也能参与进这游戏的做作，可是父母不仅不参加，而且一点也不把这游戏看重。当然，这些童年记忆由于它们对儿童心灵的创伤性质，作家是终生难以忘怀的，当作家从事童年母题文学创作时，它们便自然而然地浮现出来，但作家们对这些童年时代的创伤性经验的主题模式的处理以及意义深度的揭示显然是受了鲁迅思想的启发。鲁迅曾对造成中国家庭中长幼辈之间的隔膜的原因作过深刻的思考，他的答案是，这一隔膜出之于中国人对

1 费孝通：《生育制度》，天津人民出版社 1981 年版，第 101 页。

儿童的一种普遍的“误解”，即把儿童看做是“缩小的成人”，而不是看成一个具有自身规律的独特世界。既然童年只是“成人的缩小”，那么成人们便理所当然地用自己的观念、思维方式去要求和规范儿童的行为，并且理所当然地把本来属于这一独特世界的种种儿童天性包括游戏本能、模仿本能和创造本能等等统统地视做异端予以排斥了。这是一种虐杀。中国儿童历来显得呆笨木讷，过于老成，了无生气，其罪根就在国人的这一传统“误解”对儿童天性的虐杀。“童年的情形，便是将来的命运。”[1] 虐杀了童年，也就虐杀了未来。正是在这一主题模式的揭示上，鲁迅与他所影响的现代作家们使自己的童年母题创作超越了一般性的童年趣事的回忆，达到了改造国民精神和重建民族人格的现代思想高度。

与这一反思主题紧相联系的是深深编织在现代童年母题文学中的忏悔意识。“五四”以后，当幼者本位已经被作为民族自救的口号响亮地提出之后，为什么现代儿童无往而不受束缚的状况仍然没有多大的改变？对此，一些深切关注着童年成长问题的新文化运动的先驱们曾经作过不同角度的思考。其中有两种思考的答案，并且引发出了两种不同的自责与忏悔。一种可以郭沫若的《圣者》为代表，作者以自己的孩子被花炮这种“下等的娱乐品”烧伤了眼睛这一痛心的事故生发开去，满腔激情地指出：“上海的孩子们真是可怜！看不见一株青草，听不见一句鸟声，生下地来便和自然绝了缘，把天真的性灵斫丧。西洋人的公园既不许他们进去，中国人的精神只是丑恶的名利欲的结晶，谁也还顾不到儿童的娱乐，儿童的精神教育上来。”与此相反，“在东洋的时候，孩子们日日在海上玩耍，身体也强健得多，性情也活泼得多”。所以，郭沫若深责自己的是“因为要占有他们，所以才从自然的怀中夺取出来，使他们和我同受着都市生活的痛苦”。另一种忏悔则以鲁迅的《风筝》为代

1 鲁迅：《上海的儿童》，见《鲁迅全集》第四卷，人民文学出版社 1981 年版，第 566 页。

表。作者把二十年前践踏小弟的风筝一事当做对儿童精神的虐杀，并且叙说着作者真挚的自我忏悔与向受害者乞取宽恕的沉痛心情。两种自责与忏悔的不同之处在于，《圣者》中的自责与忏悔是一种手段，并不是目的。作者虽然不无夸张地声称“我是十分罪过”，但作者最终轻轻一拨，便把这种“罪过”卸给了社会（中国人的精神还顾不到儿童的精神教育上来），并且为自己的责任找到了一条解脱的堂而皇之的理由〔“我”之所以要到这都市上来，是因为“许多的同胞都在患难之中，我又怎么能够独善（指隐居乡下——引者注）”〕。而《风筝》的自责与忏悔才真正地把自身投放到了灵魂审判的天平上。

因此，《风筝》中有几个关键性细节应该引起读者特别注意，这些具体细节与鲁迅对中国国民对儿童的错误认识与畸形心态的观念性批判有着密切的对应联系。小弟喜爱风筝，而“我”则以为这是没出息的孩子所做的玩意，这正是国人将儿童视为“缩小的成人”的误解所致；小弟在看风筝时的入迷、惊呼与高兴的跳跃，在“我”看来都是笑柄和可鄙的，这恰恰是国人对童年世界的独特性不理解的表现。当“我”踏扁了风筝，傲然走出，留下小弟绝望地站在小屋里之后，“后来他怎么样，我不知道，也没有留心”。这种对于幼辈痛痒的漠不关心，其行径与鲁迅所批判过的“只会生，不会教”的中国式的“孩子之父”[1]也没有多少区别了。这些细节说明鲁迅在完成自己对中国国民的儿童观念的批判时并没有把自身超然于批判的对象之外，从而显示出了他的自我解剖的坦诚和自我忏悔的沉痛，并且赋予这种忏悔以极其深刻的历史内容。类似鲁迅这样的先进知识分子几乎都是在传统观念的十字架的沉重压抑下告别童年时代的，当他们从传统文化的沼泽中探出觉醒了的头颅时，首先深感不安的便是自己不仅深受传统礼教观念的戕害，而且自己在不

1 鲁迅：《随感录二十五》，见《鲁迅全集》第一卷，人民文学出版社 1981 年版，第 296 页。

觉中也充当了传统礼教观念扼杀幼年天性的帮凶。鲁迅虽然没有把自身置于批判的对象之外，但他毕竟比所有的批判对象都要高明，因为只有他才极为痛切地意识到了受害者对于戕害的遗忘是中国国人之所以一代代地产生着“孩子之父”而没有产生“人之父”的根本缘故。当《风筝》中的“我”向受害者述说少年时代的糊涂以乞取宽恕时，受害者居然什么也不记得了，就像旁听着别人的故事一样惊异地笑着说“有过这样的事么？”自我忏悔，遇到的是“全然忘却”，乞取宽恕，得着的是“毫无怨恨”，“遗忘”在扼杀着先觉者的忏悔，要让先觉者痛苦然而充满力量的灵魂重新麻木起来。

当然，这是鲁迅特有的峻冷，而现代童年母题文学创作所承继的却是鲁迅自责与忏悔的坦诚。李广田的《悲哀的玩具》与《成年》典型地反映了现代作家由受害者到迫害者，由控诉到自责的认识发展过程。在《悲哀的玩具》中，童年的作者从祖母处得到一只麻雀作玩具，喂它，吻它，小小的心灵十分高兴。可是，父亲从野外归来，照例一见便不愉快，一声“拿过来”，便把装着小鸟的竹笼扔上了屋顶。到了《成年》，作者则以自责的口吻记叙了自己一个“永不可赎的忏悔”：“像我那勤苦的父亲曾经对我作过的不许小孩子养一只麻雀……一类事情，我也不是不曾对我那小弟弟作过”，成年的作者一想起自己过去“时常用一些莫明其妙的言语去斥呵他，就是不惜动了武力，使那小小身体上受着一些痛楚，想去纠正他一些不应纠正的动作”之类的事情时，“简直就要落下泪来”，并且真诚地希望受害的弟弟“给我最大的宽恕”。这里最应注意的是，作者的自责与忏悔并非一时的感情冲动，而是经过严肃的理性思索的。作者明确地意识到了自己在过去的许多年中，“完全是受着一种奇怪的教育，我为那种怪教育所束缚，便养成了一种极不正常的心理”，总以为小孩“必须在视听言动诸方面作得规规矩矩”才能成为所谓“圣人”。正是因为自己“拿我那弟弟也当作一个大人”，而自己则是以一种所谓“圣人”的态度要求他，才会

“用了我亲身受过的那种教育，再去向我那小弟弟身上作着实习”。李广田等与鲁迅之间深刻的精神联系，一方面显示了鲁迅对现代童年母题文学所作出的贡献，一方面也说明正是由于鲁迅将自我人格置放到精神审判的天平上，才真正促进了在“遗忘”中昏睡着的国人的觉醒。像李广田一辈年轻人的理性觉醒，将会使鲁迅等新文化运动的前驱不再感到先觉的寂寞、孤独与恐惧，而真正的“人之父”的诞生与幼年们“幸福地度日，合理地做人”的时代到来也就孕育在这种微明的曦光中。

（原刊于《鲁迅研究月刊》1990 年第 8 期、第 9 期）

后 记

十年前，我从长沙来到南京工作时，曾给自己做了一个学术规划，想在十年时间里做好三件事。第一件事是完成国家社科基金重大项目“鲁迅与20世纪中国研究”。这个项目的获得，完全是一个意外的收获。记得2011年7月份的一天，我刚去剑桥大学访学不久，晓进兄打电话来了，说今年的重大招标选题中有一个鲁迅项目，要我牵头申报。我当时的第一反应就是，你就是鲁迅研究专家，又是学科负责人，你来牵头理所当然，我来做材料就好。但晓进兄一再坚持我来做首席专家，说了许多理由。我想，刚来“南师”工作，遇到大事就再三推诿，恐怕不妥，就勉力答应下来。那时人在国外，不甚了解此项招标的情况，只知道闷头写标书。几乎一个多月的时光，孜孜矻矻全耗在里面，牺牲了游览英伦三岛的大部分计划。虽然意外，但十分感谢评审专家们给了这个机遇，让我有了一段集中精力研究鲁迅的时光。第二件事是有感于作家王朔对鲁迅文学成就的轻视，想写一本鲁迅文学母题论方面的专著。我觉得，一个作家的成就伟大与否，不在于他的作品数量的多少，作品篇幅的长短，而在于他为本民族文学乃至世界文学的母题体系中，提供了多少个人创造。鲁迅在这方面的贡献与影响，堪称世纪经典，百年来的中国作家无人能与比肩。第三件事说来有点意气用事，记得那时偶然读到一个作家的杂文，主题就是说“鲁研界里无高手”，好像文中还很俏皮地说，如果鲁老夫子死而有灵，坐起来打的第一个耳光就是给鲁研界的专家们的。我觉得这个话对鲁迅研究极不公平，其实，从20世纪80年代以来，现代文学的研究曾经是火车头，牵引着学术思想界的改革开放，而鲁迅研究，既是现代文学研究高度的标杆，又是现代文学研究前进的原动力。别人我不知道，至少我自己是这样，我所推崇和喜欢的现代文学学者，或者是鲁迅研究中的翘楚，或者是在鲁迅研究中写过重要论文，很少例外。所以我想写一本“鲁研界里读高手”的学术评论集，一方面回应一下那位作家的偏见，一方面也确实想沉潜鲁学，看看在这个学术越来越细碎化的时代里，鲁迅研究还葆有哪些足以撼醒梦者、直撄人心的力量。

现在，十年的时光已经逝去，三件事中，前两件可以说是完成了。2017年，“鲁迅与20世纪中国研究”获得结项，2018年此项目的最终成果获得国家出版基金资助，由百花洲文艺出版社出版。2019年，个人专著《记忆的诗学——鲁迅文学中的母题书写》也由人民出版社出版。但第三件事却未能竣工，尽管有所努力，终因学力所限，加上其他种种因素，设想的《鲁研界里读高手》一书，最终还只是一个设想，这多少有点遗憾。不过，想写这本书的念头是如此的强烈，我想不久的将来，或许自己真的会将这样一本小书奉献在读者面前。这个集子中的18篇论文，大部分是这三件事情的成果，现在把它们辑在一起出版，一者用来作为一个小小的时光纪念，我自己的生命没有虚掷，能在这三件事的进行中得到证明，这当然是值得庆幸与欢喜的。一者也是因为自信所有论文，乃是用心之作。其中的一得之见，不敢说对鲁迅研究能有多少拓进，但如果喜欢鲁迅的年轻朋友能够随意翻翻，其愿已足。如果哪位朋友在翻阅中能够会心一笑，那就更是喜出望外了。最后的三篇论文，是我上个世纪的习作，最远的离现在已经30年了。之所以作为附录放在这个集子中，并非敝帚自珍，而是想用这一辑文字来纪念一个人，他就是王世家先生。王世家先生在鲁研界的崇高声誉，业内人士无人不知，但我想纪念他是出之于一段铭记在心的私人因缘。硕士毕业不久，我把学位论文中涉及鲁迅的部分加以整理扩充，写了《论鲁迅对现代童年母题文学的历史贡献》一文，字数万五千以上，那时提倡写短文，这个篇幅算是很长的了。自己舍不得删减，虽然有点忐忑，但还是直接投给了《鲁迅研究月刊》。不久就收到了世家先生用毛笔写就的回信，再后来收到刊物，看到这篇论文居然是分两期给连载的。那时的兴奋，30多年了，依然记忆犹新。鲁迅研究是一个高密度和高水平的研究领域，自己的第一篇鲁迅研究论文，不仅在鲁迅研究的专门刊物上发表了，而且得到连载的待遇，这对我的自信心确立的助力有多大，现在的青年学者也许已经难以想象。后来一段很长时间里，自己的兴趣转向宗教与文学的关系研究，但也时常在鲁迅的相关话题上说说自己的意见，凭的也许就是当年生发起来的那点自信吧。

南京是座古都，发源于东汉时期的石头城。石头城的遗址据说是在清凉山上，现今的清凉山下，秦淮河边，就建有一座石头城遗址公园。这十年，我到的次数最多的地方，除了学校，也许就是这个石头城遗址公园。公园距我家很近，出小区北门右拐，从一条不到四百米的林荫路上秦淮河堤，过了桥就进入公园，一个据说是《庐山恋》拍摄景点的池塘，水波不兴，清澈见底，倒映着清凉山上凹凸不平的古城墙。一到晚上，公园里很热闹，唱歌的，跳舞的，练器乐的，应有尽有。河堤上一条柳树覆盖的步行道，宽阔笔直，特别适宜于散步。这些年来，如果在家，不管天晴下雨，晚饭后我都会走进公园，在河堤的步行道上走上一个小时，吹吹河风，闻闻水气，醒醒头脑，理理思路。这个集子中的论文，不少篇章，不少观点，就是在河边漫步之间，突然豁然开朗，焕然于心的。在我自己而言，字里行间，似乎都能闻到清凉山上的青草气息，闻到秦淮河里夏日特有的微腥。鲁迅青年时负笈南京，不知是否也曾在此徜徉过，但鲁迅曾写过几首有关南京的旧体诗，其中一首曰："大江日夜向东流，聚义群雄又远游。六代罗绮成旧梦，石头城上月如钩。"清凉山上有虎踞关，过去曾是看长江东去的好地方。百年来逝水如斯，我今天所看到的月亮，肯定还是鲁迅当年看到的那个月亮，但石头城肯定已不复是鲁迅当年远足过的石头城。月是宇宙大化，城有世间沉浮，成住坏空，沧海桑田，人间的事物无论怎样的强盛，牢固，都敌不过月之清辉的长久。人在天地之间，必要有谦卑之心，知道自己的短暂与渺小。所以，编完这本论文集，我首先想到的题目就是鲁迅的这句诗："石头城上月如钩"。以此为题，既以之警省自我，也以之纪念自己侨寓南京这三千多个日日夜夜。

2021 年 5 月 12 日写于秦淮河畔半空居

图书在版编目(CIP)数据

石头城上月如钩：鲁迅研究十年文选/谭桂林著．—长沙：岳麓书社，2021.11

ISBN 978-7-5538-1536-7

Ⅰ.①石…　Ⅱ.①谭…　Ⅲ.①鲁迅研究—文集　Ⅳ.①K825.6-53

中国版本图书馆 CIP 数据核字(2021)第 170331 号

SHITOU CHENG SHANG YUE RU GOU

——LUXUN YANJIU SHINIAN WENXUAN

石头城上月如钩

——鲁迅研究十年文选

作　　者：谭桂林

责任编辑：曾　倩

责任校对：舒　舍

封面设计：山和水工作室

岳麓书社出版发行

地址：湖南省长沙市爱民路 47 号

直销电话：0731-88804152　0731-88885616

邮编：410006

版次：2021 年 11 月第 1 版

印次：2021 年 11 月第 1 次印刷

开本：700mm×1000mm　1/16

印张：26.5

字数：330 千字

印数：1—1 000

书号：ISBN 978-7-5538-1536-7

定价：98.00 元

承印：湖南省众鑫印务有限公司

如有印装质量问题，请与本社印务部联系

电话：0731-88884129